职业教育

服务乡村文化振兴研究

卢蕙娟 ◎ 著

中国出版集团 | 全国百佳图书

中国民主法制出版社 | 出版单位

U0722061

图书在版编目（CIP）数据

职业教育服务乡村文化振兴研究 / 卢蕙娟著 . —北京：中国
民主法制出版社，2025. 6. — ISBN 978-7-5162-3951-3

Ⅰ. G719. 2；F320. 3

中国国家版本馆 CIP 数据核字第 2025U5V937 号

图书出品人：刘海涛
出 版 统 筹：石　松
责 任 编 辑：刘险涛　吴若楠

书　　　名 / 职业教育服务乡村文化振兴研究
作　　　者 / 卢蕙娟　著

出版 · 发行 / 中国民主法制出版社
地址 / 北京市丰台区右安门外玉林里 7 号（100069）
电话 /（010）63055259（总编室）　63058068　63057714（营销中心）
传真 /（010）63055259
http://www.npcpub.com
E-mail: mzfz@npcpub.com
经销 / 新华书店
开本 / 16 开　　710 毫米 × 1000 毫米
印张 / 23.5　　字数 / 313 千字
版本 / 2025 年 6 月第 1 版　　2025 年 6 月第 1 次印刷
印刷 / 三河市龙大印装有限公司

书号 / ISBN 978-7-5162-3951-3
定价 / 99. 00 元
出版声明 / 版权所有，侵权必究。

前　言

本书通过对职业教育服务乡村文化振兴的潜在影响因素进行探索，分析职业教育服务乡村文化振兴的内在机理及其实现路径，以期为实现乡村文化振兴与职业教育的有机结合提供理论支持和实践参考。具体来说，本书分析当前职业教育服务乡村文化振兴的现状，从中剖析职业教育服务乡村文化振兴的现实处境；对访谈获取的文本进行扎根分析，探索职业教育服务乡村文化振兴的影响因素，建立相对应的影响因素指标。根据问卷调查获取的数据，结合扎根理论的编码，开发和检验职业教育服务乡村文化振兴影响因素量表，构建职业教育服务乡村文化振兴影响因素模型，并对提出的假设进行检验；通过对典型案例的乡村文化振兴实践进行深入探究，对已构建的职业教育服务乡村文化振兴影响因素模型进行有效的验证。同时，这些实践例证也为提炼出具有实践指导意义和科学依据的职业教育服务乡村文化振兴路径提供经验借鉴。在理论研究和实证数据分析的基础上，结合分析结果，提出具体优化对策与建议。本书采用"理论分析—实证研究—案例验证"三步法进行：首先，基于文献综述和理论分析，对职业教育服务乡村文化振兴进行深入剖析，形成理论框架；其次，通过开发职业教育服务乡村文化振兴影响因素量表，以及对量表进行多维度的数据分析、验证，构建职业教育服务乡村文化振兴的影响因素模型；最后，通过对泉州职业技术大学服务乡村文化的案例进行探索、分析，验证和优化并提出理论框架，从而总结出实现乡村文化振兴与职业教育有机结合的新思路和建议。

根据本书的研究，得出如下结论。

第一，职业教育服务乡村文化振兴的发展现状不容乐观。虽然在职业教育赋能乡村文化振兴中，具有人才培养针对性强、校企合作助力乡村发展、社会服务广泛惠及乡村民众的职业教育优势，拥有国家政策支持、科学技术助推、发展需求转变的发展机遇；但也存在服务意识待增强、服务机制待完善、服务路径待创新的自身劣势以及国家经费投入不均衡、乡村公共文化服务体系不完善、社会重视程度不够高的发展挑战。乡村文化的振兴并非一蹴而就，需要经过长期的积累和沉淀，方能显现成效。随着城市化进程的加速推进以及乡村社会的深刻转型与升级，传统单打独斗的乡村文化振兴模式已然无法适应当前的发展需求。无论是政策的颁布与落地，还是资源的整合与优化，都需要多部门、多主体、跨领域的相互合作。在未来的乡村建设中，多主体协同振兴乡村文化模式的重要性将逐渐凸显。

第二，职业教育服务乡村文化振兴受到服务动因、服务保障、服务能力、服务方式以及服务效果五大因素影响。这五大因素分别对应着乡村、政府、职业院校、社会以及结果这五个不同的层面。在职业教育服务乡村文化振兴的整个系统中，五大因素之间存在着复杂而紧密的相互关系。具体来说，服务动因对服务能力具有显著的正向促进作用；服务动因同样对服务效果具有积极的影响；服务能力对服务效果产生正向影响；服务能力在服务动因与服务效果之间扮演着中介的角色；而服务保障和服务方式则在服务能力与服务效果之间起到调节作用，影响着服务能力的中介效应。因而，在乡村文化振兴中，必须坚持多元主体协同共促乡村文化发展。

第三，职业教育服务乡村文化振兴在发展向度上，必须构建高质量职业教育体系；在育人向度上，必须栽培高素养乡村文化人才；在治理向度上，必须推动高效能乡村文化治理。在乡村文化振兴中，必须坚持珍视历史传承与紧贴现实需求并重；寻求普遍规律与展现独特魅力同步；全面规划与关键领域突破相互协调；文化传承创新与当代融合相互统一等原则。在进阶路径上，职业教育通过以下几个方式实现发展：在价值取向上，从"远离乡村"

向"服务乡村"进阶；在战略定位上，完成从"身份认同"向"文化共生"进阶；在服务方式上，完成从"单一服务"向"多元协同"进阶；在参与程度上，完成从"局部参与"向"全面融入"进阶。通过这一系列转变，职业教育能够更好地服务乡村文化，促进其繁荣发展。在未来展望上，职业教育服务乡村文化振兴应着力打造职教数字圈、城乡融合圈、国际交流圈、利益各方互惠圈，使乡村文化能够在时代浪潮中继续焕发生命力。

目　录

第1章 绪 论

1.1 问题的提出

"农村破产即国家破产,农村复兴即民族复兴"。[①] 乡村,这片承载着中华民族精神的热土,既是管窥中国社会的重要窗口,也是实现中华民族伟大复兴的关键场域。随着中国城镇化的快速推进,众多农民涌向城市,完成从农民到城市居民的身份转变。然而,农村地区仍然是中国经济社会发展的重要基石,其发展水平和现代化程度密切关系到国家的繁荣和人民的幸福。乡村文化振兴作为乡村振兴的核心组成部分,旨在强化农村地区的文化建设,激发农村地区的文化创造活力。通过加强乡村文化的传承与创新,提高乡村文化的知名度和影响力,增强乡村文化的自信心和自豪感,从而实现乡村全面振兴。

教育是推动社会进步的关键力量。其作为振兴乡村文化的重要手段,赋能乡村文化振兴既是历史传承也是使命担当[②]。因其密切联系乡村,从而职业教育的亲农属性决定它能够更为精准地对接乡村需求。同时,作为乡村文化普及、知识传授、技术技能推广、就业创业培训、终身学习提升的重要载体,它的教育、社会属性能够推进乡村文化振兴的纵深发展。职业教育促进乡村文化振兴不是单向直线输出,而是自组织系统和他组织系统在内部与外

---

① 徐秀丽.民国时期的乡村建设运动[J].安徽史学,2006(4):69-80.

② 吴一鸣.乡村振兴中职业教育的"角色"担当[J].现代教育管理,2019(11):106-110.

部的深度融合 ①，因此，职业教育协同其他力量服务乡村文化振兴显得尤为重
要。然而，在现今的乡村文化振兴实践中，因职业教育同其他力量并未得到
很好结合，导致其效应还未得到很好发挥。在乡村文化振兴的新形势下，本
书分析职业教育服务乡村文化振兴的内外系统，厘清影响其效能发挥的掣肘
因素，从而探析职业教育赋能乡村文化振兴的具体实施路径，为新时期有效
发挥职业教育在乡村文化振兴中的基础性、先导性作用，切实为振兴乡村文
化提供理论与实践参考很有必要。

1.2　研究背景

在社会发展的宏观架构下，"职业教育服务乡村文化振兴"议题绝非空
洞的理论探讨，而是与当前乡村发展实际紧密相连。近年来，在国家政策的
有力支持和全社会的共同关注下，乡村建设事业取得了令人瞩目的成就。然
而，乡村发展道路上仍存在诸多挑战和问题，需要面对和解决。在乡村发展
的关键阶段，文化教育被视为突破瓶颈、实现可持续发展的核心要素，它不
仅是维系乡村文化传承的重要纽带，更是激发乡村内生发展活力的关键。职
业教育，因其与实际生产实践和技能培养的高度融合性，成为推动乡村文
化振兴的重要支撑力量。基于此，下文将进一步探讨这一研究主题的具体
背景。

1.2.1　现实观照：乡村建设不断推进

自古以来，乡村建设便是国家发展中的重要一环，它既关系农业生产的
基本稳定，也与广大农民群众的生活福祉息息相关。随着时代的变迁，乡村
建设的内涵与外延也在持续拓展与深化。

① 熊晴，朱德全.民族地区职业教育服务乡村振兴的教育逻辑：耦合机理与价值路向［J］.教育
与经济，2021，37（3）：3-9.

1.2.1.1 乡村建设稳步发展

（1）起步阶段（1920—1949 年）

我国拥有悠久的农业文明史，其中"三农"问题一直是政府关注的重点。因此，乡村的衰败和落后成为亟待解决的问题。早在 20 世纪二三十年代，一批有识之士就针对乡村社会的发展困境，发起了乡村建设行动。他们通过改革乡村教育、医疗体系、社会风俗和经济合作组织等方式，积极探索乡村发展的新道路，并形成了几种具有代表性的发展模式，如"定县模式""邹平模式"以及"北碚模式"[①]。这些模式在当时的历史背景下，为乡村的建设发展提供了宝贵的经验和借鉴。在乡村建设行动中，知识分子深入乡村，了解乡村建设的现状和问题，并提出针对性的解决方案。他们认为文化衰退、教育不兴和经济凋敝是导致乡村破败的根源。为了解决这些问题，他们积极推动乡村教育的普及和发展，提高农民的文化素质和知识水平；同时，他们还加强乡村医疗体系的建设，改善了农民的就医情况；此外，他们还通过促进乡村经济合作组织的发展，提高了农民的经济收入和生活水平。这些改革措施的实施，不仅提高了农民的收入水平，改善了农民的生产生活条件，也为农村教育的发展培养了大量的人才，激发了乡村社会的活力，为乡村社会的进步提供了有力的支持。同时，医疗体系的完善也更好地保障了农民的健康。在此期间，中国共产党人和"中国农村派"借助农村考察、土地革命以及农村革命根据地建设等手段，积极探索乡村的革命与建设问题[②]。这些改革措施的实施，为乡村社会的可持续发展奠定了坚实的基础。

---

① 邢成举，罗重谱. 乡村振兴：历史源流、当下讨论与实施路径——基于相关文献的综述［J］.
北京工业大学学报（社会科学版），2018，18（5）：8-17.
② 尹广文. 中国社会工作与乡村建设行动：亲和性、实践史与行动路径选择［J］. 兰州学刊，2023
（8）：139-149.

（2）探索阶段（1949—1978 年）

在前期乡村建设行动的基础上，国家开始探索社会主义新农村发展道路。在 20 世纪 50 年代，国家提出社会主义新农村概念。在此期间，国家采取了一系列的乡村建设措施，旨在推动农村经济发展、改善农民生活条件和农村社会变革。这些措施包括：土地改革运动、农村合作化运动、农业集体经济组织等①。土地改革运动使农民得到了自己的土地，并得以通过集体经济合作社的形式进行生产和管理。建立农村合作社，农民集体进行农业生产和经济合作，加强农村供销合作社等集体经济组织，增强农村普通劳动者的组织化程度与力量。在这一时期，国家鼓励农民组织和发展农业生产合作社、农民专业合作社等集体经济组织，通过集体经济的力量提高农业生产效益和农民收入，推动农村经济的发展。国家在这一时期将发展重心从城市向农村转移，加大了对农村经济建设的支持，鼓励农业发展、农村产业化和农村市场的建设。在这一时期，政府还积极推动农村卫生和教育事业的发展，提高农村医疗卫生服务水平和农村教育普及程度，改善农民的健康和教育条件。国家通过实施上述措施和政策在一定程度上促进了农村经济的发展，改善了农民的生活条件，推动了农村社会的变革。然而，在这一时期也存在一些问题和挑战，如农村集体经济管理的不足、农业生产缺乏科学技术支持等。这些问题尽管在改革开放时期得到一定程度的解决，但仍然对农村的发展带来了一定的影响。

（3）深入阶段（1978—2012 年）

在此阶段，中国通过实施家庭联产承包责任制，成功构建了家庭承包经营制度的基本框架。此举赋予农民更大的自主权，激发了他们的生产积极性。同时，城市经济体制改革也逐步启动，通过促进农村商品流通、推动农村劳动力转移、实现村民自治等方式，加快城乡要素流动。另外，为深化乡

---

① 缴瑞静，田健，曾穗平. "新"与"续"——国内外乡村建设的基本经验与实践启示［C］// 人民城市，规划赋能——2022 中国城市规划年会论文集（16 乡村规划），2023：112-121.

村改革，满足建立社会主义市场经济体制的要求，不断完善农村基本经营制度。通过深化农产品流通体制改革，促进农村产业结构调整，实现乡镇企业体制创新。此外，还推动粮棉流通体制和农村税费制度改革，建立农业支持保护及农村金融制度，完善农村民主管理制度，有力地促进了农村的稳定与繁荣[①]。鉴于"三农"问题在国家发展中的重要地位，党中央于 2002 年明确提出，"三农"问题是全党工作的重中之重，并开始调整相关政策，将农业、农村和农民问题放在国家发展的核心位置。在 2003 年，"三农"问题的地位进一步扩大至全国范围，体现了其重要的战略意义。为了解决"三农"问题，国家在 2005 年又提出了新农村建设战略，并将国家的投入重点向"三农"领域倾斜。这一战略旨在推动农村地区的经济和社会发展，加强农村基础设施建设，提高农民的生活水平和福利保障。在此期间，主要是中央政府向"三农"领域进行投资，为农村地区提供更多的资金和资源支持。然而，地方的工作重点仍然是推动工业化和城市化进程[②]。

（4）稳步阶段（2012 年至今）

2012 年，党的十八大提出了"美丽中国"的概念，强调了生态文明建设和可持续发展的重要性。这一理念不仅体现了对环境保护的关注，也反映了人们对美好生活的向往。2013 年，中央一号文件进一步提出了建设"美丽乡村"的计划，强调了农村地区的环境保护和生态建设。这一战略的实施，旨在改善农村地区的生产生活条件，打造宜居的乡村环境，促进城乡一体化发展。2015 年，中央一号文件明确指出，"中国要美，农村必须美"，强调了农村地区在国家发展战略中的重要地位。同年，中央发布的《美丽乡村建设指南》为各地开展美丽乡村建设提供了具体的指导。"美

---

① 宋洪远.中国农村改革 40 年:回顾与思考［J］.南京农业大学学报（社会科学版）,2018,18（3）:1-11.

② 温铁军，邱建生，车海生.改革开放 40 年"三农"问题的演进与乡村振兴战略的提出［J］.理论探讨，2018（5）: 5-10.

丽乡村"这一概念，它所强调的"美丽"不仅仅局限于视觉上的美感，还涵盖了更为丰富的内涵。该概念涉及八个方面，包括产业发展、农民富裕、特色鲜明、社会和谐、生态良好、环境优美、布局合理和设施完善，既强调了乡村的生态美与社会美，也强调了人文环境与体制环境之美，融合了发展、生活、生态和人文等多重元素，其核心理念是树立人与自然和谐发展的观念。在美丽乡村的建设过程中，其关键环节是加强农业农村基础设施建设。在促进农民增收致富的同时，也注重传承乡土中国的文化血脉，这是美丽乡村建设的重要内涵。在"美丽乡村"的建设中，逐渐形成了"安吉模式""临安模式""衢州模式""湖州模式"等经典发展样式[①]。2017年，党的十九大提出要实施乡村振兴战略，要通过优先发展农业农村，以实现产业繁荣、生态环境宜居、乡村文明进步、治理高效和农民生活富裕为目标，要建立健全城乡融合发展的体制机制和政策体系，以加速推进农业农村的现代化进程。2018年，中共中央、国务院印发《国家乡村振兴战略规划（2018—2022年）》。2021年，第十三届全国人民代表大会通过了《中华人民共和国乡村振兴促进法》。2022年，党的二十大报告明确指出要"全面推进乡村振兴"。2023年，农业农村部、国家标准委、住房和城乡建设部联合印发《乡村振兴标准化行动方案》。近些年，国家紧锣密鼓地颁布的各项乡村振兴文件、法规体现了国家对乡村的高度重视，也彰显了国家重农强农的决心。

1.2.1.2　文教作用逐渐凸显

在国家颁布乡村振兴相关政策法规，推动乡村振兴的同时，乡村文化在乡村发展中不可替代的作用也渐渐得到认可。从国家层面来看，为满足村民不断增长的文化需求，各级政府不断加大在乡村的文化建设投入。从学术层面上看，在中国知网（CNKI）中检索以"乡村文化"为主题词的文章可以

---

① 陈秋红，于法稳.美丽乡村建设研究与实践进展综述［J］.学习与实践，2014（6）：107-116.

发现，1988—2016 年关于乡村文化研究的论文数量呈缓慢上升趋势，而在 2017 年，以党的十九大首次提出乡村振兴战略、建设社会主义文化强国为转折点，相关研究呈现直线上升趋势。

（1）乡村文化振兴的作用

乡村振兴是一个全面振兴的过程，涵盖了产业、人才、文化、生态和组织五个方面的振兴。乡村文化振兴作为其中的一项重要指标，代表着乡村文化的繁荣和发展，它不仅传承和发扬了传统文化，更推动了现代乡村社会的建设和发展。乡村文化振兴的重要作用体现在以下方面。一是传承乡村文化基因。乡村历史文化底蕴深厚，它承载着丰富的历史文化和人文资源，这些资源是乡村独特文化的重要组成部分。乡村蕴含着丰富的农耕文化、手工艺文化以及民俗文化等优秀传统文化，这些文化是乡村人民在长期的生产和生活实践中创造和积累的智慧结晶，也是乡村人民的精神家园。通过挖掘乡村优秀文化，可以更好地了解乡村的历史和文化，从而更好地传承和弘扬这些文化遗产。同时，挖掘乡村优秀文化也有助于塑造乡村独特的文化标识和价值体系，提升乡村文化软实力。通过保持和传承乡村独特的文化特色，可以激发乡村的活力和创造力，促进乡村的可持续发展。二是提升村民文化认同。弘扬乡村优秀传统文化，有助于提高村民对乡村自身文化的自信心和认同感，增强文化自觉性和归属感，推动乡村文化的发展与繁荣。通过在乡村开展丰富的文化活动，能够促进农村居民的交流和互动，增强乡村的凝聚力和向心力，提升村民的幸福感和满意度，从而推动乡村社会的和谐发展。另外，充分发挥乡村文化在凝聚人心、教化群众、淳化民风中的重要作用，可以提高村民的道德觉悟和社会责任感，从而引导他们积极投身乡村建设。三是促进乡村多元发展。在乡村开展教育和培训活动，能够为村民提供更为精准、有效的教育培训机会，从而提高村民文化素养和技能水平，使村民更好地参与乡村文化振兴的各项实践工作，推动乡村文化振兴工作的深入进行。通过培养更多的专业人才和艺术人才，为乡村文化振兴提供有力的人才支持。同时，乡村文化振兴工作可以通过积极引进优秀的文化资源、技术和管理经验，能够为乡村文化振兴提供支持和合作机会，促进乡村多元发展的实践经验和模式导入。相关组织通过举办乡村文化节、艺术展览、民俗活动等活动，能够为村民提供多样化的文化体验，增加村民和游客的互动，激发乡村的创造力和活力。此外，发展乡村文化旅游和文化创意产业，能够丰富乡村经济的内涵和多元化发展方向，促进农村产业的升级和转型，从而增加农民的收入来源，推动乡村经济的可持续发展。

（2）职业教育火热发展

职业教育，以其独特的优势，在现代社会中发挥着越来越重要的作用。它以贴近市场、注重实用技能培养为特点，能够迅速适应岗位需求，填补实际生产中的技能缺口，提高劳动力素质，从而有效提高生产效率和产业竞争力。首先，职业教育与企业的紧密联系和深度合作，使其能够更加准确地了解产业发展的需求。通过与企业合作，学校能够及时了解行业动态和市场需求，并调整专业设置和课程内容，培养适应产业升级需要的人才。校企间的合作不仅有助于提高人才培养质量，还能够促进产业结构的优化和技术创新，推动整体产业升级。其次，职业教育能够与地方产业接轨。在地方经济发展中，职业教育能够根据地方经济发展的需要培养人才，为地方经济发展提供强有力的人才支持。同时，职业教育还能够促进地方产业结构的优化和升级，推动地方经济的持续发展。此外，职业教育还能够提高学生的综合素质和就业竞争力。在职业教育中，学生不仅需要学习专业知识，还需要掌握实践技能和职业素养。这种教育方式能够帮助学生更好地适应市场需求，提高就业竞争力，为未来的职业发展打下坚实的基础。

目前，职业教育发展迎来如下新形势。第一，国家的高度重视为职业教育发展提供了坚实基础。自21世纪以来，国家对职业教育给予了前所未有的高度重视。随着四次职教大会的召开，政府颁布了大量的政策文件，为职业教育的发展提供了有力的政策支持。早在 2002 年、2004 年、2005 年，国务院就三次发文提出大力发展职业教育，显示出国家对职业教育的重视和决心。2014 年和 2021 年，习近平总书记分别就职业教育提出了一系列新论断、新要求，指出职业教育前途广阔、大有可为。2021 年，全国职业教育大会的召开，以及中共中央办公厅、国务院办公厅印发的《关于推动现代职业教育高质量发展的意见》，与此前的一系列政策共同为推动我国职业教育高质量发展做出了顶层设计，并指明了方向。2022 年，新《中华人民共和国职业教育法》完成修订并于同年 5 月开始实行。2023 年 6 月，国家发展改革委等部门印发《职业教育产教融合赋能提升行动实施方案（2023—2025年）》。国家政策的大力支持提高了职业教育的社会认知度。第二，科技及产业发展为职业教育发展提供了有力支持。科技的不断发展提供了更多先进的技术手段和教学工具。职业教育可以充分利用新技术，如虚拟现实（VR）、增强现实（AR）、人工智能（AI）等，创新教学模式，提高教学效果。例如，通过利用虚拟现实技术，学生可以在虚拟环境中进行实践操作；通过人工智能技术，教师可以根据学生的个性化需求提供定制化的教学内容和教学辅导。新技术、新工艺和新模式的出现也为职业教育提供了实践和创新的平台。职业教育可以与科技企业合作，利用他们的实验室、研发中心、实践基地等资源，让学生在真实的工作环境中进行实践训练，接触和应用最新的技术和工艺，提高他们的实际操作能力和专业素养。同时，随着科技和产业迅速发展，学生需要掌握的技能和知识也在不断变化。职业教育需要根据科技和产业的发展趋势及时更新教学内容，并关注最新的行业要求和技术需求。科技和产业的发展也为职业教育提供了一个动态的参考，使教育机构能够针对新兴领域和行业升级进行针对性的教学和培训。另外，科技和产业发展催生了创新创业的机会和需求。职业教育可以通过积极响应科技创新和产业发展的需求，从而加强创新创业教育，培养学生的创新思维、创业技能和团队合作能力。科技和产业发展还为职业教育的创新创业提供了更多的机会和场景，使其更加贴合市场需求。第三，乡村振兴为职业教育发展带来广大空间。乡村蕴含的多元物质以及非物质文化资源是宝贵的民族财富，能够为职业教育发展提供广阔的文化空间；乡村亟须弘扬的优秀文化和发展的产业能够为职业教育提供足够的文化、产业实践及运营空间。乡村振兴战略要求职业教育强化其教育及社会服务功能，通过了解乡村发展的现状和未来趋势，把握当地经济结构、产业发展和职业需求等信息，为调整和重塑功能提供依据。根据乡村发展的需要和市场需求，职业教育需要开设与新型农业、农村服务和乡村经济发展等相关的课程和专业，以满足就业市场的需求。职业教育需要建立完善的服务体系，与行业协会、政府部门、企业和机构建立合作伙伴关系，积极参与当地经济和社会发展，既为乡村发展提供更为有效的支持，又能成为"调结构""促改革""转方式""保就业""惠民生"等国家战略部署和制度性安排的有力支撑。

改革开放40多年来，我国职业教育经历了翻天覆地的变革与发展，取得了举世瞩目的成就。首先，中等和高等职业教育的发展速度令人惊叹。随着国家对职业教育的重视和投入的增加，中职和高职教育逐渐成为培养高素质技术技能人才的重要基地。同时，中职和高职教育的衔接也得到了不断拓展，为学生的职业发展提供了更多的选择和机会。其次，职业院校的基础能力得到了显著提升。通过加强基础设施建设、增强师资力量、完善教学设备等措施，职业院校的教学质量得到了显著提高，为培养更多优秀的技术技能人才提供了有力保障。此外，职业教育进一步加大了产教结合、校企合作的力度。各行各业都积极参与职业教育，与职业院校共同制定人才培养方案、开展实践教学、提供实习机会等，实现了教育与产业的深度融合。这种合作模式不仅提高了职业教育的针对性和实效性，也为企业输送了更多符合需求的高素质技术技能人才。最后，这种趋势不仅推动了职业教育的快速发展，也为行业企业的可持续发展提供了有力支持。目

前，我国已成功构建了全球规模最大的职业教育体系，该体系涵盖了超过
1.1 万所职业学校，并拥有近 3500 万名在校学生[①]。

1.2.2 发展需求：乡村文化发展面临困境

随着乡村建设的持续推进，文化教育日益受到社会各界的广泛关注与重
视。然而，在这一积极发展态势下，乡村文化的保护与传承也遭到新时代的
冲击，传统价值体系与生活方式正产生深刻变革，乡村文化发展面临着诸多
困境与挑战。

1.2.2.1 乡村发展中存在的矛盾和冲突

（1）传统与现代之间的矛盾

随着现代化进程的发展，乡村面临着传统文化与现代化带来的新生活方
式和价值观之间的冲突。乡村文化作为村民历史、民俗、信仰和生活方式
等传统元素的承载者，对乡村的凝聚力和身份认同起着至关重要的作用。首
先，乡村文化是村民的精神寄托。在漫长的历史长河中，村民形成了独特的
民俗、信仰和生活方式，这些传统元素构成了乡村文化的基础。乡村文化不
仅是村民的精神寄托，也是他们身份认同的重要来源。其次，乡村文化对于
乡村的凝聚力和发展具有重要意义。乡村文化是村民共同的记忆和情感纽
带，它能够激发村民的归属感和自豪感，增强乡村的凝聚力。最后，乡村文
化也是乡村发展的重要资源。通过挖掘和传承乡村文化，可以推动乡村旅游
业的发展，增加村民的经济收入，促进乡村的可持续发展。

然而，在现代化进程中，乡村生活和价值观正在经历着前所未有的变
革。新的生活方式和价值观逐渐渗透乡村，与传统文化产生了冲突。这种冲
突不仅涉及生活方式，更涉及价值观、信仰和习俗。首先，现代化的生活方

---

① 教育部. 为世界职业教育贡献中国智慧 ——近年来中国职业教育改革发展成就综述［EB/OL］.
(2024-11-21)［2025-1-24］. http://www.moe.gov.cn/jyb_xwfb/s5147/202411/t20241121_1163917.html.

式强调个人主义、技术进步、快速变革和物质追求。这种生活方式注重个人的自由和独立，强调个人的权利和利益。而在传统乡村中，人们更注重社区的和谐和共同利益，强调人与人之间的互助和合作。这种差异导致了乡村社区内部的紧张和不稳定。其次，现代化的价值观也与传统乡村的价值观存在差异。现代化的价值观强调个人的成就和成功，注重竞争和效率。而在乡村的传统环境中，人们更为关注整体的融洽与集体福祉，倡导彼此间的守望相助。这种差异不仅导致了乡村内部的紧张和不稳定，也影响了乡村经济的发展。最后，现代化的生活方式和价值观也对乡村的传统文化和习俗产生了冲击。许多年轻人开始追求现代化的生活方式，而忽视了传统文化的价值和意义。这不仅导致了传统文化的流失，也影响了乡村社区的凝聚力和稳定性。

村民在面对现代化与传统文化之间的矛盾时，常常感到困惑和摇摆不定。他们既被现代化社会所吸引，渴望追求更好的生活品质和更多的发展机会，又希望能够保留传统文化。这种文化转型对于乡村来说，无疑也是一种挑战。首先，乡村内部的代沟问题逐渐加深。随着年轻一代对现代化生活的向往和追求，他们与老一辈在生活方式、价值观念等方面的差异越来越大。这种差异不仅影响了家庭关系，还可能引发社区内部的紧张情绪。其次，村民在追求现代化生活的过程中，容易忽视传统文化的重要性。他们极易认为传统文化已经过时，无法适应现代社会的发展。最后，传统文化是乡村社区的根基，是村民的精神寄托。如果传统文化被忽视或遗弃，那么乡村极易发生动荡。

（2）本土文化与外来文化之间的对立

在乡村地区，城市化和全球化的影响带来了来自外部的文化冲击。一是生活方式的差异。乡村本土文化的生活方式与自然和农业紧密相连，这种生活方式使得村民注重节约资源，也重视劳动的价值。他们通常通过种植农作物和畜牧等自给自足的方式来满足自己的生活需求，对生活具有朴素追求。因为依赖土地和农作物为生，农民的生活方式与乡村的自然环境和土地息息相关，他们熟悉自然规律，遵循农耕时节，对自然充满敬畏之情，与大自然和谐共生。然而，随着现代化进程的推进，外来文化逐渐渗透乡村生活。现代化的生活方式更多追求的是高效、便捷和物质享受，强调技术的应用和便利性。与现代生活方式相伴而来的是便利的交通、先进的电子科技和快节奏的城市生活。这些与乡村本土文化截然不同的生活方式对村民产生了深远的影响。广大乡村地区长期以来以传统农业为主导产业，其劳动方式主要依赖人力和畜力，这种劳动模式不仅劳动强度较大，而且工作效率相对较低。随着外来文化的涌入所带来的机械化、电气化生产方式变革，农业劳动方式由传统的体力劳动和手工操作，转向依赖机械化和电气化的高技术作业。这一转变改变了乡村居民原有的劳动模式，要求他们学习并掌握新的劳动工具和技术，以提高劳动效率和整体生产力。另外，在城市化的冲击下，传统农村社会紧密的家庭纽带、邻里互动等关系网络也逐渐走向松弛、瓦解，村民彼此交往的频次和质量亦呈现出不同程度的减少和下降。

二是价值观念的冲突。乡村本土文化通常承载着传统的价值观念和信仰体系，如尊重长辈、重视亲情和邻里关系、注重自然生态等。而外来文化带来了个人主义、功利主义以及消费主义等新的价值观念。这些价值观念的冲突导致村民与外来文化之间的对立。村民坚守着传统的价值观念，认为这些外来价值观念是肤浅的、功利的，不符合他们的生活哲学；而外来文化则认为村民的传统价值观念是过时的、落后的，不符合现代社会的发展趋势。双方价值观念的冲突，在乡村与外来文化之间形成了一道难以逾越的鸿沟。村民坚守着传统的价值观念，他们认为这些观念经过历史沉淀，符合他们的生活哲学。在这些观念中，他们重视家庭、亲情、友情等人际关系，强调忠诚、诚实、勤劳等品质。然而，与乡村文化注重集体主义、家庭观念以及传统价值，强调社区和家庭的利益相比，外来文化更强调个体的利益和自主性。两种截然不同的价值观念，汇聚在乡村中，彼此间的冲突极易导致家庭观念和社会关系的不协调，使村民对外来文化产生排斥或认同困难。此外，这种价值观冲突也可能影响乡村社会的稳定和发展。当村民无法适应外来文化的冲击时，他们容易感到失落、无助和迷茫，从而对社会稳定产生负面影响。另外，对于乡村年轻人而言，外来文化的渗透改变了他们的思想、价值观念，导致青年一代的乡村文化认同感逐渐降低。

（3）人口流失与文化传承的冲突

随着城市化的加速和现代化进程的推进，越来越多的年轻一代选择离开乡村前往城市寻求更广阔的发展机会。这种人口流动直接影响了乡村文化传承的环境和条件，具体体现在以下方面。

首先，人口流失带来了乡村社会结构和社交网络的变化。年轻一代的离开造成乡村地区的年龄结构失衡，使乡村呈现老年人相对较多，年轻人相对较少的状况。因为年轻人在社交交往和信息传递中起着重要作用，这种失衡会破坏乡村的社交网络和社区凝聚力。当年轻人离开乡村并迁往城市，邻里关系和互助关系会遭到破坏。村民之间的交流减少，缺乏相互支持与合作的机会，使得社交网络弱化。年轻一代的离开导致乡村地区的信息流动减少。年轻人通常是信息的传播者和连接者，他们具有更广泛的社交网络、更紧密的联系，能够将不同地区的文化和知识传递到乡村社区中。但是，当他们离开后，信息流动受到限制，社区内对外界的了解和文化交流减少，导致传统文化的传承遇到阻碍。当年轻人离开乡村、接触到城市生活和现代化的价值观时，他们开始质疑自己的文化身份，导致对传统文化的认同感降低，这使得传统文化的传承和保护变得更为困难。

其次，人口流失会对乡村社区的经济活力和发展带来负面影响。年轻人的离开导致劳动力减少，农业和手工业等传统产业面临发展困境，从而限制了乡村地区的经济发展，阻碍了社区和基础设施的建设，进而导致传统工艺和农业知识无法得到有效的发展和保护，影响了乡村文化的传承。年轻人的离开也导致乡村地区的人口和市场规模减少，乡村的消费需求降低，经济的增长潜力也随之减弱。同时，人口流失还导致乡村地区缺乏创新和创业的活力，这对地方经济的发展带来极大挑战。年轻人和劳动力的减少，使乡村地区缺乏推动社区建设和基础设施改善的动力，进而对乡村社区的整体发展和服务质量产生负面影响，限制了传统工艺和农业知识的传承和发展。

最后，人口流失影响村民乡村文化认同。随着电视、互联网等现代传媒的普及，村民开始接触到更多的现代化信息和娱乐方式。这些新的生活方式和价值观逐渐取代了他们的本土传统文化观念，导致他们对传统文化的认同感逐渐降低。面对来自城市和现代化生活方式的价值观冲击，村民文化传承的动力和意愿减弱。年轻一代的流失可能导致村民在文化认同上产生根深蒂固的误解，进而对自己的文化身份产生怀疑和挫败感。

（4）乡村发展与文化保护的权衡

经济增长是乡村发展的重要驱动力。通过发展农业、旅游业和其他产业，乡村地区可以提供更多的就业机会，从而提高居民的生活水平。然而，经济增长往往需要利用土地、改变景观或拆迁历史遗产建筑。这将对乡村的文化遗产、自然景观和历史传统构成损害。因此，在发展乡村经济与保护乡村文化的过程中，存在如下抗衡。

一是建设与保护的平衡。随着现代化的推进，城市化、工业化和商业化趋势日益明显，这给乡村传统文化带来了巨大的冲击。发展现代化的要求往往与乡村传统文化的保护和传承产生矛盾，使得乡村文化建设的难度加大。首先，现代化的城市化进程导致乡村传统文化的消失。城市化带来的高楼大厦、宽阔道路和繁华商业街区，往往使得乡村的传统文化和风貌失去特色。许多具有历史和文化价值的建筑、景观和习俗，也因城市化的发展而消失或被破坏。这种变化不仅影响了乡村文化的传承，也使得村民失去了对本土文化的认同感和自豪感。其次，工业化和商业化对乡村文化的影响也不容忽视。随着工业化和商业化的发展，许多乡村地区出现了工厂、商业街区和购物中心等现代化设施。这些设施的建设往往需要占用大量的土地，导致乡村的传统农业用地减少。同时，工业化和商业化的推进也带来了环境污染、生态平衡被破坏等问题，对乡村的自然环境和文化环境都产生了负面影响。为了适应现代化需求，乡村需要进行基础设施建设和土地利用变更。然而，这些建设和变更往往会对乡村的传统风貌和历史遗存产生不可逆转的影响。例如，为了建设高速公路或铁路，一些具有历史和文化价值的古建筑和景观可能被拆除或搬迁。这种变化不仅破坏了乡村的文化遗产，也影响了村民的日常生活和传统习俗。

二是经济利益与文化价值的考量。乡村文化建设是一个复杂而重要的议题。它不仅涉及经济投入和资源支持，还涉及对文化价值的保护和传承。然而，在追求经济发展的过程中，一些经济利益诱导着人们忽视了文化价值的保护。首先，土地开发是导致乡村文化景观破坏的主要原因之一。在城市化进程中，许多乡村土地被征用为城市建设，导致许多具有历史和文化价值的景观被破坏。这些景观的消失不仅使乡村文化的独特性和真实性受到威胁，也使许多村民失去了他们的文化根基。其次，旅游开发也是导致乡村文化景观破坏的重要因素之一。许多乡村地区为了吸引游客，进行大规模的旅游开发，这可能导致文化景观的商业化和过度开发。例如，一些乡村地区为了迎合游客的喜好，改变传统建筑和文化的外观和内涵，使其失去原有的独特性和真实性。最后，商业化也是导致乡村文化价值保护被忽视的原因之一。在市场经济中，许多乡村地区为了追求经济利益，忽视对文化价值的保护。虽然乡村经济发展需要多样化和现代化，但这对农业和手工业等乡村传统产业产生了挑战。

1.2.2.2 乡村文化发展困境呈现

（1）传统文化式微

一是文化基础设施薄弱。乡村文化基础设施建设，是乡村文化发展的物质基础，是乡村正常运行的重要保障。发展农村文化基础设施可以扩展乡村文化发展空间，改善乡村投资环境，为乡村吸引更多外部资金，增加村民就业机会，提高农民收入。但与城市相比，乡村基础设施方面较为薄弱。乡村基本交通设施、供气、供水、环卫、通信等总体建设水平不高，表现出"重建设、轻维护"的问题，缺乏长远发展意识。另外，乡村基础设施管护建设缺乏标准且队伍素质不高使得乡村发展后劲不足。二是乡村习俗逐渐失传。随着社会的发展，一些传统的美好品德，如兄友弟恭、尊老爱幼、团结互助等传统道德逐渐淡化，而乡村陋习难以革除。在婚嫁礼仪方面，村民之间出现了互相攀比的现象，导致彩礼金额不断攀升，从而使乡村的传统习俗与礼仪文化逐渐偏离了其原始本意。在关怀长辈方面，存在子女对老人缺乏关怀现象，甚至一些老人面临着被冷落、无人依靠的情况，传统孝道精神式微。在生活习惯方面，一些村民业余生活单调，养成了酗酒、赌博、打架斗殴等不良习惯，严重危害了乡村和谐。这些进一步导致了乡村文化发展空间的逐步缩小。三是乡村文化保护意识淡薄。乡村文化是农村地区历史、民俗、传统、信仰等方面的综合体现，是农村地区人民在长期生产、生活中形成的独特文化现象。然而，很多村民对乡村文化的认知仅仅停留在表面，缺乏对其内涵和价值的深入探究，也因他们对乡村文化的价值和意义没有足够的认识，导致其缺乏对乡村文化的深入思考和关注。这导致他们难以意识到保护乡村文化的重要性和必要性，因此其在乡村文化建设中参与度不高，乡村文化在很多情况下遭到忽视和淡忘，甚至被破坏和遗弃。同时，传统文化的关注度低也使得村民们在乡村文化传播方面缺乏推广和宣传意识。由于乡村特色文化资源未能被充分传播，许多珍贵的文化遗产和民俗风情也被忽略和遗忘。在当今社会，随着城市化的加速和现代化进程的推进，许多乡村地区的传统文化逐渐失去了其原有的魅力和影响力。这不仅是因为年轻一代对传统文化的认知和兴趣逐渐减少，还因为许多乡村地区的文化传播方式过于陈旧和单一，无法吸引更多人的关注和参与。

（2）建设人才缺失

在任何地域，"人"都是重要的发展因素，任何地区的发展建设都需要各行各业各类人才的助推。虽然乡村建设对人才有着迫切需求，但因乡村本身发展空间、福利待遇等的限制，造成了本土年轻人才流失，引进人才艰难的尴尬局面。这也是乡村发展中面临的一个严峻问题，具体表现为以下方面。

一是乡村人口比例失衡。当前乡村地区的驻村人员主要以老年人、妇女和儿童为主，而青壮年劳动力则倾向于向城市流动，导致农村出现了人口"空心化"现象[①]。与乡村地区相比，城市能够提供更多的就业机会和发展空间，具有更现代化的产业结构和科技创新资源，能够为年轻人提供更好的教育、工作和生活条件。同时，城市的发展、现代化基础设施，以及社会福利服务体系更为完善，在生活保障方面也相对更为全面；同时，城市能够提供便捷的交通和通信条件，使年轻人与外界保持更密切的联系。这些因素导致年轻人更倾向于到城市就业，追求更高的收入和更好的生活条件。而由于大量农村人口流向城市，乡村地区出现了人口减少和老龄化的现象。这导致乡村建设的技术支持和人力资源受到影响。年轻一代人才的缺乏限制了乡村地区的发展活力和创新能力，对乡村建设和农业现代化产生了一定的负面影响。

二是乡村教育水平不高。乡村地区教育水平相对城市地区较低，对学生

---

① 魏后凯，郜亮亮，崔凯，等."十四五"时期促进乡村振兴的思路与政策［J］.农村经济，2020（8）：1-11.

的综合素质和职业发展能力的提升造成了限制。这主要是因为乡村地区缺乏高质量的教育资源和培训机会。例如，乡村学校往往设施较为简陋，师资力量相对不足，无法提供与城市学校相媲美的优质教育资源。由于缺乏高质量的教育资源和培训机会，乡村学生在知识、技能、综合素质等方面相对欠缺，这使得他们在面对现代化生产所需要的各种技能时，缺乏相应的应对能力。乡村地区教育水平的限制也对产业发展造成了影响。例如，在农业方面，缺乏现代农业技术和经营管理的知识，使得乡村地区的农业发展相对滞后。新兴行业和技术的快速发展需要具备相关知识和技能的人才，而这些人才在乡村地区相对匮乏，限制了乡村地区的产业发展。由于乡村地区缺乏高技能、高素质的人才，使得乡村地区缺少吸引和承载新产业及新产业链的发展机会。此外，乡村地区教育水平的限制也导致乡村现有产业的竞争力不足。缺乏现代化的技术支持和人才支撑，使得乡村地区的传统产业在市场竞争中处于不利地位，现有乡村人才在知识和技术上缺乏更新，导致乡村地区的产业很难满足市场需求和适应经济转型的要求。

三是乡村培训和职业发展机制不完善。乡村地区通常缺乏专业的技能培训机构，无法提供与现代化生产经验相匹配的培训课程，导致乡村人才难以获取专业知识和技能。同时，与城市地区相比，乡村地区的职业发展体系还不够完善，不能为乡村人才提供适宜的晋升机会和职业发展通道，造成乡村工作者在从事乡村建设工作时缺乏动力和方向。另外，乡村地区的职业培训和技能认证体系相对薄弱，缺乏在就业市场上的认可度，这导致乡村人才在就业时面临竞争力不足的问题，一定程度上限制了他们在乡村建设领域的职业发展。

（3）组织管理凌乱

乡村基层组织是国家文化政策、措施、方法等的实施途径，其作用不容忽视。然而，在现实中，大量的村干部对村庄发展没有规划，日常工作缺乏计划，做事流于表面。在乡村建设上，他们追求经济发展而轻视文化建设，重视眼前利益而忽视长远发展，导致乡村建设出现同质化现象。在凌乱的管理之下，乡村党组织显得软弱涣散，管理者责任心不强，工作热情不高。乡村基层党组织未能充分发挥引导作用，不能完全发挥村民参与村庄建设的积极性，最终造成村民各自为政，缺乏强烈的家园意识，从而使村庄缺少凝聚力和向心力[①]。

一是体制机制不健全。乡村地区的组织管理体制常常不够健全，缺乏明确的职责和权责界定。乡村地区的组织管理往往存在多个管理主体，如村民委员会、村镇企事业单位、乡政府等。这种多头管理容易导致决策分散、协调困难等问题。部分乡村地区存在不同的组织和机构之间的职责划分模糊不清的问题。例如，乡村地区的工作事务既需要村民委员会的领导，又需要乡政府的协调，这导致具体工作责任的界定不清晰。职责模糊会引发责任推诿、工作出现漏洞和工作人员责任心不强等问题。而不同组织之间存在决策权、资金使用权等方面的交叉和碰撞，容易导致权力的滥用、责任的逃避和决策的混乱，影响了乡村地区的发展和管理效果。

二是决策制定不科学。乡村地区的人口数量有限，且教育资源匮乏，导致难以培养本地的管理人才。然而，乡村地区经济发展滞后，福利待遇不足以吸引和留住具有专业技能与知识的管理人才。由于缺乏足够的人力资源支持，乡村组织在组织架构、人力资源管理、岗位培训等方面存在缺陷。也由于缺乏具备管理经验和专业知识的人员，乡村组织管理水平相对较低，往往难以有效地规划和执行管理策略，导致在工作中无法合理分配资源、制定规范和流程、推动项目实施等。另外，乡村组织在面临决策时，也容易因为没有足够的分析能力和决策技巧来应对复杂的问题，导致决策的效果不佳，甚至出现错误的决策，从而影响乡村组织的正常运行和发展。乡村缺少具备管理经验和专业知识的人员，也造成了乡村地区难以驱动和推动乡村创新，致使乡村组织的创新能力不足，难以适应快速变化的社会和经济环境。

---

① 吕宾. 乡村振兴视域下乡村文化重塑的必要性、困境与路径［J］. 求实，2019（2）：97-108.

三是基层作用未发挥。乡村基层组织是党在农村的重要阵地,是党联系群众、倾听群众呼声的重要渠道和纽带,也是党组织农村全面建设小康社会的基础力量。然而在实际工作中,很多乡村基层组织未能在宣传党和政府政策方面充分发挥引导作用。因缺乏有效的宣传手段和渠道,导致村民对相关政策的了解不够全面,无法正确理解政策意图。在社会治理方面,乡村因缺乏完善的社会组织和志愿者网络,无法有效组织和引导村民参与社区事务管理,导致乡村社会秩序管理不完善,社会问题无法妥善解决。另外,在乡村发展规划的制定和落实方面,缺乏科学、全面的乡村发展规划,导致乡村经济、教育、卫生、农业等领域发展缺乏整体性和协调性,致使乡村发展面临片面和零散的问题。

(4)文化产业不发达

乡村文化产业通过发掘和开发乡村的文化资源和传统技艺,培育文化创意产品和文化旅游业,创造就业机会,提高农民收入水平,推动乡村经济的多元化发展。挖掘和传承乡村的传统文化、民俗习惯等,使其得到有效保护和传承,促进乡村文化遗产的传承和保护,从而增强村民对本土文化的自信心和认同感,促进形成社会凝聚力和认同感,推动乡村社区的和谐发展。然而,在目前的乡村文化建设中,乡村文化产业却存在发展缓慢、产业单一、发展同质化等问题。

一是乡村文化资源开发不足。虽然乡村地区拥有丰富的文化资源,但一系列原因造成其并未得到有效的开发,限制了对这些资源的利用。首先,乡村地区传统文化的传承与发展面临困境是影响乡村资源利用的一个重要因素。在现代化的冲击下,传统的手工艺、民俗文化和乡村建筑等正在逐渐消失。许多传统技艺和文化知识没有得到有效的传承与保护,导致欠缺相关的开发利用手段。其次,缺乏专业人才和技术支持也是问题之一。乡村文化资源的开发利用需要专业的人才进行研究、策划和推广。然而,乡村地区一般缺乏相关的专业知识和技术支持,有限的人力资源和技术水平限制了资源的开发利用以及开发手段的创新。再次，乡村地区的交通、通信、展示场所等基础设施的不完善，制约了乡村文化资源开发利用的展示和推广。最后，市场渠道的不畅通也限制了乡村文化产品的销售和推广，造成乡村文化资源不能进一步得到开发。

二是文化产业链条不完整。在文化创意和设计上，文化创意作为乡村文化产业链条的起点，因乡村地区缺乏专业的具有创新思维和实践能力的人才，使得乡村文化产品的独特性无法充分展示，导致产品的市场竞争力不足。在生产和加工环节，乡村地区缺乏现代化的生产设备和技术支持，也缺乏与文化产业相适应的生产和加工企业，这导致乡村文化产品的生产和加工能力相对较弱，产品的质量和规模难以满足市场需求。在销售和宣传上，乡村地区缺乏专业的销售渠道和宣传推广手段。这意味着即使乡村文化产品具有一定的独特性和优势，但由于销售能力不足和宣传手段落后，无法有效地触及目标市场和受众，限制了产品的推广和销售。同时，由于乡村地区的文化产业发展缺乏统一的规划和引导，各个环节之间脱节，彼此间协同性不足，导致乡村文化产业的发展缺乏整合与协作，限制了其规模和影响力的扩大。

三是市场营销和品牌建设不到位。首先，市场定位不清晰。乡村文化产业往往没有明确的目标市场，缺乏对受众需求的深入研究和了解，这导致乡村文化产品的推广困难。因无法准确把握市场机会，也影响了产业的发展空间和市场份额。另外，乡村文化产业在市场竞争中缺乏差异化的特点，未能形成鲜明的品牌形象，这使得乡村文化产品与其他同类型产品较为相似，难以吸引更多的潜在消费者，从而限制了市场的开拓和壮大。其次，推广手段较单一。乡村文化产业推广主要依靠传统的宣传手段，如招牌、传单等，缺乏多样化的推广方式。传统的宣传手段存在信息传递不明确、覆盖面狭窄、效果难以评估等问题。而现今的市场营销环境日益数字化，很多企业、产品和服务都在网络上进行推广，而乡村文化产业缺乏数字化手段的应用，导致他们无法及时进入数字市场，和目标受众进行有效的交流和沟通。再次，品牌影响力不足。乡村文化产业在品牌建设方面起步较晚，知名度高、影响力强的品牌相对较少，无法直接引起消费者的关注和信任。最后，乡村文化产业企业的形象塑造较弱，缺乏清晰的企业理念、价值观和文化底蕴的传递。企业形象的薄弱导致消费者难以从外部形象和内部文化上建立对品牌的信任和认同。另外，乡村文化产业在品牌定位和价值主张上缺乏清晰度，无法突出独特的品牌特色和核心价值，难以形成差异化竞争优势。

1.2.3　价值耦合：职业教育与乡村文化相互促进

从系统论的角度出发，耦合描述的是两个或更多系统，以及不同运动方式之间借助多样化的相互作用，彼此影响并最终形成联合的现象，是一种在各子系统良性互动的基础上，产生的相互依赖、协调共进、彼此促进的动态关联状态。对耦合协调关系的深入分析，有助于推动各个系统或其构成要素之间实现和谐共进[①]。通过对职业教育与乡村文化振兴之间的耦合关系的剖析，有利于深化二者之间的合作与交流，从而实现互利共赢、共同发展。

1.2.3.1　发展职业教育对乡村文化振兴的价值

（1）职业教育培育文化建设人才

人才是影响乡村振兴的关键因素，也是乡村文化建设中的薄弱环节。职业教育具有面向"三农"的办学属性，因此在为乡村培育各类文化人才方面具有显著优势。

首先，职业教育为乡村文化人才培养提供了有效的渠道。职业教育可以利用自身的专业、课程和师资资源，开展针对村民的再教育，帮助他们丰富文化知识、提高文化水平、提升文化素养。此外，职业教育还可以通过培训提高技术文化人才的技术水平，提升他们在乡村文化服务方面的能力。同

---

① 潘军. 农业职业教育赋能乡村振兴的逻辑向度与实践进路——基于耦合协调视角［J］. 教育与职业，2023（2）：73-80.

时，职业教育借助在实践中的优势，为乡村文化经营、管理人才提供了大量的实践机会，从而提升了他们的文化经营、管理能力。

其次，职业教育为乡村文化人才驻留提供了保障。职业教育与政府、企业、行业、乡村之间存在密切的联系，通过校政合作可以获取政府政策、资金支持；通过校企合作、校行合作可以获取企业、行业的技术、市场支持。此外，通过校、政、村、行、企联合助力，可以培育、吸引、留住更多乡村文化建设人才。这些措施为乡村文化人才提供了更多的机会和保障，有助于他们更好地服务乡村文化建设。

（2）职业教育促进文化产业发展

产业兴旺是乡村文化振兴的重要指标，文化产业则是乡村文化实现可持续发展的不竭动力。职业教育在促成乡村文化资源产业转化中发挥着积极的作用。

首先，发掘乡村文化资源价值。在乡村地区中，蕴含着丰富的物质以及非物质文化资源，这些多元文化元素和文化记忆是宝贵的乡村财富。通过职业教育的帮助，可以深度挖掘这些乡村文化资源。例如，红色文化、非遗文化、乡愁文化等，提取其文化元素，将各文化要素结合形成乡村特色文化产业。

其次，提供文化产业发展支持。职业教育能够与乡村协同规划乡村文化产业，推动乡村文化产业的发展；同时，通过创意整合乡村文化元素，可以生成各种乡村文创产品，从而延伸乡村文化产业的价值链。此外，职业教育能够通过产教融合促进乡村文化与乡村教育、旅游、养老等产业的融合，丰富乡村文化产业的业态。借助现代信息技术，职业教育还可以改变乡村文化产业的经营方式，促使乡村文化产业形成新的商业模式。

最后，通过现代营销手段，职业教育可以帮助乡村文化产品进行推广，形成乡村文化品牌，提高乡村文化的社会影响力。

（3）职业教育推动乡村文化重塑

乡村文化重塑过程是一个复杂且重要的过程，它不仅保留了乡村文化的个性，而且吸收了现代文明的优秀成果，使得乡村文化得以焕发新的生命力。然而，随着城乡发展差距的扩大，乡村文化逐渐式微。面对这一严峻的形势，乡村文化需要重塑，以重拾其生命力和活力。

作为乡村文化的生命机制，职业教育在推动乡村文化重塑方面发挥着重要的作用。它一方面以育人来实现乡村教育的振兴；另一方面通过文化重塑助推乡村文化的振兴[①]。一是推动乡村传统文化的批判继承是实现乡村文化重塑的关键步骤。借助职业教育的育人功能，提高村民的科学文化素养，使其能够明辨、摒弃乡村文化中残留的封建迷信、陈规陋习，主动亲近、发扬乡村优秀传统文化，促进乡风文明。同时，将社会主义核心价值观融入传统乡村文化，既保留了乡村文化的个性，又丰富了乡村文化的内涵。这有助于提升乡村精神文明素养，推动乡村文化的发展。二是提升村民对乡村文化的集体认同感是实现乡村文化振兴的重要环节。通过职业教育课程讲授乡村文化，积极宣传、弘扬优秀乡村文化，可以提高村民对乡村文化的认知；在文化实践活动开展中，让村民参与、感受乡村文化，可以提升村民对乡村文化的情感认同，从而使村民在潜移默化中自觉参与乡村文化建设。

1.2.3.2　乡村文化振兴对职业教育发展的价值

（1）乡村文化振兴促使职业教育彰显自身特色

职业教育与普通教育是两种截然不同的教育类型，它们在教育目标、教学内容、教学方式等方面都有很大的差异。乡村文化振兴对于职业教育的发展具有重要意义，它有助于职业教育找准自身定位，发挥自身特色。

其一，乡村文化振兴推动职业教育完善教育体系，明确发展方向。通过初

---

① 袁利平，姜嘉伟. 关于教育服务乡村振兴战略的思考［J］. 武汉大学学报（哲学社会科学版），2021，74（1）：159-169.

等、中等、高等职业教育的有序衔接，在课程设置、专业布局、教学模式以及考核方式等方面，根据相应职业教育水平进行对接调整，以此将职业教育与普通教育区分开来。职业教育可以以完善的教育体系、多元的培训形式满足乡村文化振兴不同层次的文化需求，为乡村文化振兴提供有力的人才保障。

其二，乡村文化振兴推动职业教育做好内部分工，精准服务乡村。在服务乡村文化振兴中，高等职业教育、县域职教中心、乡镇成人教育中心，以及村级成人文化学校应该明确分工，各司其职，促进职教体系高效运转。高等教育应着力为乡村文化建设培育高层次技术技能文化人才，并且作为纽带，将各级职业教育联合起来；县级职教中心应该作为乡村文化振兴的重要场域，积极与乡村需求对接，为乡村文化建设培育初、中级技术技能文化人才，强化基础性、技能性及"三农"特色，在专业设置、课程编排、人才培养上面向"三农"；乡镇成人教育中心以及村级成人文化学校应该作为直面乡村层次的教育，注重对现代农民的培育。同时，作为乡村文化振兴的实践场域，它们能够活跃乡村文化氛围，提升村民文化认同感。

（2）乡村文化振兴促使职业教育提升服务能力

服务乡村文化振兴有利于解决职业教育内源性问题，如乡村振兴服务能力不足、思想观念落后等[①]。

首先，乡村文化振兴对于改善职业教育的文化供给具有重要意义。在服务乡村文化振兴的过程中，职业教育需要紧密结合乡村文化振兴的需求，构建更加完善、符合乡村实际需要的职业教育体系。这包括根据乡村文化的特点和发展需求，调整专业设置、课程内容和教学方式，以及加强师资队伍建设和实践教学环节，使职业教育更加贴近乡村实际，从而为乡村文化振兴提供有力支持。

其次，乡村文化振兴也为职业教育提供了改革契机。利用现代科技手

①　张旭刚.农村职业教育服务乡村振兴:实践困境与治理路径［J］.职业技术教育,2018,39（10）:59-64.

段，创新教育形式，提高教育质量，是职业教育在服务乡村文化振兴中需要积极探索的方向。通过引入现代教育技术，如人工智能、大数据等，职业教育可以更好地满足乡村教育的需求，提升教育效果，同时也有助于自身技术力量的提升和更新。

再次，乡村文化振兴还促使职业教育重新审视自身的角色定位。在服务乡村文化振兴的过程中，职业教育需要逐渐增强自身的包容性和文化性，促进"技"与"文"的融合。这意味着职业教育不仅要注重技能培养，还要注重文化传承和创新，为乡村文化振兴提供更加全面、深入的支持。

最后，乡村文化振兴对于提升职业教育的产教融合能力也具有积极作用。面对产教分离的现象，职业教育需要主动对接乡村经济建设，建立教育链、人才链与乡村产业链、创新链的联系，增强乡村文化产业服务能力。通过与乡村产业的紧密合作，职业教育可以更好地了解乡村产业的需求和发展趋势，为乡村产业提供更加精准、有效的服务。

此外，职业教育还需要与企业建立密切的联系，加强双方交流和合作，建立产学研平台，提升产学研能力。通过与企业合作开展科研项目和技术创新，职业教育可以为乡村文化产业振兴提供后续动力和支持。同时，这种产学研合作也有助于提高职业教育的质量和水平，促进人才培养和产业需求的紧密结合。

（3）乡村文化振兴促进职业教育走向内生发展

在乡村文化振兴中，职业教育的作用日益凸显，它不仅能够从依赖外源逐步走向依靠内源，实现职业教育内生发展，还能增强教育的生命力。其一，乡村文化振兴有助于激发职业教育的内生动力。国家对职业教育的重视和大力支持，为职业教育的发展勾画出了美好的蓝图。职业教育服务乡村文化振兴，有助于职业教育紧跟新形势，厘清发展思路，不断根据乡村文化建设需求调整职业教育内涵，改进教学模式。通过增强职教身份认同，促进教育文化自觉的觉醒，从参与乡村文化振兴到主动服务乡村文化振兴，实现内生发展。

其二，乡村文化振兴有助于提升职业教育的内化能力。在参与乡村文化振兴的过程中，职业教育不断与各方力量协同合作，不断提升内化能力。职业教育依托自身的智库，积极调动职教系统内的课程、师资、学生等要素，将政府、企业、行业、乡村等多股力量联合起来，将乡村多样文化资源转化、融合为乡村文化资产，助推乡村文化发展。

1.3 研究意义

1.3.1 理论意义

职业教育服务乡村文化振兴的研究可以为乡村文化振兴提供理论支持和指导。首先，通过对乡村文化振兴进行理论研究，可以深入探讨职业教育在乡村文化传承、创新和发展方面的作用和机制，为乡村文化振兴提供理论依据和科学方法，为乡村振兴和农业农村现代化发展提供实践基础和理论依据，从而促进乡村振兴理论创新。其次，通过对乡村文化振兴进行学术研究，可以促进不同学科之间的交流与合作，形成学术合力，丰富学科研究内容，提高学术研究水平。职业教育服务乡村文化振兴研究具有跨学科性和综合性的特点。这一研究领域需要各个学科的专业知识和研究方法的综合运用，如教育学、社会学、人文地理学、经济学等。从比较的视角出发，研究职业教育服务乡村文化振兴的成果，有助于深入了解不同地域、不同文化背景下的乡村文化发展问题，为乡村文化振兴提供新的观点和路径。再次，研究职业教育服务乡村文化振兴的理论问题，也有助于完善职业教育理论体系，提高职业教育的质量和水平。最后，可以通过对职业教育与乡村文化振兴的内在联系进行深入研究，可以更好地理解职业教育在乡村文化传承、创新和发展中的重要地位和作用，从而深化对职业教育本质的认识。

1.3.2 现实意义

职业教育服务乡村文化振兴研究可以为职业教育和乡村文化振兴的实际工作提供有益的实践参考和指导。首先，探索职业教育服务乡村文化振兴有助于拓展职业教育的功能和领域，提高职业教育适应性。随着社会经济的快速发展和产业结构的不断调整，职业教育面临着新的机遇和挑战。在服务乡村文化振兴的过程中，职业教育可以充分发挥其在人才培养、科技创新、社会服务等方面的优势，提升其社会服务能力。其次，乡村具有广阔的文化空间可以为职业教育提供更为丰富的教学资源和实践平台，促进职业教育的创新和发展。针对职业教育在乡村文化振兴中的作用及其需求进行深入研究，可以为职业教育机构及相关部门提供科学的政策建议与决策支持，进而促进职业教育的改革与进步。再次，职业教育服务乡村文化振兴的研究有助于探索职业教育与乡村发展的契合点。职业教育服务乡村文化振兴是一个系统工程，需要多方面的支持和参与。职业教育作为乡村发展的重要组成部分，应当与乡村经济、社会、生态等各个领域紧密结合，形成互利共赢的良好局面。通过深入研究职业教育与乡村文化振兴的契合点，可以了解并解决职业教育资源配置和区域分布短缺、乡村地区文化资源利用和保护等问题，具有推动乡村社会和文化改革创新和促进地方发展的实际意义，能够为乡村文化的繁荣和发展提供更有针对性的政策建议和实践指导。最后，职业教育服务乡村文化振兴的研究还可以深入挖掘国内职业教育赋能乡村文化振兴的样板，通过研究国内成功案例，探讨职业教育服务乡村文化振兴的有效途径，共享乡村文化振兴中的职业教育经验和成果，从而为其他地区和国家乡村文化振兴提供借鉴和参考，促进全球农村发展的可持续性和共享性。

1.4 研究目标

本书旨在通过探索职业教育服务乡村文化振兴的潜在影响因素，分析职业教育服务乡村文化振兴的内在机理及其实现路径，以期为实现乡村文化振兴与职业教育的有机结合提供理论支持和实践参考。具体来说，本书的主要研究目标包括以下方面。

第一，分析当前职业教育服务乡村文化振兴的现状，从中剖析职业教育服务乡村文化振兴的现实处境。

第二，对访谈获取的文本进行扎根分析，探索职业教育服务乡村文化振兴的影响因素，建立相对应的影响因素指标。然后根据问卷调查获取的数据，结合扎根理论的编码，开发和检验职业教育服务乡村文化振兴影响因素量表，构建职业教育服务乡村文化振兴影响因素模型，并对提出的假设进行检验。

第三，通过对典型案例的乡村文化振兴实践进行深入探究，可以对已构建的职业教育服务乡村文化振兴影响因素模型进行有效验证。同时，这些实践例证也为提炼出具有实践指导意义和科学依据的职业教育服务乡村文化振兴路径提供经验借鉴。

第四，在理论研究和实证数据分析的基础上，结合分析结果，提出具体优化对策与建议。

1.5 研究思路与方法

1.5.1 研究思路

本书采用"理论分析—实证研究—案例验证"三步法进行研究。首先，基于文献综述和理论分析，对职业教育服务乡村文化振兴进行深入剖析，形成理论框架；其次，通过开发职业教育服务乡村文化振兴影响因素量表以及对量表进行多维度的数据分析、验证，构建职业教育服务乡村文化振兴的影响因素模型；最后，通过案例探索和路径设计，验证和优化所提出的理论框架，并总结出实现乡村文化振兴与职业教育有机结合的新思路和建议。

1.5.2　研究方法

本书采用了定量和定性相结合的研究方式，以期对职业教育服务乡村文化振兴的影响因素进行科学的深入分析和探究，具体包括以下几个研究方法。

第一，文献分析。通过对相关文献和理论的综述，深入剖析职业教育服务乡村文化振兴的核心概念和影响因素。

第二，扎根理论分析。运用扎根理论，采用开放性编码、主轴性编码和选择性编码对访谈获取的数据进行分析，剖析职业教育服务乡村文化振兴的影响因素，并结合典型案例进行分析和验证。

第三，实证研究。在前期扎根分析的基础上，构建职业教育服务乡村文化振兴影响因素量表。通过对问卷调查获取的数据进行分析，对职业教育服务乡村文化振兴进行实证研究和评估，为理论和路径设计提供实际支持。在数据分析中，采用了 SPSS、AMOS 等分析工具进行数据模型的建立和拟合。

第四，案例探索。通过系统分析和总结泉州职业技术大学服务乡村文化振兴的典型案例，探索其乡村服务经验，以期为乡村文化振兴提供实际参考。

1.6　研究结构与内容安排

本书共有 8 章，具体内容安排如下。

第 1 章是绪论。本章节主要对本书的研究背景、意义、目标、思路和方法进行阐述。作为全书的框架与纲领，对本书具有指导作用。

第2章是文献综述。本章节先是对本书的基本概念进行界定，接着对研究所涉及的理论进行阐释，并且梳理了国内外职业教育服务乡村文化相关文献。本章是全书研究的理论基础。

第3章是现状分析。本章节先梳理了国内外职业教育服务乡村文化振兴的实践样态，然后对职业教育服务乡村文化振兴的现状展开评价，分析其优势、劣势、机遇及挑战。本章为后文的实证研究展开，以及发展路径设计提供问题导向和现实依据。

第4章是基于扎根理论的影响因素探索。本章节运用扎根理论对访谈获取的文本进行分析，通过运用开放性编码、主轴性编码和选择性编码三级编码，梳理出职业教育服务乡村文化振兴的影响因素。本章是后文量表开发的前期条件。

第5章是影响因素量表开发及研究假设检验。本章节依托上文梳理出的职业教育服务乡村文化振兴影响因素，结合知网文献进行问卷设计。选取专业领域内专家进行背靠背评审，根据专家意见对问卷题项加以删减、调整、合并，并开发出初始量表。通过对初始问卷调查及正式问卷调查结果分析，从而检验问卷的有效性。本环节确定的正式量表为后续实证分析提供前期基础。而后，结合现有理论分析提出理论假设，构建了职业教育服务乡村文化振兴的结构方程模型，并对研究假设进行了检验。本章为本书研究提供了实证依据。

第6章是实践案例探索。本章节选取一所职业本科院校——泉州职业技术大学作为典型案例，对其服务乡村文化振兴实践进行分析，剖析影响其服务效果的因素以及具体实施路径，从而为职业教育服务乡村文化振兴提供实证案例参考。本章作为本书研究的案例呈现，进一步深化了前文研究，也为相关院校服务乡村文化振兴提供了案例参考和经验借鉴。

第7章是发展路径设计。本章节在前文分析的基础上，构建职业教育服务乡村文化振兴的发展路径，阐述职业教育服务乡村文化振兴的逻辑向度、发展原则、具体实施路径及未来发展展望，以期为职业教育赋能乡村文化振兴提供实践参考和启示。

第 8 章是本书的研究总结。先大致阐述了本书在理论分析与实证分析上所做的主要工作并对相关研究结论进行总结。紧接着，对该主题未来的研究前景进行了展望，旨在为后续研究提供有益的借鉴和启示。

第 2 章　研究理论基础与相关文献探讨

本章主要包含四部分内容：一是对"教育"与"职业教育"、"文化"与"乡村文化"，以及"乡村振兴"与"乡村文化振兴"等核心概念进行界定；二是解读文化认同理论、协同理论与利益相关者理论等，为后续研究奠定了基础；三是系统整理现有的研究成果，明确当前研究的不足；四是进行研究述评，为本研究问题的提出以及研究框架的构建，提供明确且具学理依据的切入点与理论基础。

2.1　核心概念阐释

界定概念不仅是研究工作的起始点，更是把纷繁复杂的事物变得清晰有序的重要过程。本章主要对"教育"与"职业教育"、"文化"与"乡村文化"，以及"乡村振兴"与"乡村文化振兴"三组概念进行界定，从而划定研究边界、消除理解偏差。

2.1.1　教育与职业教育

作为人类社会特有的社会现象，教育的本质属性是培养人。古今中外很多学者、教育家也对教育的概念进行了阐述。我国历史上第一位教育家——孔子提倡德行教育，强调仁、义、礼、智、信的道德准则；提出"有教无类"，即不论贫富贵贱，人人均有接受教育的权利。继孔子之后，孟子首次提出"教育"一词。古希腊哲学家柏拉图（Plato）在其著作《理想国》中论述了教育的重要作用。他认为教育的实施推动了理想国的运行，教育的引导作用能够将人的天赋能力挖掘出来，通过实施正确的教育能够实现绝大多数人的幸福[①]。著名教育家夸美纽斯（Comenius）在《大教学论》中阐述了他的教育理念。他认为教育应该是普遍的，所有人都有权利接受教育，不分性别、社会地位和国籍；他强调教育应该按照学生的发展阶段逐步进行，遵循自然的成长规律，从简单到复杂，由具体到抽象，让学生能够更好地消化和吸收所学的知识。德国教育家赫尔巴特（Herbart）作为"科学教育学的奠基人""现代教育学之父"，指出教育的最高目的是道德的培养。对他来说，道德发展应当是教育过程中最重要的目标，教育应当追求形成有道德感知、意志力强、能够自由决定行为的人。

　　尽管国内外的教育家们基于各自的文化、社会、政治、经济和个人理念等因素对教育有着不同的见解，但他们之间依然存在一些共同的核心理念。例如，教育通常被视为知识的传递过程，无论是在技能、科学、文学还是艺术方面，教育都致力于将累积的知识和智慧传授给下一代；教育也被视作个体融入社会、学习社会规范和价值观念的重要途径。同时，不同的教育理念都认同，教育对于促进个人的心理和智力发展具有积极作用，帮助个体发现并最大化自己的潜能。通过教育这一活动，个体学会与他人合作、共处，形成有益的社交能力。许多教育家也强调道德和伦理教育的重要性，把教育作为培养良好公民和道德责任感的关键手段。

　　德国是职业教育学的重要起源地之一。伴随着西方大工业生产，现代职业教育制度得以确立。我国的职业教育体系，是在近代西学东渐的历史背景下，由西方引入的。历史上，我国职业教育曾被称为学徒制、实业教育以及职业技术教育等。1904 年，山西农林学堂总办姚文栋在《添聘普通教习文》

---

① 柳海民.教育学原理［M］.北京：高等教育出版社，2011：31.

中首次提及"职业教育"这一词语。[①]直至 1996 年,《中华人民共和国职业教育法》的颁布意味着"职业教育"这一词汇使用的规范化与统一化。彼时颁布的《中华人民共和国职业教育法》中,提及职业教育要对受教育者进行思政以及职业道德方面的教育,通过传授职业知识,培养职业技能,全面提高受教育者的素质。2022 年,我国对《中华人民共和国职业教育法》进行了修订,其中将职业教育定义为,为了培养高素质技术技能人才,使受教育者具备从事某种职业或者实现职业发展所需要的职业道德、科学文化与专业知识、技术技能等职业综合素质和行动能力而实施的教育。

职业教育与普通教育都是教育体系的重要组成部分,在培育学生方面发挥着重要作用。普通教育偏重对学生进行广泛的知识传授,促进学生智力发展;而职业教育更侧重于为学生提供特定技能和知识,以满足职业领域的需求。因其目标是使学生具有工作所需的知识和技能,故其课程往往会与实际工作场景相结合,兼具职业相关性以及实践性。职业教育能够对社会与经济需求做出直接响应,为社会提供技能培训,促进劳动力市场需求与人才供给实现平衡。职业教育具有广泛包容性,为不同背景及能力的学生提供了另一种学习与发展的途径,尤其对那些在普遍教育环境中未能取得优异成绩的学生而言。因而,职业教育可被定义为一种旨在开发和增强受教育者职业能力的教育类型。其核心在于以实操学习为主,注重培育具备必要技能和技术的专业人才,重点传递各类职业所需的知识、技能和工作态度。这一过程不仅促进受教育者的个人职业生涯成长,也迎合社会经济的发展需求。职业教育由各级职业院校、企业、各类职业培训机构等教育实体共同承担和推进。历史上,尽管职业教育在部分社会文化中曾被视为一般教育的替代选择,但近年来,这种观念正逐渐转变。现今,职业教育已获得更为广泛的认可,被视为实现成功职业生涯及满足个人职业抱负的合法途径。

---

① 刘秉栋、陈梦越、楼世洲. 西方职业教育思想在近代中国的传播及其特征［J］. 教育学术月刊,
2021（8）: 9-15.

2.1.2　文化与乡村文化

文化（culture）这个词源自拉丁语"cultura"，原义为农业的耕作，后来逐步延伸为对人精神和知识的培养，横跨物质及精神两个领域。英国文化学家爱德华·伯内特·泰勒在他的著作《原始文化》中将文化定义为集知识、信仰、艺术、道德、法律、习俗和任何人作为一名社会成员而获得的能力和习惯为一体的复杂总体。[①] 文化有狭义文化和广义文化之分。狭义文化，即"小文化"，呈现的是特定群体的生活方式、信仰、价值观、传统和习惯等精神方面的文化。广义文化，即所谓的"大文化"，则是人类社会所创造的所有物质和精神成果的总和。

乡村文化，作为根植乡村的独特文化形态，其内涵丰富，层次鲜明。根据文化体系的四层次说，可以将乡村文化的内涵划分为物态文化层、制度文化层、行为文化层和心态文化层四个层面。这四个层面相互支撑，相互影响，共同构成了乡村文化的完整体系。首先，物态文化层是乡村文化的外壳，主要体现在乡村的空间形态上。这一层面的乡村文化包含了乡村的建筑、艺术、工艺等有形的文化表现形式。它们不仅反映了乡村人民的生活方式和审美情趣，也构成了乡村文化独特的视觉形象。其次，制度文化层是乡村文化的支撑，主要涵盖了乡村的社会制度、组织形式、法律法规等方面。这一层面的乡村文化体现了乡村社会的秩序和规范，以及乡村人民对公共事务的参与和管理。这些制度保障了乡村社会的稳定和发展，为乡村文化提供了坚实的基础。再次，行为文化层是乡村文化的外化，主要表现为村民在乡村生活中的行为举止和习俗传统。这一层面的乡村文化涵盖了村民的劳动、交往、娱乐、祭祀等社会活动，展示了乡村人民的精

---

① 　程裕帧.中国文化要略［M］.北京：外语教学与研究出版社，2017：3-4.

神风貌和道德观念。最后，心态文化层是乡村文化的核心，主要涉及村民的各种心理和意识。这一层面的乡村文化揭示了乡村人民的价值观、世界观、信仰体系等精神内涵，体现了乡村文化的深层结构和乡村人民的精神追求。

本书认为，乡村文化生态系统是一个复杂而独特的系统，它由多个相互关联的组成部分构成。在这个系统中，乡村外部环境和乡村内部环境共同塑造了其特性和发展。同时，该生态系统具有动态发展的特征，在历史演变、社会变革和自然环境变化等多种因素的作用下不断调整和演变。在这个过程中，乡村外部环境和内部环境之间的相互作用和影响，使得乡村文化生态系统有了丰富的内涵和多样的形态。

2.1.3 乡村振兴与乡村文化振兴

2017 年，党的十九大首次提出乡村振兴战略。该战略是国家基于时代新要求、时空新维度，以及发展新理念提出的乡村发展战略。"时代新要求"一方面指的是，国家经济社会发展带来的城市化高速推进引发的城乡发展差距逐步扩大的需求；另一方面指的是，在全球化和市场化的背景下，农业领域面临生产方式、产业结构、经营机制等方面的转型升级压力的要求。"时空新维度"在时间维度上，表现为对乡村振兴战略的认识及推进的长期性。随着国家建设不断深入，对乡村发展的认识也在持续深化，乡村的繁荣与发展也需要分阶段、分任务目标实现。在空间维度上，"时空新维度"体现为国家对农村、乡镇以及城市关系的考虑。从党的十六大提出"统筹城乡经济社会发展"到党的十九大提出"城乡融合发展"，我国城乡关系从二元对立向二者融合过渡，乡村发展走向整合内外资源，协同政府、企业、行业等多元力量激活内部活力，实现乡村繁荣。"新的发展理念"则体现在发展布局上，乡村振兴与国家经济、政治、文化、社会、生态建设等融为一体，同"创新、协调、绿色、开放、共享"等理念有机结合。乡村振兴战略当中提出的"产业兴旺、生态宜居、乡风文明、治理有效、生活富裕"20 字要求体现了乡村振兴的核心内涵。"产业兴旺"体现的是通过乡村产业发展带动乡村经济繁荣，"生态宜居"主要指乡村的经济生态环境，"乡风文明"关注的重点是乡村文化的建设，"治理有效"意在提升乡村治理效果，"生活富裕"则是战略实施要达到的重要目标。乡村振兴应是一个有机整体，统筹谋划乡村经济、政治、文化以及生态文明等的建设。

　　而文化振兴是乡村振兴的灵魂所在，它既是乡村底蕴的承载又是乡村的内在发展动力。乡村文化的振兴能够唤醒乡村精神，提升乡村整体形象，促进乡村和谐发展。2018 年，中央一号文件对乡村文化振兴的具体要求，包括加强农村思想道德建设、传承发展提升农村优秀传统文化、加强农村公共文化建设、开展移风易俗行动四部分内容。《国家乡村振兴战略规划（2018—2022 年）》进一步补充了健全公共文化服务体系、增加公共文化产品和服务供给，以及开展群众文化活动等乡村文化生活方式。许昕然、龚蛟腾则从《中华人民共和国乡村振兴促进法》中提炼出涵盖文化生活与风气、文化服务与创作、文化传承与保护、文化产业与市场四大维度，共计 13 个具体方面的乡村文化振兴建设内容。[①]

　　鉴于乡村文化的系统性和复杂性，结合前文关于乡村文化的分析，本书认为不能将乡村文化振兴简单地看作一种静态的保存或复兴活动，而应当将其视为一个动态的、不断适应和更新的过程。在乡村文化振兴的发展过程中，需要认识到不同乡村之间，甚至同一乡村内部文化的多样性，尊重并发展这种多样性，而不是追求单一化或同质化。在乡村文化振兴中，应当维持和强化传统艺术、习俗、语言、宗教、节庆活动等文化要素，以及地理位置、自然资源、景观等生态因素之间的正向互动，以确保文化生态的健康和持续性。同时，乡村文化振兴也需要平衡乡村内部环境（如社会结构、经济

---

① 许昕然，龚蛟腾. 政策工具视角下的乡村文化振兴政策文本量化研究［J］. 图书馆论坛，2023，43（4）：69-78.

活动和居民的价值观念等）与外部环境（如政策支持、市场力量、全球化的影响及城乡交流等），既尊重和挖掘历史遗产，又适应社会变迁和现代化的需求，促使传统文化的保护与创新齐头并进。

2.2 相关理论介绍

2.2.1 文化认同理论

"认同"（identity）这个词语起源于心理学领域，旨在描述个体对于自身特性的认知和理解。随后，这一概念在社会学、政治学，以及民族性等领域得到了广泛的研究和应用。认同的概念通常被翻译为"身份""同一性"或"一致性"，它代表了个体对自身与他人、与社会之间的主观理解和感知。从心理学的角度来看，认同是一个人对自己的性格、能力、信仰和价值观等方面的认知和评价。它体现了一个人对自己的内在特质和外在表现的认同程度，以及个体在不断发展和变化的过程中，如何调整和适应自己的身份。在社会学领域，认同概念被用来研究个体在社会角色、群体归属和民族认同等方面的表现。社会学家认为，认同是一个人在社会交往中形成的，受到文化、历史、地理等多种因素影响的身份标志。在不同的社会群体和文化背景下，个体对于认同的认知和表达也会有所不同。在政治学研究中，认同问题常常与国家和民族的政治合法性、国家统一和民族自治等议题密切相关。政治学家关注的是，个体如何在一个多元文化和多民族的国家中找到自己的位置，以及国家如何通过政治制度和政策来引导和塑造公民的认同。此外，在民族性领域，认同主要涉及个体对所属民族的认知、情感和归属感。民族认同是民族文化、历史传统和群体意识的综合体现，对于维护民族团结、促进民族和谐具有重要意义。

自 20 世纪中期以来，认同问题一直是学术界关注的焦点。通常而言，认同是指对共性或相似性的认可。世界上各种事物之间，或多或少都存在共同或相似之处，但只有当人与人之间相互确认这种共性时，才能实现认同。这意味着，认同的本质在于关系，它是人与人、人与群体，以及人与社会之间的相互作用。值得注意的是，认同与认可有所不同。"认可"仅仅是对某种事实的承认，而不涉及接受和赞同；而"认同"则意味着对共性或相似性的确认并赞同，或者对其表示承认与接受。此外，认同不同于趋同或同化，因为后者强调的是向相同方向发展的过程，而认同关注的是对共性或相似性的确认①。

作为一个宽泛的概念，认同涵盖了个人认同、社会认同、国家认同，以及文化认同等多个层面。在这些层面中，各自具有独特的内涵和外延，彼此相互关联，共同构成了一个完整的人格认知体系。其中，个人认同指的是个人对自我的认知、评价和定位。它包括了自我形象、自我价值观、自我角色等多个方面。个人认同的形成受到基因、教育、环境等多种因素的影响。社会认同指的则是个体在社会中的地位、角色和形象。个人认同受到社会规范、价值观、文化传统等因素的制约。社会认同强调个体在社会网络中的互动和沟通，有助于建立和谐的人际关系。在社会认同的基础上，个体能够更好地适应社会环境，实现社会角色的转变。国家认同是指个体对所属国家的认同感。国家认同涉及国家政治、经济、历史、法律等多个领域。一个强大的国家认同有助于提高民族凝聚力，增强国家向心力，维护国家主权和领土完整。而文化认同则指个体对所处文化环境的认知和接纳。文化认同涵盖了语言、信仰、习俗、艺术等多个方面，指的是与某种文化相关的共享价值观、信仰、习俗和实践以及个体，依据这种文化进行自我定义和归属感的建立。文化认同感不仅体现在思想观念上，还表现在行为方式和情感归属上。因而，文化认同也是认同的核心。文化认同中共享的价值观，如尊重长辈、团结互助、诚实守信等，是人们共同遵循的行为准则，它影响着个体在社会

---

① 崔新建 . 文化认同及其根源［J］. 北京师范大学学报（社会科学版），2004（4）：102-104, 107.

中的行为和态度，能够在一定程度上规范人们的行为，使社会更加和谐稳定。文化认同也包括宗教信仰，以及对自然界、宇宙和世界观的认识，它们为个体提供了精神寄托，使人们在面对困境时有所依靠。节日庆典、婚丧嫁娶、饮食习惯等习俗是文化传承的重要载体，它体现了某一文化在特定历史时期的特点，使人们在日常生活中感受到文化的存在，并强化了文化认同。教育、劳动、艺术创作等实践是文化认同的具体体现，使文化从观念层面落实到实际行动中，使得文化更具活力，也使得文化认同更具实际意义。

根据文化认同的深度和广度，可以将其划分为三个层次：文化认同的表现层、文化认同的保护层和文化认同的核心层。这三个层次相互关联、相互作用，共同构成了一个完整的文化认同体系。文化认同的表现层主要指的是对文化形式的认同。这一层次的认同体现在个体对文化符号、文化传统和文化活动的接受和参与程度上。文化认同的保护层是指对文化规范的认同。这一层次的认同涉及个体对文化传统、道德观念和行为规范的尊重和遵循。文化认同的核心层是对文化价值的认同。这一层次的认同关乎个体对文化内涵、文化精神和文化传承的根本认同。核心层的认同是文化认同的最高境界，表现为个体对文化价值的深刻理解、情感共鸣和自觉践行。表现层的认同是基础，保护层的认同是保障，核心层的认同是目标。只有当个体在认知、情感和行为上全面认同本民族文化，才能形成坚定的文化自信心，为文化繁荣和国家发展奠定坚实基础[1]。

对个人而言，文化认同既有助于个体理解自我的价值观、行为和信仰，使他们在面对生活中的各种抉择时，能够有所依据和判断，也为个体提供了行为和决策的指南，使个体可以依照文化规范来做出选择。另外，通过与相似文化背景的人关联，个体可以感受到归属感。人们生活在一定的文化环境中，具有相似文化背景的人更容易产生共鸣。这种归属感也使个体在社会中感受到温暖和支持，从而能够更好地适应社会环境，实现个人发展。对社会

---

[1] 佐斌，温芳芳. 当代中国人的文化认同 [J]. 中国科学院院刊，2017，32（2）：175-187.

而言，文化认同是促进社会团结、增强社会凝聚力的基石，它影响着新一代如何学习并继承社会的历史、传统和价值观。另外，在多元社会中，理解不同的文化有助于促进不同团体间的沟通和相互尊重。在我国，强化文化认同更是具有重要意义。中华民族拥有五千多年的悠久历史，丰富的文化底蕴为我们提供了强大的精神支柱。强化文化认同，有助于全体国民树立共同价值观念，增强民族凝聚力，为实现中华民族伟大复兴提供精神动力。而在文化传承上，文化认同为文化传承提供了动力和动机。当个体对其所属文化产生自豪感及归属感时，他们更有可能积极参与到文化活动中，维护和传播其传统文化和习俗。家庭、学校以及社区都是文化传承的重要场所。文化认同鼓励在教学中增加对语言、历史和传统的教育，让年轻一代能够继承并尊重其文化遗产。文化认同促使个体实践自己的文化，包括参与节庆活动、宗教仪式和其他社区活动。这些实践帮助个体更深入地理解自己的文化并与他人分享。当文化认同强烈时，个体倾向于内化文化价值观和标准，并且将这些价值观和标准体现在生活的各个方面。文化认同不仅包括保存过往的传统，也包括适应新情境和环境。当下，随着多元化和全球化程度的日益加深，为适应不断变革的社会环境，个人的文化认同愈发显得复杂且丰富，对灵活性和开放性的需求也愈发明显。文化自信和认同感的强化可以激发创新精神，引导文化演进，使其保持相关性和活力。在全球化和同质化的压力下，增强文化认同感有助于保护濒临消失的语言和传统，从而保障文化多样性。

　　乡村文化是中华民族传统文化的重要组成部分，它承载着丰富的历史信息和独特的地域特色。在乡村文化的传承过程中，乡村文化认同发挥着至关重要的作用。乡村文化认同是维系乡村传统和习俗的强力纽带。乡村文化认同有助于强化乡村文化的独特性。每个乡村都有其独特的历史、地理、民俗等文化元素，这些元素共同构成了乡村文化的特色。通过强调这些独特性，乡村文化认同使得乡村文化在众多文化形态中脱颖而出，彰显其独特价值。同时，乡村文化认同有助于增强村民的身份认同感。在乡村社会中，村民共同遵循着传统的习俗和规范，这些习俗和规范既是乡村文化的一部分，也是村民身份认同的基础。通过传承和弘扬乡村文化，村民更加坚定地认为自己是乡村文化的一部分。通过增强村民的这种身份认同，激发他们传承乡村文化的积极性，使他们在尊重传统的基础上，努力挖掘和传承乡村文化的优秀元素，将其与现代社会的需求相结合，创造出适应现代社会需要的文化形式，进而传承乡村文化，为乡村发展提供了源源不断的文化动力。最后，乡村文化认同有助于增强乡村的凝聚力。具有深厚文化底蕴的乡村，其内部凝聚力往往更加强大。村民对乡村文化的认同，使他们在面对外部压力和挑战时，能够团结一致，共同维护乡村的利益和促进乡村发展。在推进我国新型城镇化的过程中，应当高度重视乡村文化认同的建设，让乡村文化在现代社会焕发出新的活力。

2.2.2　协同理论

在 20 世纪 60 年代和 70 年代，科学界愈发关注复杂系统的行为。在热力学、化学反应、生物学等多个领域中，存在大量互相作用的系统，其行为难以用简单线性法进行阐释。这些系统自发地从无序状态转向有序，逐渐成为研究焦点。在此期间，理论物理学家赫尔曼·哈肯（Hermann Haken）对激光产生浓厚兴趣。他认识到，作为独特的光源，激光光束具有高度有序性，这种有序源于大量原子及其辐射过程的协同作用。同时，他也意识到这种现象为自组织过程的一部分，并在自然界中普遍存在。因此，哈肯教授期望通过构建一个理论框架，阐述和理解微观混乱状态通过非线性互动演进而形成宏观有序结构的机制。作为对这些现象的回应，在 20 世纪 70 年代，哈肯教授提出了协同理论（协同学）。协同理论不仅仅是对这些系统如何形成自组织的揭示，更是找到支配这些系统的普遍法则。自组织行为的概念成为跨学科研究的一个关键结合点。因此，协同理论发展成为一个涵盖物理、化学、生物学、经济学、计算科学、工程学以及社会科学等多学科的研究领域。作为一门跨学科的理论框架，协同理论用于研究复杂系统中自组织过程的普遍原则。哈肯教授的协同理论为科学家们提供了一个能够从统一视角在不同学科领域中，观察到自组织现象的理论基础。

协同理论的一个重要原理是自组织原理。哈肯教授将组织分为他组织和自组织两类形式。当一个系统依赖外部指令来构建组织时，可以称之为他组织。然而，在缺乏外部指令的情况下，若系统能够依据某种相互共识的规则，各司其职且协同有序地自发形成结构，此时可以称之为自组织[①]。哈肯教授认为各种应用现象中，主导作用的原则具有共性。他进一步提炼出有序结构形成的通用特征，即所谓的自组织现象。自组织现象在自然界和人类社会中均广泛存在。哈肯教授提出的自组织现象指的是一个由众多子系统构成的开放系统，在特定条件下，通过子系统间的互动与协同，能够构建出具有特定功能的自组织结构。这种现象不仅在微观层面上展现出子系统之间的联系，同时在宏观层面上创造出新的有序状态。开放系统的自组织现象源于其构成要素，也就是子系统。这些子系统包括但不限于原子、分子、细胞、植物、动物以及人类等。在不同的情境中，这些子系统以规律性的方式结合，形成协同方式。这种协同方式是自组织现象的核心，它使得系统能够在非平衡状态下实现自我组织、自我优化[②]。自组织具有非线性、依赖性、丰富性、灵活性等特征。非线性指的是自组织现象中的子系统之间的相互作用是非线性的，这意味着系统中的变化并非线性地依赖于其组成部分的变化。非线性相互作用使得系统在特定条件卜能够出现突现现象，即宏观层面的有序结构。依赖性指的是自组织现象对初始条件具有敏感依赖性。系统的初始状态会对最终的自组织结构产生深远影响。即使是微小的初始条件差异，也可能导致截然不同的自组织结果。同时，自组织现象具有多样性。不同的子系统以及子系统间的相互作用方式，使得自组织结构呈现出多样化的形态。这种

①　李汉卿.协同治理理论探析［J］.理论月刊，2014（1）：138-142.

②　祁芬中.协同论［J］.中学政治教学参考，1988（6）：65-68.

多样性不仅体现在结构形式上，还表现在功能特性上。另外，自组织现象具有灵活性，体现为自我进化和适应能力。为了适应不断变化的环境，自组织系统需要调整内部结构和功能。这种进化与适应能力使得自组织现象广泛应用于生物、社会等多个领域。哈肯教授所提出的自组织现象，为我们理解复杂系统的有序结构提供了重要的理论依据。

协同理论涉及的另外一个重要原理是伺服原理，也称为支配原理。作为协同理论的核心组成部分，伺服原理是用来描述复杂系统中宏观层面的序参量如何影响和支配系统中大量微观层面的变量的。这里的"支配"，并非真正意义上的强制控制，而是一种描述宏观与微观之间相互关系的方式。它揭示了在复杂系统中，宏观序参量对微观变量的影响机制，以及微观变量如何通过协同作用形成宏观序参量。在复杂系统研究中，伺服原理具有重要的理论意义。首先，它提供了一个理解复杂系统中宏观现象的新视角，使我们能够从微观与宏观相互作用的层面，去解析和预测这些现象。其次，伺服原理为研究复杂系统中的协同效应提供了理论依据。通过这一原理，我们可以更好地理解系统中各个部分是如何通过协同作用，实现整体有序性的。最后，伺服原理在实际应用中也具有广泛的价值。例如，在工程技术领域，通过研究伺服原理，可以更好地设计和优化协同工作的系统，提高系统的性能和稳定性。在社会科学领域，伺服原理为我们理解社会现象，如集体行为、舆论传播等，提供了新的分析工具。

伺服原理中涉及一个关键概念——序参数。序参数是衡量宏观系统有序程度的指标，体现了宏观系统秩序状况。哈肯教授将其形象地描述为"推动万事万物有序组织起来的无形力量"。他引入序参数的概念，用以阐述无序系统如何转变为有序系统。可以说，序参数是系统在相变过程中质的飞跃的显著标识，它体现了所有子系统对协同运动的贡献总和，以及子系统参与协同运动程度的集中体现。其关注点在于描述系统在时间推移中会呈现何种有序状态、具有何种有序结构和性能、运行于何种模式之中，以及以何种方式存在和变化等。简言之，序参数是由各子系统协同作用产生的，反过来又支配各子系统，使系统达到新的有序状态。在协同理论中，子系统是构成整个系统的单元。每个子系统可以有自己的无规则独立运动，同时子系统间也存在相互作用（或关联）。这些相互作用在正常情况下可能相对较弱，不足以抑制子系统的独立运动。随着外部条件或系统的内部状态（控制参数）的变化，系统可能会逼近某个关键点，即临界点。当控制参数达到某个阈值时，子系统之间的关联增强到足以影响子系统行为的程度，并导致宏观层面的有序出现。在临界点附近，子系统间的相互作用强度增加，导致几个关键的宏观变量——序参量变得重要。序参量反映了子系统间协同合作的集体行为，并且开始主导系统的宏观物理行为。当控制参数超过阈值，子系统之间的独立运动便会减弱，从而被序参量的协同运动所替代。系统中便出现了有序的结构或者模式，它是由序参量决定的，而不再受子系统的无规则独立运动的影响。在微观层面，子系统之间的"协同合作"会形成宏观的有序结构。这可以视为协同理论的第一层含义，即多个子系统作用产生有效的集体行为。在宏观层面，几个序参量之间的相互作用（或"协同合作"）决定着系统的有序结构。这是协同理论的第二层含义，强调宏观层面的序参量如何塑造系统的整体行为。在这一过程中，微观子系统的相互作用通过序参量得到显现，并在临界点附近形成有序的宏观结构。协同理论通过这样的框架来解释复杂系统如何自发地从混沌中产生出秩序。

协同理论探讨了不同组成部分之间的协作与竞争如何引致大规模组织形态，为解析复杂系统动力学提供了一种研究方法。该理论在物理学、化学、生物学以及神经网络领域具有广泛应用，并激发了包括经济学、社会学乃至心理学等众多领域对复杂性科学的研究热情。聚焦职业教育领域，其强调技能的实际应用，协同理论可以促进理论与实践的整合。通过协同学习，学生可以在实际工作场景中学习和运用知识。这种教学模式通过实习、实验室模拟工作场景，以及项目式学习等多种方式，使学生在实践中掌握专业技能，助力其未来职业生涯的发展。在职业教育中，协同理论不仅助力课程设计，而且整合了多学科知识，为学生提供全面的学习体验。例如，工程技术专业的学生在掌握技术操作的同时，还学习管理学、经济学等学科，以更好地适应未来职场的多元需求。此外，职业教育教学与行业企业的紧密协同，使得课程内容与实际工作需求保持一致。企业提供实习岗位，专家提供指导和技术支持，协同教育机构提升教学质量，为学生提供了更为广阔的学习和实践平台。在协同理论的指导下，学生可以通过小组项目、团队任务等形式，培养沟通协调和团队合作的能力，为将来参加工作做好准备。同时，协同理论还可以助力职业教育构建反馈型教学系统，通过学生反馈和学习成果分析，促进教学方法与课程内容的不断改进，形成教育与需求之间的正向协同循环。在协同学习环境中，评估方法多样，如团队表现、同伴评价、自我评价等，这些方式有助于学生全面了解自身的学习进度和技能掌握程度。具体到乡村服务实践中，职业院校可以依据乡村振兴的实际需求，灵活设计课程和培训项目，满足不同群体，特别是乡村青年的学习需求，降低乡村人才流失率。同时，职业院校可以作为连接政府、学校、企业和乡村的桥梁，为乡村文化的保护和传承注入新活力。

2.2.3 利益相关者理论

随着知识经济的发展与技术的进步，尤其是信息技术革命和全球化进程的加速，无形资产在企业价值中的比例逐渐提升，发挥着重要的作用。与此同时，物质资本的相对地位在企业中逐渐弱化。这意味着企业需要重新审视其经营理念和目标。在过去，传统的企业理论主张"股东利益至上"，即认为企业的唯一目标是实现股东利益的最大化。然而，这种观念在现代社会中逐渐受到质疑，因为它过于狭隘，只关注少数股东的权益，而忽视了其他利益相关者的需求。在此背景下，作为股东（stockholder）的对应对象——利益相关者（stakeholder）这一概念应运而生。20 世纪 60 年代，随着社会对企业责任和可持续发展的关注日益加深，利益相关者理论逐渐成为企业治理的重要指导原则。相较于传统的"股东利益至上"理论，利益相关者理论强调企业的发展离不开股东、债权人、员工、客户、供应商等各类利益相关者的参与，主张企业在发展过程中应当关注更广泛人员的利益，从而实现企业与社会的共同繁荣。这一理论的提出标志着企业在追求经济利益的同时，也开始重视社会责任和利益共享。

1965 年，安索夫（Ansoff）在经济学领域首创了"利益相关者"概念，他强调企业设定理想目标的过程中，需在管理者、员工、股东、供应商及客户等利益相关者之间寻求平衡，以协调彼此之间利益冲突的诉求。进入 20 世纪 70 年代，利益相关者理论逐渐得到西方学术界和实业界的认可，并开始对全球企业管理体系产生影响。1977 年，宾夕法尼亚州的沃顿商学院专门开设了"利益相关者管理"课程，用以推动该理论在企业战略管理领域的应用，并且逐步构建了基于利益相关者的分析框架。美国学者弗里曼（Freeman）是公认的利益相关者理论的集大成者，他对于利益相关者的解释在 20 世纪 80 年代后期至 90 年代初期被学术界广泛接受和认可。在其著作《战略管理：利益相关者方法》中将"利益相关者"广泛定义为"任何可以影响或者被组织的目标所影响的个体或集体"，这不仅仅包括企业员工、经理、股东等内部利益相关者，也包括供应商、客户、政府、社会团体等外部利益相关者。这一定义不仅拓宽了利益相关者的内涵与外延，而且明确指出利益相关者既包括能影响组织行为和决策的人或团体，也包括被组织行为所影响的个体或团体。此后，众多西方学者纷纷对企业利益相关者的概念进行了各种形式的阐述，但并未达成明确的共识。在 20 世纪 90 年代中期，克拉克森（Clarkson）和威勒（Wheeler）等学者提出的"多维细分法"成为利益相关者研究领域的一大热点。这一方法对利益相关者的维度进行了详细的分类，尽管这一观念逐渐被广大研究者所接受，但在实际操作过程中，该方法的操作性相对较差，在应用过程中依然面临着一定的挑战。为了解决这一问题，美国学者米切尔（Mitchell）提出了一种通过评分来确定利益相关者的方法。这种思路在一定程度上提高了利益相关者界定和分类的准确性，如今已经成为主流手段。综合来看，人们对利益相关者的理解不断深化，其定义也从宽泛趋于精细，由含混走向清晰，由泛泛而谈演变为多维度细分，经历了一个发展演变的过程^①。

在组织管理实践中，明确利益相关者的范围和类别，有助于组织更加明确哪些利益相关者具有关键性，哪些相对次要，从而确立关注和管理的优先度。这有助于组织更有效地将有限资源合理分配给对组织目标影响较大的利益相关者。理解不同利益相关者对组织目标的重要性，也有助于组织制订更具有针对性和实效性的战略规划，并与关键利益相关者建立及保持良好关系，促进组织长期稳定发展。此外，通过识别可能对组织产生负面影响的利益相关者，组织可采取预防性措施以减轻或规避风险。通过持续监控和调整与利益相关者的关系，组织能够更好地适应外部环境变化和内部发展需求。通过上文对利益相关者概念的梳理，可以发现，西方学者逐渐意识到仅对企业利益相关者进行界定不足以解决问题。因此，对企业的众多利益相关者进行分类成为一种热门研究趋势。在这些分类方法中，多维细分法和米切尔评分法引发了广泛关注。

"多维细分法"指的是一种通过多个维度对"企业利益相关者"群体进行分类的方法，旨在发掘不同利益相关者在特定属性上的差异。弗里曼提出的分析企业利益相关者的方法，核心在于管理和平衡各类群体或个人之间的利益，这些群体或个人能够对企业的运营产生影响，或受到企业操作的影响。在利益相关者的分类上，他从所有权、经济依赖性以及社会利益三个维度进行划分。弗雷德里克（Frederick）主张，所有能够对企业政策和方针产生影响的个人或团体均可视为利益相关者。这意味着，

---

① 贾生华，陈宏辉. 利益相关者的界定方法述评［J］. 外国经济与管理，2002（5）：13-18.

利益相关者不仅包括与企业具有直接经济往来关系的个人或团体，如员工、客户、供应商和股东等，还包括那些虽无直接经济关系，但企业行为可能影响其利益的更广泛群体，如政府、非政府组织、社区、行业和媒体等。因此，他将利益相关者划分为直接利益相关者和间接利益相关者两类。查克汉姆（Charkham）所提出的利益相关者分类方法，则是根据利益相关者与企业之间是否具备正式的交易性合同来进行区分。此方法将利益相关者划分为两大类，分别是契约型利益相关者和公众型利益相关者。克拉克森也将利益相关者分为两大类：自愿性利益相关者和非自愿性利益相关者。此外，克拉克森还进一步区分了首要利益相关者和次要利益相关者。英国学者威勒提出了将社会性维度纳入利益相关者分类的观念。他根据利益相关者与企业之间的联系紧密性（即克拉克森提出的）和他们在社会上的作用，把利益相关者分为首要的社会性利益相关者、次要的社会性利益相关者、首要的非社会性利益相关者、次要的非社会性利益相关者四种类型。

"米切尔评分法"是在20世纪90年代，由美国学者米切尔和伍德（Wood）提出的利益相关者分类评分体系。这个体系通过分析利益相关者的三个属性——权力性、合法性和紧急性来评估和分类组织利益相关者。根据这一标准，利益相关者可以被划分为潜在型、预期性和确定性三类。潜在型利益相关者是指仅具备权力性、合法性或紧迫性中某一种属性的人群。这类利益相关者包括静态利益相关者、裁量利益相关者和要求利益相关者。他们对企业的影响可能较小，但在某些情况下，他们也可能对企业产生重要影响。例如，静态利益相关者可能在企业运营过程中提出特定的诉求或要求，从而影响企业的决策。而裁量利益相关者和要求利益相关者则可能通过行使他们的权力和合法性，对企业的运营和发展产生一定程度的影响。预期利益相关者是指具备三种属性中任意两种的利益相关者，包括依存型、危险型和支配型利益相关者。相较于潜在型利益相关者，预期利益相关者对企业的影响更为直接和显著。他们对企业资源的控制、政策制定和市场竞争力等方面产生影响，对企业的发展产生重要影响。因此，企业在应对预期利益相关者时，需要更加重视他们的诉求和需求，以实现企业和利益相关者之间的共赢。确定性利益相关者是指同时具备权力性、合法性和紧迫性的利益相关者。他们是企业最为关键和重要的利益相关者，因为他们在企业的发展过程中具有较大的话语权和影响力。这类利益相关者包括企业的股东、员工、客户、供应商等，他们对企业运营的各个环节产生影响，对企业的发展起到至关重要的作用。企业和组织在应对确定性利益相关者时，应将他们的需求和利益放在首位，以确保企业的长期稳定发展①。米切尔分类法通过整合权力性、合法性和紧急性三个核心维度，为评估利益相关者重要性提供了一个全面框架。此方法揭示了利益相关者与组织间关系的动态性，协助组织确定与各类利益相关者互动的优先级与应对策略。借助该方法，组织能够有效识别并与其利益相关者展开沟通与互动，进而构建更为稳定且积极的关系，该方法已逐渐成为利益相关者分类领域的常用手段。

乡村文化振兴是一项涉及多方利益，需要多部门协同的综合性工程。在这一过程中，各类利益相关者掌握着包括财政支持、自然资源、人力资源以及社会资本等在内的多样化资源，这些资源需得到有效整合。同时，乡村文化振兴所面对的群体和组织具有各自的利益与目标。乡村文化工作者关注乡村社会文化利益，致力于通过保护和传承文化遗产、传统技艺、宗教习俗以及节庆活动等乡村文化，以维护乡村文化身份和生活方式。村民与企业管理者关注文化振兴带来的经济机遇，如通过乡村旅游、地方特产销售和文化市场活动来提高收入。政府部门则期望通过乡村文化振兴推动地区均衡发展、提高生活质量、增强民族团结和社会稳定。为了确保乡村文化振兴策略的实施能够满足各利益相关者的需求和期望，有必要让各利益相关主体积极参与

---

① 陈宏辉，贾生华.企业利益相关者三维分类的实证分析［J］.经济研究，2004（4）：80-90.

乡村建设过程。此策略不仅能提高项目接受度，降低可能的利益冲突并增强各方面的合作意愿和信任感，又能确保项目透明性与公平性，促进乡村文化振兴的顺利推进。

2.3　国内外研究现状

国内外已经对职业教育、乡村文化振兴，以及职业教育与乡村文化振兴相关主题进行了大量研究，本节通过对其研究现状进行系统梳理、总结，明确当前研究的不足，从而为本书的研究提供理论支撑。

2.3.1　职业教育研究

中国职业教育在发展中始终紧密贴合时代发展需求，不断推进改革创新，实现自身的蜕变与成长。

2.3.1.1　中国职业教育发展沿革

中国职业教育历史悠久，可以追溯到 19 世纪 60 年代的实业教育，至今已有 150 多年的历史。在这段历程中，职业教育经历了从无到有，从摸索到规范的演变。在清朝末年，一系列的教育改革为职业教育的系统化和规范化奠定了基础。当时的教育目标明确，即借鉴西方的先进技术和管理方法，以培养现代化建设所需的实用型人才。在这一阶段，我国通过引入西方的科学知识和技能，开始拥有了现代意义上的职业教育雏形。1902 年，清政府颁布的《壬寅学制》是清朝末期职业教育体系化的重要标志。该学制规定了较为系统的实业教育体系，从而推动我国职业教育朝着更加规范和完善的方向发展。1917 年成立的"中华职教社"则代表了职业教育与实业界合作的开端。这种合作有助于职业教育更好地适应市场和实际生产的需要，实现教育内容与社会经济发展紧密结合。在此期间，我国职业教育取得了一定的发展，但受限于经济基础，发展速度并未达到预期。由于经济发展水平和现代工业的滞后，缺乏足够的经济条件和社会需求来支持职业教育的进一步发展。

1922年被视为我国现代职业教育的一个重要转折点，标志着我国职业教育从传统模式向现代化方向的转变，体现了我国在职业教育领域探索和实践的历程。当年颁布的《学校系统改革法》借鉴了美国职业教育的经验，在普通学校设置了"分科选科"，兼顾了学生升学与就业的双重准备。在小学高年级引入高等职业教育，并实行职业准备课程，以实现职业指导和职业技能初步培养的早期渗透。此举旨在使学生更早地接触职业教育的相关内容，为他们日后的职业选择和职业技能培养打下基础。从中学阶段开始，职业教育就更加明确并细分为农业、工业、商业和家事等专科方向。随着，1929年《专科学校规程》和1932年《职业学校法》的颁布，我国职业教育发生深刻变革。在此之前，综合中学制度占据主导地位，职业教育被视为补充教育，难以独立发展。随着综合中学制度被废除，职业教育终于得以摆脱束缚，逐步发展成为一个独立的教育体系。在这个新的体系中，专门的职业学校成为主导力量，负责实施职业教育。这些学校以单科设置为主，旨在为学生提供深入的专业技能培训。我国逐渐建立了一个涵盖初等、中等及高等职业教育的完整体系。这个体系不仅包括职业学校，还包括职业补习班及职业培训班等多种形式。职业教育从原本依附于普通教育的体系，逐渐转变为独立体系，迎来了规范化的发展时期，逐步寻求符合我国实际情况的本土化路径①。

20世纪50年代，我国正处于社会主义建设的初期阶段，为了迅速实现国家的工业化，我国积极借鉴了苏联的经验，启动了全面的工业化进程。在这一进程中，我国充分认识到人才的重要性，特别是技术和管理人才。因此，我国将发展重心转向了周期较短、实用性较强的中等职业教育，以

---

① 贾旻，南海. 论中国现代职业教育百年变迁的历史逻辑——基于新制度主义的研究视角［J］. 河北大学学报（哲学社会科学版），2023，48（2）：106-115.

期迅速弥补人才空缺。当时的工业、交通、农林、财贸等经济主管部门纷纷设立了中等专业技术学校。这些学校致力于培养具备专业技能和技术管理的人才，为国家工业化进程的发展提供了有力的人才支持。此外，劳动部门所属的企业也积极建立技工学校，为国家培养所需技术工人。经过数年的努力和发展，我国陆续建设了地质、矿业、电机电器、铁路交通等领域的专业学校，为国家的工业化建设培养了大批优秀人才。然而，在当时的形势背景下，人才培养的速度无法满足实际需求。1958 年，"半工半读"学校应运而生。这种教育新模式具有鲜明的时代特色，它将学习与实践相结合，学生可以用一部分时间进行生产劳动，另外一部分时间可以进行理论学习。学生既能够为社会做出实际的贡献，又能够学到实用的技能。因此，这种教学模式在我国的城市和乡村得到了大力推广，为更多人提供了受教育及提升技能的机会，同时也扩大了职业教育的覆盖范围。然而在之后的一段时间里，大量学校停办、被撤销或改设为普通中学，导致职业教育的发展中断。

在改革开放之后，职业教育再度兴起。在全党及全国工作重心转向经济建设的过程中，各行各业均面临人才短缺的困境。与此同时，众多高校毕业生因所学专业与实际需求不符，导致人才资源严重积压。20 世纪 80 年代，我国职业教育步入制度恢复与重建时期。1985 年，在全国第一次教育工作会议上，中共中央颁布了《关于教育体制改革的决定》，该文件首次明确了大力发展职业教育的政策导向，并对教育体系结构进行了调整。此后四十余年，这一方针始终保持不变，在此期间，我国职业教育取得了显著的跨越式发展。自 20 世纪 80 年代中期，我国中等职业教育开始兴起，到 90 年代中后期，高等职业教育逐步崭露头角，再到 2014 年首次提出的"探索发展本科层次的职业教育"这一战略目标，我国职业教育体系在层次结构上日臻完善，涵盖了高中阶段、大专层次以及职业本科层次。在职业教育发展进程中，国家颁布了一系列法律法规对其进行完善。历经稳步且适度的修订与调整，我国职业教育成功实现了从"层次教育"向"类型教育"的转变，以及从"规模发展"向"质量提升"的过渡。此外，视角从立足"教育体系"转向了"技能型社会"，对职业教育进行了全面规划设计。在探索内涵式发展的过程中，职业教育逐步向现代化迈进。

2.3.1.2 职业教育相关研究

（1）职业教育价值研究

职业教育的发展对于社会、经济以及个人成长具有深远意义和显著价值[1]。韩彩霞和李孔珍认为职业教育强国建设，作为中华民族伟大复兴的基础性工程之一，对于推进社会主义现代化强国目标的实现具有重大影响。秉持中国式现代化战略，职业院校以高质量发展为导向，积极推动职业教育强国建设，通过"强人才"完善时代工匠培养体系；通过"强理念"广泛推动职教科技成果应用；通过"强生态"促进产教融合特色发展环境优化；通过"强化模式"激活现代化惠民职教路径[2]。张学认为中国式职业教育现代化在推动共同富裕方面具有三重价值：首先，在经济层面，它具有驱动经济高质量发展的作用；其次，在教育层面，它有助于推动教育强国建设；最后，在社会层面，它能够突显社会统筹发展。依托现代化"产学研"一体化的人才培养机制、现代化普职并行的职教高考制度，以及"区块链＋职业教育"的现代化教学体制，能够实现人才富裕、制度富裕以及教育富裕，为推进共同富裕目标提供坚实助力[3]。就办学定位而言，职业教育在教育类型上属于服务区域经济发展，促进就业。因而，职业教育的发展必须同区域经济发展格局、区

① WALLENBORN M. The Impact of Vocational Education on Poverty Reduction, Quality Assurance and Mobility on Regional Labour Markets——Selected EU-Funded Schemes［J］. *European Journal of Vocational Training*, 2009, 47(2): 151-179.

② 韩彩霞，李孔珍. 中国式现代化视域下职业教育强国建设：价值、框架与路径［J］. 教育学术月刊，2023（8）：3-9.

③ 张学. 中国式职业教育现代化赋能共同富裕：价值、图景与路径［J］. 教育学术月刊，2023，（10）：13-19，35.

域经济社会样态以及区域产业发展需求相统一[①]。然而，根据现状表明，我国新时代职业教育与区域产业发展之间的匹配度尚待提高。具体表现为：职业院校专业学科同产业岗位需求的结合仍不够紧密，职业院校同市场主体的衔接还不够顺畅，在资源整合上同分配共享的结合尚显不足。据此，王家熙指出职业教育赋能区域产业发展是否有效，取决于资金、制度、人才等关键要素。通过优化职业教育投资途径、构建完善的区域协作机制，以及打造强大的区域"双师"团队，有助于深化要素供给，带动区域职业教育特色发展。庞波、阮成武等学者从细微处着手研究了职业教育对长三角一体化发展的促进作用[②]。刘白玫和张岩则对职业教育赋能成渝地区进行了研究[③]。许尚立、张晓平等学者运用高阶自回归单位根检验方法，对 2012—2021 年东部沿海、东北、中部、西南、西北五大区域高职教育发展水平与经济发展的关联性进行了探讨，从实证角度提出职业教育需通过设置区域产业特色专业、完善专业结构、改良区域职业教育建设模式，从而提升职业教育区域经济服务水平，提高职业教育适应性[④]。教育扶贫是精准扶贫战略中至关重要的手段之一[⑤]。职业教育与乡村有着天然的密切联系，被视为精准脱贫、提升个人价值以及消除代际贫困的有效途径[⑥]。朱成晨、闫广芬等学者认为，农村职业教育在农村教育、职业培训与成人教育领域扮演着核心角色，发挥其整合优势。

① 范旭东，李丹.广东省高等职业教育与区域经济发展的适应性评判［J］.黑龙江高教研究，2023，41（12）：29-35.

② 庞波，阮成武，谢宇，等.高等职业教育赋能长三角一体化发展战略：现状、挑战与对策［J］.高校教育管理，2023，17（2）：62-73.

③ 刘白玫，张岩.职业教育数字技能区域协同发展研究——以成渝地区为例［J］.职教论坛，2023，38（8）：48-54.

④ 许尚立，张晓平，梅象华.基于 LSRA 的高等职业教育与区域经济发展关联性实证研究［J］.职业技术教育，2022，43（35）：40-44.

⑤ WALLENBORN M. The Impact of Vocational Education on Poverty Reduction，Quality Assurance and Mobility on Regional Labour Markets——Selected EU-Funded Schemes［J］. *European Journal of Vocational Training*, 2009, 47(2): 151-179.

⑥ 王嘉毅，封清云，张金.教育与精准扶贫精准脱贫［J］.教育研究，2016，37（7）：12-21.

它立足于农村，紧密衔接农业产业，以服务农民为宗旨。通过为贫困地区农民提供基础文化教育及技能培训，农村职业教育成为解决农村问题的重要推动力，是实施国家乡村振兴战略的有力支撑①。

（2）职业教育人才培养研究

人力资本并非先天具备，而是通过投资所获得的，教育是人力资本投资的最有效手段②。而个人的技能极易因为技术变革速度过快而变得过时③。在新时代背景下，我国教育正朝着高质量发展的目标迈进。教育的高质量发展不仅仅是教育水平的提升，更是与经济社会发展紧密相连，为各类高级专业人才及高素质劳动者的培养和成长提供有力支撑。在打造高质量人才过程中，职业教育能够发挥积极作用。在课程设计上，马欣悦和石伟平认为作为人才培养的载体，课程对人才培养目标、教学内容以及整个教学活动进行规划和设计。因其直接影响人才培养目标的实现，课程设计的科学性和合理性至关重要。职业教育课程体系设计受多种因素影响，不仅需要满足经济社会发展的需求，关注产业结构转型和升级对人才培养的影响，展示课程的工具性特点，同时还需兼顾职业院校学生个体发展需求，基于学习者自身特征设计课程，体现课程体系的人本性④。周建松指出，为提高职业教育质量，在课程体系建设过程中需遵循以下原则：基础课程应凸显高等教育特色，专业课程应针对产业及职业岗位需求，技能课程应直接满足实际需求等基本原则。优化职业教育课程体系建设需建立健全教材体系，实施富有弹性的课堂教学

① 朱成晨，闫广芬，朱德全.乡村建设与农村教育：职业教育精准扶贫融合模式与乡村振兴战略 [J].华东师范大学学报（教育科学版），2019，37（2）：127-135.

② 西奥多·W.舒尔茨.论人力资本投资 [M].吴珠华，译.北京：北京经济学院出版社，1990.

③ GRUBB W N, LAZERSON M. The Education Gospel and the Role of Vocationalism in American Education [J]. *American Journal of Education*, 2005, 111(3): 297-319.

④ 马欣悦，石伟平.高职扩招背景下职业教育人才培养课程体系的审视与变革 [J].现代教育管理，2021（4）：121-128.

策略，构建专兼职相结合的教学团队并建立教与学之间的协同机制^①。在教学理念上，吴南中、夏海鹰等学者认为在"1+X 证书制度"背景下，课堂教学亟须调整理念，要以学习者全面发展为核心，关注实践能力的系统培养及学习者的积极参与，要在课程中凸显自主性、过程性、实践性、分层性和情境性等特质^②。而张静和眭碧霞则提出在"人工智能＋教育"的影响下，职业院校的教学活动正在发生变革，教育理念正在向以人工智能为核心的方向转变，推动教学管理向教学治理的转型。在此进程中，教师应兼具领导者、学习者、协作者、设计者、促进者、分析者等角色，从而在教学中起到引领作用，满足学生不同学习需求，实现教学相长^③。在人才培养模式上，现有研究多从个案实践角度进行分析，王永莲、周璇等学者从四川交通职业技术学院在精准扶贫人才培养实践中的经验出发，探讨了"智志双扶、双向受益"的精准扶贫本土化人才培养模式^④。黎菲与吴建设根据杭州科技职业技术学院的实际经验，提出了"四维融合"的职业教育会展专业人才培养模式。该模式将目标设定与国际化发展人才需求层次相结合，课程标准与行业标准相融合，课程项目与实践活动相融合，以及学校师资与企业高技能人才相融合^⑤。杨博、高海军等学者基于河北石油职业技术大学的育人实践，构建了"三进三延伸"的职业院校人才培养模式。该模式积极促进产教融合，实现校企协同育人，将课堂、专业和学校三方面进行结合，逐级培养学生职业素养，促

①　周建松.高等职业教育人才培养目标下的课程体系建设［J］.教育研究，2014，35（10）：103-105.

②　吴南中，夏海鹰，胡彦.1+X 证书制度下教学变革的诉求、特征与路径［J］.中国职业技术教育，2020（18）：5-11.

③　张静，眭碧霞.人工智能带来职业教育教学形态变革：影响、挑战与趋向［J］.2020，41（29）：42-46.

④　王永莲，周璇，王朔.基于共生理论的职业教育精准扶贫人才培养模式研究——以四川交通职业技术学院的实践探索为例［J］.职教论坛，2021，37（7）：141-145.

⑤　黎菲，吴建设.职业教育会展专业"四维融合"人才培养模式构建与探索——以杭州科技职业技术学院为例［J］.职业技术教育，2023，44（2）：18-22.

进了教育链、人才链与产业链、创新链的融合①。国内学者还积极向国外学习，将国外职业教育模式同我国实际相结合，研究成果颇丰。蒋慕东和仇新明借鉴美国产学研合作培养人才模式，指出在我国职业教育人才培养计划中，国家应通过设立科研创新项目，与重点职业院校开展产学研合作，共同培育高端技术人才；职业院校应积极致力于产学研合作教育，培养应用型人才；地方政府应在政策和制度上支持产学研合作，在满足人才培养资源需求中，推动地方职业院校人才培养工作②。黄宦霖，黄巨臣和苏睿分别对现代学徒制人才培养模式进行了思考。黄宦霖对德国"现代学徒制"的中国本土化人才培养模式进行了反思，认为应该通过加强校企合作、建立"双师型"教师队伍、健全法律体系、规范资格认证制度、设置以培养技能为核心的课程模式、提供多元化教育选择等方式提升人才培养效果③。黄巨臣和苏睿认为在现代学徒制人才培养模式方面，我国仍处于探索阶段。澳大利亚的经验可为我国在加大财政投入、创新人才培养方案、健全学徒制信息中心等方面提供参考④。

（3）职业教育体系研究

作为中国式现代化整体建设的战略目标之一，持续推动现代职业教育体系建设改革，已成为新时代职业教育迈向现代化的必然诉求。2022 年 5 月，新修订的《中华人民共和国职业教育法》再次强调要服务全民终身学习，构建职普融通、各层级职业教育有效衔接的现代职业教育体系。同年 12 月，中共中央办公厅、国务院办公厅发布的《关于深化现代职业教育体系建设改

---

① 杨博，高海军，李硕，等.产业发展导向下"三进三延伸"高等职业教育人才培养模式的经验与启示［J］.中国职业技术教育，2023（27）：57-63.

② 蒋慕东，仇新明.美国产学研合作人才培养模式对我国职业院校人才培养的启示［J］.中国职业技术教育，2022（6）：91-96.

③ 黄宦霖.德国"现代学徒制"人才培养模式的中国本土化反思［J］.中国成人教育，2017（19）：31-33.

④ 黄巨臣，苏睿.现代学徒制人才培养模式何以有效？——澳大利亚的经验与启示［J］.职业技术教育，2022，43（13）：74-79.

革的意见》中强调，需通过构建完善的多形式衔接、多通道成长、可持续发展的梯度职业教育与培训体系，推动现代职业教育结构和区域布局与市场需求相适应、与产业结构相匹配。学界关于现代职业教育体系的研究主要集中在内涵解释、问题探讨、体系构建这三个方面。在内涵解释上，马廷奇和陈辉将现代职业教育实践内涵分为广义和狭义两个层面。在广义层面，现代职业教育体系是一个涵盖职业教育内部各要素，以及与之相关的人力资源市场、行业企业等开放性体系，涵盖普职关系体系、职业教育层次结构体系、专业结构体系、人才培养模式体系，以及产学合作体系等方面。在狭义层面，现代职业教育体系是指具有层次贯通、横向融通特性的职业教育结构体系，涵盖职前职后一体化、普通教育与职业教育融通化等方面[①]。张旭刚从主体、目标、价值、道路以及动力五个维度阐述了中国式职业教育现代化的内涵。他认为中国式职业教育现代化是党领导下的根本要求，高质量职业教育体系构建是其核心主体。职业教育高质量发展要始终站在人民的立场上，以改革创新为动力，走出中国特色发展道路[②]。钟贞山和赵晓芳认为"面向2035"职业教育体系的现代化的时代内涵，应包括职业教育思想及职业教育内容的现代化、职业教育信息化、职业教育国际化、职业教育体制化、职业教育体系现代化与工业化以及职业教育体系的创新性[③]。在发展困境上，宁静指出我国现有的职业教育体系办学体制落后、管理体制滞后、中高职衔接不畅、办学层次狭窄等问题[④]。许译心和沈亚强认为在中国现代职业教育体系构建上，内部要有上下贯通的职业教育体系机制改革，外部要有职业教育与普

① 马廷奇，陈辉.现代职业教育体系建设与职业教育高质量发展 [J].职业技术教育，2022，43（21）：7-12.

② 张旭刚.中国式现代化背景下职业教育现代化的核心内涵与实践路径 [J].教育与职业，2023（15）：5-11.

③ 钟贞山，赵晓芳.面向2035中国职业教育体系现代化的逻辑起点与内涵实现 [J].中国职业技术教育，2021（30）：19-26.

④ 宁静.中国特色现代职业教育体系的理论意蕴、困境与出路 [J].教育与职业，2015（13）：5-8.

通教育融通的外部结构建设。就职普融通而言，外部存在重学术、轻职业的传统观念桎梏以及教育投入失衡问题，内部存在高校扩招制度改革导致的招生制度"普教化"问题[①]。Yu 指出我国的职业教育培训体系受到全球化以及国家政策的影响，面临着公众对职业教育的认同度较低、职业教育培训质量不高，与通识教育联系不紧密等问题[②]。斯图尔特（Stewart）经过对我国经济及教育发展历程与现状的剖析，发现职业教育体系存在项目课程设计渠道有限、与产业的关联度不够、社会认知度较低、体系内部结构失衡以及市场需求与毕业生能力匹配度不高等诸多问题[③]。在体系建设上，陈宇指出只有厘清技术与技能、经验与策略以及教育内容和教育目标三大关系，方能真正构建现代化现代职业教育体系[④]。刘汉一和王稀珍认为应当在现代职业教育体系构建中引入创新思维，将跨界思维、共享思维、开放思维、平台思维和数据思维等"互联网 +"思维方式融入现代职业教育目标体系、内容体系、运行体系、保障体系和评价体系构建中[⑤]。王亚南、王斌等学者基于浙江省的区域现代职业教育体系构建经验，提出突破现有制约因素的核心在于通过产教融合、地方立法、专业布局优化调整以及标准体系衔接等途径，对现代职业教育体系进行优化和完善[⑥]。

（4）职业教育发展路径研究

教育、科技、人才三者的协同发展，历来是世界各国迈向强盛的必经之

---

① 许译心，沈亚强. 现代职业教育体系下普职融通的困境与破解［J］. 教育与职业，2015(10)：9-13.

② YU X. A Comparative Review on Chinese Vocational Education and Training System［J］. *The Online Journal of New Horizons in Education*, 2005, 3(2): 1-7.

③ STEWART V. Made in China: Challenge and Innovation in China's Vocational Education and Training System［R］. *International Comparative Study of Leading Vocational Education Systems*, 2015.

④ 陈宇. 现代职业教育体系构建的三大关系探究［J］. 继续教育研究，2017（9）：73-75.

⑤ 刘汉一，王稀珍. 用"互联网 +"思维方式引领现代职业教育体系构建［J］. 职教论坛，2017（34）：41-44.

⑥ 王亚南，王斌，康永芳. 区域现代职业教育体系构建的制约瓶颈及突破路径——以浙江省为例［J］. 黑龙江高教研究，2021，39（2）：116-121.

路，亦是我国在迈向强国征程中不可或缺的战略布局。史少杰和郭静认为职业教育应当始终坚守服务中国式现代化的核心宗旨，遵循教育、科技、人才三位一体的协同发展逻辑，通过深化产教融合，提升与现代产业体系的契合度；必须强化科教融合，提升服务科技突破及促进科技成果转化的能力；必须积极探索并实践有效的赋能途径，以形成推动实现共同富裕的新优势；应致力于提升中职教育的整体质量，为构建高质量教育体系奠定坚实基础；应通过进一步推动职业教育与普通教育的融合贯通，以优质的高层次技术技能人才供给结构为社会的可持续发展提供坚实的人才保障。[①] 随着信息技术的不断革新和数字化趋势的深入发展，数字赋能已经逐渐凸显出重要性，成为推动各行业、各领域持续发展的核心驱动力之一。数字赋能成为实现职业教育高质量发展的关键途径，对于提高教育质量和效率、培养高素质人才具有重要意义。而在教育数字化转型发展过程中，职业教育也面临着对技术应用与教育改革之间深层次联系的理解尚显不足，技能供给与当前市场需求之间存在不匹配的问题，以及专业技术人才与高技能人才的职业发展通道尚未形成有效对接等现实挑战。张俊青、陈正振等学者建议要通过设立明确的目标定位，创建有利于职业教育转型发展的框架条件，促进职业教育生态系统优化、促使"专业""技术""技能"三者融会贯通，从而形成具体行动策略，有效推动职业教育转型发展[②]。增强职业教育的适应性，不仅是我国职业教育由规模扩张向内涵式高质量发展的核心要素，更是推动职业教育现代化的关键所在。在追求高质量发展的背景下，增强职业教育适应性的首要任务是明确其双重属性：一方面，职业教育需通过对外部环境进行适应以实现自我完善与发展；另一方面，通过协调与优化内部关系，推动外部环境的进步。对

---

① 史少杰，郭静.教育、科技、人才一体化发展视角下职业教育高质量发展的战略任务与基本路径 [J].现代教育管理，2024（3）：118-128.

② 张俊青，陈正振，张佺.数字化时代职业教育转型发展的现实困境及实施路径 [J]，2024（4）：49-55.

此，就明确职业教育适应新的价值取向而言，沈中彦和方向阳提出既要在国家层面上与立德树人任务紧密相连，又要在社会层面上与经济社会的发展需求密切联系，还要在个人层面上将以人为本的发展导向作为指引。同时，在实践路径上，根据职业教育的类型定位特征，展现其系统性优势；通过合作开放与交流，凸显其跨界性特色；紧密跟随社会产业发展步伐，增强其灵活性；全面贯彻质量理念，确保职业教育的适应性得以持续提升[①]。为了加强职业教育类型属性，徐晔和宗诚指出要明确不同中等职业学校的办学定位，其中，职业高中在尊重学生个人选择的基础上，致力于培养具备多样化才能的人才；中等专业学校则将专业化发展作为核心目标，专注于培养高层次技术技能人才；技工学校则坚持以社会服务为指引，聚焦于推动个体的创业与就业。通过全面提高办学质量、建立职教高考制度、优化中等职业学校教育发展环境等方式，促进中等职业教育的健康和可持续发展[②]。刘明珠和彭泽平认为要通过增加高等职业教育发展厚度，构建现代职业教育发展体系；通过把握高等职业教育育人向度，完善高等职业教育质量保障体系；通过提高高等职业教育建设高度，打造产教融合共同体；以及通过挖掘高等职业教育育人深度，强化"双师型"教师队伍建设等方式实现新阶段高等职业教育的高质量发展。俞林、周桂瑾等学者基于我国职业本科教育在应对产业结构转型升级、满足高质量教育和就业及终身发展等社会需求方面所面临的挑战，同时考虑到职业本科教育在人才培养标准、内涵建设支撑及专业设置上的现实问题，提出明确职业本科教育办学定位的必要性和紧迫性。建议国家"双高计划"职业院校应积极构建与职业本科发展相匹配的现代职业教育培养体系，创新多层次协同育人模式，完善内部治理结

① 沈中彦，方向阳.高质量发展背景下增强职业教育适应性的价值取向与实践路径［J］.教育与职业，2022（14）：5-12.

② 徐晔，宗诚.中等职业教育分类发展的现实背景、设计思路与实践路径［J］.教育与职业，2023（5）：37-43.

构，从而为职业本科教育的高质量发展奠定坚实的理论基础和实践支撑，更好地服务于国家经济社会发展大局[①]。在国际经验的学习上，李林娱介绍了泰国在"泰国 4.0"战略指导下的特色职业教育发展路径，为我国职业教育规划、数字化建设、师生实践以及社会服务等方面提供了参考[②]。朱文富和孙雨对日本的本科层次职业教育体系构建历史进行了梳理，分析了两种发展路径，为我国探索本科层次职业教育的发展提供了启发[③]。刘育锋基于澳大利亚、新西兰和英国的国际教育发展经验，提出系统梳理明确职业教育国际化的内涵与归属，深入挖掘和提炼职业教育的成功经验与特色产品，以及研究职教产品市场推广策略的职业教育国际化发展路径[④]。

2.3.2 乡村文化振兴研究

2.3.2.1 乡村文化振兴主体研究

乡村振兴战略的实施，其核心聚焦于乡村社会这一重要领域。乡村社会作为整个社会系统的一个关键组成部分，涵盖了政治、经济、文化以及生态等诸多领域。乡村文化的振兴与发展需要整合社会政治、经济、教育等多元支持系统，同时也离不开政府、市场、社会等各方主体的共同参与和努力[⑤]。李建军和段忠贤认为乡村文化治理是一个由国家、社会与市场三

① 俞林，周桂瑾，崔景贵，等.职业本科教育发展的现实困境、办学定位与实践路径［J］.成人教育，2023，43（8）：73-78.

② 李林娱."泰国 4.0"战略下的职业教育发展：路径、特点及趋势［J］.职业技术教育，2022，43（12）：69-74.

③ 朱文富，孙雨.日本本科层次职业教育的发展路径与经验［J］.外国教育研究，2023，50（2）：101-115.

④ 刘育锋.职业教育国际化目标与路径——基于澳新英国际教育战略的分析［J］.中国职业技术教育，2022（12）：53-62.

⑤ 彭洪莉，朱德全.职业教育服务乡村振兴：多维演进与未来图景［J］.教育发展研究，2022，42（19）：31-40.

种力量共同参与、轮流主导的复杂过程，具有明显的治理主体结构。在这一结构中，各主体在行动逻辑、行动资源以及比较优势方面均表现出一定的差异性。因此，在推进乡村文化治理的过程中，需要充分考虑各主体的特点和优势，形成协同合作的治理机制，以推动乡村文化的繁荣和发展。国家力量在乡村文化建设中具有"硬约束""软引导"的作用，应当充分发挥国家在文化建设财政杠杆、社会价值体系建构，以及文明行为规范体系建设等多个环节的功能和影响力，推动乡村文化健康有序发展。社会理论具有"聚合力"与"减阻力"的作用。一方面，应当发挥社会力量团体的卓越动员能力，有效地将村民个体力量集结起来，以集体组织的身份积极投身于乡村文化治理实践；另一方面，应当发挥社会力量团体在国家力量与乡村文化治理之间的桥梁纽带作用，引导广大村民强化公共意识、积极参与各类事务，深化村民合作共识，旨在全面推进乡村文化振兴，汇聚广泛社会共识，进而有效减少改革进程中的阻碍因素。市场力量在乡村文化建设中具有"补短板"与"强动能"作用。作为政府与社会力量的补充，市场力量的引入不仅能够切实解决乡村文化供应短缺与农民日益增长的文化消费需求之间的矛盾，为乡村文化的繁荣发展开辟新的路径，还能够为乡村文化市场的蓬勃发展提供强有力的支持，进一步丰富农民群众的精神文化生活。[①] 崔盼盼指出，目前我国乡村文化建设的主体构成呈现多元化特点，主要包括政府、基层组织、乡村精英以及广大农民群众。这些主体在乡村文化建设中发挥着不可或缺的作用。其中，政府作为外生性治理力量的主体，通过制定政策、提供资源等方式引导和推动乡村文化建设的进程。而农民群众，作为内生性治理力量的主体，通过传承和创新乡村文化，积极参与乡村文化建设，为乡村文化的繁荣和发展做出了重要贡献。激活

---

① 李建军，段忠贤.乡村文化治理的主体特征与模式选择——以农村移风易俗为例［J］.云南社会科学，2023（1）：170-176.

内生性治理力量，重塑乡村文化建设的治理主体，并充分发挥社区和家庭的作用，为村庄社会注入强大的组织力量，是推动乡村文化振兴和促进乡村社会持续发展的重要基石和关键所在。目前，对于乡村文化建设实践及相关研究主要集中在新乡贤、老年人等特定群体，在一定程度上忽视了妇女群体在推动乡村文化建设方面可能具备的重要影响力。特别是在我国中西部地区的留守型村庄，依然有一部分年轻妇女因家庭责任（如照顾老人、孩子）而选择留守。她们在村庄治理中，不仅扮演着重要的角色，同时也是可挖掘的村治主体与宝贵的治理资源。因此，应充分认识这部分妇女群体的价值和潜力，并积极引导她们参与乡村文化建设，以推动乡村社会的全面进步与发展[①]。赵梦宸提出乡村文化建设受多重因素影响，既包括政府支持、制度建设以及社会参与等外部影响要素，也包括农民的道德水准、思想观念和文化素养等内在影响要素。在这些内在要素中，农民的主体意识和主体能力尤为关键，它们直接决定了乡村文化建设的推进程度和实现效果。在乡村文化建设推进过程中，高度重视并且充分发挥农民的主体作用，需要通过切实有效的措施，培育农民的文化素养，提升农民的思想境界和道德水准；鼓励农民积极参与传统文化的保护工作以及乡村文化的开发工作；通过加强乡村文化教育提升农民主体意识，依托丰富的乡村文化实践活动来增强农民的主体能力，提升其乡村文化建设能力[②]。在县域社会经济发展的宏观框架内，具域职业教育发展与乡村文化振兴这两个开放的子系统（链条）之间存在着一种相互依存、相互促进的互动关系[③]。周永平、杨和平等学者认为教育系统不能孤立发展，需要积极将自身与社会

---

① 崔盼盼. 乡村文化振兴的主体再造与路径创新——以"赣南新妇女"运动为例 [J]. 湖北民族大学学报（哲学社会科学版），2021，39（3）：101-110.

② 赵梦宸. 以农民为主体推动乡村文化振兴 [J]. 人民论坛，2019（11）：68-69.

③ 林克松，王官燕，赵学斌. 县域职业教育发展与乡村文化振兴的双螺旋耦合 [J]. 教育与职业，2020（16）：27-34.

支持系统的外力保障与强力推动结合。通过构建坚实的社会支持系统，为教育系统提供强大的"外推力"，从而支撑、促进教育精准扶贫与乡村文化振兴"内生力"的产生与发展①。

2.3.2.2　乡村文化振兴意义研究

可持续性已成为乡村发展的一个关键决定因素。现代乡村发展不仅应注重生产性和集约化生产，还应注重农村地区的多功能发展，更要重视经济、社会进步、人口稳定，也注重环境和文化遗产保护②。在我国，乡村振兴既是针对当前城乡发展失衡问题的切实回应，也是提升乡村整体实力的战略性布局。此外，它还承载着传承和弘扬中华民族精神家园的丰富文化内涵③。乡村文化建设既承担着精神引领的重要职责，又发挥着坚实保障的关键作用，在中国式现代化进程中扮演不可或缺的角色④。高玉敏认为乡村文化是中华民族传统文化的源头。古老的农耕文明、民俗信仰、乡风乡貌、手工艺术等乡村文化，经过世代传承逐渐形成了独特的乡村文化体系，为中华民族的文化繁荣奠定了坚实的基础。同时，乡村文化也承载着丰富的历史记忆。在乡村散布着的古老建筑、传统技艺和世代相传的故事等宝贵的物质和精神文化，它们见证了乡村历史的变迁，记录着中华民族的发展历程。另外，乡村文化也是乡村社会稳定的基石。在乡村社会中，传统文化习俗和道德规范对于维护社会秩序、调节人际关系具有不可替代的作用⑤。金伟和金妮指出通过加强

① 周永平，杨和平，沈军.乡村振兴与协同治理：职业教育"CCEFG"联动共生模式的探索实践[J].中国职业技术教育，2020（7）：14-20.

② RODOLJUB T, BORIS S. Contemporary Aspects of Correlation between Agriculture and Rural Development [J]. Economics, 2016, 4(2): 95-112.

③ 曹立，石以涛.乡村文化振兴内涵及其价值探析[J].南京农业大学学报（社会科学版），2021，21（6）：111-118.

④ 白双翎.乡村振兴视域下的农村文化建设路径研究[J].农业经济，2023（2）：61-63.

⑤ 高玉敏.乡风文明视域下乡村文化建设路径研究——基于河北省乡风文明建设的调查与思考[J].四川戏剧，2022（6）：136-139.

乡村文化建设，可以促进乡村治理体系的现代化和专业化。优秀的乡村文化可以帮助提高乡村治理的效率和水平，使乡村由"人治"转变为"自治、法治、德治"相结合的现代治理模式。通过推进乡村文化建设，可以更好地传承和弘扬中华优秀传统文化，激发村民的文化自豪感和创造力。同时，乡村文化的妥善发展与维护也有利于形成乡村社会的统一认同感与向心力，使村民能够齐心协力为乡村的繁荣与进步贡献各自的力量。这种由文化凝聚而成的力量，对于化解乡村社会所面临的各类难题，以及维护社会的稳定与和谐，具有积极作用[①]。在中国现代化进程的征途中，乡土文化自信被视为稳固其道路自信的关键要素。同时，它也是推动乡村振兴所必需的精神支柱。进入新的历史阶段，重塑乡土文化自信显得尤为重要。汪丽红认为乡土文化自信是发展乡村经济的"助推器"。乡村文化产业的蓬勃发展必须充分调动乡村民众的积极性和创造力，需要乡村民众坚定对乡土文化的信仰与热爱，保持自信自强的精神风貌，深入挖掘乡土文化所蕴含的经济价值。通过持续的创新与发展，塑造出具有独特魅力、蕴含乡土文化精髓的文化产品，并将其有机融入乡村文化产业体系，为乡村经济的持续繁荣与发展注入新的动力。乡土文化自信也是建设文明乡风的"导航灯"，是构建和美乡村社会的"黏合剂"。重塑乡土文化自信旨在深入挖掘本地区文化的独特元素。通过提炼乡村文化之精髓，摒弃其糟粕，从而激发乡村民众对民族文化、乡土文化的归属感、认同感与自豪感，激励乡村民众以主人翁的姿态，积极投身于乡村文化的振兴实践之中。乡土文化自信也是融合城乡，促进发展的"连心桥"，通过共享和联结城乡居民的共同情感纽带——乡土文化，深化城乡居民的情感归属和认同感，逐步消除"城市居民"与"农村居民"之间的认知隔阂，实现城乡居民在情感上的交融和身份上的共鸣，从而推动城乡融合发展，最

---

① 金伟，金妮. 新时代乡村文化建设中的文化困境及其价值超越［J］. 湖北社会科学,2021（5）:60-65.

终达成城乡居民命运共同体的构建目标[①]。吴少伟和郭星星认为经过创造性转化与创新性发展的乡村文化，不仅有助于深入追溯乡村文化的历史渊源，明确其"从何处来"的问题，而且能够探寻当代乡村文化的深层内涵和核心价值，即其"根"与"魂"所在。同时，这一过程也为解决"从古至今"的文化传承难题提供了方向。推进乡村文化"两创"，正是着眼于广大农民群众当前的文化需要，发展一批与农村现代化建设相适应的新的文化因素，也是凝练中国价值、锻造新时代精神文化的需要，是乡村振兴、文化治理现代化的重要方向。在全新的历史节点上，需要深刻理解乡村文化及其创造性转化与创新性发展所承载的重要价值，应站在乡村振兴的战略高度审视乡村文化及其"两创"。推进乡村文化的"两创"工作，旨在满足广大农民群众对文化的新需求，培育与农村现代化建设相契合的新型文化元素。这不仅是锻造新时代精神文化、凝练中国价值的关键环节，也是乡村振兴战略实施和文化治理现代化进程中的重要组成部分[②]。

2.3.2.3　乡村文化振兴困境研究

广播电视、互联网、音乐和媒体的普遍影响使得美国主流文化遍布美国农村地区，大众媒体正使美国同质化，逐渐缩小城乡文化差异[③]。不只在美国，城市文化对乡村文化的渗透在世界各地普遍存在。伴随城镇化、市场化和现代化的发展，乡村文化逐渐呈现衰落态势。吕宾指出乡村文化在重塑中存在价值困境、现状困境、主体困境以及治理困境。其中，价值困境体现为，在当下价值观日趋多元化的开放社会背景中，农民对于自我身份及文化认同感有所减弱。现状困境体现为乡村文化日渐衰落，受市场经济冲击，部

---

① 汪丽红.新时代重塑乡土文化自信的价值意蕴与实践路径［J］.西北农林科技大学学报（社会科学版），2024，24（2）：54-61.

② 吴少伟，郭星星.乡村文化的创造性转化与创新性发展：价值逻辑与建构路径［J］.社会科学家，2023（11）：90-94.

③ SLAMA K. Rural Culture is a Diversity Issue［J］. *Minnesota Psychologist*, 2004, 53(1): 9-11.

分传统手工艺品销售市场日渐萎缩。受生活压力所迫，一些传承人不得不放弃传统技艺，导致技艺传承出现断层。此外，演出市场不景气、资金匮乏以及人才短缺等问题，使得地方传统戏曲种类大幅减少。祠堂、戏台、古院落等承载着浓厚乡村文化的建筑，因过度商业化开发导致原貌尽失。在人口"空心化"和"老龄化"的背景下，农民曾经喜爱且愿意参加的民俗、年俗、节庆活动逐步减少。主体困境体现为随着城市化进程的推进，许多男性青壮年劳动力选择离开乡村前往城市，以谋求更好的发展机会，导致乡村缺乏建设性人才。而治理困境则体现为政府对乡村的管理方式趋于"格式化"，忽视了农民的主体性。由于缺乏与农民的良好互动交流，一些由政府主导的文化建设项目和活动未能真正满足农民的内心需求，造成文化资源浪费[①]。苏亦飞认为在乡村文化自信培育方面，面临着内部与外部困境。内部困境体现为乡村文化在转化与创新方面存在不足，而伴随着的异化现象进一步导致了乡村文化的日渐式微。相较于城市文化的蓬勃发展，乡村文化在传承转化与创新发展上明显滞后，未能与社会发展同步。同时，在乡村的开发建设过程中，由于对原有特色的背离，容易进行"脱胎换骨"式的转化创新，导致异化现象发生，进一步削弱了村民的文化自信心。外部困境则体现为新型城镇化的迅速推进，使传统乡村社会逐渐显现衰落迹象，而日新月异的城市文化也在逐渐侵占乡村文化的生存空间[②]。刘志刚进一步针对由城乡格局结构化变迁而出现的乡村文化发展困境作出了阐述，认为乡村资源单向流入城市使得乡村文化出现"空心化"现象。同时，城市工业文明的强势渗透也导致乡村精神文化的边缘化[③]。杨华、范岳等学者指出经济基础变革往往极易造成上层建筑的波动。面临"传统"与"现代"的矛盾冲突时，乡村文化正遭遇前所

① 吕宾.乡村振兴视域下乡村文化重塑的必要性、困境与路径 [J].求实，2019（2）：97-108，112.

② 苏亦飞.乡村振兴语境下培育乡村文化自信：价值、困境与进路 [J].理论导刊，2020（5）：118-123.

③ 刘志刚.城乡融合发展视域下乡村振兴的文化困境与现实路径 [J].江苏行政学院学报，2022（6）：76-82.

未有的生存挑战。具体体现为：乡村文化载体的衰减和流失现象，造成乡村文化价值认同出现危机；乡村文化主体存在缺位现象，导致乡村文化传播受阻；乡村文化话语体系呈现残缺状态①。针对转型发展中的乡村文化，戚迪明、刘玉侠等学者认为乡村薄弱的经济基础、相对落后的文化基础设施建设、村民缺失的文化自信，有限的文化公共空间，以及不够完备的文化建设制度等问题，均对乡村文化价值的发挥产生了制约作用②。张波和丁晓洋则从乡村文化治理角度，提出乡村文化治理作为维护社会和谐稳定的重要手段，必须始终坚守公共性原则以体现其应有的理想状态。然而，在实际操作中存在一些公共性缺失困境。公共议题失语、场域空间萎缩、行政伦理失范以及公共精神淡化等问题严重制约了乡村文化治理的效能③。

2.3.2.4　乡村文化振兴路径研究

基于乡村文化目前的发展困境，学界也对乡村文化的发展路径进行了探讨。针对乡村文化主体缺失问题，吴少伟和郭星星认为应当强化乡村建设主体意识，凝心聚力进行乡村文化建设④。赵志业和张丹阳提出构建乡村文化共同体，必须积极推进乡村文化载体的优化与开发，丰富其多元性与多样性。通过提升乡村文化载体的质量，并增加其数量，为乡村文化共同体的交流与传播提供更为广阔的空间与渠道。科学有效的乡村文化认同教育是构建乡村文化共同体的重要途径，要通过乡村教育唤醒村民理性文化认知。另外，还要通过发展乡村文化产业，激发村民的文化情感共鸣，通过乡风文明建

① 杨华，范岳，杜天欣.乡村文化的优势内核、发展困境与振兴策略［J］.西北农林科技大学学报（社会科学版），2022，22（3）：23-31.

② 戚迪明，刘玉侠，任丹丹.转型中乡村文化建设的困境与反思［J］.江淮论坛，2019（6）：14-21.

③ 张波，丁晓洋.乡村文化治理的公共性困境及其超越［J］.理论探讨，2022（2）：83-90.

④ 吴少伟，郭星星.乡村文化的创造性转化与创新性发展：价值逻辑与建构路径［J］.社会科学家，2023（11）：90-94.

设，引导村民养成健康向上的文化行为习惯，从而实现文化行为转化[①]。杨华、范岳等学者指出主体的文化自觉需建立在一定的文化素养基础上，而且主体需秉持多元、可持续发展的文化观念。要积极发挥教育的主阵地作用，提升农民的语言和其他符号的运用能力。通过培养乡村文化主体对自身文化的深刻认识，使其能够清晰掌握自身文化的历史脉络，合理规划并预见文化的发展方向，能够敏锐洞察并积极回应现实文化需求。也要善用技术推广，提升村民的媒体素养，使他们能够合理利用现代科技创新传播手段传播乡村文化，提升传播效果[②]。针对城乡文化冲突，张学昌认为城市跟乡村应该通过过程相嵌，在发展中共享资源，加强城乡主体合作，联合党组织、政府、企业、基层群众自治组织（村委会／居委会）、社会组织、城乡居民等力量共促乡村文化振兴[③]。刘志刚建议在物理空间打造上，先对乡土文化物理空间、留住乡愁的具象记忆进行修复再造，然后对城乡公共文化设施布局进行统筹规划，引导城市资本、技术等资源要素向乡村流动。在精神塑造上，不仅可以通过激发城乡相互认同，形成和谐共生的城乡文化关系，还可以通过构建城乡文化人才结对帮扶体系，激发新乡贤由"缺席"转为"回归"的内在动力，从而推动"空心化"乡村向"实心化"转变。在数字赋能上，通过运用大数据、云计算等数字技术，构建城乡"数字桥梁"，缩小城乡文化"数字鸿沟"，共享城乡文化资源，共创城乡文化品牌[④]。针对乡村治理问题，王留鑫和赵一夫提出应将互惠机制、声誉机制以

① 赵志业，张丹阳.共同富裕视域下乡村文化共同体建设的困境与路径［J］.西北农林科技大学学报（社会科学版），2024，24（2）：62-68.

② 杨华，范岳，杜天欣.乡村文化的优势内核、发展困境与振兴策略［J］.西北农林科技大学学报（社会科学版），2022，22（3）：23-31.

③ 张学昌.城乡融合视域下的乡村文化振兴［J］.西北农林科技大学学报（社会科学版），2020，20（4）：56-64.

④ 刘志刚.城乡融合发展视域下乡村振兴的文化困境与现实路径［J］.江苏行政学院学报，2022（6）：76-82.

及公共监督机制运用到乡村文化治理[①]。陈勇军和郭彩琴呼吁将国家治理嵌入乡村文化治理中，通过价值引领、组织领导和制度嵌入三种手段治理乡村文化，确保乡村文化的多元性得到尊重、文化治理的协同性得以保持，以及农民文化需求的差异性得到满足[②]。面对乡村文化转型，韩鹏云认为乡村文化的转型过程体现为乡村文化载体的"退出"与"嵌入"以及乡村文化价值的"衰退"与"新生"。在这一过程中，要不断对乡村文化载体治理、乡村文化价值功能、传统与现代的关系以及国家与社会的关系进行反思[③]。朱志平、姚科艳等学者指出应超越"内卷化"，通过政府主导、精英引导、农民参与实现乡村文化的现代转型[④]。孙杰远和乔晓华指出教育是乡村文化转型升级的关键环节，可以通过审美教育、公德教育以及精神教育对乡村文化品质进行提升，重塑乡村文化秩序，丰富乡村文化内涵，实现教育对乡村文化转型的引领[⑤]。

2.3.3　职业教育服务乡村文化振兴研究

2.3.3.1　关系探讨

学界对职业教育与乡村文化振兴之间的关系存在三种说法。一是内外影响说。从微观着手，主要分析影响职业教育服务乡村文化振兴能力的内外因素。从内部因素来看，职业教育具有的办学理念、教学模式、专业设置、教

---

① 王留鑫，赵一夫.文化振兴与乡村治理：作用机制和实现路径［J］.宁夏社会科学，2022（4）：100-105.

② 陈勇军，郭彩琴.乡村文化治理的国家嵌入：逻辑、路径及其限度［J］.学术探索，2023（2）：111-118.

③ 韩鹏云.乡村文化的历史转型与振兴路径［J］.华南农业大学学报（社会科学版），2020，19（4）：1-9.

④ 朱志平，姚科艳，鞠萍.乡村文化现代转型及其路径选择——基于马庄经验［J］.中国农业大学学报（社会科学版），2020，37（4）：41-49.

⑤ 孙杰远，乔晓华.乡村文化的当代转型与教育应对［J］.当代教育科学，2022（2）：66-71.

学资源等对乡村文化振兴服务能力有着深刻影响[①]。李小波和张利云认为农村职业教育应摒弃过度追求升学率的倾向，将让学生"升学有基础，务农有技术，不求人人升学，但求个个成才"作为基本理念，明确农村职业教育在人才培养方面的使命，为乡村提供文化教育和技术技能培训，满足农村经济转型、农业产业升级和农民素质提升的实际需求[②]。同时，职业教育发展也容易受到外部力量的影响[③]。国家在职业教育方面的教育政策和实践对于职业教育的发展以及乡村的振兴具有助推作用[④]。城乡要素如人力、资本、技术等的相互流动有助于乡村文化振兴的实现[⑤]。陈晓莉和吴海燕指出城乡融合发展的核心在于确保人才、资源、技术、信息以及产品等要素能够在农村与城市之间实现无障碍流通与交换，应创新城乡要素双向流动机制[⑥]。二是二元共生说。从宏观角度着手，着重探索职业教育与乡村文化二者之间的耦合共生关系，认为双方在功能、目标、对象以及结构上存在一致性[⑦]。赵艳梅指出开放性、职业性和跨界性作为职业教育的本质属性与民族地区乡村在空间、主体等要素方面存在耦合，职业教育对乡村文化振兴具有实践耦合价值[⑧]。三是多维演

① 吴一鸣. 乡村振兴中职业教育的"角色"担当［J］. 现代教育管理，2019（11）：106-110.

② 李小波，张利云. 农村职业教育人才培养助力乡村振兴的路径探究［J］. 教育与职业，2022（13）：65-69.

③ MILLER B A. Rural Distress and Survival the School and the Importance of "Community"［J］. *Journal of Research in Rural Education*, 1993, 9(2): 84-103.

④ SCHAFFT K A. Rural Education as Rural Development：Understanding the Rural School–community Well–being Linkage in a 21st–century Policy Context［J］. *Peabody Journal of Education*, 2016, 91(2): 137-154.

⑤ 安虎森，郭莹莹. 国外乡村振兴理论及其对我国的启示［J］. 开发研究，2019（3）：47-53.

⑥ 陈晓莉，吴海燕. 创新城乡融合机制：乡村振兴的理念与路径［J］. 中共福建省委党校学报，2018（12）：54-60.

⑦ 林克松，王官燕，赵学斌. 县域职业教育发展与乡村文化振兴的双螺旋耦合［J］. 教育与职业，2020（16）：27-34.

⑧ 赵艳梅. 职业教育赋能民族地区乡村振兴的逻辑指向、价值耦合及实践策略［J］. 教育与职业，2023（8）：47-53.

进说。从中观着手，将职业教育与乡村文化视为一个运转系统，着力分析包括职业院校、政府以及行业、企业等社会力量在内的多维因素对该系统的影响[①]。沈军和陈慧认为职业院校是乡村文化振兴的主阵地，农民是主体、政府为主导、企业是引领、科技是支撑、社会要参与[②]。瞿晓理进一步指出要明确各参与主体在乡村文化振兴中的角色，发挥各自的主体作用，将职业教育系统内涵式发展与多方社会支持、保障系统相结合，有效促进乡村文化振兴[③]。

2.3.3.2　价值分析

王官燕和林克松认为职业教育具备教育与经济的双重属性，能够紧密结合地区特色，对县域经济发展产生积极影响。通过为县域经济提供定制化的人才、技术和文化等资源服务，既满足农民日益增长的精神文化需求，也为乡村可持续发展奠定坚实基础。同时，职业院校还可利用自身平台优势，整合多方资源汇聚乡村，共同促进乡村文化的传承与创新，实现乡村内涵式发展[④]。朱德全和马鸿霞指出职业教育具有"化民成俗"的功能，将科学技术带入乡村，使其生存样态发生改变，将现代文明带入乡村，培育村民成为富有主体意识、批判思维以及创造性的个体。在乡村经济服务中，通过激发乡村文化的碰撞与融合、传承与创新，进而优化文化环境与生态，是推动乡村文化转型、实现乡风文明化的关键路径[⑤]。石丹淅进一步阐述了职业教育的"化民成俗"的功能，指出职业教育对于培养具备职业素养和

① 林克松，刘璐璐．后扶贫时代职业教育服务乡村振兴的角色困境及行动策略［J］．职教论坛，2021，37（11）：36-42.

② 沈军，陈慧．治理有效：职业教育助推乡村振兴的路径改革［J］．国家教育行政学院学报，2020（8）：19-24，76.

③ 瞿晓理．职业教育"赋能"乡村振兴：实践与优化［J］．职业技术教育，2021，42（13）：59-64.

④ 王官燕，林克松．嵌入、脱嵌与再嵌：贫困县域职业教育服务乡村振兴的逻辑、困局及突破［J］．职业技术教育，2020，41（7）：60-65.

⑤ 朱德全，马鸿霞．乡风文明：职业教育"化民成俗"新时代行动逻辑［J］．国家教育行政学院学报，2020（8）：3-9.

通用能力的个体具有不可或缺的价值，它能够深入乡村建设的各个层面，满足农民在精神文化层面的需求。通过提升农民的生产生活技能、法律认知和个人素质，职业教育有助于培育农民的文明意识和提升农民技能，能够进一步推动乡村在环境、行为、精神和制度等多方面的文明建设，并使之形成一体化的社会文化体系[①]。周永平、杨和平等学者提出职业教育的实践属性能够赋能乡村文化主体，社会属性能够拓展乡村文化空间，产业属性有助于乡村文化再生，职业教育与乡村文化通过互生共长，促进乡村文化振兴[②]。于莎和沈世伟认为职业教育可以深入挖掘乡村空间文化内涵，通过投身乡村文化空间价值与意义的塑造过程，在空间实践与表征的相互交融之下，使乡村空间所承载的文化价值得以全面展现并传承下去[③]。朱德全和曾欢进一步补充指出在乡村文化振兴中，作为政治、经济、文化三大空间的桥梁，职业教育能够系统整合制度、市场和文化等多重要素，在持续互动中构建起与区域发展的协同机制，打造职业教育服务乡村文化振兴的支持体系[④]。杨勇和康欢提出职业教育赋能乡村文化振兴应以政治空间为基石，确保政策的连贯性和稳定性，为乡村文化振兴提供坚实的政策保障。同时，以经济空间为重要支撑，优化资源配置，提高利用效率，为乡村文化振兴提供坚实的物质基础。在此基础上，逐步拓展文化空间，通过深入实施职业教育活动，打造具有特色的乡村文化空间，促进乡村内部各类空间的有机融合和协调发展。通过优化空间资源配置，实现各空间要素的耦

---

① 石丹淅.新时代农村职业教育服务乡村振兴的内在逻辑、实践困境与优化路径［J］, 2019（20）：5-11.

② 周永平，杨和平，杨鸿.文化振兴：职业教育融合赋能机制构建［J］.民族教育研究, 2020, 31（3）：21-25.

③ 于莎，沈世伟.职业教育助推乡村文化空间建构的机制和路径［J］.教育学术月刊, 2024（1）：26-32, 47.

④ 朱德全，曾欢.民族地区职业教育服务乡村文化振兴的空间向度［J］.教育研究与实验, 2019（6）：1-10.

合与结构重组，进一步激发空间交互效应、聚合效应和弥漫效应，从而全面提升乡村空间的整体效能，重构乡村空间形态[①]。

2.3.3.3 问题剖析

胡宏亮、王慧等学者指出职业教育服务乡村文化振兴面临着乡村文化产业结构单一、层次不高、特色不鲜明，乡村文化人才数量不多、质量不高，参与乡村文化服务力度不大、能力不强等多重挑战[②]。陈氢和王沫基于常态化帮扶的视角，指出职业服务乡村文化振兴帮扶的对象覆盖面不够广，且由于优质人才储备不足导致人才转换不够理想，未能适时地将乡村文化资本转化为符合产业需求的职业技能，造成了文化资源的浪费，限制了乡村产业的发展空间。在职业教育中，对乡村青年进行的更多是知识传授以及职业技术技能的教育，忽视了培育其反哺精神，造成乡村文化迷失。在帮扶农村的过程中，职业教育各主体间没有形成良好的协调机制，各方尚未构建一个利益共享、责任共担的命运共同体，办学理念逐渐离农[③]。在乡村的发展过程中，由于对乡村文化内容的忽视、对乡村文化生态传统的轻视、对乡村精神的淡漠，以及对乡土资源的低估，导致乡村文化教育在实际运作中呈现虚位状态[④]。职业教育在服务乡村文化振兴中具有内源性跟外源性问题。就内源性问题而言，谯欣怡和覃红羽认为，由于职业教育未能实现其本体价值，不能全方位培育乡村文化振兴所需的新农人、乡村工匠、"专家型"生态建设人才

---

① 杨勇，康欢.五维合一：职业教育助力乡村振兴的价值坐标［J］.中国职业技术教育，2021（3）：54-60.

② 胡宏亮，王慧，张健.乡村振兴战略背景下面向农村的职业教育：作用机理、现实挑战与调适策略［J］.教育理论与实践，2023，43（27）：17-23.

③ 陈氢，王沫.常态化帮扶视域下职业教育服务乡村振兴的转向、问题及路径［J］.教育与职业，2021（15）：5-11.

④ 纪德奎，张卓.乡村振兴战略中乡土文化教育的自觉与自信［J］.当代教育科学，2018（7）：25-29.

以及乡村治理人才，导致其工具价值无法实现[1]。张旭刚指出农村职业教育服务乡村文化振兴不仅具备技术复杂性，还包含思维观念和价值取向等思想层面。这一过程应始终坚守价值理性的主导地位，超越单纯工具理性的局限。在此过程中，职业教育存在发展方向错位、未能考虑乡村需求的理念障碍，同时还存在办学内容的结构性不足及培养模式的功能性缺陷。这些内在发展因素影响了职业教育的乡村文化振兴贡献度及社会满意度[2]。就外源性问题而言，覃兵、何维英等学者提出农村职业教育，不管是从横向还是纵向上都具有很多管理机构，多头管理带来的职责交叉造成农村职业教育效率不高，也容易因利益分配影响教育资源的流通、共享，致使教育资源浪费，从而影响职业教育服务乡村文化振兴的成效[3]。李杰豪指出职业教育存在投入保障力度不足问题。"投入不足"体现为与普通教育相比，国家在职业教育经费投入方面相对较少，不能有效激发职业教育活力。"保障力度不足"体现为社会普遍受传统观念影响，对职业教育存在误解，导致职业教育吸引力较弱，致使职业教育面临着招生困难，且生源质量参差不齐的困境。职业院校毕业生往往不愿意从事农业相关工作。同时，乡村地区的技能型人才的薪资水平和福利待遇与城市相比存在明显差距，个人晋升通道不畅通，导致乡村地区存在严重的人才流失现象[4]。

2.3.3.4　路径探讨

张旭刚指出应发挥政府在乡村服务中的主导作用。通过顶层设计、资源整合、分歧协调以及治理效果问责，对乡村资源进行优化配置与系统安排，

[1] 谯欣怡，覃红羽. 农村职业教育服务乡村振兴的教育逻辑、实践困境与发展对策 [J]. 成人教育，2022，42（11）：60-66.

[2] 张旭刚. 农村职业教育服务乡村振兴：实践困境与治理路径 [J]. 职业技术教育，2018，39（10）：59-64.

[3] 覃兵，何维英，胡蓉. 基于乡村振兴战略的农村职业教育问题审视与路径构建 [J]. 成人教育，2019，39（8）：60-64.

[4] 李杰豪. 职业教育助力乡村振兴的政策依据、实施路径与对策建议 [J]，2023（21）：57-63.

解决乡村文化振兴中多头管理、协调不足、执行效果不佳等问题，确保各项工作的有序开展和高效实施。通过政府职能转变，促进多元主体参与乡村建设，并为之提供坚实制度保障[①]。杜育红和杨小敏指出乡村文化振兴的实现不能急于求成。为保障有效支撑国家乡村振兴战略的实施，除了顶层设计和系统规划，还应深化改革创新，突破深层次的体制机制障碍，必须紧抓关键要点，进行制度化安排，应保障乡村教育基础设施建设，形成城乡一体化的人才双向流动机制，完善乡村投入保障机制[②]。针对乡村基础薄弱、内生动力不足的实际情况，职业教育服务乡村文化振兴必须探索并构建一条以政府为主导，多元主体共同参与、协同育人的教育路径[③]。在乡村文化振兴进程中，行业企业扮演着协调者与技术提供方的双重角色。祁占勇认为企业应当将现代管理新理念、新模式以及新方法对接到乡村，而且职业院校应该在乡村人才培育、技术技能创新、就业创业、文化传承等方面展开校企合作，充分发挥企业优势[④]。朱德全和曾欢指出作为乡村经济空间主体的企业应当将"无形之手"——市场，引入乡村，促进乡村资源的流通，在人才需求信息和技术支持上为职业院校提供支撑，协同职业院校整合各空间主体资源转化为教育资源，通过加强与村民的信息沟通、学习及反馈，共同促进乡村文化振兴[⑤]。职业院校是乡村文化振兴的主体。朱德全和马鸿霞认为职业教育在推动乡村风俗变革，有效促进乡村现代化转型方面，应遵循三大行动准则。一是构建完

---

① 张旭刚. 农村职业教育服务乡村振兴：实践困境与治理路径［J］. 职业技术教育，2018，39（10）：59-64.

② 杜育红，杨小敏. 乡村振兴：作为战略支撑的乡村教育及其发展路径［J］. 华南师范大学学报（社会科学版），2018（2）：76-81，192.

③ 陈氢，王沫. 常态化帮扶视域下职业教育服务乡村振兴的转向、问题及路径［J］. 教育与职业，2021（15）：5-11.

④ 祁占勇. 面向全面乡村振兴的农村职业教育服务逻辑［J］. 西南民族大学学报（人文社会科学版），2023，44（11）：194-202.

⑤ 朱德全，曾欢. 民族地区职业教育服务乡村文化振兴的空间向度［J］. 教育研究与实验，2019（6）：1-10.

善的职业教育体系，为提升乡村文化风貌奠定坚实基础。二是明确具体的教育目标定位，为乡村风俗的革新提供明确指引。三是重视培养具备现代素质的乡村精英，以此作为推动乡村风俗文明进步的重要途径[①]。董芩和阿木古楞认为职业院校应通过增加文化供给，积极组织文化培训、下乡活动，满足农民多元文化需求；应寻求文化传承的创新路径，将乡村工匠、手工艺者、非遗传承人和传统艺人等引入校园，培养学生对乡村文化的热爱和尊重；应提升文化的辐射影响力，将文化与产业结合，培养当地文化产业所需专业人才，既带动乡村经济发展又坚实乡村文化发展基础[②]。胡彩霞和檀祝平指出职业教育应融合城市文化与乡村文化、现代文化与传统文化、技术文化与生态文化，激活人力要素、专业要素以及培训要素，使人才培养、专业建设、社会服务等与乡村结合，满足乡村文化振兴需求[③]。

2.4　研究述评

近年来，随着国家对职业教育和乡村振兴战略的重视，学界对于"职业教育""乡村文化振兴"，以及"职业教育服务乡村文化振兴"的研究不断深入，研究成果也日益丰硕。这些研究不仅在数量上不断增加，而且在内容上也呈现出多元化、跨学科的趋势，并且研究内容注重理论与实践并重。

首先，研究呈现多学科交叉趋势。以往对职业教育和乡村文化振兴的研究多集中在教育学、社会学领域，而现在的研究则意识到，无论是职业教育还是乡村文化，都是一个涉及多学科的复杂主体，开始涉及经济学、心理

---

① 朱德全，马鸿霞.乡风文明：职业教育"化民成俗"新时代行动逻辑［J］.国家教育行政学院学报，2020（8）：3-9.

② 董芩，阿木古楞.西部农村职业教育赋能乡村振兴的逻辑、困境与路径［J］.教育与职业，2023（9）：21-26.

③ 胡彩霞，檀祝平.高职教育赋能乡村振兴的意义、困境及路径［J］.职业技术教育，2021，42（28）：68-73.

学、政治学等多个学科领域。多学科交叉研究可以为研究者提供更全面、多维度的认识，使他们更深入地理解职业教育和乡村文化振兴的内涵、外延以及彼此之间的关系，同时也可以为问题的解决提供更多的思路和方法。

其次，研究理论与实践并重。当前，越来越多的研究者开始注重实践经验的总结和分享，将理论与实践相结合，以推动职业教育和乡村文化振兴的实践发展。一些研究者通过深入调研和实地考察，总结出适合当地特点的职业教育模式和乡村文化振兴路径，为当地政府和企业提供了有益的参考和借鉴。这种研究方式不仅有助于提升研究的实用性和针对性，还可以为政策制定和实践操作提供有力的理论支撑和实践指导。

最后，研究具有国际化视野。随着全球化的深入发展，职业教育和乡村文化振兴的研究也开始呈现出国际化的趋势。学者们积极借鉴和吸收国外先进经验，推动我国职业教育事业和乡村振兴事业的发展。一些研究者通过对比分析国内外职业教育和乡村文化振兴的成功案例和实践经验，提出了具有中国特色的职业教育和乡村文化振兴的路径和模式。国际化的研究视野不仅有助于拓展研究者的思路和视野，还可以为我国职业教育和乡村振兴事业的发展提供新的动力和机遇。

通过上述文献梳理也可以发现，职业教育作为培养技术技能人才的重要途径，对于乡村文化振兴具有直接的推动作用。通过职业教育，可以提升村民的综合素质和职业技能，推动乡村经济的转型升级，进而促进乡村文化的繁荣与发展。同时，乡村文化的振兴也为职业教育提供了更为广阔的发展空间和深厚的文化土壤。在职业教育与乡村文化振兴的关系中，存在多个影响因素，如教育资源、政策支持、市场需求等。这些因素并非孤立存在，而是相互影响、相互制约。例如，教育资源的丰富程度直接影响职业教育的质量和效果，而政策支持的力度则决定教育资源的配置和使用效率。市场需求的变化则对职业教育的专业设置和人才培养的方向产生重要影响。现有的研究也已经对职业教育与乡村文化振兴的关系及其影响因素进行了详细梳理，普遍认为影响因素多元化，服务路径多样化。然而，这些研究大多停留在对各影响因素的孤立分析上，未能深入探讨它们之间的内在关系及其内在效应，且在研究方法上偏向思辨分析，实证性分析相对较少。

实证性分析能够通过数据和事实来验证理论假设的可靠性，为理论研究提供更为扎实的基础。同时，实证性分析还能够为实践应用提供更为明确的指导。在实证性分析中，可以采用问卷调查、访谈、案例分析等多种方法，收集相关数据和信息，运用统计分析和模型构建等手段，深入剖析各影响因素之间的内在联系和作用机制。通过对职业教育与乡村文化振兴关系的深入剖析和实证性分析，可以更加清晰地认识各影响因素之间的内在联系和作用机制。这不仅有助于进一步深化理论研究，还能够为实践应用提供更有力的指导。鉴于实证分析的作用以及当前的研究空白，本书旨在深入剖析各影响因素的内在联系，并通过实证分析为理论研究和实践应用提供更为扎实的支撑。

第3章 职业教育服务乡村文化振兴现状分析

在乡村文化振兴的全球历史视野中，职业教育始终扮演着推动乡村发展的关键角色，是各国及国际组织普遍采用的重要策略。通过对现有研究文献的细致梳理与分析，能够深化对职业教育服务乡村文化振兴作用机制的认识，揭示其促进乡村文化振兴的内在逻辑。同时，为了解职业教育在赋能乡村文化振兴实施路径上的积极探索与实际成效，以及在此过程中形成的广泛共识，需要将职业教育置于国际视角以及当前实践活动的背景之下进行综合考量，才能更为深刻地把握职业教育服务乡村文化振兴的本质问题，从而更好借助职业教育力量，为乡村地区提供智力支撑，助力乡村文化的持续发展与繁荣。

3.1 职业教育服务乡村文化振兴实践样态

近年来，从深入田间地头开展实用技能培训，到扎根乡村课堂传授知识技艺，从挖掘本土特色开发专属课程，再到全方位培养乡村文化人才，职业教育正以丰富多样的实践样态，为乡村文化的传承与创新源源不断地输送动力，使其焕发出新的生机。然而，乡村文化振兴的探索之路并非独自前行，而应置于全球视野下进行考量。放眼国际，诸多国家和地区在借助职业教育促进乡村文化发展的进程中，历经长期实践，积累了大量宝贵经验，并逐步形成了各具特色的实践模式。这些国际模式映照出的发展思路，为构建契合我国乡村实际需求、具有中国特色的职业教育服务乡村文化的模式提供了借鉴与参考。

3.1.1　国外模式

国外乡村建设起步较早，较多国家建立了自己的乡村服务模式。本书仅选取美国、德国及日本的乡村服务模式进行介绍。

3.1.1.1　美国模式

（1）乡村运动开展背景

在 20 世纪初期，美国迎来工业化进程的高速增长时期，制造业企业也大量兴起，众多工厂如雨后春笋般涌现。这些新兴的工厂和企业为社会创造了诸多就业机会，促使大量原本生活在乡村的农民纷纷涌向城市。随着工业化进程的持续推进，城市化步伐亦同步加快，表现为城市人口数量与经济规模的迅速增长以及城市生活节奏的日益加速。在此背景下，城市经济呈现蓬勃发展的态势，商业机会与就业岗位持续增加。然而相较之下，农村经济的发展稍显滞后。由于大量青壮年劳动力向城市流动，农村人口结构发生显著变化，人口数量明显减少。

在 20 世纪 20 年代至 30 年代，美国农业领域经历了一场持续十年之久的衰退。此次农业大萧条对美国的农民群体及乡村地区造成了极其严重的经济和社会冲击。面对严峻的挑战，美国政府深刻意识到必须立即采取行动。自 20 世纪 40 年代起，美国政府开始推行一系列缩小农业人口与非农业人口之间收入差距的政策。自 20 世纪 60 年代以来，美国非农经济迅猛发展，促使制造业与服务业等新兴领域在乡村地区快速崛起。这些新变化意味着乡村劳动者难以仅凭农业生产经验获取就业机会，从而需要掌握更为多样化的职业技能。在 1963 年新联邦立法的推动下，美国建立了全国职业教育中心，通过在乡村地区开展新型培训项目推动乡村青年获取和提升技能。在这一发展趋势下，乡村地区积极寻求多元化的发展道路，彰显出乡村发展的新气象。在20世纪70年代初期，美国的乡村旅游业呈现显著增长的发展趋势，成为促进乡村地区经济繁荣的重要动力。美国的乡村旅游项目种类繁多，涵盖了农业旅游、森林旅游、民俗旅游、牧场旅游、渔村旅游以及水乡旅游等，为游客提供了多元化的选择，凭借其独特的魅力和丰富的项目体验，成功吸引了大量游客。自20世纪80年代起，美国政府更是把"振兴乡村经济"纳入农村可持续发展的总体战略规划之中，为乡村带来了巨大的发展。

（2）具体做法

美国职业教育服务乡村文化振兴的重点在于乡村农民的培育。为推动乡村的可持续发展，美国在乡村中引入职业教育力量，为其发展提供源源不断的动力。在推动乡村发展政策执行过程中，美国政府首先聚焦于农村基础设施的建设与完善，投入财政资金以解决水、电、路等关键性问题，夯实农业发展的基础条件。随后，将关注点转向贫困问题以及城乡发展的不平衡性，不仅增强了农业补贴的力度，还通过引入新兴产业、提供技术援助等一系列措施，有效提升农民收入水平，缩小城乡收入差距。进入后期，政府进一步将焦点转向教育培训、就业促进和乡村文化生态环境保护等领域，旨在培育农村的可持续发展能力。政策目标的不断调整与优化，为农村发展提供了积极的导向作用[①]。

在乡村基础设施建设上，政府在乡村区域规划前制定了四大原则：最大限度实现乡村环境的绿化与美化；确保当地民众的基本生活需求；当地民众的生活传统得到充分尊重；以及突出乡村的固有特色。政府对乡村的整体布局设定了严格标准，要求高速公路作为重要交通枢纽贯穿其中，并规定整体建设过程必须达到"七通一平"的标准，即给水、排水、电力、电讯、热力、道路和煤气的畅通无阻，以及场地的平整。在对乡村区域进行规

---

① 潘启龙，韩振，陈珏颖.美国农村阶段发展及对中国乡村振兴的启示［J］.世界农业,2021（9）: 76-82.

划时，政府落实功能分区制度，对土地的使用类别进行明确规定，将区域细分为农田、居住区、商业区等功能区，并且将道路、景观区和绿化带进行有效分隔。其中，主干道和高速公路主要用于分隔农田和居住区，而公共空间走廊和主干道则作为农业生产区和居住区之间的缓冲区域。商业功能区与居住区之间则通过道路和景观进行隔离，以确保各功能区的独立性和协调性。此外，自 20 世纪 60 年代起，美国政府便开始重视生态环境保护，启动了"生态村"建设，致力于改善乡村自然环境，既重视保护自然生态环境，也重视保护具有历史意义及乡土特色的人文环境，使乡村美兼具生态治理和特色文化[①]。

在乡村投入上，为确保重点贫困与偏远乡村区域的可持续发展，美国政府通过制订特殊发展计划，在投资及制度方面对这些区域给予大力支持。早在 2010 年，美国便启动了一项针对国内最为贫困、最为偏远乡村地区的额外援助倡议计划——"锋线力量"。根据计划安排，美国农业部在 2016 年向高贫困乡村区域投入超过 8.2 亿美元的资金。同时，农业部为了支持贫困乡村的经济发展，同年还提供了高达 21 亿美元的乡村经济维持发展资金，以促进这些地区经济的持续稳定与增长。为维护乡村地区的生态和谐，提高乡村居民的生活品质，美国政府在 2009—2016 年对乡村发展实施了总计 138.94 万项财政资助项目，涉及资金高达 2534.34 亿美元。在特定行业领域内，如乡村可再生能源的发展，美国在 2016 财政年度资助了 1900 个项目，投入资金达 3.09 亿美元；同时，在乡村电力系统的升级改造方面，也投入了大量资金，总额达 39 亿美元，惠及 547 万家农户[②]。在 2017 年的农业法案中，"农村发展"项目在资金配置方面表现突出，实现了 400 亿美元的资金规模。此外，美国政府积极推动社会与市场力量参与乡村振兴，采取诸如"信贷支持＋政

① 夏金梅."三农"强富美：美国乡村振兴的实践及其经验借鉴［J］.世界农业，2019（5）：10-14.
② 龙晓柏，龚建文.英美乡村演变特征、政策及对我国乡村振兴的启示［J］.江西社会科学，2018，38（4）：216-224.

府担保"等举措，保障农村经济实现更为多层次和多元化的发展。

在立法保障上，美国政府颁布一系列法律支持乡村发展。20 世纪 30 年代，美国便启动了对乡村发展的积极探索与实践，依托立法手段为相关发展政策提供了坚实的法律支持。在此期间，旨在提升乡村居民生活品质与经济福祉的"乡村发展"（Rural Development）概念被提出。在这一过程中，美国政府积极发挥扶持作用，引导社会各界广泛参与，同时辅以技术援助等手段，提升乡村社区的自我发展能力，促进城乡深度融合，保证经济的持续增长。美国政府主要根据农村发展问题及发展目标制定调整农村发展政策，其对农村发展的理解主要基于四个层面：一是为打造宜居且具备良好的投资与商业环境的乡村设施与服务规划开发；二是为提升农村的就业率和收入水平进行的农村工商业发展规划；三是为改善农村居住和经商环境进行的农村自然资源的保护与利用；四是为培养农民及其领导者的能力，促使其自主解决农村社区发展中的各类问题而进行的对农村机构和组织的发展扶持[①]。基于上述理解，美国构建了完善的农村发展政策体系。其农业农村发展政策的演进连续而动态。例如，自 1936 年起，美国实施的《农村电气化法》至今仍占据重要的地位；同时，部分政策则根据主要发展问题和发展重心的变化做出相应调整或废止，相较于《2008 年农业法案》，2014 年颁布的《食物、农场及就业法案》在内容上进行了精简及调整[②]。

上述美国政府所实施的诸多政策，从软硬件上促进乡村发展，为吸引人才流入乡村创造了良好条件。在职业教育领域，美国政府也意识到职业教育对乡村发展的重要作用。在职业教育发展史中，通过立法促进职业教育的发展与完善。1862 年，美国政府出台了《莫利尔法》。根据该法案，联

---

① 李超民. 城乡对立：制度根源、矛盾化解与农村发展立法——以美国为例［J］. 农业经济问题，2008（6）：103-108.

② 芦千文，姜长云. 乡村振兴的他山之石：美国农业农村政策的演变历程和趋势［J］. 农村经济，2018（9）：1-8.

邦政府采取土地奖励的方式，为各州提供财政支持，用以设立"赠地学院"，进而推动农艺和机械工艺技术教育的发展。该法案标志着联邦政府对职业教育进行干预的开始，同时也奠定了美国职业教育形成的基础。1917年，美国政府正式通过《史密斯－休斯法》。该法案明确规定联邦政府为促进职业教育的发展和完善，拟在中学阶段设立职业教育课程，并提供相应的资金支持。此举象征着职业教育体系建设的开端。在 1963 年，美国国会正式通过了《职业教育法》。该法案及其后续的子法案，将焦点从单纯的职业分类转向了更为广泛的服务对象。其核心宗旨在于维持、扩展以及改进职业教育体系，确保全国各个社区、各年龄段的公民均能平等地享有接受高质量的职业训练和再培训的机会。该法案深刻体现了职业教育领域的变革与持续深化，明确展示了职业教育观念和管理模式中社会政策的调整。通过法律层面规定职业教育实施项目，并为之提供资金支持以及加强农业技术的社会宣传等手段，推动职业教育发展，确保青年技能的提升和乡村的可持续发展。在乡村教育公平上，鉴于社会阶层严重固化，从而限制了乡村青年的社会流动，使得参与中学及之后教育的人数相对较少，无法满足时代变革对个人职业技能的发展需求，美国建议职业教育应当发挥积极作用，促使乡村教育机构转变为"工作孵化器"，从而在认知上提升乡村青年对多样化职业选择的理解，帮助他们掌握基本职业技能，提高工作能力及个人潜力。因此，为扩大乡村青年接受职业教育的机会并满足其学习需求，美国政府加强对职业教育的管理。乡村在发展进程中呈现多样性特点，职业教育发展趋势也应与乡村发展的多样性需求相契合。1963 年，在新联邦立法的推动下建立的区域职业教育中心，通过为乡村现代化发展量身定制新型培训项目，为农村青年技能的获取与提升提供了有效渠道。另外，美国还积极推进跨区域合作办学，充分利用职业教育资源。通过乡村学校间合作办学模式，以集中式或分散式职业教育设备开展职业培训项目。在此背景下，也涌现了职业资源教育者（Vocational Resource Educator，VRE）

和 Pima 青年就业计划（Pima Youth Placement Program，PYPP）模式。不同职业教育服务模式也为乡村培训提供了多元选择。

3.1.1.2　德国模式

（1）乡村运动开展背景

在 19 世纪中叶，德国的城市化率便超过 30%，迈入城市化高速发展阶段。然而，这一进程也引发了乡村发展的严峻挑战。这一时期，工业化与城市化的发展造成了农村地区的人口流失、土地荒废等问题，自然景观和生态环境也遭到了破坏。20 世纪初至 20 世纪 60 年代，人口与就业进一步向城市集中，加剧了乡村人口的减少，导致乡村"空心化"现象愈发严重，乡村传统文化逐渐消亡，村庄的衰落趋势也更为显著。20 世纪 50 至 60 年代，针对城市化进程中浮现的种种问题，德国政府正式提出了"乡村再发展"战略。该战略的核心举措涵盖了对村落的集中整治、搬迁以及再建，旨在通过系统性的规划与管理，优化乡村结构，提高居民生活品质。20 世纪 70 至 90 年代，德国进一步提出了"乡村更新"战略，也就是乡村振兴战略。该战略强调通过保持乡村面貌的独特性，避免盲目模仿城市发展路径，注重村庄规划与生态环境的综合治理，提高乡村的经济、生态和文化价值，从而实现乡村的个性化发展和自我更新。自 20 世纪伊始，德国乡村重振运动已逐步摆脱传统农业生产和农村建设的局限，转向聚焦于乡村整体功能结构的优化升级与可持续发展。乡村地区不仅要持续履行农产品供给职责，还要突破城乡界限，为非农业居民提供宜居环境，同时打造休闲度假和旅游区，以满足社会的多元需求。为推进乡村的全面发展，德国政府着手制定并实施村镇整体规划，改善乡村居民的生活水平和环境质量。

在德国推进的乡村振兴战略中，乡村的发展方向被界定为"本土化"。即乡村的振兴并非意味着对乡村建筑的盲目更新替换，亦非追求乡村的过度城市化，使之成为城市的缩小版或复制品。相反，德国致力于将乡村恢复到其原始、独特，且具有辨识度的风貌，以保留和传承乡村的本土特色。在乡村功能定位上，德国政府将乡村的功能提升明确为"城乡等值化"，即政府不断提升乡村公共产品和公共服务的供给水平，确保乡村居民平均生活水平的条件不低于城市居民。此举不但能够为乡村吸引和保留热爱乡村生活的人们，还能够为乡村提供就业岗位，促进乡村地区的可持续发展。通过这种独特的乡村发展模式，德国实现了在乡村对城市基本公共设施和服务有效供给的普及，进而带动乡村地区的全面改革。

（2）具体做法

德国的乡村建设已取得了令人瞩目的成效，是全球范围内城乡融合程度较高的典范。德国的乡村规划与管理极其重视对地方自身需求的优先考量，注重居民利益的保护并能够平衡各类相关利益。规划流程遵循"自下而上"的公众参与原则，而非传统的"自上而下"的政府及规划师主导模式。公民不仅能够深入理解村庄的建设目标，而且可以提出建设建议与利益诉求，从而全面参与村庄建设的各个环节。在乡村规划上，德国政府也高度重视村庄规划工作，制定了《建筑法典》《土地整治法》《联邦国土规划法》等一系列法律文件，以法律形式明确规定了城乡土地规划的具体细则，区分了土地利用规划及建筑规划，将土地整治与村庄更新整合为一。在农业用地管理方面，为提升土地利用率及农业生产能力，德国大规模实施农用地整理，积极整合零散小块的农地以及发展规模农业，并大力推动农业科技与农业机械的革新。在农村建设用地规划方面，德国严格界定了绿地、景观用地、历史文化遗产保护用地、工业用地等土地用途，凭借荒地开发、旧建筑更新改造等方式，改善了居民的居住环境。另外，设置特定区域以建设生产用房，鼓励工业企业进驻农村，增加当地居民就业机会[①]。

在基础设施建设上，"逆城市化"阶段导致德国乡村的人口结构由原先

① 中国农业银行三农政策与业务创新部课题组，李润平.发达国家推动乡村发展的经验借鉴［J］.宏观经济管理，2018（9）：69-77.

以传统农业人口为主导转变为以非农业人口为主。为确保非农业人口持续留驻乡村，在提供就业机会以外，为增强乡村吸引力，德国政府还着手增强乡村的绿色生态环境和独特风貌。1969 年，为支持乡村基础设施的建设，联邦德国正式颁布了《"改善农业结构和海岸保护"共同任务法》。1976 年，联邦德国修订了原有的《土地整治法》，此法强调了对乡村特色的保护和塑造。1977 年，以"农业—结构更新"为核心的村庄更新计划正式启动。该计划在保留乡村原有特色的基础上，由当地政府牵头实施房屋改造升级、道路更新优化、水电气基础设施的完善，以及教育卫生等公共服务机构的建设等项目，从而全面提升村庄的综合发展水平，打造更为美丽且宜居的乡村环境。

在生态及历史文化保护上，在村庄保护进程中，德国政府始终秉持对农业生态环境保护的高度重视，倡导发展生态农业。在土地整理运动中，推动构建和发展生态农场。为了支持生态农业的健康发展，德国政府还为农民提供生态农业的专业知识培训和生产技术指导。截至 2018 年，德国已成功培育出超过 8000 个规模各异、类型多样的生态农场及村镇。作为一个拥有悠久历史的国家，德国承载着丰富的历史文化遗产。为确保这些宝贵遗产得到有效保护，并妥善处理建设中新与旧的和谐共生关系，德国政府明确规定：将具有 200 年以上历史的建筑纳入保护范畴，并特别拨出专项资金，用于支持古建筑及其所在街道的修缮与保护工作，以此彰显对历史文化的尊重与传承。同时，在文化保护中，德国政府尤为注重历史文化的传承与老街小巷的保护修缮工作，积极维护和重现历史场景，从而塑造了现今德国各乡村独特且丰富的历史文化风貌。德国政府还通过多元化的方式推动乡村文化发展，确保乡村文化产品供应充足。2019 年德国政府启动的"文化在乡村"促进项目，为人口少于 2 万的社区的文化基础设施建设提供财政支持，将其打造成为聚会与交流的公共空间。此外，德国政府还积极探索移动化服务模式。比如，通过柏林的州立博物馆系统提供文化服

务，有效缩短了勃兰登堡州乡村地区与大城市博物馆之间的距离，使乡村
居民也能享受丰富的文化资源。

在财政补贴上，德国政府在乡村基础设施的建设上，给予大量财政支
持，如道路、桥梁、供水、供电、通信等。为了促进农业生产和改善乡村生
活条件，政府为农场主和乡村企业提供补贴与贷款支持。针对积极扩大农场
规模、采纳环保农业技术等举措的农场主，德国政府还依据其贡献程度，对
其予以相应的财政补贴，还经常举办乡村竞赛活动促进乡村地区的生活品质
提升。比如，每三年举办一次的全国性赛事"我们村庄更美丽"。对于在竞
赛中表现出色的村庄，政府将颁发资金奖励，或者提供其他形式的支持①。
2017—2020 年，德国政府已累计投入 1.3 亿欧元专项资金用于乡村古建筑的
保护与修缮。在 2021 年，更是追加了 700 万欧元，进一步强化了对这一领
域的资金支持。此外，德国政府还高度重视乡村文化遗产的保护与发展，每
年都通过文化灯塔项目为乡村文化遗产提供必要的支持。在德国乡村运动的
实施过程中，政府起到了主导和推进作用。在资金筹措方面，实现了多元化
的财政支持体系，其中 50% 的资金来源于欧盟的资助，25% 由联邦政府提
供，剩余的 25% 则由市级政府负责筹集。这一多层次的财政支持确保了乡
村运动得以稳健、有序地进行。

德国职业教育在乡村发展中也发挥着举足轻重的作用。在 20 世纪 60 年
代，鉴于战后经济恢复的迫切需求，德国对各类劳动力的需求显著增加。为
了提升劳动者的专业技能水平，德国政府决定设立职业学校。1969 年，德
国政府进一步颁布了《职业教育法》，该法对农业职业教育进行全面的规定，
并正式将职业技术教育纳入国家教育制度的范畴，确立了其重要的地位。经
过几十年发展，德国职业教育建立了完整的教育体系、多层次的人才培养制
度，以及校企双主体的驱动模式，为德国培育了众多乡村人才。德国的职业

---

① 刘荣志.德国乡村发展的做法及启示——赴德乡村建设规划标准体系培训情况报告［J］.农村
工作通讯，2019（6）：61-64.

教育体系分为职业预备教育、中等职业教育和职业进修教育三个阶段。职业预备教育阶段,主要面向尚未明确职业方向的学生,通过必要的基础知识教学,为后续的中等职业教育阶段奠定基础。对农民的职业教育属于中等职业教育。农民在此阶段需针对特定职业进行深入学习,采取理论与实践并重的"双元制"培养模式,确保知识的全面性与实用性。职业进修教育阶段主要面向完成中等职业教育的学生,他们可根据职业发展的需求,选择更高层次的培训,以适应工作内容的变化,实现职业技能拓展。在德国全国范围内,从科教部、各州政府至企业层级,均设有专门负责农民职业教育的机构。联邦各州科教部统一监管各级农民职业技术学校的运营。企业行会对企业培训进行主管,同时有专门的职业教育研究所负责协调各方工作。这一系列举措共同构建了一个覆盖全国的农民职业技术教育网络。这一完备的农民职业教育体系使农民职业素质得到显著提升,增强了企业竞争力,同时也为劳动力的转移提供了必要的技能基础。

德国将培养乡村人才视为乡村可持续发展的重要手段,其乡村建设取得显著成效与农民群体所展现出的较高综合素质密不可分。德国农民人口占全国人口的比例约为2%,呈现出数量少、素质高的鲜明特征。其中,持有《专业资格证书》及《农民师傅证书》,拥有经营管理农场及招收学徒资质的农民占比高达22%。德国农民的高素质离不开其独特的"双元制"培养模式。德国推行"双元制"模式的宗旨并非出于学历教育目的,而是将政府作为办学主体,依托其财政支持,促进学校与企业间实现理论与实践的深度融合,从而培养学生全面的职业素养和能力,使其更好满足企业的实际需求。企业、农业协会和社会团体等各方积极参与"双元制"模式的运作。在农业职业认定中,将市场作为导向,得到认可的农业职业需经德国联邦职业教育与培训研究所、企业、农业协会和社会团体等多方利益相关者共同提出,并经有关部门核准,最终方能通过职业教育立法形式予以确立。按照德国法律规定,所有企业均需设有职业培训岗位。另外,达到一定规模的企业还需建立培训中心，对学生开展职业培训。在学习时间分配上，学生 60% ～ 70% 的学习时间被安排在企业里进行实践操作训练，剩余 30% ～ 40% 的学习时间则需在职业技术学校完成专业理论知识及基础文化知识的学习。在"双元制"教育模式中，企业作为关键要素积极参与，促进了现代农业职业教育体系的成功运作。德国"双元制"教育模式被视为职业教育领域内的成功典范，在全球范围内产生了深远的影响，引领并促进了其他国家农业职业教育的发展。德国通过这一教育模式取得了显著的教育培训成效，成功培育出了一大批具备高度专业化和职业化素质的现代农民，为乡村的长久发展奠定了坚实的人才基础，进一步巩固了德国乡村振兴成果。

3.1.1.3　日本模式

（1）乡村运动开展背景

第二次世界大战结束后，日本经济遭受重创。为了恢复经济，日本选取全面工业化和城市化作为国家发展战略，由此带来大量农村劳动力向城市转移的社会现实。然而，此举在为城市发展提供人力资源的同时，也加剧了人地矛盾与城乡矛盾，造成日本整个国家发展的失衡。当时为摆脱粮食匮乏的困境，日本政府加大了农业生产，特别是在农药、化肥和农业机械方面的投入，从而促进了农地生产率的提高以及粮食产量的增加。然而，与此同时，日本政府实施的粮食统购统销制度，对农产品价格进行了压制，导致农产品价格未能随市场供需关系自然上涨。相较于非农部门收入的快速增长，农业部门的收入下降，导致城乡之间的收入差距逐渐拉大，城乡发展不平衡进一步加剧。而农村人口持续减少也导致了离岛及山村丘陵地区的地方政府税收显著下滑，农村地区经济愈发凋敝，进而引发了地方政府迫切寻求留住农村人口的有效措施。回顾历史数据，1955—1965 年，日本的就业人口规模实现了显著增长，第二产业与第三产业的就业人口占比明显上升，达到了就业总人口的 77.2%。与此同时，第一产业的就业人口却呈现出明显的下降趋势，其在就业总人口中的占比骤然下降，从 38.2% 降至 22.8%。这一变化直接反映了青壮年劳动力从农村地区向城市及其他产业领域的快速流动，进而导致乡村地区人口结构的老龄化以及女性化的倾向加剧，乡村劳动力的短缺问题也因此愈发严峻[①]。

在追求经济高速发展的进程中，日本政府通过招商引资设立了许多重度污染型工业企业。在这些企业的运营过程中，大量未经妥善处理的废水、废气以及固体废弃物被排放至当地，严重污染并破坏了农村生态环境。另外，在工业活动与人类活动的不断扩展中，农村地区的自然生态系统也受到了严重破坏。对森林的过度砍伐以及对湿地的大规模填埋，使得生物多样性减少，生态系统失衡。农村地区的水资源、矿产资源和土地资源因过度开采而面临资源枯竭的困境，乡村环境承载力明显下降。农村地区居民的健康状况也因环境污染而受到影响。众多居民因长期暴露于各类污染物中，导致患呼吸系统疾病、皮肤疾病以及消化系统疾病等多种疾病的几率大幅增加。此外，公共卫生危机频发。以水俣病为例，该事件系由化工厂未经妥善处理即排放含汞废水，导致严重的水体污染，进而给当地民众带来了极其惨重的健康损害。

面临一系列亟待解决的乡村问题，日本政府大力发展现代化农业，有效缩小城乡差距，从而深入探索乡村振兴的可行路径。日本政府于 1961 年颁布了《农业基本法》，此举标志着日本乡村振兴运动的正式启动。1999 年，为持续推动农业现代化进程，应对经济变革带来的挑战，日本政府进一步制定了新的《食品、农业和农村基本法》，对乡村振兴运动的战略部署进行了调整和优化。

（2）具体做法

为了推进乡村文化的建设与发展，日本采取了一系列独具特色且富有创新性的方法与措施。一是"造町运动"，通过对乡村的内在潜力进行深入

---

① 曹斌. 乡村振兴的日本实践：背景、措施与启示 [J]. 中国农村经济，2018（8）：117-129.

挖掘与开发，推动乡村经济与文化的双重发展。二是"一村一品"运动，通过倡导各个村庄依据自身特色与资源，着力打造标志性产品或服务，既提升各个乡村的知名度又带来经济收益。三是"人间国宝"计划，通过对掌握独特技艺与知识的民间艺人进行发掘，实现珍贵技艺传承，旨在保护日本文化遗产。四是大地艺术节，依托艺术家作品，尝试将艺术元素融入乡村。各项活动使日本乡村文化建设具有鲜明特色，增强了乡村文化的多样性与活力。

在政策支持上，日本政府继 1961 年颁布《农业基本法》后，又颁布了《山村振兴法》（1965 年）、《小笠原诸岛振兴开发特别措施法》（1969 年）和《冲绳振兴开发特别措施法》（1971 年）等法律法规，保障乡村振兴工作的推进。依据颁布的法律法规，在全国范围内划定扶持区域，着重对人口密度低、交通条件不便的山村、离岛等地理区位劣势的地区进行帮扶，并对政策目标、划定标准与实施措施进行明确规定，确保长期推行相关工作。自 1999 年起，面对全球经济一体化及其带来的冲击，日本政府颁布了《新基本法》，并且决定每五年需优化并制定《食物、农业、农村基本规划》。通过一系列法规的颁布，日本构建了体系完善、内容协调且各有侧重的乡村振兴法律法规框架，既为日本的乡村振兴工作提供了法律层面的支持，也促进了相关政策在实施过程中的连续性和稳定性。

在机制体制完善方面，日本在乡村文化建设领域构建了一个相对完备且成熟的体系，此体系有效保障了乡村文化服务的广泛覆盖与均衡配置。日本农林水产省携手国土交通省、厚生劳动省、环境省，以及经济产业省等部门，共同构建了乡村振兴联席会议机制。此机制旨在全面规划并统筹指导乡村振兴的整体战略。同时，在农林水产省下设乡村振兴局，负责具体执行乡村振兴相关项目，以及对各部门的政策资源进行协调、整合，从而促进乡村振兴的全面实施。在金融领域也构建起一套全面的农村金融机构体系，该体系囊括了合作性农村中央金库、政策性农林渔业金融公库，以及其他致力于农业信用保证与保险的金融机构。此体系内部之间协同作业，面向农村市场提供高效且有针对性的金融服务。2008 年，为进一步优化资源配置并提高金融服务效率，日本政府将原政策性金融机构合并为日本政策金融公库，用以更好支持粮食业及农林水产业发展。为了提高乡村政策的实施效率，日本政府还积极倡导各种农民合作组织的设立。比如，为推进农村基础设施的建设与维护工作，鼓励农民成立"土地改良区"合作组织；为促进一二三产业的融合，鼓励农民设立农林渔协，承接三产融合项目。通过自上而下构建各类组织机构，有效保障了乡村文化振兴工作的推行。

在财政支持上，日本政府为确保乡村振兴政策的顺利推进，采用了财政补贴、税收优惠及金融扶持的措施支持乡村发展。具体而言，日本政府在农村基础设施建设以及关于农村福祉提升项目方面加大财政投入，以强化农村发展的基础。2013 年，日本政府设立了"山村发展支持制度"，每年提供一千万日元的资金来扶持对特色农产品销售及人才培养有贡献的地方政府或企业。此外，为了助力中小企业在乡村振兴中发挥积极作用，日本国税及地税部门针对"振兴八法"所规定的特定区域内的中小企业实施了包括固定资产税折旧抵扣比例提升、固定资产购置税，以及固定资产税减免等多项税收优惠政策，激发其投资与经营活力。除了以补助金、扶持金以及长期低息贷款支持农村农业以外，日本财政还积极引导和促进金融及社会资本向农业农村领域流动。通过向农民、农业组织以及农业企业等主体提供长期低利率（其贷款利率相较于一般商业贷款，低至30% ~ 60%）的贷款支持，有效降低了相关主体的融资成本，促进了农业农村的持续健康发展[①]。为激励青年职业农民深入种养大户或农业企业进行实地研修，促进理论与实践的结合，提升经营管理能力，日本政府特别设立了新农人培养专项基金，每月向每位参与的青年职业农民发放 20 万日元

① 肖卫东 . 美国日本财政支持乡村振兴的基本经验与有益启示［J］. 理论学刊，2019（5）：55-63.

的生活补贴，以确保其能够全身心投入学习与实践。此外，为了鼓励种养大户和农业企业积极接收并培养青年职业农民，政府还对接收青年职业农民研修的单位一次性发放 50 万日元的补贴。

在职业教育发展上，日本政府于 1947 年颁布的《学校教育法》首次通过立法形式确立了农民教育的重要地位。同年，日本政府还颁布了《农业协同组合法》，旨在通过成立农协对农民组织化程度进行强化，为构建农民职业教育体系奠定了基础。此外，后续颁布的系列法律，如《农业改良助成法》《产业教育振兴法》及《青年学级振兴法》等，也从制度上保障了农民教育事业的推进。在职业教育分工上，日本文部科学省承担着构建并管理正规农业职业教育体系的重任，该体系覆盖小学至大学的各个教育阶段，旨在全方位培育涵盖农业师资、农业技术人员及农业科研人员等在内的综合农业人才梯队。在小学与中学阶段，教育体系注重融入与农业相关的课程，以普及农业基础知识为核心。进入高中阶段，教育体系进一步聚焦为有志于深入农业领域学习的学子提供必要的知识与技能培养。与此同时，农业专业学校则专注于培养未来的农业经营者与农业技术员，以满足行业对实践型人才的迫切需求。而在高等教育层面，无论是农业类大学还是普通大学的农科专业，乃至短期大学的涉农学科，均致力于培养具备高度专业素养的农业技术人员与科研人才，推动农业科技的进步与创新。这一体系贯穿教育全阶段，不仅确保了人才培养的系统性与连贯性，更在巩固日本农业职业教育领先地位方面发挥了至关重要的作用。日本农林水产省则负责非学历职业教育，从宏观上把控农民的职业培训，而具体的培训实施则由大学和农业协作组织共同承担。培训课程紧密围绕农业技术和农业经营两大核心领域进行设计，旨在通过课堂理论讲授与现场实践指导相结合的方式，全面提升农民的专业技能。在此过程中，农业类大学及其他大学的农业学院充分利用自身丰富的教学资源，将农业知识与技术传授给广大的农业生产者和经营者。同时，农业协会不仅通过举办讲座、交流会议及短期培训等形式，灵活推广农业知识技术，还通过实用性和针对性的培训，满足农民的实际需求。另外，自20世纪50年代起，日本政府便开始系统性地选派青年农业生产者前往欧美国家深造，汲取西方先进的农业科技与管理经验。进入20世纪60年代，日本政府进一步深化其农业人才培养战略，建立了国内研修制度，选拔致力于农业发展的青年进行产业领域的现场学习，有效提升了农民队伍的职业化水平。

3.1.2　国内模式

在全球化背景下，各国乡村服务模式为我国乡村文化振兴提供了宝贵的参考和经验借鉴，凸显了职业教育在推动乡村文化繁荣和社会进步方面的独特作用。在我国，随着乡村振兴战略的深入推进，一系列具有中国特色的职业教育服务乡村文化振兴的实践模式应运而生。

3.1.2.1　教育资源共享模式

（1）模式介绍

"教育资源共享模式"指的是职业院校通过整合自身教育资源服务乡村，强调的是职业院校与乡村之间通过资源共享与互补，实现互利共赢。该模式体现的是职业院校服务乡村的行动逻辑，其中包括了职业院校跟乡村两个行动场域。该模式的出现，源于对当前教育资源的优化配置和社会需求的深入洞察。职业院校拥有完备的教学设备、专业的师资力量和丰富的教育资源，而乡村则拥有广阔的土地、丰富的文化和独特的资源。通过资源共享，职业院校可以将自身的教育资源优势转化为乡村发展的动力。采取短期集中培训、在线远程教育以及现场实地指导等多种形式，职业院校向广大村民普及关键知识与实用技能，增强他们的就业竞争力和创业潜力。此外，职业院校通过系统培训、生动示范，对前沿农业技术与信息技术进行推广，助力村民掌握新技术、应用新方法，从而推动乡村产业结构的优化与升级。许多职业院校配备了实验室与实训基地，这些先进设施不仅服务于学生的实践学习，也能为乡村发展提供技术支持与创新平台。职业院校还致力于通过多样化的课程和活动，提升村民的文化素养和创新能力，进一步推动乡村文化的传承与发展，从而增强乡村的文化软实力，让村民更加自信地坚守自己的文化根脉。通过与乡村的紧密合作，职业院校开展一系列涵盖农业、旅游、手工艺等领域的实践项目。这些项目不仅有效提升了乡村的经济收入水平，也激发了村民的创新思维与实践能力，从而推动乡村的可持续发展。在这个模式中，乡村则可以为职业院校提供实践基地和市场需求，为职业院校的学生提供实习和就业的机会。乡村为学生提供了一个将课堂所学的理论知识应用于实际操作与技能训练的实践场所。这种实践机会不仅有助于学生深刻理解农业、农村发展及乡村管理等领域的实际需求与挑战，更能使他们在真实的乡村环境中工作，熟悉生产流程、管理方式和市场运作。在农业、畜牧业、手工艺等与乡村经济紧密相关的领域，学生均有机会通过实际操作，深入学习和掌握相关技能。通过在乡村实践基地实习，学生在获得宝贵实践经验的同时，也提升了自身职业技能和素养，为未来的职业生涯奠定坚实的基础。此外，乡村地区也展现出巨大的市场发展潜力。随着乡村振兴战略的逐步深化，乡村经济正在蓬勃发展，对人才的需求也在持续增长。职业院校的学生通过实习和就业，得以将所学知识和技能付诸乡村建设实践，为乡村经济的繁荣贡献自己的力量。学生们可以通过参与乡村电商平台的运营工作，在线上销售农产品，拓宽农产品的市场渠道；同时，他们也可以投身乡村旅游的开发与管理，通过精心策划和组织，吸引更多游客前来感受乡村的独特魅力。通过教育资源以及实践基地共享，职业院校与乡村共育人才，实现资源效益最大化。

（2）典型案例及具体做法

兰州资源环境职业技术大学的历史可追溯至 1951 年，当时它作为国家重点中专兰州气象学校，隶属中国气象局。1984 年，甘肃煤炭职工大学成立，隶属甘肃省煤炭工业局。两所学校在各自的领域积累了丰富的教学经验和专业知识。2004 年，兰州气象学校和甘肃煤炭职工大学决定合并，并在此基础上改建为兰州资源环境职业技术学院，进一步提高了教育质量和资源整合效率。2021 年，甘肃省水利水电学校整体被纳入兰州资源环境职业技术学院，进一步丰富了学院的专业领域和教育资源。同年 5 月，为了进一步优化教育资源，整合了兰州财经大学长青学院与兰州资源环境职业技术学院的办学资源，并在此基础上设置了省属公办本科层次的兰州资源环境职业技术大学。这一系列的变革与发展，使得兰州资源环境职业技术大学在保持其严谨稳重、求真务实的教育风格的同时，不断提高其教育质量和办学水平，为社会培养更多优秀的人才。秉持"全面规划、点面融合、协同配合、全面推进"的战略思维，该校通过综合施策、精确发力、持续奋斗，在推进乡村文化振兴中，充分发挥职业教育的赋能作用，展现了学校的责任与担当。该校的出色表现得到了上级部门的广泛认可与高度肯定，先后荣获"全国职业院校精准扶贫协作联盟脱贫攻坚先进集体""甘肃省2020 年度脱贫攻坚帮扶先进集体"以及"甘肃省脱贫攻坚先进集体"等荣誉称号。该校充分整合学校职业教育资源赋能乡村文化振兴，具体采取了以下举措。

第一，办学对接乡村，为发展乡村产业献力。该校与甘肃省天水市麦积区伯阳镇下坪村和穆湾村、马跑泉镇李家坪村、琥珀镇杨家湾村和郭文关村五个行政村共建，承担其对口帮扶工作。为了促进当地乡村文化的延续，该校将师资和科研优势与地区资源紧密结合，积极引导和参与乡村产业的培育，从而增强当地产业的自我发展能力。至今，学校已投入超过 400 万元的资金，为帮扶地区制定了《伯阳镇曹温梁毛峪河流域农业综合开发规划》和《伯阳镇下坪村、下河村小康社会发展建设规划》，为未来村庄的高质量发展制定了明确的发展蓝图和实施步骤。通过聘请专业农业技术人员为村民提供花椒种植技术的指导和培训，制作并分发花椒栽培管理的实用技术手册，助力村民提升种植技能，优化帮扶村的花椒种植产业技术。通过专用电商平台开发，对电商平台的运营人员进行培训，提升乡村运营水平。为确保农产品质量，引入第三方机构进行产品质量检测。建立农产品品牌，成功将"琥珀花椒"注册为商标，协助乡村成立合作社，助力花椒的销售活动，有效推动了花椒产业的品牌化、市场化发展。助力农产品作为电子商务专业的暑期社会实践活动，学校组织电商专业学生积极深入田间地头，投身直播带货活动。同时，学校大力推广帮扶村的特色农产品，不仅在校内进行了广泛的宣传推介，鼓励在校师生积极购买，还牵头与天水市麦积区农业产业扶贫开发有限公司订立了农产品采购意向协议，确保每月消费扶贫采购任务得到落实，进一步助力当地产业的发展。

第二，帮扶对接乡村，为规范乡村环境献策。党建帮扶是推动乡村振兴的重要引领力量。该校充分发挥自身优势，与乡村基层党组织紧密合作，共同推动党建帮扶工作的深入开展。针对被帮扶村党支部阵地设施简陋、陈旧等问题，该校主动与镇党委及两村村委进行深度沟通，共同商定解决方案。经过充分研讨，该校决定投入 75 万元用于援建村级阵地和综合服务中心。同时，学院还选派了优秀党总支对两村基层党建工作进行结对帮扶。财经商贸学院党总支和民族工艺学院党总支同村支部党员定期开展共同学习活动，让党员成为引领群众脱贫致富的先锋模范，激发贫困户的内生发展动力，提升基层组织的战斗力和凝聚力。此外，该校还选派优秀党总支与职教对口帮扶院校——甘肃省舟曲县职业技术学校和秦安县职业中等专业学校进行支部共建活动，通过基层党组织的力量，推动职业教育与脱贫攻坚工作的深度融合。基础设施是乡村发展的硬支撑。职业院校在乡村帮扶时要紧密结合乡村实际，帮助改善乡村交通、水利、电力、通信等基础设施条件，为乡村发展创造良好的环境，职业院校还应深入了解村民的实际需求，关注村民在教育、医疗、文化等方面的需求，积极采取措施帮助他们解决实际问题。截至目前，该校已累计投入资金超过 400 万元，用于实施《伯阳镇曹温梁毛峪河流域农业综合开发规划》和《伯阳镇下坪村、下河村小康社会发展建设规划》等多个项目。这些项目的实施，不仅助力了当地小学的改扩建、道路的硬化、路灯的安装、水渠的修建以及村貌的美化，还开设了"爱心超市"，极大地改善了乡村基础设施条件。学校还开展大学生"三下乡"社会实践活动，策划文艺节目演出，充实村民精神文化生活，营造良好的乡村文化氛围。

第三，教育对接乡村，为乡村现代化献智。乡村文化的长远发展离不开人才的助推。为助力职教扶贫，推进中高职贯通培养，实现教学资源的共建共享，该校与甘肃省舟曲职专、秦安职专和镇远职专 3 所中职学校建立了帮扶关系。帮扶过程中，在教师培育上，为提升帮扶学校师资素养，学校精挑专业教师为帮扶职校的专业教师进行专题讲座，选派课程思政教学专家，指导帮扶职校的课程思政示范专业建设。在教师教学能力比赛培训方面，专家通过对大赛信息获取、网络评审标准、信息化技术应用、课程建设方向等进行全面分析。在专业建设上，为明确专业发展方向，该校指导帮扶职校进行专业建设，帮助其制订人才培养方案以及各专业的建设方案、课程建设方案，此外，还积极参与实验实训室的建设和教材开发等工作。经过努力，帮扶的 3 所中职学校人才培养质量和办学治校水平都得到了显著提升。该校还积极为贫困地区提供技能培训，通过组建优秀专业教师团队，为乡村制定有针对性的培训课程，借助信息技术和互联网等现代科技工具，改善技能培训的效率和成果。通过构建远程教育平台、开设在线课程等手段，让更多农民获得高质量的技能培训机会，为他们的职业发展提供有力支持，从而为乡村文化振兴培养更多懂技术、会经营、善管理的当地人才。

3.1.2.2 校企双元服务模式

（1）模式介绍

"校企双元服务模式"指的是在推动乡村文化振兴实践中，职业院校与企业通过建立紧密联系，共同进行人才培育，协力推进乡村文化的繁荣。该模式体现的是"职业院校＋企业"服务乡村的行动逻辑，包括职业院校、企业、乡村三个行动场域。在双方的合作中，职业学校发挥其教育资源优势，通过系统的理论教学、专业技能培训以及科研支持等手段，全面提升学生的专业知识水平、实践操作能力与创新思维。与此同时，作为重要的实践平台，企业为职校学生提供实习实训、就业机会及创业支持，使学生置身于真实的工作环境中，进而深化理论理解、锤炼服务技能。双方的合作不仅促进了教育与产业的深度融合，也为乡村文化的传承与创新注入了新的活力。在此过程中，职业院校与企业共同对课程设置、教学计划及实习实训等人才培养关键环节进行商议，确保人才培养与乡村产业发展紧密契合。双方可通过共享教学设施、实训场地、师资团队及市场信息等优势资源，高效利用教育资源，实现教育成本节约。除了资源共享，职业学校与企业还可以在产学研一体化方面开展合作，联合攻坚科研项目、研发新产品、推广先进技术，推动科技创新与成果转化，助力乡村产业跃升与文化发展。

首先，该模式体现了学校与企业的双向互动。经过校企双方的携手合作，资源得以共享，优势得以互补。职业院校充分发挥其在理论知识、教育资源和师资力量方面的优势，培育企业所需人才，而企业则为职业院校提供实践平台、市场信息和就业机会等方面的宝贵资源。为确保双方合作深入且富有成效，校企双方定期开展交流、研讨等活动，从而有针对性地根据企业需求，对教学计划和培养方案进行调整。同时，企业也可以对学校的教学和管理工作提供实践指导。这种双向互动和深度合作的模式，促进了校企双方的共同发展，双方实践落地于乡村，实现了三方互利共赢的良好局面。其次，该模式强调了学校教育与企业实践的深度融合。通过产教融合、工学结合，促进产业与教育的相互渗透。学校与企业共同对产业发展趋势与市场需求进行探讨，将产业尖端技术、创新理念和管理模式融入教学环节，确保学生在学习过程中能够接触到最新产业动态，了解产业实际需求。同时，企业通过提供实践基地、实训设备和企业师资参与职业院校教学过程，为学生打造真实的实践环境。学生在学习过程中，不仅接受学校教育，同时也有机会参与企业的实际运作。这种教学模式对学生来说，具有显著的优势。它帮助学生将所学的理论知识与实际操作相结合，从而有效地提升学生的实践能力和职业素养。而乡村文化的传承和发展也离不开具备实际操作能力的人才。产教融合与工学结合的教学模式为培养这类人才提供了切实可行的路径。在学校的引导下，学生们走进乡村，深入了解和学习当地的文化传统和习俗。此外，通过参与企业的实践活动，学生能够更加深刻地理解乡村文化的现状和发展需求。这种了解使得他们的学习和今后的实践更具针对性，他们可以将所学知识运用于乡村文化产业开发，成为推动乡村文化传承和发展的重要力量。再次，该模式具有多样化与灵活适应的特质。在该模式的指导下，教学内容不只包括传统的理论教学，还扩展融合了生产实践活动。教学内容以实际应用为导向，既提升了学生的学习兴趣和实际操作能力，同时也更好地满足了乡村文化振兴的现实需求。在传统的教育教学之外，该模式还融入了科研合作、技术推广，以及文化传承等多重服务领域。就科学研究而言，学生可以与企业专家、学校老师一同参与科研项目，从而培养自身的科研能力和创新精神；就技术推广而言，在实践操作中，学生可以将学到的最新技术知识应用于日常生活和工作；就文化传承而言，通过乡村服务，学生可以更为深入了解乡村文化，从而对其进行弘扬。这种多方位的教育模式不仅向学生提供了更为丰富的学习资源，也为他们打开了更多元的发展通道。在应对乡村文化振兴的多元需求与动态变化时，该模式灵活调整教学策略和合作方式，能够围绕乡村特色产业与文化需求，量身打造相关课程与培训项目。职业院校与企业在资源共享和优势互补中，可更灵活、有效地适应外部环境变化。在乡村文化振兴工作中，职业院校主要提供知识教学和人才支持，企业则搭建实践平台，提供市场资源支持，这种灵活的合作模式对提高乡村文化振兴整体质量大有裨益。

（2）典型案例及具体做法

1979年，山东省创立的平度市职业教育中心学校，不仅荣获首批国家级重点职业中专的殊荣，还被誉为全国重点建设职教师资培训基地，以及全国中等职业教育改革发展示范学校。在山东省内，它更是被立为示范性中等职业学校的建设典范。此外，该校作为国家技能型紧缺人才培训基地和全国重点建设实训基地，为国家和社会的发展输送了大量优秀的技能型人才。该校累计培训职业学校校长、管理干部、骨干教师等5000余人次，并为平度本地培养专业技术人才12000余人次。全国已有21所职业学校同该校达成合作伙伴关系。自1989年起，该校与德国汉斯·赛德尔基金会携手合作，共同开展中德"双元制"农业职业教育项目。经过三十多年的不懈努力，该校与德国合作伙伴共同探索并成功形成了"双元制"平度模式。在"双元制"本土化摸索中，该校实现了"培养适用人才、推广先进科技、带动产业开发、致富一方农民"的良好社会效应。2018年，该校申报的"助推县域三农转型升级的中等职业学校教学改革研究与实践"项目，在1054份申报成果中脱颖而出，荣获职业教育国家级教学成果特等奖，此举填补了全国中等职业教育、山东省以及中国农村地区国家级教学成果特等奖的空白历史。随后，全国30多个省市的6万余人次赴该校参观考察。该校的办学情况亦受到中央电视台、新华社、《人民日报》(海外版)等国内外新闻媒体的广泛关注与报道。该校具体举措具体表现为以下方面。

第一，对照"双元制"标准，实施教学改革。在借鉴德国"双元制"教育模式的基础上，该校开始推行"农学结合，工学结合"的人才培养策略，强调农业生产流程与学校教学进程的紧密衔接，确保学生的学习计划与农业生产的季节性要求相协调，使学生能够将理论知识和技能及时应用于实际生产中，并在实践中不断加以巩固和提升。为了提供一个真实的实践环境，该校师生齐心协力，自主开发了一片占地 100 亩的荒滩，并在此基础上建立了一个实验农场，命名为"北河农场"。同时，课程体系也处于持续的优化过程中。遵循"双元制"的教育理念，学生在校三年期间，实践课时的占比应达总课时的 68%。该校照此教育理念对课程结构进行了深化改革，摒弃了传统以学科为主导的教学模式，转而采取跨学科的综合课程设计。通过科学整合，将原有职业教育中的十余门基础课程与专业课程精简并重新组合成《专业理论》《专业计算》《专业制图》和《专业实训》四门核心课程（主要适用于工科专业），以更好地适应现实需求。随后，"三点一线"式教学模式改革正式启动。此次改革摒弃了传统职业院校先理论后实习的教学模式，创新性地提出将课堂、校内实训基地与校外生产组织三者紧密结合，共同承担理论与实践相结合的教学任务。为确保教学质量与效果，各专业分模块化教学，将教学内容细化为若干独立环节，每个环节均按照 3∶7 的理论与实训比例进行精心设计，以构建更加高效、实用的教学单元体系。在学校命题及校内考核方面，推行教考分离的考核方式，并且成立了由市政府、市教体局、农委、劳动局等政府职能部门，以及培训企业代表等多方成员组成的"双元制"职业教育考试委员会。该委员会之下设有果林、农牧技术、畜牧兽医等多个专业考试小组，成员构成同样多元化，涵盖了劳动局、技能鉴定所、教育局、企业行业的工程技术人员，以及学校教师等成员。为了持续深化教育教学改革效果，该校针对"双元制"办学过程中存在的教师理念滞后、行业认知不足、技术水平不高等问题，积极采取措施。该校坚持选派教师前往德国接受"双元制"教育理念和技术培训。同时，该校也发挥德国驻平度的中、短期专家作用，为在校教师开展培训，为提升学校整体办学水平奠定了坚实基础。

　　第二，孵化企业"一元"，促进产教融合。"双元制"教育模式的核心理念在于构建学校与企业两个独立单元之间的良性互动与深度融合。然而，长期以来，企业这一单元的缺失与不足，成为制约该教育模式实施与发展的主要因素。该校将焦点放在培育繁殖企业"一元"上，以此作为推进本土化探索的切入点。针对在校企合作过程中出现的企业参与度偏低、校企融合度不高的问题，该校积极将德国生产标准和尖端技术设备引入校内。通过建立三场五中心一基地，对实训示范基地的运行模式进行创新。合作企业集实习、生产、经营、服务、就业等多重功能于一体，不仅为学生提供了优质的实习实训平台，还实现了显著的经济效益，从而构建了稳固的"双元"结构体系。该校充分利用校内实训基地资源，对学生培养模式进行创新，通过自主编写教材，鼓励学科交叉融合，进一步拓宽了学生的成长空间。为了培育更多企业"一元"，该校于山东省的职业学校中首创"校中厂"和"厂中校"的教学模式。这种模式不仅将企业引入校园，实现产学研一体化，同时也鼓励学校主动融入社会，与各类企业建立紧密的合作关系。其中，学校与青岛万汇遮阳用品有限公司的合作，更是"厂中校"模式的成功范例，展示了学校与企业深度融合、互利共赢的典范。此外，该校还积极拓展自身职能，通过自建和合作的方式，成功孵化了养殖场、家庭农场和农产品深加工工厂共计2186个。这些企业因需要学校长期的技术支持和指导，不仅成为学校实践教学的重要基地，也在"双元制"教育模式中扮演了稳定的企业"一元"，为学校与企业共同培养高素质技术技能人才提供了有力的支撑。该校通过专业链催生高质量企业，辅之以高标准示范企业链、产业链和专业链三者融合，带动区域产业升级。在此过程中，充分发挥职教中心的引领和带动作用，促进了职业教育与区域产业经济的紧密融合。同时，为了保障服务的长久有效，该校还积极参与各科研机构、院校及行业企业组织的技术研发活动，及时促成研发成果向教学成果的转化，促进研发技术转化为实际应用。

第三，深耕"三农"沃土，培育乡村人才。教改30多年以来，平度职教中心始终秉持服务"三农"的办学理念，致力于探索符合乡村发展需求的职业教育模式。面对全国范围内"农"字号职业学校的普遍困境和转型趋势，该校坚决将果蔬生产花卉技术、农村电气技术、农产品保鲜与加工等具有鲜明农业特色的专业，作为学校的核心专业和优势专业进行重点发展。在办学实践中，该校始终坚持以服务区域经济发展为导向，紧密对接区域经济发展需求，灵活调整专业设置，积极培养符合市场需求的高素质人才，并提供全方位的服务支持。学校致力于构建完善的标准规范体系，并积极探索建立一个多元化参与、全方位推进的人才培养与培训服务系统。为此，学校已经建立起包括校内示范企业、校外实训基地、科研机构、农民培训机构、职教师资培训基地，以及国际合作机构在内的六大培养培训平台，不仅促进了人才培养的全面提升，同时也推动了技术研发、社会服务和文化传承的全面发展。随着农民物质生活水平的提高，他们的教育需求已不仅局限于职业技能的提升，更在于全面提升自身综合素养，以更好地适应和享受美好生活。该校积极响应这一需求，通过举办科学普及、乡村文明、法治教育和文艺康健等多元化活动，培育各类学习社团和学习共同体，有效促进了农民科学文化素养的提升，丰富了他们的文化生活。针对农村富余劳动力，该校组织开展了分批次、分专题的向非农产业和城镇转移培训，并采取外聘专家、与用人企业（单位）合作定向培训等方式，提高农民致富创收本领。同时，该校积极发挥社区教育的作用，促进农民职业教育与社会文化生活教育的齐头并进。在各项乡村活动中融入思想道德、心理健康、安全卫生、法律常识等各种社会生活知识，使村民在娱乐中学习，在学习中娱乐，提升他们的法律知识水平，增强他们的权利意识以及环境意识，从而全面提高他们的综合素养，使他们更好地参与社会生活，享受幸福生活。

3.1.2.3　多元主体共治模式

（1）模式介绍

"多元主体共治模式"指的是多方主体共同参与推动乡村文化振兴，通过协作治理确保乡村文化的传承与创新得以顺利进行。这一模式涉及政府、职业院校、企业、乡村以及农民等多个主体。虽然各方在推动乡村文化振兴过程中发挥着不同的作用，但是，它们却有着促进乡村文化的繁荣和发展这一共同目标。为实现这一目标，各方需通力合作，形成合力。该模式体现的是职业院校＋多方主体服务于乡村的行动逻辑，包括政府、职业院校、企业、乡村等多个行动场域。

首先，该模式体现了协同性。强调政府、职业院校、企业、乡村及农民等多方主体的参与。在这一模式中，各方都具备特有的资源和优势，通过彼此协同合作，能够有效整合政策、资金、技术、人才和信息等多种资源，构建多元化的投入体系，从而在多方力量的汇聚中，实现资源共享，共同推进乡村文化的繁荣。在多元主体共促乡村文化振兴的过程中，各个主体并非孤立存在，而是呈现出一种相互依存、协同合作的态势。通过构建紧密的合作关系，各主体能够共同规划和执行乡村文化振兴的战略与计划，确保各项任务得以顺利进行。鉴于各主体所掌握的资源和具备的优势各有差异，这种"多元主体共治模式"能够展现出较高的适应性。各个参与主体能够依据自身实际情况和具体需求，对自身的角色与定位进行灵活调整，使其更好地契合乡村文化振兴的实际需求。其次，该模式展现了一致性。在此进程中，虽然各个主体在推进乡村文化振兴方面扮演不同的角色，但有着一致的最终目标——推动乡村文化的兴盛与进步。这种一致性不仅表现在各方对振兴乡村文化具有共同的认知上，还体现为他们在实现这一目标所采取的协同行动上。在乡村文化振兴中，政府、企业、职业院校、社会组织等，通过分工协作，各司其职，形成强大的凝聚力。政府通过制定相关政策以及提供财政支持和资源保障，为乡村文化的繁荣发展营造良好的外部环境。企业通过投资助力乡村文化产业的振兴，为乡村文化发展奠定坚实的物质基础。职业院校则通过组织丰富的文化活动、培训村民、送才下乡等活动，推动乡村文化的传承与创新。各主体通过彼此间的深入互动与密切合作，不仅推动了资源的共享与优势的互补，也在乡村文化传承上汇聚成一股巨大的合力。此外，该模式也高度重视长期利益与可持续发展。它并未将目标局限于短期的文化振兴成果，而是将焦点放在构建稳固的乡村文化传承机制之上。通过各主体的协同努力与紧密合作，培育出具备文化自信的村民，从而为乡村文化的长远发展奠定坚实的基础。再次，该模式强调创新性。该模式突破了政府主导的传统单一乡村治理结构，将职业院校、社会组织、企业和个人等多方参与主体纳入乡村治理，共同推动乡村文化的繁荣与发展。各方主体利用"多元主体共治模式"，构建共同建设、共同治理、共享成果的组织协作机制。通过整合法治、德治和自治的力量，实现协同治理。在多元主体共同参与的治理架构下，各个主体间形成了一种协同合作的互动机制。通过协商、合作与共建等路径，这些主体能够形成强大的协同效应。这种效应不仅是对传统治理模式的革新，更有助于激发各方主体的创造潜能和合作意愿。通过多方主体的积极参与和协同合作，该模式还能够有效促进思维的交流与碰撞，进而产生新颖的问题解决方案与发展思路，形成具有创新性的发展理念。一方面，该模式高度重视对乡村文化传统的保护与传承，致力于维护并弘扬其独特的历史价值和社会意义。另一方面，它也积极推动乡村文化的创新与转型，运用现代科技手段和创新思维，使乡村文化更好地适应现代社会的发展需求，实现文化的创新性发展。这种双重策略不仅有助于保护和延续乡村文化的生命力，也为其在现代社会的繁荣和发展注入了新的活力与动力。在共治模式下，各方主体通过共享资源和技术，将前沿的科技手段和管理方式引入乡村。各方主体借助新媒体平台传播乡村文化，带动乡村文化的数字化发展，通过创新性的服务方式有效提升乡村文化的传播效率及影响力。同时，他们还以乡村旅游、文化节庆等具体项目为抓手，实现文化与经济的双轮驱动。在多元主体的协同合作中，各方主体通过优质化、多样化的乡村服务产品供给，满足村民不断增长的文化需求。

（2）典型案例及具体做法

自 1936 年创立以来，重庆三峡职业学院始终致力于培养具备实践精神和专业技能的高素质人才。学院荣获首批中国特色高水平专业建设单位、全国乡村振兴人才培养优质校，以及全国毕业生就业典型经验高校等荣誉称号。该校是重庆市唯一一所涉农的高职院校，在学校发展建设中，始终坚持涉农教育专业特色，发挥科技优势，致力于通过科教振兴、产业振兴，为乡村发展培育新型职业农民以及各类技术技能人才。该校高度重视与企业的协同育人，形成了 1000 多家行业领军企业参与的校企合作网络。为进一步推动产学研一体化发展，该校主动承担引领责任，成立了三峡库区职业教育集团。同时，该校积极寻求与省市地方政府、科研机构以及国内外知名大学的深度合作。2021 年 5 月，经过农业农村部与教育部评选，该校荣列"全国百所乡村振兴人才培养优质校"名单，成为重庆市唯一获此殊荣的普通高校。该校"田间赋能：乡村'游教'促振兴"入选 2022 年教育部精准帮扶典型项目，展现了学院在乡村振兴领域的突出贡献。为了深化研究与实践，该校与西南大学教育学部合作创建了教学研究团队。经过团队的不懈努力，发表了一系列理论研究成果。团队在《教育研究》等核心期刊上共发表了 55 篇论文，其中 26 篇被 CSSCI 收录，8 篇被《新华文摘》转载，充分体现了该校研究的影响力与学术价值。该校研究成果不仅屡屡获奖，还获得中国工程院院士、教育部等领导的高度评价，他们称赞这些成果为全国的乡村振兴工作提供了有力借鉴。此外，该校的卓越成就也引发了广泛的社会关注。国务院官网、中央电视台、《人民日报》《中国教育报》等权威媒体对该校成果进行了 190 余次报道，进一步提升了学院的知名度和影响力。该校创建的

"CCEFG"乡村文化振兴模式具体举措表现为以下方面。

第一，服务主体协同，共促乡村建设。"CCEFG"乡村文化振兴模式是集职业院校（College）、农村（Countryside）、企业（Enterprise）、农民（Farmer）和政府（Government）等多方主体于一体的合作模式。通过乡村协同治理，推动多元治理主体之间的联动共治与给养共生。来自农村的行政村长、职业院校的教学村长，以及企业的技术村长等多方资源的整合，形成强大的乡村振兴队伍。"三村长"分别由乡村干部、学校教师和企业代表担任，代表着乡村、学校和企业的利益和诉求。这支队伍不仅具备丰富的实践经验，还拥有专业的知识和技能，能够针对乡村文化振兴的具体问题提出切实可行的解决方案。该模式通过发挥"三村长"角色的互补优势和作用协同，实现乡村治理的紧密联动和高效运转。在具体实施上，该模式注重空间维度的任务落实。通过农民庭园、乡村田园、职教校园、企业孵化园等多个空间平台，将各方优势资源进行有机结合，实现资源的共享和互补。在农民庭园中，农民可以学习并应用现代农业技术，提高农业生产效率；在乡村田园中，可以开展乡村旅游、文化创意等产业，促进乡村经济多元化发展；在职教校园中，职业院校可以与企业合作开展实训教学，培养符合市场需求的高素质人才；在企业孵化园中，可以为企业提供良好的创新创业环境，推动乡村产业的转型升级。

第二，服务内容协同，齐抓乡村文化。该模式以校园引领庭园为核心，紧扣乡风、家风建设这一关键环节。通过充分利用高校人才和文化资源的优势，精心策划并实施一系列文化项目、基建项目和培训项目。通过文化建设发挥"化、育、感"的作用，潜移默化地影响村民。"化"体现为：在各村深入实施创新创业教育活动之际，通过开展"送教材、建书屋""编节目，送歌舞"等活动，以及组织"禁邪教，限迷信"的宣讲活动，引导村民摒弃陈规陋习，树立文明新风。"育"体现为：为了能给乡村提供更为丰富的文化产品和服务，该校坚持实施"心育心""人盯人""一帮一"的工作策略，深入基层，精准识别问题，精准制定对策，既"扶志"也"扶智"，不断破解贫困户精神上的贫困问题。同时，该校致力于通过教育引导村民传承农耕文明的精髓，挖掘本土文化的独特魅力，推广具有地方特色的"土"课程，培养具备专业知识的"土"专家，努力打造具有文化素养的"文化村民"和适应时代发展的"时代新农人"。"感"体现为：通过搭建"政校行企"合作帮扶平台，充分利用各村独特的产业资源，提升乡村旅游知名度和影响力。在文化传承方面，既保护乡土文化的"形"又守护其"魂"，不断提高乡村文化产品的附加值，逐步从"卖产品"转向"卖体验""卖风景"和"卖文化"。在乡村文化氛围创设上，通过开展美育美德培训活动，以及评选村级道德模范，提升村民的道德素养；通过建设便民超市、卫生所和老年活动中心等基础设施，为村民提供更加便捷、舒适的生活环境；通过组建"山歌队"和"快板手"等文艺团体以及开展丰富多彩的文化活动，进一步增强乡村文化的感染力。

第三，服务机制协同，整合各方力量。首先，通过构建协同共生育人机制培育学生。该校创立的"田间学院"由校园"双创"基地、庭园"双培"基地，以及田园"双生"基地组成，包括"人才培养、技能培训、创业孵化"三大功能。该学院师资由专业教师、产业技师、创业导师构成。这支教师队伍深入乡村，通过开设特色产业订单班以及创设田间课程超市，以丰富多样的形式满足学生的学习需求。在教学空间方面，学校采取移动教室、田间课堂等多种形式，实现"校园、田园、庭园"之间的灵活转换，体现了合作办学、合作育人、合作就业、合作发展的育人原则。其次，通过联筑"游教体系"培育学生。构建"校村一体"的办学模式，深化校村合作，共同打造命运共同体；积极探索"师徒同荣"的教学模式，"游教导师"与田间学院学员之间呈现"一对一""一对多""多对一""多对多"的新型师徒关系；贯彻"田间产教"育人理念，实行"产中教，教中产"和"做中学，学中悟"的教育方式，致力于培养具备知行合一能力的乡村实用人才；实施育训结合战略，着力"育"出具备高素质的新型农民；同时"训"练乡村带头人，对他们进行现代农业技术技能传授，推动乡村"现代智慧"发展。再次，通过联创"三五模式"培育学生。实施村校共生机制，打造"五融合、五重构、五联动"的"田间学院"育人模式。"五融合"即：培养目标与市场需求相融合，培育具备"三农"情怀与职业素养的复合型人才；专业建设与产业发展相融合，促进教育与产业的紧密结合；学历教育与农民培训相融合，提升农村劳动力的整体素质；创业孵化与产教基地相融合，打造创新创业的实践平台。"五重构"则是对专业结构、课程体系、师资队伍、教学方式、教学评价进行全面优化。根据农村实际需求和产业发展趋势，调整专业结构，优化课程设置；加强师资队伍建设，提升教师的专业素养和实践能力；创新教学方式，注重实践教学和案例分析；完善教学评价机制，确保教育质量。最后，"五联动"强调学校、政府部门、企业、乡村、农民之间的紧密合作。通过与政府部门沟通协作，争取政策支持和资源倾斜；与企业合作，引入产业资源和先进技术；与乡村和农民互动，了解他们的需求和期望，推动教育服务农村文化发展。

3.1.3　研究启示

通过对国外乡村发展状况的深入梳理和分析，可以明显看出，一个完善的法律体系、强有力的政策支持和财政扶持，是推动乡村发展的重要基石。完善的法律体系对于保障乡村在发展过程中的各项活动，保障其合法性和合规性具有至关重要的作用。这不仅能够维护乡村社会的和谐稳定，还能够确保社会秩序的良性循环。在此框架下，政府通过制定一系列具体的政策措施，为乡村的持续发展描绘了清晰的路线图，其政策指导为乡村的进步提供了明确的方向，有助于优化和合理配置各种资源，从而显著提升乡村发展的整体质量和效率。此外，政府提供充足的财政支持，为乡村的基础设施建设提供了坚实的基础，为产业的升级换代提供了动力，同时也为环境保护和

可持续发展工作提供了必要的资金保障。政府的财政支持措施，形成强大的
推动力，助力乡村在基础设施、产业发展、环境保护等多个方面取得全面进
步，推动乡村社会向更加繁荣和发达的方向发展。上述因素共同构成了一个
稳定且高效的乡村发展环境，为乡村的持续进步提供了坚实的保障。而一个
完备的职业教育人才培养体系对于乡村的长期发展至关重要。通过完备的体
系，可以培养出一批又一批具备专业技能和知识的人才，为乡村的发展注入
源源不断的活力。这些人才不仅能够满足乡村内部的需求，还可以吸引外部
资源和投资，从而进一步推动乡村的经济社会发展。

在国内外各类服务模式中，不同服务主体在乡村文化振兴进程中各自承
担着独特的角色与职责。职业院校、企业以及政府等多个层面的服务主体，
均具备各自特有的资源和优势，在推动教育事业的蓬勃发展，以及提升职业
教育对乡村文化振兴服务的成效方面，均发挥着无可替代的重要作用。

第一，政府作为职业教育服务乡村文化振兴的重要力量，不仅担任引领
者的角色，还集推动者、服务者、监督者和保障者的多重身份于一身。通过
这些多样化的角色定位，政府为乡村文化的繁荣发展提供了坚实的支撑和保
障，确保乡村文化的持续健康发展。

首先，政府扮演引领者和规划者的角色，指明乡村文化振兴方向。政府
应基于乡村文化的独特性与多元性，制定乡村文化建设规划，清晰阐述乡村
文化的发展走向与预期目标，为乡村文化的传承与创新提供明确指引。通过
对乡村地区实际情况进行深入调研，了解乡村地区传统手工艺、民间艺术、
习俗等文化资源情况，全面分析乡村文化现状，据此制定一系列有针对性的
保护、传承政策措施。

其次，政府扮演推动者和服务者的角色，点燃乡村文化振兴引擎。一方
面，通过加大对乡村文化产业的投入力度，鼓励和支持具有地方特色的文
化项目和企业发展壮大。通过设立专项资金，资助乡村文化项目的开展和乡
村文化人才的培育，确保各项政策的落地实施。通过大力倡导并扶持乡村文

化人才的培养和引进，保障乡村文化产业长远发展所需的人才基础。积极推动农文旅融合，通过深度开发乡村旅游产品，精心打造具有地域特色的乡村文化品牌，将乡村丰富的文化资源转化为推动经济发展的优势，实现乡村文化在经济效益和社会效益方面的双重提升。此外，为进一步激发社会各界参与乡村文化建设的积极性，政府还可以出台税收优惠政策，鼓励更多的企业和个人投身乡村文化的建设与发展。另一方面，通过建设和维护乡村文化设施，为村民提供更为便捷、舒适的文化活动场所，提升乡村地区文化服务能力及水平。同时，政府还注重发挥文化设施在传承和弘扬乡村文化方面的作用，通过开展各种形式的文化活动，让村民在参与中感受到乡村文化的魅力和价值。重视并发挥村民的主体作用。积极倡导并大力支持村民深度参与乡村文化建设的各项活动，通过组织举办丰富多彩的文化活动、竞技比赛以及文化展览等多种形式的活动，有效激发乡村群众的文化创造潜能与热情，增强乡村文化的内在凝聚力和向心力，为乡村文化的传承与创新注入了新的活力与动力。

再次，政府扮演监督者和保障者角色，夯实乡村文化振兴基础保障。政府通过出台文化传承、创新发展、人才培养等政策，支持乡村文化的传承与发展。政府不仅通过政策措施的制定，规范了乡村文化市场的运行秩序，确保乡村文化健康有序发展，为乡村文化发展创造良好环境。同时，政府还通过制定乡村文化振兴政策体系与法规框架，明确界定各方在推进乡村文化振兴工作中的责任与义务。此外，政府通过监测政策执行情况，对各部门乡村文化振兴行动进行监督，确保各项政策措施能够切实落地生根，发挥实效。通过构建乡村文化振兴监管机制，对文化资源的开发利用、文化产业的培育扶持、文化活动的组织策划等进行管理，及时发现问题并采取有效措施予以纠正。为全面了解乡村文化发展的状况，政府还可以明确乡村文化发展的目标，并为之制定相应的评估指标。在评估过程中，政府对各项指标进行详细的调查和分析，收集村民的意见和建议，以了解他们对乡村文化发展的真实感受和需求。

第二，职业院校作为教学支持主体，在乡村文化振兴中扮演着人才培养导师、文化传承者以及联结者的角色。

首先，职业院校是乡村文化人才的培养基地。一方面，职业院校可以为乡村文化振兴提供人才和智力支持。职业院校以其专业化的教学资源和师资力量，致力于全面培养技能型与应用型人才。职业院校对接乡村农业、工业、服务业等多个领域的实际人才需求，设置相关专业与课程，培养具备专业技能与职业素养的复合型人才。在人才培养过程中，重视培养学生的创新精神与实践能力，激励学生参与乡村创新创业实践，为乡村的产业转型与升级贡献智慧和力量。在教学中，组织丰富多彩的实践活动，锻炼学生乡村服务能力。为提升学生的实践能力，学校联合乡村、企业等多元主体开展产学研合作，让学生在实践中，加深对所学乡村知识的理解，提升专业技能水平。另一方面，职业院校通过培训提升村民素质为乡村文化振兴创造内生动力。职业院校具有众多优秀人才资源，拥有独特的技术优势。职业院校人才可以围绕乡村发展的实际需要，教育和培训村民。在提升村民文化素养和审美水平方面，职业院校通过开展文化课程和文化活动，丰富村民的精神文化生活，提高他们的文化素养。在培训方式方面，职业院校借助数字媒体和虚拟现实技术等现代科技手段，为村民带来多元文化体验，拓宽他们的文化视野。借助技术优势，职业院校还可以通过打造适应乡村特点的在线教育平台，为农民提供灵活便捷的学习途径。村民通过培训了解了市场需求和消费者偏好，从而提高村民的创新创业能力，有助于乡村文化产品和服务更加市场化、产业化。

其次，职业院校是乡村文化的传承者。作为乡村文化传承的重要载体，职业院校通过设置乡村传统技艺、民间艺术、民俗活动等相关课程，把乡村的发展历史、传统智慧、习俗风尚以及艺术精髓等融入教学之中，使学生能够深刻意识到乡村文化的独特魅力，从而培养对乡村文化的浓厚兴趣与深厚情感。职业院校还积极推广乡村文化，通过组织文化讲座、展览、演出等各类文化活动，提升乡村文化知名度和社会影响力，让更多人感受到乡村文化的价值。通过组织师生参与文化下乡活动，深入乡村，开展乡村文化咨询与文化培训服务以及投身乡村文化设施建设，丰富乡村文化内涵，推动乡村文化事业发展。职业院校可以凭借其资源优势，积极助力乡村文化产业的蓬勃发展。具体而言，职业院校可以基于乡村文化特色，深入挖掘并开发具备地方鲜明特色的文化产品与服务，如开发乡村旅游项目、推出独具匠心的乡村手工艺品以及开展丰富多彩的乡村文化演出等。也可以与各类企业携手合作，深入挖掘乡村文化内涵，共同研发具有地方特色的文化产品，以此激发乡村文化产业的创新活力，推动其不断进步与发展。同时，职业院校还可以通过与企业建立合作关系，为乡村文化产品与服务寻求专业化的技术支持，疏通文化产品销售渠道，助力村民实现增收致富的目标。职业院校在传承传统乡村文化的同时，还鼓励村民致力于文化创新，通过将现代科技手段以及文化创新表达形式引入乡村，促进乡村文化与现代文明的融合发展。

再次，职业院校是乡村文化发展的联结者。职业教育特有的"职业性""教育性"以及"技术性"决定了其在连接乡村文化振兴各主体方面具有天然优势。作为职业教育服务乡村文化振兴系统的连接部分，职业院校依托学校课程、培训、技术等，将政府、企业、行业以及乡村紧密联系起来。一方面，职业院校可以充分利用其丰富的教育资源，通过开设具有针对性的课程和培训项目，为乡村地区提供精准有效的技能培训和知识普及服务，从而助力村民提升就业和创业能力，实现个人价值与社会发展的双赢。另一方面，职业院校还可以发挥自身在技术研究和创新方面的优势，积极与企业和行业展开深度合作，促进乡村文化产业的转型升级和持续发展。在角色定位上，职业教育是政府执政的延伸平台，将政府乡村文化振兴中的政策支持、财政保障、制度支撑对接到企业、乡村中，实现政府决策效益最大化。另外，职业教育是企业、行业发展的合作平台，以产教融合、校企合作的方式，满足企业、行业的人才需求。将企业、行业的财务资源、技术资源、市场资源链接到乡村文化振兴中，使企业、行业作用的最大化。此外，职业教育还是乡村文化振兴的服务平台，对接乡村，整合校内外资源，满足乡村文化振兴需求，将乡村文化振兴服务效益最大化。通过整体协作，将各方力量有机结合。

第三，企业作为市场经济主体，在乡村文化振兴中扮演着产业发展推动者、技术创新者以及文化传播者的角色。

首先，企业是乡村产业发展的推动者。企业深入调研乡村的资源情况、基础条件及发展需求，寻求与乡村优势产业相匹配的投资项目，以期实现产业与乡村发展的有机结合。在投资过程中，企业不仅注重资金注入，还将先进的企业技术及管理经验引入乡村，助力乡村企业提升核心竞争力，促进乡村文化产业升级。同时，企业还关注乡村文化产业的规范化和可持续发展，挖掘乡村文化的独特魅力，打造具有市场竞争力的乡村文化产品。在发展乡村文化产业过程中，企业通过在乡村建立生产车间、生产基地、加工厂等，为当地创造了丰富的就业岗位，有效缓解了乡村剩余劳动力问题。同时，企业还通过技术指导及企业培训，不断提高乡村劳动力技能，为乡村文化产业发展培养和输送高素质技术技能人才。为了拓展乡村文化产品的市场空间，企业还可以充分利用自身市场链接者角色，建立产销对接机制，依托企业市场网络和渠道优势，提升乡村文化产品的知名度及市场竞争力，打开乡村文化产品销路。对乡村文化旅游、乡村手工艺品、乡村文创产品等进行开发，将乡村文化的独特价值转化为有特色的乡村文化产品，促进企业经济效益和社会效益的双赢。

其次，企业是乡村发展的技术创新者。通过引进和应用新技术、新工艺，企业为乡村文化产业的转型升级注入动力。企业借助先进的技术手段对乡村传统文化进行记录、存储和传播。数字化的记录方式有效避免了因物理损坏导致的损失，也使得传统文化更易于备份和复制，确保信息不会因一次意外而永久消失。借助数字化技术，企业可以将传统文化的信息和知识制作成电子书、视频、音频等多种形式，并通过互联网进行传播，促进乡村文化的对外交流与传播。此外，数字化技术还为传统文化的创新与发展提供了可能。通过对传统文化进行数字化处理，企业可以运用现代设计理念和技术手段，对乡村传统文化进行再创作和再设计，从而创造出更具现代感和吸引力的文化产品，为乡村文化产业带来新的增长点。另外，在生产中企业还将智能设备、智能技术引入乡村。智能化设备配备了高精度的传感器和控制系统，能够精确地指导工匠们的操作，确保工艺的准确性和一致性。智能化设备的引入不仅提升了生产效率，还使得乡村文化产品得以保持其传统特色。由于智能化设备能够在精确指导工匠操作的同时，充分保留传统工艺的独特魅力。因此，乡村文化产品能够在保持其独特性的同时，实现大批量生产。而智能化技术则可以为乡村文化产品的质量控制提供有力保障。通过数据分析、实时监控等手段，企业能够及时发现生产过程中的问题，并采取有效措施进行解决。这有助于确保产品质量的稳定性和可靠性，从而提升企业的市场竞争力。

再次，企业是乡村文化的传播者。在现代社会中，企业除了发挥经济功能，还肩负着社会责任和文化使命。作为乡村文化的传播者，企业可通过大力推广具有乡村特色的产品、举办丰富多彩的文化活动、建设完善的文化设施等多种途径，有效推动乡村文化的广泛传播与深入发展。企业研发与乡村文化紧密关联的特色文化产品，如乡村手工艺品、传统美食以及独具特色的农产品等，并通过线上与线下相结合的多元化渠道，积极推广并销售乡村文化产品，进一步传承和弘扬乡村文化。为吸引游客到乡村亲身感受乡村文化，企业还积极投入资源，致力于开发与建设农家乐、民宿、观光农场等乡村文化旅游项目。同时，在旅游项目的规划与实施过程中，企业将乡村文化元素融入其中，结合传统手工艺展示、民俗表演活动举办、农耕体验等活动，使游客深刻领略乡村文化魅力。企业还可协助或组织庙会、农民丰收节等乡村文化节庆活动，以赞助资金、提供活动场地、加大宣传力度等多种形式参与活动推广。通过充分整合自身的媒体资源，如企业官方网站、主流社交媒体平台以及广告渠道等，宣传推广乡村文化。精心策划并发布关于乡村文化的内容、故事、图片及视频素材，提升公众对乡村文化的认知度与兴趣，进而推动乡村文化的广泛传播与可持续发展。在助力乡村文化的保护与传承方面，还可资助乡村非物质文化遗产传承人，以鼓励其继续传承和发扬乡村文化的精髓。也可投入资金用于修缮乡村文化古迹，以维护乡村文化的物质载体和历史记忆。此外，企业还可支持乡村文化研究机构的工作，为乡村文化的深入研究提供资金与资源保障。

最后，乡村和农民是乡村文化振兴的基石与核心力量。作为中国传统文化的重要发祥地，乡村承载着丰厚且深沉的文化底蕴，是乡村传统文化得以生生不息、绵延不绝的重要场所，为文化的传承与发展提供了坚实的土壤。

乡村优秀传统文化中蕴含的深刻思想价值、朴素道德观念和独特人文精神，构成了乡村文化振兴的关键资源。根植于乡村土壤之中的乡村传统文化，与城市文化相互交织，共同构成中华文化的瑰丽画卷；同时，它们也跨越时空的界限，既承载着过去的智慧与经验，又不断在现代社会中焕发出新的生机与活力。农民是乡村文化振兴的主体力量。作为乡村文化的创造者和传承者，他们在日常的劳作与生活实践中，不断对乡村文化进行传承与创新。农民身上具备的农耕智慧、手工艺技能及风俗习惯等共同构筑了乡村文化的丰富内涵。在乡村文化振兴中，只有充分发挥农民的创造活力与积极性，才能推动乡村文化走向更加繁荣的未来。然而，随着乡村物质生活条件的不断改善，农民群众的精神文化生活需求也日益增长。因而，促进乡村公共文化服务水平提升，丰富农民群众的精神文化生活，是实现乡村文化振兴的核心策略。

乡村文化的振兴并非一蹴而就，需要经过长期的积累和沉淀。随着城市化进程的加速推进以及乡村社会的深刻转型与升级，传统的乡村文化振兴模式已然无法适应当前的发展需求。无论是政策的颁布与落地，还是资源的整合与优化，都需要多部门、多主体、跨领域的相互合作。在未来的乡村建设中，多主体协同振兴乡村文化模式的重要性将逐渐凸显。政府、企业、职业院校以及其他社会组织都应当积极参与乡村建设，将行动落地乡村。各方通力合作，有效整合政策、资金、技术、人才、信息等资源，为乡村文化振兴提供政策引导、教育培训和资金等方面的支持。各方在协力谋划乡村发展蓝图的过程中，彼此之间从孤立的存在转变为紧密的合作关系。各方携手并肩，为乡村文化的传承与创新贡献力量。各方的合作不仅可以促进乡村文化的有效传承，还将推动乡村的全面振兴和发展。

3.2 职业教育服务乡村文化振兴现状评价

3.2.1 职业教育服务乡村文化振兴优势

一是职业教育人才培养针对性强。职业教育在推动乡村文化振兴的进程中展现出显著优势。其优势首先表现在技能型人才的培养上。职业教育的核心理念是以实践为导向，强调理论与实际操作的紧密结合，注重学生应用能力的培养和提升。通过这种教育模式，学生能够掌握扎实的实操技能和深厚的专业素养，成为能够适应社会发展需求的高素质技能型人才。正是由于职业教育这一鲜明特色，其能够精准地满足乡村文化振兴对各类技能型人才的迫切需求。职业教育通过培养具备专业技能的人才，为乡村的经济发展注入了新的活力，推动了农业现代化和乡村产业的升级。同时，职业教育还注重培养学生的创新意识和创业能力，鼓励他们在乡村这片广阔的天地中自主创业，带来更多的就业机会，进一步促进乡村经济社会的全面发展。在乡村文化振兴中，还需要培养一批不仅了解乡村文化精髓，而且具备实战能力的复合型人才。此类人才应具备肩负乡村文化传承与创新重任的能力，还需擅长将乡村文化巧妙地融入乡村产业链及日常生活之中,以助推乡村文化的繁荣兴盛。职业教育在这一过程中扮演着举足轻重的角色,通过打造契合乡村文化需求的课程体系及提供精准培训,帮助学生掌握传承乡村文化相关的专业知识与技能。具体而言,职业院校通过设立传统手工艺制作、乡村音乐创作与表演、乡村旅游规划与管理等一系列与乡村文化息息相关的课程,使学生不仅能够领略到传统技艺的独特魅力,更能洞悉如何将这些技艺与现代市场需求巧妙结合,从而打造出富有地域特色的产品与服务。同时,职业教育还通过实践教学环节,鼓励学生深入参与乡村文化项目的实际运作,诸如策划与组织乡村文化节庆活动,或是开发与利用乡村文化资源等,通过这些实践活动,使学生更直观地理解乡村文化的内在需求,进而提升他们的实操能力与创新精神。

职业教育与地方产业的紧密融合是其在助力乡村文化振兴进程中展现的另一显著优势。职业院校始终紧跟地方产业发展需求,通过对专业设置与课程内容进行灵活调整,实现人才培育与市场需求的高度对接。职业教育与产业的深度融合不仅有助于增强学生的就业竞争力,还能为地方产业输送具备实践操作能力和专业技能的人才,进而推动地方经济的持续发展。职业院校通过深入挖掘乡村的文化资源及分析乡村文化产业的独特特性,能够为乡村量身定制一系列符合当地实际发展情况的培训课程和教学项目。例如,在旅游资源丰富的乡村,职业教育可以为其安排乡村旅游管理、乡村民宿经营等专业课程,培养学生的旅游服务技能与管理能力,以更好地适应乡村旅游市场的需求。在乡村手工艺产业较为发达的地区,职业教育可通过设立手工艺制作、文化创意设计等课程,在系统教学和实践中,提升学生的创意设计思维及手工制作技艺,使他们能够传承和发扬传统手工艺,同时赋予其新的时代内涵。职业教育与地方产业的紧密融合,既极大地提高了人才培养的针对性和实用性,又为乡村产业的转型升级和文化旅游业的融合发展注入了新的活力。通过此模式,乡村地区能够培养出更多具备专业技能和创新精神的人才，为乡村经济的可持续发展提供坚实支持。同时，这也有利于保护和传承乡村的传统文化，推动乡村文化产业的繁荣，进一步提升乡村地区的整体竞争力和吸引力。

二是产教融合实现校企联动共赢。产教融合、校企合作是职业教育的显著标签。职业院校与乡村地区的企业、合作社及其他相关组织构建紧密的合作关系，是职业教育产教融合和校企合作在乡村的深化发展。通过乡村地区产教融合、校企合作，职业院校能更为精准地把握乡村企业的需求动向，进而调整和优化教育教学内容与方式，确保学生所学技能紧密贴合实际工作需求。与此同时，乡村企业及合作社亦能借助与职业院校的深度合作，获取更为专业化的人才支撑，进而提升自身技术水平和创新能力。此类合作关系的搭建，有助于双方资源共享、优势互补，共同助力乡村地区发展。职业院校可依托自身教育资源，为企业提供培训和技术支持，助力企业解决实际难题，提升生产效益和产品质量。反之，乡村企业与合作社则能为职业教育机构提供实习和实训基地，让学生在真实职场环境中锤炼实操能力，增强其就业竞争力。此外，此类合作关系还有利于推动乡村地区的产业升级与结构优化。通过校企合作的深入实施，企业能够及时掌握最新技术与市场动态，适时调整生产策略，提升产品市场竞争力。同时，职业院校亦可根据乡村企业发展需求，设立相关专业和课程，培养更多符合市场需求的专业人才。职业院校与乡村企业在校企合作中，通过共同投入资金、技术和人力资源，在乡村建立融教学、实践和科研于一体的综合性实践基地，不仅为学生提供真实的职业环境，使他们有机会参与各种实践活动，更好地掌握专业技能和知识。还能够使乡村成为乡村文化振兴的示范点，不仅拥有教学与实践功能，还能够肩负起文化传承、乡村旅游、农产品展示等多元化职能。并且通过举办各类文化节庆活动、农产品展销会等，有效地推动当地文化的传承与发展。

在产教融合与校企合作中，职业院校能够将前沿的农业种植、养殖、农产品加工等技术引入乡村，通过这些技术的广泛应用，乡村地区能够显著提升生产效率，有效降低生产成本，提高产品质量，推动当地产业的转型升级和现代化发展，从而实现农业生产的现代化和可持续发展。除了引入先进的技术之外，职业院校还可以在校企合作中，将创新思维、工匠精神、团队协作等先进的文化理念引入乡村地区，不仅能够丰富乡村文化的内涵，还能提升村民整体文化素质，从而推动乡村文化的创新与发展，使其更具活力和竞争力。在产教融合和校企合作的过程中，技术与文化的深度融合是实现乡村文化振兴的重要方式。将先进的技术与文化理念相结合并且运用于乡村，是推动乡村地区的产业转型升级和文化创新发展的有效手段。在乡村文化保护和传承中，引入现代科学技术手段，显著提升乡村文化的传播力与影响力。借助数字化技术的力量，能够将乡村的历史文化遗产转化为数字形式进行记录与展示，从而让更多人能够以互联网为平台深入理解和感受乡村文化。此外，运用虚拟现实技术（VR），为游客营造出沉浸式的文化体验环境，能够加深游客对乡村文化的认同感和参与度。同时，技术的发达赋予了乡村构建文化数据库的可能，也为研究者和文化工作者提供了丰富的文化素材，推动了乡村文化的学术研究和创新发展。将乡村文化元素与科技融合，融入农产品设计和包装中，有助于提升农产品的文化内涵及附加值。

三是社会服务广泛惠及乡村民众。职业教育具有的广泛覆盖和灵活多样的显著特征使其能够有效契合各地域、各产业以及各类人群的多元化需求。一方面，职业教育具有广泛性。在教学对象上，职业教育不仅仅局限于适龄的学生群体，还能够将受众扩大至已经步入劳动市场的青年群体，包括企业的在职员工、退伍军人、农民工等各类人群。这些群体通过职业教育可以获得二次学习和接受教育的机会，从而提升自身的技能和知识水平。在专业设置上，职业教育院校的专业设置丰富多样，在农业技术、乡村旅游、机械操作等多个乡村需求领域均有涉及，能够满足农村青年对于多元化技能的追求，帮助他们在各自感兴趣的领域中获得更好的发展机会。随着职业教育在乡村地区的普及程度不断提高，越来越多的乡村职业教育院校在乡村开办，使农村青年能够接受便利的本地化教育服务。这些职业院校的出现不仅为农村青年营造了便捷的学习环境，还为他们提供了更多的就业选择和发展空间。现代信息技术的普及，特别是远程教育手段的发展，促使乡村职业教育能够突破地域桎梏，对优秀教育资源进行传播，使教育资源的广泛共享在乡村成为可能。通过这种方式，职业教育的普及度和受众覆盖面得到了显著提高，使得更多的人能够受益于高质量的教育资源，从而推动整个社会的进步和发展。在履行社会责任方面，职业院校不仅致力于学历教育，还肩负着其他社会服务职责。职业院校能够深入农村基层，积极提供专业技术咨询服务，助力村民解决生产生活中遇到的问题，推动农业现代化进程。同时，职业院校还积极参与村容村貌改造项目，改善乡村的基础设施和居住环境，提高村民的生活质量。此外，职业院校还致力于文化传承与宣传工作，通过组织丰富多彩的文化活动和培训课程，弘扬传统文化，丰富村民的精神生活。通过这些全方位的社会服务，职业院校为乡村文化振兴提供了有力支持，促进了乡村经济和社会的全面发展。

另一方面，职业教育具有灵活性。在培养方式上，职业教育秉承着灵活多样的育人模式，诸如校企合作、工学交替、订单式培养等，确保培养的学生能够与企业需求实现无缝对接，促进学生有效提升就业竞争力。在课程设置和教学模式上，职业教育也展现出极大的灵活性，能够及时依据市场、产业和学生需求，进行课程内容设计，保障课程既具实用性又充满前瞻性，帮助学生与时俱进掌握最新行业技能。同时，在教学中，职业院校还使用多元化的教学手段，诸如理论讲解、实践操作、在线学习等，以适应不同学生的个性化学习习惯和需求，提高职业教育普及程度及实效性。在教学中，运用灵活多变的教学策略，使得职业教育能够更好地把握社会和经济发展的脉搏，为学生提供既全面又实用的教育服务。另外，职业教育还可以灵活运用线上线下相结合的方式，为广大农村群众提供丰富多样的教育和培训服务，不仅能够充分满足农民多样化的学习需求，更有助于扩展其知识面，提升其技能水平。职业教育通过其广泛覆盖和灵活多样的教育服务模式，在推动乡村人口整体素质提升方面发挥了积极作用，为乡村文化振兴注入了持续不断的人才支持。在乡村服务方案的设计与实施过程中，职业院校也展现出极高的灵活性，能够根据乡村地区的实际需求，为其量身定制个性化的服务方案。在制定针对乡村地区的个性化服务方案之前，职业院校深入乡村，开展乡村需求调研工作。职业院校通过实地走访、组织座谈会、发放问卷调查等多种形式，全面了解乡村地区的经济发展状况、产业结构特点、人才需求缺口，以及农民技能提升需求等关键信息，从而为制定科学、精准的个性化服务方案奠定坚实基础。经过深入细致的需求调研后，职业院校将充分发挥自身教育资源、专业特长和办学特色，为乡村地区量身打造个性化的服务方案。在专业设置、课程体系构建、教学模式创新、实训设施完善、师资队伍建设等方面调动学校资源，助力乡村振兴战略的实施。通过广泛而灵活的乡村服务，职业教育能够惠及更多乡村民众，提升乡村文化振兴实效。

3.2.2 职业教育服务乡村文化振兴劣势

一是服务意识待增强。在推进乡村文化振兴的过程中，很多职业院校缺乏积极参与的主动性。尽管职业院校拥有丰富的教育资源和专业人才优势，但在主动服务乡村文化振兴方面显得较为被动，未能充分利用这些资源为乡村文化振兴提供切实有效的支持和服务。首先，乡村文化认知匮乏。乡村文化作为中华文明的重要组成部分，其深厚的历史底蕴和独特的地域特色，对于培养学生的文化素养、推动乡村振兴具有不可替代的价值。然而，当前职业院校在乡村文化认知上存在短板，这不仅影响了职业教育对乡村文化独特性和核心价值的准确掌握，更在一定程度上阻碍了乡村文化的传承与创新实践。在日常教学中，许多职业院校过于注重职业技能的培育，而忽略了对学生文化素养的培养。这种倾向致使学生在面对乡村文化时，缺少必要的认知和理解，难以真正融入乡村文化的传承与创新实践中。此外，一些职业院校在培训过程中，对乡村地区的文化特点和传统的忽视，以及对乡村文化缺乏应有的尊重和传承，进一步加剧了学生对乡村文化缺乏认同感的问题。同时，也因缺乏对乡村文化的深入认知，使得职业院校在传播乡村文化时，只是流于表面的介绍与展示，未能对乡村文化内涵进行深层次的挖掘和理解，致使所传播的内容较为肤浅，难以真正触动村民的情感，也难以唤起他们对自身文化的自觉和自信。

其次，服务目标与乡村需求不协调。就振兴乡村文化而言，职业教育应肩负乡村各类文化人才培养，为乡村的发展提供坚实的人才保障。职业教育应当根据乡村的实际需求，开设相关专业和课程，培养具有乡村情怀和专业技能的文化人才，为乡村的可持续发展注入新的活力。同时，职业教育也应当注重对传统工艺的保护和传承，通过开设相关课程和实践活动，让更多的年轻人了解和掌握这些技艺，为乡村文化的传承和发展贡献力量。职业教育还应当结合当地的文化资源和特色，开发具有市场竞争力的文化产品和服务，打造乡村文化品牌，推动乡村文化产业的发展。然而，职业院校在发展过程中，其更多地关注自身的专业特色及需求，而对于乡村地区的实际需求和发展方向则未能给予充分考量。这种倾向导致其所提供的服务与乡村文化振兴的实际需求之间存在偏差。同时，在确立办学定位时，职业院校更侧重于服务城市及其经济发展需求。因而，在专业设置、课程设置以及实习实训等方面都更加偏向于满足城市需求，而对于乡村地区的实际需求关注不足。这种偏向性使得乡村地区的学生在接受教育的过程中，往往缺乏与乡村发展相关的实践机会和专业指导，难以掌握适应乡村发展的技能和知识。乡村地区有着丰富的自然资源和人文资源，具有巨大的发展潜力。而且，职业院校在培养学生的职业意识和就业观念时，也更多地强调城市就业市场的机会和优势，而忽略了乡村地区潜在的就业前景和发展空间。这种情况客观上加剧了乡村人才的流失。

最后，服务内容缺乏针对性。乡村地区具备特有的产业架构、经济发展状况及文化根基，村民在教育程度和技能需求方面也呈现出差异化特征。为了充分发挥职业教育在乡村地区的作用，必须提供精准的教育与培训项目，以满足其独特需求。然后，由于定位偏差，职业院校未能针对乡村文化振兴的实际需求进行专业设置和课程内容安排，如乡村产业发展、文化传承和技艺教授等相关领域，这在一定程度上影响了乡村文化的传承与发展。作为专业技能人才培养的关键基地，职业院校的教育内容和方向对乡村文化振兴具有重要影响。然而，现有教育体系对乡村文化的涉及尚显不足，缺乏深入研究和挖掘。这导致在推动乡村文化振兴时，服务的针对性和实效性不强。尽管职业院校在技能培训方面有所专长，但在服务乡村文化振兴过程中，往往未能根据乡村特点进行定制化培训。在这种情况下，培训效果不尽如人意，村民难以获得实质性帮助。此外，职业院校在服务乡村时，与村民的沟通互动略显不足，未能充分了解他们的真实想法和需求。这也导致其服务内容缺乏针对性，教育内容缺乏与当地乡村文化的融合，难以获得村民的广泛认可和支持。

二是服务机制待完善。首先，供给机制不健全。职业教育服务乡村文化振兴的过程中尚未形成全面系统规划，导致政策和措施落实无统一行动指南和长期发展目标。规划缺失导致职业教育服务供给不精细，活动衔接不紧密，影响乡村文化振兴整体推进。另外，由于服务规划不足，职业院校在乡村文化振兴中教育资源分配失衡，包括师资力量、教学设备、经费投入等。这种不均衡不仅表现为服务供给的不足或过剩，浪费了宝贵的资源，更无法满足乡村各地区的实际需求。由于缺乏明确规划，相关部门在界定职业教育服务与乡村文化振兴范畴和目标群体时面临困难。由于对乡村文化振兴缺乏深入的了解和长远的规划，这些部门难以准确界定自身在服务中的角色和定位，从而导致服务供给与实际需求之间存在较大差距。部门间职责划分模糊，进一步加剧了服务机制问题，易导致职能重叠、冲突及服务冗余重复。

这不但拖慢了服务效率，更可能激化机构间的矛盾，成为服务机制高效运作的绊脚石。当面对突发事件或服务需求变动时，这些部门往往因灵活性不足而难以及时调整服务策略与内容，从而导致服务效果不佳。

其次，保障机制不充分。服务连续性跟稳定性是职业教育服务乡村文化振兴的基本要求。乡村文化的传承与发展，是一项历久弥新的任务，它需要持续的教育、系统的培训和精准的指导。稳定性意味着只有当职业教育服务能维持一定的质量标准和服务水平时，才能满足乡村文化振兴的深层次需求。然而，由于缺乏健全的保障机制，职业教育服务乡村文化振兴极易出现服务质量波动，难以满足乡村文化振兴的长期需求。在乡村服务实践中，受制度扶持不力、资金投入短缺、人才配备不齐等多重因素影响，职业教育服务乡村项目难以持续稳定运营。特别是乡村地区的职业学校因经费来源不稳定，教学设施老化，师资力量薄弱，难以提供符合高质量教育标准的服务。这一现状既阻碍了职业教育服务效果的充分展现，又打击了农民投身乡村文化建设的热情与积极性。且在推动乡村文化振兴的过程中，因缺乏稳定的政策、资金扶持，当乡村文化活动开展时，文化活动呈现出短期、零散的特征，许多活动往往只能浅尝辄止，难以深入，难以在乡村形成良好的文化氛围，难以构建清朗健康的乡村文化环境。由于缺乏长期性保障机制，职业教育在服务于乡村文化振兴时难以发挥出深远持久的影响力。

最后，反馈机制不完备。全面且高效的追踪与反馈体系能够更加精准地监控和衡量职业院校在推动乡村文化振兴进程中的实际成效和深远影响，确保其服务在乡村真正落地，从而为服务的持续优化和提升提供坚实的数据支撑和科学指导。然而，职业院校在提供教育、培训和技术支持服务乡村文化振兴的过程中，尚未建立一套科学、系统、有效的反馈机制，未能及时对其提供的服务影响范围、效果和持续性等方面进行评估，未能构建起与利益相关方的有效反馈机制，以深入了解其实际需求和期待，也未能及时识别在乡村文化服务当中的问题进行改进。有效反馈机制的缺失使职业院校难以精准评估服务成效，进而难以根据评估结果进行相应的调整和优化。这既制约了乡村文化建设服务质量的进一步提升，也限制了职业院校在推动乡村文化振兴方面发挥更大潜力的能力。此外，服务缺乏持续性和系统性已成为一个亟须解决的难题。职业院校在提供文化服务时，往往缺少连贯性和系统性的安排，难以通过连续的服务链条，构建一个稳固且持久的服务体系。这不仅导致服务效果难以持久，而且难以为乡村文化振兴提供坚实的支撑。

三是服务路径待创新。首先，服务方式不灵活。乡村文化振兴是一个多元化、多维度的目标，它涉及物态文化、制度文化、行为文化、心态文化等多个层面。这些层面之间相互交织、相互作用，共同构建了一个复杂且丰富的文化生态系统。然而，当前职业教育服务偏重于人才培养和技能传授，主要通过技能培训以及文化讲座等方式进行，缺乏服务形式的探索与创新，服务方式较单一，未能充分考虑这一文化生态系统的多样性和复杂性，因此难以有效满足乡村文化深层次的发展需求。

其次，服务主体单一。乡村文化振兴这一系统工程综合性强、涉及面广，亟须政府、企业、社区、学校及各类文化机构等多方主体的共同参与和协同努力。然而，目前职业教育在参与乡村文化振兴的过程中，还存在服务主体单一的问题。服务主体单一体现为其服务主体大多局限于学校或教育机构内部。作为教育体系的重要环节，职业教育肩负着培养人才、传承文化、服务社会等多重使命。在乡村文化振兴的背景下，职业教育还应当扮演联结传统与现代、传承与创新的桥梁角色。然而，由于服务主体单一，职业教育的角色被局限为技能培训与学历教育的提供者，未能充分展现其作为多元角色的潜力。服务主体间的协同不足，导致职业教育在乡村文化振兴中的社会参与度偏低。在推进乡村文化振兴的过程中，社会各方参与度尚未达到预期水平，包括村民、企业以及社会组织等关键力量在内的各方，参与乡村文化振兴程度有待提高。为提升乡村文化发展水平，职业教育需与其他主体携手，共同制定乡村战略规划，并紧密合作，协同推进文化活动和项目实施。

然而，目前职业教育与其他主体之间存在的沟通不畅、信息不对称以及合作不紧密等问题，导致各主体各自为战，重复投入，严重影响服务效率。此外，职业教育在乡村文化振兴中资源整合与共享的能力存在明显不足。乡村地区的教育资源相对匮乏，而职业教育在资源整合和共享方面的机制尚未健全，这限制了职业教育在乡村文化振兴中的支持力度，导致职业院校所提供的服务呈现出零散和片段化的特点，难以发挥更大作用。

最后，技术应用创新薄弱。随着信息化和数字化的迅猛推进，现代科技手段为职业教育助力乡村文化振兴创造了前所未有的契机。这些技术手段不仅丰富了职业教育的教学资源和学习平台，也为乡村文化的传承与创新提供了坚实的技术支撑。然而，当前部分职业院校在实施这些新技术时，却显得力有不逮，未能充分发掘技术在增强服务效率、拓宽服务范畴等方面所蕴含的无限潜能。一方面，受限于资金、人才等条件，部分职业院校引进和应用先进的信息化、数字化技术较为困难。此外，在应用技术时，创新思维的缺失和前瞻性视野的不足，使得职业院校难以将技术与乡村文化振兴深度融合，从而导致技术应用效果不佳。另外，职业院校与企业的合作尚处于初级阶段，尚未构建稳固的产学研合作体系。因此，职业院校的研究成果要转化为实际应用存在一定难度，无法及时满足乡村文化振兴的迫切需求。与此同时，这一现状也阻碍了职业院校从乡村文化振兴的实践中获取更为丰富的经验和创新的灵感。

3.2.3　职业教育服务乡村文化振兴机遇

一是国家政策的支持。目前，我国大力推动乡村振兴战略的大背景下，职业教育被赋予了新的历史使命与发展机遇，成为促进乡村文化振兴的关键力量。乡村振兴不仅仅是经济的振兴，更是文化的振兴。乡村文化作为乡村振兴的灵魂，其重要性日益凸显。而职业教育作为培养高素质技术技能人才的重要途径，对于推动乡村文化振兴具有不可替代的作用。为了强化职业教育在乡村文化振兴中的核心作用，各级政府陆续颁布了一系列政策文件及相关指导意见。这些政策文件不仅明确了职业教育在乡村文化振兴中的定位和任务，还提出了一系列具体的措施和办法。例如，加大职业教育对乡村地区的投入，优化职业教育资源配置，鼓励职业院校与乡村企业、文化机构等合作，推动乡村职业教育与乡村文化产业的融合发展等。国家的政策支持也呈现一定的特点。

第一，政策导向下的职业教育更加注重服务乡村经济和社会的实际需求。政府积极制定政策，激励职业教育机构紧密贴合当地产业结构和发展需求，灵活调整课程设置，着力培养满足乡村经济需要的专业技能人才。通过职业教育机构的培训，促进乡村劳动力的技能提升和职业发展，提高他们的生活水平和幸福感。同时，乡村劳动力也可以更加深入地了解当地产业结构和市场需求，进而更加主动地参与当地经济发展。以需求为导向的培养模式，既有助于提高乡村劳动力的就业竞争力，又能促进当地经济的可持续增长。第二，政策导向下的职业教育致力于加强乡村文化传承与创新发展。政府鼓励职业教育机构结合当地的文化资源和传统特色，设计开展具有地方文化特色的培训项目。通过将传统手工艺、农业技术、乡土建筑等乡村传统知识和技能纳入教学内容，不仅有助于传承和保护乡村文化遗产，还能激发村民的文化自豪感，推动乡村文化的创新性发展。第三，政策导向下的职业教育为乡村文化振兴提供了政策支持和资源保障。政府通过加大财政投入改善乡村职业教育环境，优化教育资源配置的公平性和效率性，有效增加乡村学子的教育机会，从而缩小城乡教育差距，为乡村文化振兴提供强有力的保障。同时，政府还鼓励各地职业教育机构与地方政府、文化机构等合作，通过整合各方资源，共同推动乡村文化振兴的工作，形成政府、学校、社会各界的合力。

各项政策的制定和实施，为职业教育服务乡村文化振兴提供了前所未有的机遇和支持。首先，政策的出台为职业教育的发展提供了更加广阔的空间和更加明确的方向。职业院校可以更加有针对性地开展乡村文化教育和技能培训，培养更多具有乡村文化情怀和技能的人才，为乡村文化振兴提供有力的人才保障。其次，政策的实施为职业院校与乡村企业、文化机构等的合作提供了更加便捷的条件和更加广阔的平台。这种合作模式有助于实现资源共享、优势互补，共同推动乡村文化产业的发展。职业院校携手乡村企业，共同研发推广乡村文化产品，为文化产业的发展注入强劲动力。再次，职业院校与文化机构并肩作战，致力于乡村文化遗产的保护与传承，促进乡村文化的薪火相传与创新发展。最后，政策的出台和实施还为职业院校提供了更多的资金和资源支持，方便职业院校改善教学设施、提高师资水平、丰富课程内容，从而进一步提升职业教育的质量和影响力。在充足的资金保障下，职业院校将更有力地支撑乡村文化振兴，为乡村地区的可持续发展注入活力。

二是科学技术的助推。数字技术，如互联网、人工智能、云计算、大数据和虚拟现实等，已经成为现代社会变革的重要驱动力。它们不仅深刻地改变了社会的生存规则，还为社会的发展注入了新的生机与活力。这些技术的广泛应用，不仅极大地提升了社会生产效率，还在推动经济社会的持续健康发展方面发挥了重要作用。聚焦到职业教育与乡村的发展上，科技的普及和应用使得乡村地区的学生能够获得高质量的教育资源。通过互联网和远程教育技术，他们可以接触来自全球各地的优质教学内容和专业知识，不再受地理位置和资源匮乏的限制。这为他们提供了学习的广阔平台，拓宽了视野，增强了学习动力。此外，科技的应用还促进了乡村地区职业教育的创新性发展。虚拟现实、增强现实等前沿技术的融入，让职业教育以更鲜活、直观的方式展现各类技能和知识。这不仅使得学习过程更加有趣，还能帮助学生更好地理解和掌握所学内容。同时，这些技术还可以模拟真实的工作环境，让学生在实践中学习和成长，为未来的职业生涯做好充分的准备。智能化教学系统及个性化学习平台的广泛应用，为职业教育个性化教学开辟了新路径。这些系统平台能够根据学生的学习习惯、能力特点和学习进度，为他们量身定制教学内容和难度，实现因材施教，使每个学生都能得到适合自己的学习资源和指导，从而充分发挥自己的潜能，提升学习效果。另外，科技的发展也为乡村地区的职业教育带来了更多就业机会和创业空间。数字化经济的兴起带动了新兴行业的发展，为乡村地区带来了更多的就业机会。通过科技培训和技能提升，村民可以更好地适应现代化产业的发展需求，实现自身价值和社会贡献。

除了对教育的积极影响外，科技的普及和应用还深刻改变了村民的生活方式。随着互联网、智能手机和社交媒体的普及，村民可以更加方便地获取信息、进行交流和参与社交活动。村民通过网络平台，能够轻松获取外界信息，与远方的亲友实时互动，甚至可以投身丰富多彩的线上活动。这种变化不仅扩大了村民的社交圈子，还丰富了他们的生活体验，使得他们的生活更加多彩和充实。另外，科技的发展为乡村文化的传承和保护提供了新的途径和手段。以往乡村文化受限于地域、时间和传承方式，难以广泛传播和持续发展。然而，随着科技的飞速进步，尤其是数字化技术和虚拟现实技术的出现，乡村文化的传承与保护迎来了新的机遇。数字化技术为乡村文化遗产的记录与展示开辟了全新的路径。借助高清摄影、3D 扫描等先进技术，可以精确地捕捉传统手工艺品、民间建筑、乡土风情的细节，将这些珍贵的文化遗产转化为数字形式，进行长期保存和展示。此举既有效防止了文化遗产的消失，又通过网络平台，让乡村文化的独特魅力惠及更广泛的人群。虚拟现实技术则进一步丰富了乡村文化的传播方式。虚拟现实技术能够精心构建出栩栩如生的乡村文化场景，使观众仿佛置身其中，亲身体验传统手工艺品的精妙制作、民间故事的动人情节以及乡土风情的独特韵味。这种沉浸式的体验方式不仅能增强观众对乡村文化的认知和兴趣，还能激发他们保护和传承乡村文化的热情。此外，科技为乡村文化的保护与振兴注入了丰富的资源与坚实的支持。数字化图书馆的建设使得乡村文化的文献资料得以广泛传播和共享，为研究者提供了便捷的资料获取途径。在线课程的蓬勃发展，为更多人提供了学习和了解乡村文化的宝贵机会，从而孕育出更多的文化传承者与富有创新精神的实践者。同时，文化创意产业的兴起也为乡村文化带来了新的发展机遇，通过将乡村文化与创意设计相结合，可以创造出具有独特魅力和市场价值的产品和服务。

三是发展需求的转变。随着全球化的深入发展，农村经济正面临重大转型。全球化不仅加速了市场竞争，还带来了技术进步，这使得传统的农业生产方式难以适应现代市场的需求。全球化对农村经济的影响是多方面的，包括农产品价格下跌、资金投入不足、农业劳动力外流，以及自然生态环境的破坏。这些挑战促使乡村经济模式迫切转型升级，以适应全球化带来的机遇和挑战。在这一过程中，乡村发展需求变得多样化和复杂化。第一，传统的以农业为主的经济模式正在逐步演变为多元化、现代化的乡村产业体系。传统的以农业为主的经济模式正在逐步演变为多元化、现代化的乡村产业体系。这意味着农村经济正在从单一的农产品生产转向包括农副产品加工、乡村旅游、现代服务业等多元化领域的发展，这种转变彰显了乡村经济结构的调整升级与产业链的不断优化。现代科技的应用不仅提高了农业生产的效率和质量，还催生了许多新兴产业，如智慧农业、农产品电子商务等。这些新兴产业的蓬勃发展，为乡村经济与文化的转型升级提供了更广阔的空间和机遇。第二，乡村文化空间正经历着由静态稳定向流动多变的转型。城市化进程的稳步推进，以及国家乡村振兴战略的深入实施，共同推动了乡村传统物理空间的升级换代、传统社会空间的现代化转变，以及新型数字空间的全面构建。在城镇化发展显著的新乡村地区，乡村社会空间形态正由单一静态向多维流动转变。鉴于社会系统，特别是文化惯习所固有的相对稳定性，物理空间的重新配置往往难以与文化空间和社会空间的整合步调一致，彼此之间的矛盾难以避免[①]。乡村文化空间受到侵蚀，乡村文化主体及其乡村文化认同

---

① 吴宗友，管其平.城镇化快速推进背景下新乡村的空间分化及其治理转向［J］.中州学刊，2024（1）：72-80.

也深受影响，乡村文化空间的延续性以及乡村文化的可持续发展亟须得到维护。第三，村民的文化需求逐步从简单化走向多样化。随着城乡融合的加速推进，乡村社会结构逐渐发生变化，村民的生活方式、价值取向也受到现代文化的冲击而逐步转变。互联网、大数据、人工智能等先进技术的应用，让乡村与城市的距离变得更加亲近。村民得以通过网络窗口窥见外界，汲取新知识与技能，进而融入更广阔的社会交流之中。村民对文化知识、生活品质、文化娱乐等方面的需求不断增加，需求的多元化趋势日益明显，而乡村文化资源的匮乏现状已难以满足村民的需求。因此，为适应这一深刻变革，乡村文化供给的适时调整显得尤为重要。

乡村发展新需求给职业教育提出了新要求。职业教育作为培养高素质技术技能人才的重要途径，必须紧跟时代步伐，积极回应乡村发展的新需求，为乡村振兴贡献智慧和力量。首先，乡村发展新需求呼唤职业教育转型升级。乡村产业结构升级对人才培养提出了新的要求。随着乡村经济结构的转型，对各类职业的需求也在多样化。传统的农业劳动力需求逐渐减少，而对于现代农业、乡村文化产业发展、乡村旅游等领域的专业技能和管理人才需求则大幅增加。职业教育需要不断更新课程内容和教学方法，以培养适应乡村文化产业需求的人才，增长他们在传统文化、文化创意、文化产业管理等方面的知识和技能。这也要求职业教育紧密贴合乡村发展的新需求，灵活调整专业设置，不断优化课程体系，以培养更多能够扎根乡村、服务乡村的高素质技术技能人才。职业教育还可以通过提供相关的技术培训和就业指导，助力农村产业向高附加值、高品质方向发展，促进乡村产业的技术升级和现代化发展，从而提升农村经济的竞争力和可持续发展能力。其次，乡村文化空间的流动化需要职业院校拓展乡村文化空间。职业院校应更加积极地参与乡村文化振兴，对乡村传统文化进行传承保护，促进传统文化在当代的转型与发展。通过与地方政府、文化机构及企业等多方合作，共同开展文化创意产业培训、推动乡村文化旅游开发、策划丰富多彩的文化活动，以此助力村民掌握现代文化产业技能，全面提升其文化素质。在为乡村文化振兴提供更全面的支持和服务中，增强乡村文化氛围，提升乡村文化认同。再次，乡村文化需求多样化需要职业教育增加文化供给。职业院校设计应该提供更多样化、个性化的课程，如提供文化传承、文化创新、文化服务等类型课程，以满足不同人群、不同群体的文化需求。此外，职业院校还应以文化节、艺术展览、文艺演出等形式开展文化活动，既展示和传播乡村文化，又为村民提供更多的文化娱乐活动，丰富他们的精神生活。

3.2.4　职业教育服务乡村文化振兴挑战

一是国家经费投入不均衡。国家财政性教育经费是保障教育公平、提升教育质量、推动教育现代化的重要物质基础。然而，职业教育领域的国家财政性教育经费投入明显不足，与普通教育相比差距显著。据《2022 年中国教育经费统计年鉴》统计，2021 年各级教育机构财政补助支出共 12891.09亿元，其中普通高职高专占 7.5%，为 961.35 亿元；普通高等本科学校占 21%，为 2703.61 亿元。生均教育经费方面，地方普通高等本科学校为36423.20 元，而高职高专则为 24957.67 元。《2023 中国职业教育质量年度报告》数据显示，2022 年，全国中等职业教育经费总投入 3238 亿元，仅占高中阶段教育经费的 1/3；高等职业教育经费总投入 3392 亿元，仅占高等教育阶段经费的 1/5。与普通教育相比，职业教育投入差异显著。

职业教育作为培养高素质技术技能人才的重要途径，对于满足经济社会发展需求、提高劳动者素质、促进就业创业等具有不可替代的作用。尽管近年来职业教育经费投入有所增长，但其在国家财政性教育经费中的占比仍然偏低。例如，2022 年，中等职业教育经费总投入为 3238 亿元，占高中阶段教育经费的 33.89%，而高等职业教育经费总投入为 3392 亿元，占高等教育阶段教育经费的 20.69%。这种现象，不仅直接影响了职业教育的质量，更在长远上制约了我国技能型人才的供给和经济发展。首先，在教育资源的配置方面，财政投入的匮乏直接造成了资源不足和分配不均的问题。对于职业教育的发展而言，其需要的硬件设施、优秀师资以及丰富的实践教学资源等，均离不开财政资金的保障。财政投入的不足，严重制约了职业院校在教育资源供给上的能力，进而对教学质量和学生的学习成绩造成不利影响。其次，从教育公平性的视角出发，财政投入的匮乏会引发职业教育机会的不均等。职业教育的核心目标在于培养具备专业技能和职业素养的人才，对于推动社会公平和经济发展具有深远影响。然而，财政投入不足限制了职业教育的覆盖范围。在一些经济欠发达地区，尤其是乡村地区，资金匮乏导致职业教育资源尤为稀缺，难以满足当地学生对学习专业技能的迫切需求。这种情况导致了相当一部分学生无法享受均衡的教育机会，被迫在教育选择中放弃职业教育选项，从而限制了他们未来的职业规划。最终，这种不均衡不仅体现在经济收入的差距上，还体现在职业选择、社会地位等方面。再次，就职业教育与经济社会发展的关系而言，财政投入的匮乏制约职业教育的创新性发展。职业教育作为连接教育与产业、学校与社会的桥梁，旨在为各行各业输送合格的技术技能人才。这些人才不仅需要掌握坚实的专业知识，还需要具备创新思维与实践能力，以从容应对日益复杂多变的经济社会环境。然而，现实中因财政投入不足导致的职业院校资金短缺，限制了其在硬件设施、师资力量、教学资源等方面的更新与发展，也使得职业学校缺乏研发和创新的动力和能力，直接影响了其在乡村文化振兴中的服务效果。从最终结果来看，一方面，职业教育的不发达导致了乡村劳动力市场中技能匮乏的情况。随着科技的不断进步和产业的升级转型，乡村对高技能文化人才的需求日益增加。然而，由于职业教育体系的不完善，许多乡村劳动者难以获得必要的技能培训，从而无法适应市场的需求。这种技能供需的不匹配，既让乡村企业难以找到合适人才，又束缚了劳动者的职业发展，从而进一步加剧了劳动力市场的竞争态势。另一方面，职业教育的不发达还容易导致社会结构的失衡。在现代社会中，教育资源的分配直接影响着社会阶层的形成和流动。然而，职业教育资源的不足和分配不均，导致乡村学生难以获得与城市学生同等的教育机会，从而加剧了城乡分化。

二是乡村公共文化服务体系不完善。具体表现为以下方面。第一，乡村公共文化基础设施体系待完善。我国广大农村地区，特别是经济相对滞后的乡村地带，公共文化服务设施所面临的挑战不容忽视。这些地区往往面临着文化设施供给不足和设施老化的双重困境。尽管政府近年来增强了对农村文化建设的投入，但与城市相比，农村地区的文化设施仍显得不足。图书馆、文化活动中心以及乡村文化馆等文化设施在农村地区的覆盖范围有限，服务质量也存在较大的地区差异。部分地区的文化设施虽已建成，但因管理和维护不善，设施老化、设备更新滞后等问题层出不穷。这不仅影响了设施的正常使用，也制约了农村地区文化服务的发展。与此同时，与城市相比，农村地区在文化消费水平方面也呈现出相对滞后的态势。由于经济条件的限制和文化意识的欠缺，农村居民的文化需求往往得不到有效满足。尽管已经建立了众多的文化设施，却因知名度和实际利用率不高，导致大量设施闲置无用，未能充分展现其应有的效能。特别是乡镇文化站、阅报栏、文化广场等旨在惠民的文化服务设施，其实际利用率尤为低下。第二，乡村公共文化生产运营体系待健全。乡村公共文化生产运营体系是一个复杂且多维度的庞大系统，涵盖了文化创作、传播、消费等诸多核心环节。然而，在我国当前的乡村发展中，这一体系的建设仍然面临诸多挑战，有待进一步完善。首先，文化产品和服务供给匮乏。目前，许多乡村地区缺乏丰富多样的文化产品和服务，产品内容和形式相对单一，很难满足村民日益增长的文化需求。这种供给匮乏的现状，极大地限制了村民的文化消费选择，阻碍了乡村文化市场的进一步拓展。其次，乡村文化产业发展滞后。由于缺少具有市场竞争力的文化产品和知名品牌，乡村文化产业在市场中难以立足。这不仅影响了乡村文化产业的可持续发展，也限制了其运营体系的完善和提升。再次，公共文化服务运行机制创新不足。乡村公共文化服务方式较为传统，缺乏创新和多样性。传统的文化服务主要以实体场馆、传统媒体为主，缺乏基于互联网、数字化技术的新型文化服务方式。最后，乡村文化服务技术滞后，缺乏数字化、智能化支持，且运行机制僵化，难以适应文化需求变化。第三，乡村公共文化人才体系待建立。乡村文化建设需要乡村文化教育工作者、乡村文化传播者、乡村文化产业经营者等相关人才。但是，目前乡村文化人才体系仍未确立。首先，乡村文化人才培养机制薄弱，缺乏系统性，且长远规划和整体布局不足，导致培养过程缺乏连续性和稳定性。同时，培养措施缺乏针对性，忽视个体差异和实际需求，难以满足多样化的人才发展需求。乡村文化人才培养需要政府、学校、社会等多方面的支持，但目前这些资源并未得到有效整合，导致培养效果不尽如人意。其次，人才流动机制单向化。当前乡村人才结构呈现单一化趋势，流动型人才和储备型人才匮乏。知识型人才普遍倾向于向中心城市聚集，导致形成一种单向流动的人才格局。在文化传承、艺术创新、文化产业等领域，乡村缺乏专业人才的现象同样存在。同时，乡村也缺少能够将多方面知识与技能融会贯通的复合型人才，这一现状严重制约了乡村文化的多元化发展和创新步伐。再次，人才引进机制滞后。在人才引进方面，乡村尚未构建出既系统又高效的引才政策和机制，难以吸引优秀人才入乡。最后，在乡村文化人才评价激励上，多层次、多元化的评价标准体系和激励措施尚在构建中。乡村公共文化服务体系尚不完善，如同枷锁一般束缚了乡村的发展活力，使得乡村的文化、教育事业步履维艰。

三是社会重视程度不够高。首先是职业教育的社会认同度不高。在我国的教育体系中，普通教育和职业教育作为两条并行的教育路径，各自承担着不同的使命和角色。尽管职业教育在我国拥有长达 150 多年的发展历史，但其在整个教育体系中的地位和受重视程度长期处于较为尴尬的状态。直到近年来，随着国家政策的逐步调整和社会需求的不断变化，职业教育的地位才逐渐得到认可和提升。2019 年，《国家职业教育改革实施方案》的出台，标志着职业教育在我国教育体系中的地位得到了明确。该方案首次将职业教育确立为类型教育，并提出了"产教融合、校企合作"等一系列改革措施，旨在推动职业教育的转型升级和提质增效。2022 年，我国对《中华人民共和国职业教育法》进行了修订，修订版自 2022 年 5 月 1 日起施行。此次修订明确职业教育是与普通教育具有同等重要地位的教育类型，旨在推动职业教育高质量发展，提高劳动者素质和技术技能水平，促进就业创业，建设教育强国、人力资源强国和技能型社会。这一修订不仅进一步提升了职业教育的法律地位，也为其在资源配置、师资力量、教学设施等方面的改善提供了法律保障。然而，尽管国家政策对职业教育倾注了越来越多的关注与支持，但在实际社会认知层面，职业教育仍面临重重挑战。在传统观念中，人们普遍认为普通教育是通往高学历、高薪岗位的必由之路，是提升个人社会地位和经济收入的关键。这种观念无形中加剧了职业教育在社会认知中的边缘化，致使众多家长和学生更倾向于选择普通教育，而将职业教育视为备选之路。此外，从国家政策的执行层面来看，尽管政策对普通教育和职业教育的重视程度有所提高，但在实际执行过程中，资源配置、师资力量、教学设施等方面仍然存在较大的差距。普通教育往往能够获得更多的资源和关注，而职业教育则往往处于相对薄弱的地位。这种现状在一定程度上限制了职业教育的发展空间和质量提升。其次是乡村文化建设的价值认知不足。乡村文化振兴具有指标难以量化、建设周期长、成果见效慢等特性，使其成果难以迅速显现，更难以量化评估。例如，乡村文化活动的丰富程度、村民文化素养的提升状况，均需长期观察与深入调研方可判断。因此，在追求短期效益的社会环境中，乡村文化振兴往往被忽视。主观上，乡村振兴常偏重产业、生态、组织及人才振兴，而忽视文化振兴的重要性。而乡村文化常被误认为无法适应现代社会发展需求。因此，在乡村文化建设中，并不能充分挖掘乡村文化价值，也不能充分激发农民的参与热情，更缺乏对他们反馈意见的吸纳。现实中，尚未建立有效机制保障农民深度参与文化建设各环节。这种情况的存在，直接导致了乡村文化建设的内容与农民的实际需求之间存在较大的偏差。乡村文化的羸弱现状加大了职业教育服务乡村文化振兴的难度，对职业教育服务乡村文化振兴也提出了更高的要求。

　　总而言之，职业教育服务乡村文化振兴现状存在如下特征。第一，服务提供与乡村需求的偏离。鉴于各个乡村在文化、经济、社会等多方面的独特性，其对职业教育的需求呈现出各不相同的特点。然而，职业院校在为乡村提供服务设计时，往往侧重于自身资源和能力，而缺乏对村民真实需求的深入了解和精准把握。因此，其服务内容、服务方式等可能与村民的实际期望存在偏差，难以真正满足他们的需求。这种供需不匹配不仅造成了资源浪费，还严重削弱了服务效果。第二，政策意图与执行效果的落差。近些年，国家高度关注职业教育以及乡村的发展，紧锣密鼓出台了一系列旨在促进职业教育与乡村振兴的政策措施。但是，在政策上资源分配不均、多头管理、权责不分、落实不到位，影响了政策效应的最大限度发挥。另外，在服务过程中，缺乏全面科学的评价体系和标准，难以及时、准确地评估职业教育对乡村振兴的贡献和成效。评价标准和体系的缺失进一步使政策制定和资源分配的科学性和有效性受到影响。第三，文化传承与创新发展的错位。在振兴乡村文化的问题上，一方面，必须认识到需要保护和传承其深厚的历史底蕴和独特价值。另一方面，也需要意识到其需要通过不断地创新性发展以满足新时代需求。职业教育在服务过程中，面临着传承与创新之间难以平衡的难题，这在一定程度上也影响了服务效果。职业教育需深入探索如何在保护和传承乡村文化的基础上，推动其创新发展，寻求保护与创新的平衡点，实现二者的和谐共生。

第4章 基于扎根理论的职业教育服务
乡村文化振兴影响因素探索

职业教育促进乡村文化振兴不是单向直线输出，而是自组织系统和他组织系统在内部与外部的深度融合[①]。在乡村文化振兴新形势下，职业教育协同其他力量服务乡村文化振兴显得尤为重要。本部分旨在通过对职业教育服务乡村文化振兴内外系统的分析，厘清影响其效能发挥的掣肘因素，对影响因素的内在关系以及作用机制进行探讨，以期能够从实证角度阐释职业教育与乡村文化振兴体系的运行机制。

4.1 研究方法与研究设计

运用扎根理论对访谈获取的 22 份资料进行开放性编码、主轴性编码以及选择性编码，并选取典型案例进行理论饱和度验证，以此探究职业教育服务乡村文化振兴的影响因素及其作用机制。

4.1.1 扎根理论概述

扎根理论是一种依托数据、自下而上程序化进行定性研究的方法。该方法通过从数据资料中提炼出概念，在比较中发现其内部逻辑关系从而构建研

---

① 熊晴，朱德全．民族地区职业教育服务乡村振兴的教育逻辑：耦合机理与价值路向［J］．教育与经济，2021，37（3）：3-9．

究框架，能够有效解决传统文本分析中资料分析慢、理论形成难、研究结论缺乏说服力等问题，因而在人文社科的主题研究中得到了广泛运用[①]。

4.1.1.1　扎根理论内涵及应用

（1）扎根理论起源

扎根理论（Grounded Theory）作为定性研究方法的一种，其核心在于以经验资料为基础，构建出具有强大解释力的理论体系。该理论的起源可追溯到 20 世纪 60 年代，当时社会科学研究正处于理论创新与实证探索交相辉映的繁荣时期。然而，随着研究的推进，研究者们逐渐觉察到理论与实证之间似乎横亘着一道难以跨越的障碍。理论研究常显得过于抽象，难以同实际情况紧密结合；而实证研究尽管基于实际数据，却也容易欠缺深厚的理论作为支撑。为了破解这一难题，扎根理论应运而生，为社会科学研究提供了新的视角和方法论。该理论的核心理念在于依据实际数据提炼并构建理论框架，强调以现实情境为基石，通过深度观察、访谈交流、系统调查等手段，搜集第一手翔实资料。随后，借助归纳整理、逻辑推理等逻辑方法，从这些数据资料中萃取出具有广泛适用性的理论观点。此方法不仅有助于弥合理论与实证之间的隔阂，更能够紧密贴合现实情况，深入剖析并精准预测社会现象的演变趋势。

该方法由芝加哥大学的巴尼·格拉斯（Barney Glaser）与哥伦比亚大学的安塞姆·斯特劳斯（Anselm Strauss）共同开创并发展完善，它侧重丁从原始资料中提取核心概念和范畴，然后建立它们之间的联系，最终构建一个能够深刻阐释所研究现象的理论框架。格拉斯和斯特劳斯经过对医务人员关怀临终病人的实地观察研究，系统地总结出了一套研究策略，并将其命名为扎根理论研究方法。1967 年，二人合作出版了《扎根理论的发现：质性研究策

---

① 吴毅，吴刚，马颂歌.扎根理论的起源、流派与应用方法述评——基于工作场所学习的案例分析 [J].远程教育杂志，2016，35（3）：32-41.

略》一书，这标志着扎根理论方法的正式确立与问世，该方法强调从实际观察出发，通过系统收集和分析数据来构建和发展理论。扎根理论的两位创始人分别具备量化研究和符号互动理论的深厚背景，这一合作背景使得扎根理论得以融合定量分析与定性研究的精髓。其中，格拉斯以其精湛的量化研究技巧，在数据分析和模型构建方面展现出卓越的能力；而斯特劳斯则凭借其深厚的符号互动理论素养，运用该理论深刻解读社会现象。两位学者的携手合作，使得扎根理论既保持了实证研究的严谨性与科学性，又赋予了理论构建以灵活性与创新性。

（2）扎根理论的要求

第一，理论构建需深植于数据之中。扎根理论作为一种独特的研究方法，其核心观点在于强调理论必须深深扎根于数据之中。这一理论主张研究者需摒弃对研究对象预设的假设与推论，转而直接从数据本源出发，通过深度剖析和质性提炼，逐步分离并精炼出理论框架。这要求研究者持开放态度去接触、解析并理解数据。在此过程中，研究者应密切关注数据的真实面貌，不断从数据中发现新的问题、新的关系和新的现象。这种基于数据的研究方法有助于避免主观偏见和误导，确保理论构建的客观性和准确性。为了深入实施扎根理论，研究者必须对质化研究的一系列方法进行掌握，包括数据采集、数据整理、数据分析以及精确解读等。在收集数据时，研究者需综合使用访谈、观察、问卷调查等手段，以确保数据既全面又详尽。进入数据整理阶段后，研究者需对收集到的数据进行细致的分类、精确的编码以及科学的归纳，从而增进对数据的理解和深度分析。在数据分析和解读阶段，研究者应灵活运用归纳与演绎的方法，从数据中提炼出核心概念、关键关系及典型模式，进而构建出严谨而系统的理论架构。

第二，研究者需具有理论敏感性。研究者须具备洞察数据内在意义、挖掘数据深层含义的敏锐能力。此能力赋予研究者以洞察力，使他们在面对海量经验数据时，能超越表面现象，敏锐捕捉数据背后的深层信息，赋予其深远意义，并进而将其提炼为概念。这一能力的核心在于研究者能够从原始经验数据中提炼出有价值的理论元素，为理论建构奠定坚实的基础。对于扎根理论而言，其目的并非对一种现象进行描述或对一种已有的理论进行验证，而是要对一种全新的理论进行构建。它着重于从经验数据中提炼理论，通过深度挖掘与数据分析，发掘新的理论要素，从而构建出既具创新性又具解释力的理论体系。该理论建构方式不仅能够揭示现象背后的本质和规律，还能够为解决实际问题提供有效的理论支撑。为了维持这种理论敏感性，研究者需拥有深厚的理论素养与丰富的实践经验，以便更精准地洞察数据背后的深层含义。此外，研究者亦应维持开放包容的心态，并运用批判性思维，不断对既有理论进行审视与修正，从而促进理论的不断完善与发展。

第三，需不断对数据进行比较。在扎根理论的研究过程中，需对数据进行持续的比较分析。研究者应不断将新获取的数据同既有的概念和理论进行对比，揭示二者异同点，进而深化和拓展理论的内涵。通过持续比较和分析数据，研究者能提炼出具有代表性和解释力强的概念理论，从而绘制概念关系图，揭示内在关系，挖掘深层本质规律，构建精准的理论框架，为相关领域的知识发展奠定坚实基础。在研究工作中，除了必要比较分析外，研究者还需确保理论与资料紧密关联。具体而言，研究者应密切跟踪数据变化，及时调整并优化理论框架。此外，研究者还应不断反思并审视自身的研究过程与方法，以保证研究的精确性和可信度，从而确保整个研究工作的严谨性与科学性。

第四，对文献进行灵活运用。在传统的研究范式中，研究者通常依赖文献分析来确立研究问题、构建理论假设，进而通过数据收集来验证这些假设的有效性。然而，在扎根理论的研究方法中，关于文献研究的具体操作、研究对象、时机以及目的等方面，一直存在着广泛的争议。格拉斯认为研究者在进行研究之前应避免预设理论框架，并摒弃一切固有观点，以一种"纯洁无知"的态度投入研究中。他主张研究者应通过层层深入的编码工作，将理论从原始数据中发掘出来。因此，在扎根理论的研究中，文献研究应当置于实质性理论建构完成之后进行。否则，研究者可能会不自觉地受到前人研究成果的潜在牵引，从而先入为主地形成偏见，要么生硬地将现有文献中的理论套用到自己的研究资料上，要么又将自己的研究资料强行填充到文献理论框架中。这种做法显然也与扎根理论所倡导的"一切理论皆来源于数据"相悖。

（3）扎根理论的应用

自扎根理论问世以来，其作为一种定性研究方法，在社会科学领域得到了广泛应用，已成为科研工作者的可靠工具。在社会学、心理学、教育学和管理学等领域，扎根理论展现出其独特的优势和价值，相关书籍、论文以及经验研究层出不穷。作为一种科学、有效的定性研究手段，扎根理论在界定和阐释社会现象、深入挖掘现象核心要素，以及为理论体系的构建提供坚实支撑等方面发挥着独特作用。就教育学研究领域而言，扎根理论的应用背后存在诸多因素的驱动。在方法层面上，一方面，教育研究者在研究中持有建构主义、批判主义以及后实证主义等多元视角，而扎根理论具备与教育研究人员所持不同认识论立场的兼容性；另一方面，人种学、案例研究、叙事学和现象学等质性研究方法是教育领域较常使用的研究方法。而扎根理论的分析方法也具备与这些质性研究方法的兼容性。从应用价值维度进行审视的话，扎根理论为我国教育研究开辟了一条赋权的新途径，有效构建了经验资料与理论框架之间的联结，为实践者指明了改善现状的明确方向。另外，在学术共同体的实践层面上，以北京大学、华东师范大学等为代表的研究机构，形成了两大主流的研究与实证研究方法学术社群，积极推动了扎根理论在教育研究中的应用与推广①。

在当前教育研究领域，扎根理论体现为两种应用路向：一是研究者将其视作教育研究工具，并以此为基础进行经验研究；二是研究者将其视为研

---

① 袁双，郑文．扎根理论在我国高等教育研究中的应用与反思［J］．高教探索，2023（1）：44-50.

究对象，对其在教育研究中的方法论路径进行探讨。到目前为止，我国教育领域在扎根理论研究方面已经探索出了独特的研究路径：第一，通过提供高效的分析策略和切实可行的行动指南，扎根理论可以助力一线教师实现科学研究方法的掌握，进而推动教育研究的深入开展；第二，通过架起教育领域质性研究与量化研究之间的桥梁，扎根理论可以打破传统教育质性研究的局限，促进我国教育研究方法论体系的完善和发展；第三，通过立足我国自身教育实践，扎根理论促进研究本土化以及相关理论生成，从而建构出具有中国特色的本土化教育理论[①]。

4.1.1.2　扎根理论分析步骤

扎根理论作为一种科学的定性研究方法，其追求研究的结论性、概括性与抽象性，旨在深化对某一领域的理解与分析。它秉持自下而上的研究理念，强调以经验数据为基石。然而，其主要特色并非局限于经验性，更在于其能够从纷繁复杂的数据中提炼出崭新的理论见解，实现从具体个案到普遍规律的升华。

质性研究注重研究者与研究对象持续的深入互动。通过研究者对研究对象长期、深入、动态地观察与交流，从而准确、完整、合理地对研究对象的本质进行解释。与量化研究相比，质性研究并非着眼于事物量化部分的假设，而是采用非量化手段，通过细致入微地剖析和解读，揭示事物的内在逻辑和本质特征。在此过程中，质性研究更加注重研究的过程和深度，力求在深入互动中洞察事物的真谛。资料收集与分析过程是扎根理论研究方法的核心，此过程既需进行理论演绎，又需进行理论归纳。

在资料收集方面，扎根理论的方法与其他定性研究并无明显差异；然而，在资料分析环节，其要求更高。斯特劳斯将运用扎根理论对搜集或转译的文

---

① 朱德全，曹渡帆.教育研究中扎根理论的价值本真与方法祛魅［J］.清华大学教育研究，2021，42（1）：67-76.

字进行资料分解、现象指认、概念化，并以科学方式将概念进行再抽象、提升和综合，最终形成范畴以及核心范畴的操作化过程称为编码。在分析过程中，需坚守对资料忠实的原则，深入挖掘资料范畴，明确其性质及多维度特征，进而厘清范畴间复杂交织的本质关系，以形成系统的研究理论成果。文献分析作为扎根理论方法的重要一环，其不可或缺性主要体现在：第一，通过对文献的回顾与分析，能够探寻研究命题的理论盲区，以及既有理论在解释现象时的局限性，从而为研究方向的选择提供坚实的前提基础；第二，鉴于任何社会现象之间都具有联系，因此，在运用扎根方法提炼结论的过程中，必须对既有理论进行对照研究，以此确保结论的严谨性与科学性。另外，扎根分析中的某些概念和范畴也可能直接从文献资料中汲取，是扎根理论成果丰富的补充与拓展①。

在扎根理论研究过程中，研究者必须对收集的资料进行逐级编码，包括开放性编码、主轴性编码和选择性编码，以从数据中提升理论。开放性编码指的是扎根理论研究中，研究者对手头掌握的原始材料赋予恰当的概念并对其进行重新整合的操作过程。其操作流程体现为：研究者对所收集的资料进行深入研读，定位相关项目、关键事件或核心主题，并对其予以概念化、抽象化标注。这些标注既可以是文献资料中所使用的专业术语，也可以是研究者在资料研读过程中所提炼出的名词与概念。经过系统的梳理和分类，研究者将原本大量杂乱无章的资料有序地分类，并依据这些丰富而零散的资料进行抽象概括，最终形成清晰明确的概念列表。作为扎根理论分析的重要环节之一，开放性编码旨在通过对所收集的资料进行概念化转化，为后续的分析工作提供更为清晰、准确的依据，并促进理论框架的构建。经过这一关键环节的处理，研究者能够更为直观地洞察资料中蕴含的内在模式、关联性和核心主题，从而为后续的编码工作奠定坚实而可靠的基础。

主轴编码是扎根理论编码的中间环节。该步骤紧随开放性编码之后，致

---

① 李志刚.扎根理论方法在科学研究中的运用分析［J］.东方论坛，2007（4）：90-94.

力于对开放性编码过程形成的概念与类别进行深入剖析。该环节的核心任务在于挖掘这些概念与类别之间的内在联系，从而搭建更为系统、严谨的理论架构。在此过程中，研究者需甄别核心范畴，并以此为基础，将相关类别有机串联，构建起明确的主线或脉络。该编码过程中的联系体现为因果关系、策略与行动之间的对应关系，抑或其他形式的逻辑关联与过程联系。该分析流程体现为初步分析——发现联系——组织资料——提炼关键概念四个步骤。分析过程中，研究者依托在开放性编码过程中所形成的初步编码主题，对相关资料进行再次分析，发掘并建立主要概念类属与次要概念类属间的内在联系。这些联系可能表现为因果关系、时间顺序关系或逻辑关系等多种形式。然后，研究者将依据上述联系，重新组织分散的资料，以形成一个更为连贯且意义深远的整体结构。在该过程中，研究者可能生成新的见解与思考，并据此增补新的编码内容。研究者通过不断整合各类概念，精准识别出作为核心支撑的关键概念。主轴编码是一个动态且反复的分析过程。研究者需不断在庞杂的数据、既有的概念框架与理论体系间进行深入比对与有机整合，从而初步构建起具备充分解释力的理论模型。通过对主轴编码的操作，研究者得以在繁杂的数据中抽丝剥茧，逐步揭示出潜藏其中的深层逻辑与规律。

选择性编码作为开放性编码的后续环节，指的是研究者对已确立的概念和范畴进行针对性的深入剖析，在剖析中聚焦于那些与核心范畴紧密相连的数据，从而进一步推动并深化理论的构建与发展。在此阶段，研究者会精准筛选海量数据，萃取与研究主题最为契合的关键信息，并将其与核心范畴紧密衔接，从而构筑起更为严谨、紧密的理论框架。在这个环节中，研究者需进一步对主轴编码阶段获取的核心范畴进行梳理，基于收集掌握的资料，构建一条清晰、连贯的故事线，从而明确不同概念与范畴间的内在联系与逻辑脉络。在确立概念间系统化的关联之后，需进一步对其进行整合、优化，并补充和完善相关细节。研究者通过持续不断的比较分析、整合与提炼，逐步构建出更为成熟、系统的理论模型，并对尚未充分发展的概念范畴进行补充与修正，确保理论体系的完整性与科学性。选择性编码要求研究者全面审视、深入分析整体数据集。在该编码环节，研究者需要持续与数据互动，通过反复比对和深入分析，提炼并明确核心概念之间的内在关系，从而进一步完善理论框架。这一过程考验着研究者的理论功底、洞察力以及创造力。经过选择性编码的锤炼，研究者能够更深入地洞察研究主题，从而提炼出富有价值的观点。

4.1.1.3 Nvivo软件介绍

Nvivo软件是质性研究最常用的分析工具，被广泛应用于定性研究方法和混合研究方法。Nvivo，这款由 QSR International 公司研发的计算机软件包，旨在帮助研究人员高效管理和深入分析包括文本、图片、音频和视频在内的多种非数值型数据。

作为一款专业的实质性数据分析工具，Nvivo软件的核心功能涵盖数据的全面导入、系统化组织、精确编码及高效查询。它兼容多种数据格式，包括但不限于文本文件、PDF文件、Word文档、图片资料、音频素材及视频文件，充分满足用户多样化的数据处理需求。在数据处理过程中，Nvivo允许用户进行数据资料的编码操作，从而准确辨别和分类信息。用户通过创建节点对不同概念或主题进行阐释，并运用这些节点实现对数据的条理化组织。此外，Nvivo还配备了强大的搜索功能，支持用户基于关键词、节点或其他属性进行精准搜索，从而迅速定位特定数据片段。在数据可视化方面，Nvivo提供了丰富多样的工具，如思维导图、词频图和网络图等，使用户能够直观理解数据间的内在关联和潜在模式。这些可视化工具不仅增强了数据分析的直观性，还有助于提升分析结果的准确性和可信度。在系统性综述研究领域，Nvivo同样展现出广泛的应用价值。它可协助研究人员对访谈记录、焦点小组讨论内容、问卷调查结果以及音频素材等各类资料进行高效收集、整理和分析。此外，最新版本的Nvivo还具备处理社交媒体和网页内容的能力，进一步拓宽了其在现代信息社会中的应用范围。通过使用 Nvivo，研究人员可摆脱传统手工资料分析过程中烦琐的分类、排序和整理工作，从而有更多时间专注于探索数据背后的逻辑、构建理论模型以及得出研究结论。作为一款定性数据分析工具，Nvivo 软件在社会科学、健康科学、教育研究等诸多领域均得到了广泛的应用与认可，为相关领域科研工作的深入实施奠定了坚实的基础。

本书是在充分依托 Nvivo12 软件的基础上展开的。在扎根理论分析的过程中，研究者先将先前收集的各类资料导入 Nvivo12 软件中，利用 Nvivo12 对它们进行系统的整理和分析。随后，研究者着手对导入的资料实施了初步的编码作业。在这一阶段，研究者利用自由节点，对资料中的关键信息进行提取和标记。在初级编码的基础上，研究者进一步对资料进行了二次编码。这一过程涉及对初级编码的进一步提炼和归纳，通过对比和分类，逐渐形成了更为清晰和系统的概念体系。同时，研究者还建立了树节点，将相关概念按照逻辑关系和层次结构进行组织，使得整个分析过程更加有条理和易于理解。紧接着，研究者对树节点进行了选择性编码。在这一阶段，根据研究目的和理论框架，对树节点进行了进一步的筛选和整合。该过程成功整合了原本分散的概念与观点，形成了一个逻辑严密、系统完备的范畴体系。最终，借助 Nvivo12 软件，研究者成功构建了研究理论模型。

4.1.1.4　本书的扎根理论分析过程

本书主要采用扎根理论分析的方法，深入探索和获取职业教育服务乡村文化振兴的影响因素。研究者在资料的收集过程中，发现当前研究主要依赖文献分析来探讨职业教育服务乡村文化振兴的影响因素。然而，本书更侧重于通过访谈来获取相关数据。研究者通过对职业教育工作者、政府工作人员及乡村企业家等相关人员的访谈，深入了解了他们对职业教育服务乡村文化振兴的看法和经验，掌握了乡村文化振兴的实际情况，获取了宝贵的第一手数据。然后，将访谈获取的资料转化为文字形式，并导入Nvivo 软件中。依托软件，按照开放性编码、主轴性编码和选择性编码顺序对资料进行三级编码，从而系统梳理出影响职业教育服务乡村文化振兴的各种因素。在梳理出相关影响因素后，进一步构建因素与因素之间的关系，形成故事线。在故事线中，了解职业教育服务乡村文化振兴的过程中各个因素的作用和影响。

在扎根理论的研究过程中，当资料分析不再产生新的观念和概念时，这通常意味着研究已达到理论饱和状态。在研究过程中，采取 Nvivo12 对相关的文献资料进行了数据编码。除此之外，还安排了两位组员对同类数据进行编码，从多个角度和层面对数据进行分析和理解。另外，在完成数据编码之后，将这两类结果提交给课题组以外的专家进行审阅，并根据修改意见完善分析结果，从而确保研究数据的信度与效度。在分析过程中，本研究选取了典型案例——泉州职业技术大学的乡村文化振兴实践进行理论检验，检验结果显示并未产生新的范畴或概念，这表明理论已达到饱和状态。

4.1.2　访谈设计

为进一步了解职业教育服务乡村文化振兴的情况，课题组对政府相关工作人员、企业代表、职业院校教师、村干部等不同群体展开了访谈。在征得访谈对象同意后，课题组对访谈内容进行录音。访谈结束后，再经由软件将录音转化为文字，最终获得文本 22 份。

4.1.2.1　访谈法介绍

采用访谈法，研究者能够直接采集到研究对象的主观经验与深刻见解，从而获得丰富而精细的第一手资料。通过近距离的沟通与深入的对话，访谈法有助于探究复杂现象背后的动因、立场和价值取向，提升研究的深度与真实性，使分析更加全面、立体，因而也在人文社科研究中得到广泛运用。

（1）访谈法概念及分类

访谈，即研究性交谈，是一种以口头形式，根据被访谈者的反馈，系统搜集客观公正事实材料的研究方法。该研究方法能够较为准确地反映样本所代表的总体情况。特别是在面对复杂问题时，访谈显得尤为重要，它有助于向不同群体收集多样化的信息材料，从而全面深入地了解问题本质。访谈法，亦称为晤谈法，是属于心理学领域的基本方法，主要通过访谈者与访谈对象之间面对面的交流，了解访谈对象的心理活动和行为特征。此法具有广泛的应用范围，尤其在教育调查、求职评估、咨询辅导等领域发挥着重要作用。它不仅能够进行事实的调查与收集，还可征询多方意见，也可以应用于个性、个别化研究之中。在教育研究领域，通过访谈，研究者能够揭示教育现象和问题背后的深层次原因，从而为教育政策制定和实践改进提供有力支持。

在实际应用中，研究者需根据研究主题和目标，精心选择访谈形式，以确保信息收集的准确性和全面性。就研究问题的性质而言，访谈法可以划分为开放式访谈、半开放式访谈和封闭式访谈三大类。开放式访谈充分尊重受访者的主观能动性，允许其自由发表观点，不受预设问题或选项的约束。此类访谈方式特别适用于探索性研究，能够有效协助研究者深度洞悉受访者的见解、情感及经历。以心理学领域为例，研究者通过开放式访谈，能够深入了解受访者的心理状况、行为动机等关键信息。半开放式访谈介于开放式访谈与封闭式访谈之间。在访谈时，研究者会提出一个讨论主题或问题范围，作为讨论的核心，同时给予被访者较大的回答自由度。这种方式既能够引导被访者就相关议题进行深入探讨，提供更为详尽的信息，又能够鼓励其自由分享个人观点和真实感受，从而更全面地了解被访者的想法和态度。相较之下，封闭式访谈则采取更为结构化的方式，让受访者从一系列固定的问题和选项中选择答案。此类访谈形式更适用于量化研究，通过标准化数据的收集，为后续统计分析提供便利。就研究对象而言，访谈法可细化为个别访谈与集体访谈两种形式。个别访谈，即研究者与受访者进行一对一的深入交流，该方式有助于增进访谈双方之间的信任，进而对受访者的个人经历与看法进行分析。而集体访谈指的是多名受访者共同参与的访谈活动，这种形式能直观地展现受访者间的相互影响，从而深入揭示群体内部的共识与分歧，为全面而深入地理解研究对象提供坚实的支撑。就访谈内容的作用方向而言，访谈形式可细化为导出访谈、注入访谈以及兼具导出与注入特性的商讨访谈。其中，导出访谈侧重于从受访人处引导提取相关情况或意见；注入访谈则强调研究者向受访人传达情况与意见；而商讨访谈则结合了前两者的特点，既包含导出也包含注入，旨在实现双方的深入交流与讨论。

除了前文叙述的访谈方式以外，还存在一些特殊的访谈形式，如电话访谈、网络访谈以及集中访谈等。在实际操作过程中，研究者需要全面考虑各种因素，精确选择适合的访谈形式，以确保研究的准确性和有效性。此外，为不断提升访谈的质量与效果，研究者还需对访谈过程中的各项技巧与方法，如提问技巧、倾听技巧以及记录技巧等进行关注。在研究中，只有选取合适的访谈形式与技巧，研究者才能收集到丰富且真实的数据资料，从而推动研究的深入开展。

（2）访谈法的运用步骤

访谈法作为一种常用的研究方法，其运用步骤应当严谨规范。首先，研究者需明确研究目的和问题，确保研究方向清晰明确。访谈开展前，研究者应对即将开展研究的主题进行分析，掌握研究主题的背景信息、当前状态、发展趋势以及面临的挑战，从而识别出访谈所需解决的核心议题。其次，研究者需精心规划访谈提纲，以确保访谈内容的系统性与完整性。提纲作为访谈的框架性指导，对研究者而言，其重要性不言而喻。根据前期明确的访谈核心主题、关键问题及预期达成的目标，在访谈提纲设计时，研究者应深思熟虑，准确把握需探究的内容，并巧妙运用开放性和引导性的提问技巧，激发受访者的深入思考和回应。同时，为确保访谈过程能够自然流畅地展开，访谈提纲的编排亦需注重问题的逻辑性与顺序性。访谈提纲问题需紧密围绕研究目标进行设定，确保问题的提出能有效地助力信息的获取，以满足研究所需。再次，选择合适的访谈对象，保证样本具有代表性。访谈法的关键环节在于选定合适的访谈对象。为使样本具有代表性和多样性，研究者在确立访谈对象前，需对受访者的类型、数量及来源进行考量。在选择过程中，研究者还应综合考虑受访者的年龄、性别、职业背景、教育程度等因素，并评估其与研究主题的关联度。唯有经过精心筛选的访谈对象，才能助力研究者获取更为丰富且全面的信息。在访谈中，研究者必须运用沟通及访谈的技巧，与受访者构建良性互动关系。对于问题的措辞，需格外审慎，避免任何可能产生引导性或模糊性的表述，以确保受访者能够准确理解问题，并据此提供真实、客观的反馈。研究者应仔细聆听受访者的回答，并适时提出恰当问题，促进对话深入。此外，研究者还需营造舒适、放松的访谈氛围，确保受访者能够轻松、自如地表达个人的观点和感受。接着，访谈者应及时记录访谈内容，确保信息准确无误。访谈内容是后续数据分析、资料整理的基础，也是研究验证和坚实依据的源泉。访谈内容记录是访谈中不可忽视的一个环节，它直接影响着研究的质量与可信度。研究者可通过笔记、录音或录像等方式记录受访者的回答及访谈流程，确保内容准确完整，避免遗漏或误解受访者意图。在涉及敏感话题或个人隐私的访谈上，为保护受访者的隐私权益，研究者还应当对访谈内容进行妥当的保密处理，避免受访者受到潜在侵犯。最后，分析访谈结果，提炼研究结论。上述步骤相互衔接，共同构成了访谈法的完整流程。在访谈的收尾阶段，研究者需对访谈数据进行系统整理、精细分类，并深入分析。运用录音转写、内容分析、主题分析等方法，研究者对访谈过程形成的文字材料进行编码、分类、整理，从而提炼出有利于研究的关键信息。深度剖析访谈结果，有助于研究者清晰理解研究对象，精准把握问题本质，进而催生新观点与新见解，为后续研究提供有益参考。

4.1.2.2 本书的访谈设计

（1）访谈目的分析

本次访谈旨在深入剖析影响职业教育服务乡村文化振兴效果的潜在因素，探讨职业教育如何以更高效的方式服务乡村文化振兴。访谈的具体目标主要包括以下几个方面。一是了解乡村文化振兴对职业教育所提出的在技术技能培训、乡土文化保护和文化传承创新等方面的要求及期望。二是聚焦于职业教育乡村文化传承现状，并对其进行分析，识别并指出职业教育在教学资源分配、培训内容安排，以及乡村文化振兴成效等方面存在的短板与不足。三是探索职业教育传承与发展乡村文化的实施策略，以及二者的融合路径，探讨如何使乡村传统文化与现代职业教育有机结合，以及如何通过职业教育的推动力量促进乡村文化的繁荣，实现乡村文化的创新发展。四是旨在通过提出具有针对性和实用性的职业教育服务乡村文化振兴的政策建议与实践指导，充分发挥教育在推动乡村文化振兴中的积极作用，借助专家、学者、企业等多方智慧与经验的深入交流，共同探寻职业教育与乡村文化深度融合发展的新路径，并据此提出切实可行、高效实用的解决方案。

（2）访谈对象的确定

为保障研究数据的多样性及代表性，确保访谈信息丰富且多元，本书针对职业教育服务乡村文化振兴中所涉及的院校、政府、企业等层面来确定访谈对象。鉴于教师群体在职业教育体系中的重要地位，他们不仅能全面展现职业教育的现状、挑战，还能深刻洞察其中的潜在机遇。同时，作为职业院校乡村文化振兴的实际参与者，他们对乡村文化振兴现状有最直观的体验。通过对职业院校师生进行访谈，能够精准洞察职业教育在培育乡村文化人才方面的当前状态及其存在的不足，并进一步探讨职业教育如何针对乡村文化振兴的迫切需求，进行必要的调整、改革。因而，在职业院校层面，研究者选取福建省中职、高职以及职业本科院校的代表教师进行访谈。政府相关部门负责人作为乡村振兴相关政策的制定与执行者，在职业教育服务乡村文化振兴方面具有宏观视野。通过对其进行访谈，研究者能够准确把握政策导向、了解具体支持措施以及未来的发展规划，从而为职业教育在乡村文化振兴中的服务提供坚实的政策依据与重要参考。在政府层面，研究者选取农业农村局以及乡村服务一线干部展开访谈。乡村企业家既是推动乡村经济发展的重要力量，也是乡村经济文化建设的直接参与者。通过对乡村企业家的访谈，倾听他们在乡村服务实践中的经验，能够了解乡村文化产业的发展现状，明确企业对乡村人才及职业教育的需求，进而探索职业教育如何有效为乡村文化产品的开发与推广提供人才支持。有鉴于此，在企业层面，研究者主要选取乡村企业家进行深度访谈。村干部长期扎根于乡村，对乡村的实际情况具备深厚的理解和直接的实践经验。他们对乡村的地理环境特征、人口构成情况以及文化传统等有着深刻认识，能够为访谈提供真实、详细的信息。作为乡村政策的直接执行者，村干部肩负着将上级政策转化为具体行动的重任，他们精准把握政策在乡村落地过程中的重重难关和村民对政策成效的具体反馈。作为村民群体的代表与服务提供者，他们始终与村民维持着紧密联系。他们对村民的文化诉求、文化偏好以及文化消费习惯等有着深入了解。通过对他们进行访谈，研究者得以深入了解村民的文化需求，从而为政府、职业教育机构、企业等外部支持力量提供更加精准的乡村服务导向和内容规划。有鉴于此，在乡村层面，研究者选择对乡村振兴典型村落的村干部进行访谈。综上，本书课题组分别对村镇干部、农业农村局相关工作人员、乡村企业负责人以及福建省中高本职业院校代表教师等 22 人进行了重点访谈。本书的访谈对象情况，包括职业院校教师、村干部、政府相关部门工作人员等，如表 4.1 所示。

表 4.1　研究访谈对象情况

序号	人员情况	来源类别
1	漳州理工学院 C 老师	高等职业院校教师
2	晋江市晋兴职业中专学校 H 老师	中等职业技术学校教师
3	松溪县中等职业技术学校 X 老师	中等职业技术学校教师
4	福建农业职业技术学院 C 书记	农业类高等职业院校管理者
5	厦门城市职业学院 Y 老师	高等职业院校教师
6	福建工业学校 C 老师	中等职业技术学校（国家级重点）教师
7	永泰县政协副主席、村保办主任 Z 先生	政府部门、乡村一线工作者
8	泉州轻工职业学院 C 老师	高等职业院校教师
9	永春仙夹镇 L 镇长	政府工作人员
10	永春仙夹镇工作人员 L 先生	政府工作人员
11	永春祥丰农业开发有限公司 L 经理	企业管理者
12	大田职业中专学校 C 老师	中等职业技术学校教师
13	泉州市农业农村局工作人员 L 先生	政府工作人员
14	泉州职业技术大学乡村振兴学院 L 院长	职业本科院校管理者
15	泉州市惠安县涂寨镇政府工作人员 L 先生	政府工作人员
16	泉州市惠安县涂寨镇山横柄村工作人员 L 先生	乡村工作者
17	泉州职业技术大学乡村振兴学院 Z 老师	职业本科院校乡村振兴学院负责老师
18	泉州职业技术大学艺术传媒学院 L 老师	职业本科院校教师、文创产品设计者
19	泉州职业技术大学人居环境学院 Z 院长	职业本科院校管理者
20	泉州职业技术大学 C 校长	职业本科院校管理者
21	福建省安溪惜缘茶业有限公司 H 主席	企业管理者
22	泉州市晋江市围头村 H 书记	乡村管理者

（3）访谈过程开展

研究者根据不同的研究目的和研究对象，设计了针对政府相关工作人员、企业代表、职业院校教师、村干部等不同群体的访谈提纲。访谈提纲问题涵盖了职业教育在乡村文化振兴中的角色作用、各部门为乡村文化振兴提供的服务情况、影响乡村文化振兴的各种因素以及具体的帮扶措施等多个方面。

针对政府相关工作人员，研究者主要关注政府在乡村文化振兴过程中的政策制定、实施及效果评估等方面的问题。例如，政府如何评估自身在乡村文化振兴中的服务成效？影响政府工作推进的关键因素有哪些？为推动乡村文化振兴，政府计划采取哪些具体措施？对于乡村企业家，研究者关注企业如何在乡村文化振兴中发挥作用。例如，企业如何利用自身资源和优势，有效支持乡村文化振兴？企业认为影响乡村文化振兴的因素主要有哪些？为推动乡村文化振兴，企业计划采取哪些实际行动？职业院校教师访谈提纲则侧重于职业教育在乡村文化振兴中的实际操作和应用。例如，职业教育如何更好地满足乡村文化振兴的实际需求？职业院校教师如何评估乡村文化振兴的影响因素？为助力乡村文化振兴，职业院校教师计划采取哪些具体措施？针对村干部的访谈提纲，研究者主要关注村干部眼中的乡村文化振兴情况，以及其认为乡村文化振兴的影响因素有哪些？村干部将采取哪些措施来帮助乡村文化振兴？乡村对职业院校发挥教育力量有何需求？

本次访谈在形式上采用半开放式的个人访谈模式，即在访谈过程中，访谈者与受访者之间进行面对面的交流。同时，访谈问题具有一定的灵活性，访谈者可以根据受访者的回答进行适当的追问和深入探讨，以获取更加丰富和深入的信息。而对于那些由于地理位置较远或者时间上存在冲突，无法进行面对面访谈的受访者，研究者则采取了电话访谈的方式进行信息收集。在电话访谈中，访谈者通过电话与受访者沟通，提问并记录回答。尽管电话访谈无法像面对面访谈那样通过肢体语言和面部表情进行更加丰富的交流，但其具备的便捷性与灵活性能够帮助研究者跨越地域和时间的限制，从而扩大访谈范围，更全面地收集信息与观点。访谈过程中，在取得受访者知情同意的前提下，研究者采取电话录音的形式收集访谈资料，然后再借助软件将录音转化为文字材料。最终，研究者收集到 22 份有效的访谈文本。

4.1.3　案例选取

4.1.3.1　案例研究法介绍

（1）案例研究法的概念及分类

案例研究法，作为一种经验性的研究工具，通过深入调查和分析特定个体、群体或组织，全面、细致地探索其行为发展变化的全过程，揭示内在规律和特点。不同于实验法、问卷调研等常见的社会科学研究方法，案例研究法并不寻求对研究现象的背景进行干预，亦不管控现象的演进过程。它主要是通过精选一个或者几个案例，对其进行深入分析，从而揭示问题本质及事件间的内在逻辑联系。该方法并不依赖于随机抽样的统计原理，因此在揭示现实世界复杂问题和现象时展现出独特的优势。

案例研究过程要求研究者对数据进行系统的收集、分析，并进行分类、整理，以期形成对总体情况的规律性认识。基于研究目的与问题的具体需求，案例研究法可灵活采用包括访谈、观察、问卷调查在内的多种研究方法与技术。通过深入剖析具体案例，研究者能够拨开复杂、多维度的迷雾，精准捕捉问题的本质，挖掘现象背后的深层次规律，从而为解决实际问题提供强有力的理论支撑。由于所选案例具有高度的典型性，它们能够有力地代表某一特定类别或现象，从而支持从个别案例推广到一般规律的逻辑演绎。案例研究法在学术领域有着广泛应用，在人类学、社会学、心理学、历史学以及管理学等学科领域都展现出它的独特应用价值。

依据罗伯特·殷（Robert K.Yin）及其他资深案例研究学者的研究，案例研究法在解答"怎么回事"及"为什么"等疑问时具有显著优势。作为一种经验性研究方法，案例研究通过对事物的客观资料进行搜集，运用归纳或解释的方法获取知识。因此，其研究结果受到研究者自身能力的深刻影响。根据研究目的的不同，案例研究可细分为描述性、解释性、评价性和探索性四种类型。描述性案例研究侧重于对人、事件或情景的精确描述，教学案例多属此类；解释性案例研究则旨在归纳现象或研究发现，进而得出结论，适用于探讨相关性或因果性问题；评价性案例研究侧重于研究者对案例的主观评价及见解；而探索性案例研究则旨在发掘新的见解，或采用新颖的视角来审视现象[①]。依据案例数量的不同，案例研究的方法还可划分为单一案例或多案例分析。在单一案例研究中，研究者可以针对某一特定案例进行深入剖析，以验证或质疑某一理论，或揭示某一独特或极端的情境。而多案例研究则涉及两个主要阶段：案例内分析和跨案例分析。案例分析阶段要求对每个案例进行详尽的个体研究，而跨案例分析阶段则在此基础上，对多个案例进行统一的抽象和归纳，以形成更为全面和有力的解释[②]。

（2）案例研究法的分析流程

案例研究法的分析步骤通常由以下几个阶段组成。首先，是研究对象选取。根据案例分析目的，在开展案例分析时，研究者必须选择具备典型性或代表性的事件作为分析对象。其次，确定完研究对象后，研究者对案例相关资料进行收集。案例研究法着重于采用多样化的数据来源。常用的数据收集方法包括文件法、档案记录、访谈、直接观察、参与观察和人工制品法等多种方式。例如，文件法涉及对信件、备忘录、研究报告等可进入数据库的资料进行收集。档案记录则包含了工作日志、地图、图表、姓名册、调查数据，甚至可能涵盖某些私人资料（如日记）。在数据收集过程中，数据搜集者需保持严谨、理性的态度，仔细核对数据，以确保其可靠性和适用性。再次，研究者要对收集的资料进行系统整理。在资料处理过程中，研究者通过实施严谨的分类与整理工作，系统化处理案例相关的特定项目和内容，详细分析案例特征、属性、关系等内容。研究者还可以利用案例资料构建证据链，既保留证据的现场性和原始性，又确保研究问题与结论之间的逻辑联系

---

① 孙海法，刘运国，方琳. 案例研究的方法论［J］. 科研管理，2004（2）：107-112.

② 孙海法，朱莹楚. 案例研究法的理论与应用［J］. 科学管理研究，2004（1）：116-120.

紧密。研究者应考虑将掌握的资料转化为图表，以便更直观地呈现信息。虽然案例研究并非侧重于精细的量化分析，但仍需制定一个全面的资料数据分析策略。这一策略旨在明确对哪些资料进行分析，采取何种方法，以及分析的目的和方式[①]。最后，在资料分析的基础上，研究者需要综合考量各项分析结果，揭示案例内在规律，并完成报告的撰写与检验。

4.1.3.2　本书案例选取

扎根分析中，可以通过对非访谈渠道获得的案例资料进行理论检验[②]。在案例选取的过程中，研究者依据案例的典型性和代表性、数据的易获取性以及来源的多样性等多重因素进行资料的收集与整理。首先，着重考虑案例的典型性和代表性，它们能够深刻洞察问题的本质，进而提升研究分析的说服力，并使其具有更广泛的适用性。在案例选取上，本书选取全国首批、福建省唯一的职业本科院校——泉州职业技术大学作为案例进行理论饱和度检验。建校 38 年来，该校始终扎根本土，服务乡村建设，打造区域职业教育的"晋江经验"。学校在乡村振兴方面颇具特色，凭借"本科职业教育赋能乡村振兴"入选 2022 年福建省职业教育改革发展典型案例。其次，注重数据的易获取性。易于采集和整理的数据，才能确保研究工作的顺利进行，高效完成。研究者因长期在所在单位工作，对该校乡村文化振兴工作有深入了解，因此资料获取便捷。最后，重视信息来源的多样性，通过多渠道、多角度获取数据信息，以确保对案例的全面准确认知，从而提升研究结果的可靠性和科学性。该案例分析中，主要通过学校网页、微信公众号以及相关媒体报道等多个渠道收集学校乡村文化振兴相关资料，从而多角度获取资料信息。

---

① 孙海法，刘运国，方琳. 案例研究的方法论［J］. 科研管理，2004（2）：107-112.

② 关旭，陶婷芳，陈丽英. 我国大型城市旅游业与演艺业融合路径及选择机制——企业层面的扎根研究［J］. 经济管理，2018，40（1）：22-37.

4.2　核心变量概念介绍

4.2.1　维度的确立

党的十九大报告首次提出了实施乡村振兴战略的重要任务，党的二十大报告则进一步明确强调了全面推进乡村振兴的紧迫性和重要性。2022 年，新修订的《中华人民共和国职业教育法》明确支持面向农村的职业教育发展，并倡导积极组织农业技能培训、返乡创业就业培训及职业技能培训等活动，为职业教育助力乡村人才振兴、文化振兴提供了法律支持。

教育，作为一种承载着服务精神的实践活动，其核心在于提供知识、技能和价值观的传授，这种教育服务便是教育活动的实质所在。该观点已经在社会大众中获得了广泛的认同。当下，教育机构不仅是知识的传播者，更是社会实践的积极参与者，它们肩负着融入社会、服务大众、推动社会进步以及引领发展方向的重要使命。这不仅是社会责任的体现，也是现代大学不可动摇的使命。职业教育，更是将服务的理念贯彻始终，以服务就业为主要目标，致力于为区域经济和特定行业提供具备实际操作能力和高级技能的专业人才。职业教育通过培训与培养技术应用型和高技能型人才，提供相关服务，推进技术创新的推广与应用，使学校不仅成为区域技术技能培训的重要基地，更是新技术的研发和推广中心以及推动区域学习型社会构建的关键力量。作为与社会发展紧密相连的教育类型，职业教育在推动乡村振兴战略的进程中，也发挥着举足轻重的作用。

然而，在推动乡村文化振兴的过程中，职业教育若缺乏多方支持，往往因政策导向不明而面临重重挑战。由于缺乏政府层面的明确政策支持和有效引导，职业教育在课程体系构建、教学资源分配等关键环节上，难以精准对接乡村文化振兴的实际需求。此外，师资队伍的建设、教学设施的完善及实训基地的布局也常因资源短缺陷入困境，导致资源配置不合理、不均衡。尤其在偏远农村地区，这种现象更为突出，职业教育资源的匮乏难以满足乡村文化振兴的迫切需求。在课程设置上，乡村服务活动往往偏重理论知识传授，忽视了实践技能的培养和乡村特色文化的融入，导致培养的人才难以满足乡村文化振兴的实际需求。同时，对乡村当地文化的研究与挖掘不足，导致职业教育教学内容难以与地方特色相融合，难以激发村民的文化认同感与参与热情。职业教育在单独服务乡村文化振兴时，因与其他部门合作不紧密，导致统筹协调机制缺失，易引发资源分散与重复建设。在乡村服务中，往往过分追求短期成效，忽视了长期规划与持续发展的重要性，导致服务项目缺乏稳定性和持久性，削弱了乡村服务的整体效果。在职业教育单独服务乡村文化振兴的过程中，政府、企业、乡村等多方力量的共同参与和协同作用尚未得到充分体现，一定程度上阻碍了长效机制的建立，使得服务效果无法持续巩固和深化，进而影响了乡村文化振兴根本目标的实现。

依据系统论的理论框架，其要素不仅是系统赖以存在的基石，更是推动系统发展及功能实现的客观动力源。作为系统内部各组成要素之间相对固定的联系方式、组织序列及其空间与时间关系的综合体现，系统结构确保了系统内在的整体性和稳定性的维持[1]。德国学者赫尔曼·哈肯首次提出的协同理论强调，在复杂系统中存在协同机制。该机制将各个要素与系统有效整合，促使它们以高度有序和协同的方式运作。这一理论指出，通过协同作用，系统可以从原先的无序状态逐步发展为有序状态，实现系统宏观性质的显著转变，进而促使整体系统产生联合效应[2]。在职业教育赋能乡村文化振兴中，需

---

① 祁占勇.面向全面乡村振兴的农村职业教育服务逻辑［J］.西南民族大学学报（人文社会科学版），2023，44（11）：194-202.

② 张慧青，邵文琪.乡村振兴背景下职业教育人才培养：模式构建与路径选择［J］.中国职业技术教育，2021（22）：81-86.

构建一个多方参与的协同机制，形成一个有力的合作网络，以确保职业教育能够长期有效地服务于乡村文化振兴。

乡村振兴战略的推进必须与乡村的实际情况与具体需求相结合。作为该战略的核心主体与落脚点，乡村独特且多元的文化不仅为职业教育提供了丰富的资源与灵感，还为其设定了明确的任务目标。在推动乡村文化振兴的过程中，文化传承、创新性发展是亟待解决的问题。因此，职业教育需要深入剖析乡村文化现状，精准对接需求，为乡村振兴战略的实施提供有力支持。

作为职业教育赋能乡村振兴的重要实施主体，职业院校依托其专业的师资团队、完备的教学设施以及丰富的教育资源为乡村提供技能培训、技术支撑及人才培养，直接投身乡村文化振兴实践。在服务乡村文化振兴的过程中，职业院校需紧密结合乡村实际需求，灵活调整教育内容与方式，从而更有效地激发乡村特色文化产业的活力，为乡村经济社会的全面繁荣贡献力量。

在助推职业教育服务乡村文化振兴中，政府应深入开展乡村实地调研，精准把握乡村发展需求与面临的挑战，从而制定并调整乡村服务政策。作为政策制定者和资源协调者，政府通过提供坚实的政策支撑和资金保障机制，促进职业教育与乡村发展的深度融合。同时，为营造良好的职业教育服务乡村振兴外部氛围，政府应积极对以各政府部门、企业为代表的外部力量等各方资源进行协调，促进各方形成合力，共推乡村文化振兴。

企业不仅是推动乡村文化振兴不可或缺的社会力量，更是职业院校携手共进的重要伙伴。企业以开展文化项目、投资文化产业、校企合作等多种形式赋能乡村文化振兴，不仅在资金上为乡村文化振兴项目提供支持，确保项目得以顺利推进，还在市场推广上运用自身市场资源及渠道优势，拓展乡村文化产品市场空间。同时，企业还积极联合职业院校开展技术创新活动，对乡村文化产品的附加值和市场竞争力进行提升。此外，在技术上，企业通过提供技术支持，助推乡村文化产业发展。在乡村文化人才培养领域，为了培育更多兼具实践技能的乡村文化产业精英，企业积极为职业院校学子提供实习实训的宝贵平台，以此促进理论知识与实践操作的深度融合。

在推动乡村文化振兴的进程中，开展职业教育服务效果评估是确保职业教育赋能乡村文化振兴有效实施的关键环节。企业通过系统、全面的监测与评价，观测职业教育服务乡村文化振兴实效，识别服务过程中存在的问题与短板，进而实施有针对性的调整和优化措施，使其更为契合乡村文化振兴的实际需求，最终促进职业教育服务效率的提升。

根据上述分析，本书对职业教育如何服务乡村文化振兴进行了深入探讨并将其划分为五个主要维度，即职业院校层面、乡村层面、政府层面、以企业为代表的社会层面，以及结果层面进行详细解析。在职业院校层面，关注职业教育机构在乡村文化振兴中发挥的作用。具体包括职业院校的教育教学改革、专业设置与乡村文化振兴需求的对接以及师生参与乡村文化振兴的情况等。在乡村层面，主要关注乡村自身的文化资源、文化传统以及乡村居民的文化需求。在政府层面，强调政府在职业教育服务乡村文化振兴中的引导和支持作用。在以企业为代表的社会层面，关注企业和其他社会力量在职业教育服务乡村文化振兴中的参与和支持。在结果层面，关注职业教育服务乡村文化振兴的效果和成果。

4.2.2　范畴的界定

第一，关于服务动因。乡村作为承载传统文化的重要基石，蕴含着丰富的文化遗产与众多特色文化资源。乡村文化资源的丰富性为职业教育助力乡村文化振兴提供了坚实的基础，而其多样性与独特性更是为职业教育提供了多元化的教学内容与实践平台。然而，伴随着现代化进程的日益加速，乡村文化正面临着被边缘化、同质化的困境。因而，乡村文化振兴的需求愈发迫切。乡村是职业教育服务乡村文化振兴的前因变量。因为它是职业教育服务乡村文化振兴效果的基础与必要前提，所以在深入探讨职业教育如何有效助力乡村文化振兴时，必须明确这一前因变量的独特性、需求状况及现实条件等要素。乡村的地理分布、经济发展情况、社会结构以及历史文化传统等共同构成了其独特的社会文化环境。乡村的需求，即乡村对职业教育技能培训、学历提升、产业升级等多个方面的需求和期望。乡村需求的满足对于乡村的经济发展、社会进步和文化振兴具有不可或缺的重要性。同时，在职业教育服务过程中，必须充分考量乡村的实际条件，如村民生活习惯、时间安排和文化认同等因素。在推进乡村文化振兴进程中，为了规避职业教育服务因空间布局不当所引发的资源分配失衡，必须对城镇与乡村之间的空间布局进行合理调整和优化。通过政策的引导和实施，促进职业教育资源在城乡之间的均衡分配，从而为乡村文化振兴提供足够的资源支持。同时，还需要积极推动职业教育服务于乡村文化振兴的文化链条的构建。这意味着需要在职业教育中融入乡村文化的元素，使得职业教育不仅仅是技能的传授，更是乡村文化的传承和发展。在此背景下，为更好地焕发乡村文化活力，助力乡村文化振兴，需要协调政府、学校和企业之间的空间关系，从而推动职业教育赋能乡村文化振兴组织链条的形成与供应链的优化[①]。

在职业教育服务乡村文化振兴系统中，乡村作为职业教育的服务对象，其不仅是接受服务的一方，更是职业教育服务的动因。乡村独特的文化传统、经济发展需求以及社会进步目标，对职业教育提出了明确而具体的要求。这些要求不仅明确了职业教育在乡村服务中的功能定位，同时也深刻影响了职业院校的课程设置、教学方法和评价体系等教学环节设置。在推进职业教育与乡村文化振兴系统运行的过程中，对乡村内生发展动力与外在表现形式的深入理解，对于制订具有实效、包含深度和广度的职业教育服务方案具有举足轻重的意义。在乡村服务动因的推动下，职业教育在精准服务乡村中，不断促进自我发展能力提升。

---

① 朱德全，曾欢.民族地区职业教育服务乡村文化振兴的空间向度［J］.教育研究与实验，2019（6）：1-10.

第二，关于服务保障。在职业教育服务乡村文化振兴的影响因素中，政府被视为调节变量，在政策制定与规划、财政投入与支持、组织机制协调等方面保障职业教育服务乡村文化振兴系统的运转。在政策保障上，政府通过出台乡村振兴战略及相关政策文件，明确了乡村文化振兴的核心意义与发展方向，并通过构建现代乡村产业体系、推进脱贫地区振兴、加强农村精神文明建设等措施，为乡村全面振兴提供了坚实的政策保障。颁布的政策、文件不仅为职业教育服务乡村文化振兴提供了战略导向和政策支持，也确保了职业教育能够在既定的框架和目标下稳步前行。此外，政府亦通过相关法律法规的制定和完善，为职业教育服务乡村文化振兴构筑了坚实的法律基石，从而规范了相关服务行为，维护良好的服务秩序。在资金支持上，政府通过财政拨款及设立专项资金等手段支持职业教育服务乡村文化振兴的开展。资金专项可用于职业教育基础设施的完善、教学质量的提升以及乡村文化人才的培养等方面，为职业教育在推动乡村文化振兴中发挥关键作用奠定了坚实的物质基础。政府的政策和资金支持还促进了职业教育服务乡村文化振兴组织链的稳固构建与长期稳定运行。在职业教育服务乡村文化振兴的供应链构建中，政府积极鼓励企业、职业院校深入挖掘供应链上的文化资源，以满足乡村需求。构建并维护稳定高效的供应链网络，从而优化资源配置与调度。协调城乡职业教育资源合理分配，推动职业教育助力乡村文化振兴的文化链构建。持续优化资源配置，促进城乡职业教育之间的紧密联系，实现功能互补。依托财政拨款、税收优惠等经济手段，促使资源向职业教育和乡村文化振兴领域倾斜。通过发挥资源配置的调节作用，确保职业教育具有充分的资源支撑，能够为乡村文化振兴提供有力服务。积极推动相关项目的开展，为职业教育服务乡村文化振兴提供具体、可操作的路径。相关项目的实施不仅能够助力解决乡村文化振兴存在的实际问题，还可以促进职业教育的社会影响力与公众的认可度。在机制设立上，构建激励机制，并结合财政补贴、税收减免及荣誉表彰等措施，有效激发职业教育机构和社会力量参与乡村文化振兴的积极性。通过建立健全财政保障机制、人才保障机制以及公共服务机制等，促进职业教育服务乡村文化振兴系统的稳步运行。

利益相关者理论认为，在组织结构中，利益群体的存在是普遍现象，其积极参与对组织的存续与成长具有关键作用。组织的存续与发展必须以实现所有利益相关方的整体利益最大化为目标。此问题若处理不当，必将造成负面效应的累积。实际上，若利益相关者的整体利益得不到保障，且受限于身份地位无法退出时，他们可能采取消极态度，甚至成为旁观者，这将导致负面效应累积，进而削弱组织的生存与发展基础。利益相关者理论促使管理理念与管理方法实现了颠覆性的变革，深刻揭示了积极回应利益相关者利益诉求的重要性[①]。在推动职业教育服务乡村文化振兴的过程中，政府承担着协调内部各部门、职业院校、企业以及乡村等多方利益主体之间关系的重任。政府应充分发挥协调保障作用，主动为各方搭建沟通桥梁，促进彼此间的深入交流与合作，共同构建一个多元主体协同参与、合力推进的崭新格局，从而确保乡村文化振兴事业能够稳步前行，取得实质性的进展。

第三，关于服务能力。教育部与财政部将"社会服务领先"确立为示范性院校遴选的五大核心标准之一，此举充分体现了服务社会职能在职业院校及其发展中的重要地位与价值。伴随乡村文化振兴战略的推进，职业院校社会服务有了新内涵。一是提升高职院校社会服务功能的广度与深度，突破传统的地域性局限，对高职院校提出了更高期望。职业院校不仅需要在本地充分发挥其教育与科研优势，更应拓展其服务范围，具备向区域外延伸和辐射的能力。凭借知识、技术和人才的广泛输出，推动区域间教育与经济的均衡发展，为社会的全面进步添砖加瓦。二是创新和扩展了职业院校的社会服务内容，职业院校被赋予更为多样化的社会责任。职业院校不仅要致力于培养具备卓越专业素养和技能水平的人才，以满足社会主义现代化建设的迫切需

[①]　于健慧. 农民（村民）参与乡村治理的主体意识：基于利益相关者角度的分析［J］. 理论探讨，2021（4）：91-96.

求，更要积极投身乡村振兴的宏伟事业，为乡村的繁荣发展贡献力量。职业院校通过多样化的形式开展农村劳动力转移培训工作，助力提升农村劳动者的职业技能和整体素养。同时，职业院校积极与农村及欠发达地区开展对口支援与交流合作，依托师资培训、资源共享等方式，全面提升区域内职业教育水平，进而推动教育公平与协调发展。

在职业教育服务乡村文化振兴系统中，职业院校是中介变量，作为纽带和桥梁有效连接了政府机构、乡村与各方社会力量。职业院校培育的技术技能人才是支撑乡村发展的关键力量。职业院校通过教育和培训项目，能够不断为乡村培养所需专业人才，有效对接乡村文化振兴中的人才需求。通过技术支持和技能培训，职业院校提升了劳动力素质，助力乡村资源开发利用。在传承与创新乡村文化的过程中，职业院校扮演着不可或缺的中介角色。借助教育项目和文化推广活动，职业院校促进乡村文化弘扬，激发了乡村文化的内生动力。职业院校还与政府以及企业为代表的社会力量共同构建乡村文化振兴服务链，促使职业教育服务向多主体联动式发展的方向迈进。职业院校通过对政府的政策支持、企业的技术需求，以及乡村的文化资源进行有效整合，构建职业教育服务资源体系，使资源在不同服务主体之间进行流动，实现资源集聚。在系统中，职业院校作为中介力量的职业院校通过各利益相关者之间的深度合作，达到资源共享，形成乡村文化振兴强大合力。

第四，关于服务方式。职业教育在助力乡村文化振兴中，所采用的方法、手段以及途径，称为服务方式。以企业为代表的社会力量与职业院校的合作不仅是职业院校服务乡村文化振兴系统运行的重要方式，也是职业教育赋能乡村文化振兴系统的重要调节因素。作为社会力量的关键构成，企业拥有涵盖资金、技术、市场等多元化的资源储备。通过提供资金援助、技术支持，并与市场需求精准对接，从而实现资源的最优配置，进一步提升服务效能。企业在市场、技术、管理等多个领域积累了丰富的经验，这些经验对职业院校而言具有重要的补充价值。由于更贴近市场前沿，其对市场需求具备敏锐的洞察力和精准的把握能力。因此，通过校企合作，职业院校能够更为精准地了解乡村文化振兴的市场需求，进而对自身的服务内容和方向进行调整和优化。在校企合作过程中，企业也可发挥重要的引导作用。基于对市场需求的深入分析和自身发展方向的明确规划，企业能够引导职业院校对乡村文化振兴服务的方向及重点，进一步推动职业教育与乡村文化振兴的有效融合，实现双方的共赢发展。职业院校在与以企业为代表的社会力量合作中，能够推动机制创新。双方通过探索与乡村文化振兴相契合的合作模式和管理机制，建立起更加灵活、高效的服务体系。双方通过多样化的服务模式，为乡村文化振兴注入新动力。职业院校通过与具有深远影响力的社会力量合作，能够显著提升社会关注度与参与度，产生显著的示范效果。成功的校企合作、校社合作案例与经验，能够激发更多社会力量的责任感，使之投身乡村文化振兴事业，共同开创多方共赢的新局面。

职业院校与企业为代表的社会力量应深入了解乡村实际需求，据此规划双方合作，对服务内容、目标群体及预期效果等要素进行明确。鉴于乡村发展的具体状况，双方可着重在农业技术推广、农村电商发展、乡村旅游开发、乡村文化传承等关键领域展开合作。职业院校可同企业携手就实训基地、技术服务中心及电商平台等服务平台进行共建，并在技术、信息、市场等多维度支持乡村。同时，双方可与乡村文化产业密切相关的专业或课程展开合作探索，对村民进行增强就业创业的职业技能培训，共同为乡村培育具备适应乡村发展需求的高素质技术技能人才。双方还可联合进行技术项目研发，使科研成果及时向实际应用转化，带动乡村文化产业升级转型。企业通过职业院校与社会力量的深度合作，使服务方式更加契合服务需求，进而推动职业教育服务乡村文化振兴系统实现高效运转。

第五，关于服务效果。在对职业教育服务乡村文化振兴的影响因素进行分析时，政策导向、教育资源投入、社会力量参与等自变量经由一系列中间环节演化，形成对服务效果具有影响的因果链。作为衡量职业教育乡村文化振兴服务实现程度的重要标杆，服务效果能够直观展现系统运行中各影响因素的综合作用，因此其理应成为该分析过程中的结果变量。在职业教育乡村服务持续进行的过程中，服务效果成为职业院校不断优化教育内容、方法和手段的核心参照，确保职业院校能够通过提供最为贴合实际的教育支持，精准对接乡村文化振兴的切实需求进行服务。服务效果直观地展示了职业教育在乡村文化振兴方面的人才培养、技术传授、文化传承等既定目标的具体实现情况，是衡量职业院校乡村服务成效的关键且直接的指标。服务效果不仅体现在职业教育成果上，还反映了乡村的深刻影响。具体而言，村民文化素养的提升、文化自信和认同感的增强、文化精神生活的丰富、乡村文化产业的发展等指标都可以算乡村文化振兴效果在乡村层面的实现，也是服务效果的重要衡量标准。另外，服务效果也是协调各方利益、促进合作的重要依据，是检验职业教育服务是否切实满足社会需求的重要标准。具体体现在政府、职业院校、企业及村民等众多利益相关者对职业教育服务满意度的反馈上。

将服务效果确立为衡量职业教育在促进乡村文化振兴中作用的成效指标，有利于客观评估其贡献。通过深入比较和分析实际服务效果与预设目标，能够识别实施过程中的潜在问题及不足，为及时调整策略和完善方案提供重要依据，确保乡村文化振兴工作的高效推进。此外，评估结果还能为政策制定者、职业院校以及企业等社会力量提供宝贵的反馈信息，有助于各主体根据实际情况调整工作策略，对资源进行优化分配，针对服务效果中显现的问题与不足之处，能够提出具体且有针对性的改进策略与建议，从而提高职业教育服务的效率及效果，使之更符合乡村文化振兴的实际需求。通过对服务效果的剖析，对成功的经验与做法进行提炼，可以为其他地区或领域树立可供借鉴的典范，进而为职业教育更有效地助力乡村文化振兴提供坚实的支撑。

4.3 编码过程分析

4.3.1 开放性编码

作为扎根理论分析的第一个环节，开放性编码是对所收集的原始资料进行解析，提炼出相关概念的过程[①]。在此研究过程中，为确保全面且精准地把握资料，研究者对原始文本资料进行了逐句逐段的细致解读与深入分析。在解读与剖析过程中，采用对比分析的方法，对文本不同部分的内容进行细致比对，识别并剔除重复或无关的信息。这一筛选过程确保了所保留信息的精确性和必要性。此外，研究者还对文本中相关的语句进行了合并处理，有效消除了文本中的冗余信息，使得信息的表达更为清晰明了。整合信息的同时，还为每段文本或每个核心观点赋予了相应标签，以便系统分类与梳理。研究者将 22 份转化为文字的访谈资料按"W01—W22"的顺序进行编码，并且用小写的字母 w 表示访谈资料当中的句子，如用"W01—w03"代表第 1 份访谈资料中的第 3 句话。研究用字母"B"来代表开放性编码，如"B5"代表第 5 个开放性编码。扎根分析可得到：B1 结合科技手段；B2 村民示范人物带头；B3 发展文化产业等开放性编码。通过访谈资料文本初次编码，总共形成 138 个开放性编码。部分编码如表 4.2 所示。针对研究主题，本书深入整合并分析了已形成的开放性编码，逐步构建出 74 个具有逻辑关联和相互依存的概念，标记为"N"，具体内容如表 4.2 所示。经过对这 74 个概念间内在联系的细致梳理，依据它们之间的关系，进行了深入分析和处理，最终提炼出 16 个初始范畴，标记为"C"，具体内容如表 4.3 所示。

---

① 吴毅，吴刚，马颂歌. 扎根理论的起源、流派与应用方法述评——基于工作场所学习的案例分析［J］. 远程教育杂志，2016，35（3）：32-41.

职业教育服务乡村文化振兴研究

表 4.2　职业教育服务乡村文化振兴影响因素开放式编码举例

原始资料节选举例	开放性编码	概念
如文旅局或人社局会为他们做非遗传承人认证（W01-w06）	B17 政府传承人认证	N1 政策支持
尽管各级机关拥有丰富的资源，但当这些资源下沉至基层后，要让乡村能主动进行对接，应在土地利用等方面给予农村更多的倾斜和支持，这些政策应实实在在地聚焦于乡村振兴，而非仅仅停留在口号层面（W21-w93）	B14 政策要落地	
必须先树立榜样或示范者，引导他人效仿。对于农民而言，最直接有效的方法莫过于让他们看到实际的经济效益。一旦他们认识到您的方法能够带来盈利，便会自然而然地跟随实践（W20-w112）	B2 村民示范人物带头	N9 村民参与
双高校的特色之一是考核指标中具有辐射与服务的功能（W02-w12）	B54 双高校特色	N15 办学特色
作为一所职业院校，我们强调工匠精神的重要性。学校以盖军衔的事迹为蓝本，编排了一部话剧。起初，该剧目仅限于校园内演出，但近两年来，我们将其带到了乡村及乡镇进行实地演出。我深感此举是在向乡村地区输送精神食粮（W05-w26）	B73 职业院校向乡村输送文化演出	N28 职校师生服务乡村
此外，我指导学生做乡村文创，包括包装设计、文创 IP、卡通 IP 或者是文创设计，目前这些项目均在推进中（W14-w09）	B64 学生推进乡村文创	
本学院目前所有专业均与农村及县城地区建立了联系，其中信息工程专业也与农村地区紧密相关（W04-w05）	B105 职校专业服务乡村	
我们组织了书画教师前往乡村小学，致力于开展艺术教育活动。同时，我们还致力于乡村景观的美化设计工作，并针对若干红色革命基地开展了科研项目的研究与探讨（W01-w10）	B113 乡村艺术教育活动	
该村干部忽然提及此议题（自不待言，此部分建设也需考虑资金问题），必须重新规划，以期争取上级资金支持（W02-w57）	B11 统筹资金的支持	N3 资金支持

续表

原始资料节选举例	开放性编码	概念
他本人每晚致力于直播活动，由于日间事务繁忙，仅能于夜晚进行直播。他有意招募一些年轻人以协助工作，然而年轻人的培养过程相对缓慢。直播活动不仅要求主播具备良好的口才，还需深入了解石头文化的深层内涵（W02-w41）	B20 文化内涵了解的必要性	N19 文化认知
企业若承担起社会责任，将能够引导乡村风气的逐步转变（W11-w80）	B36 企业引导乡村风气	N33 企业责任
当前，众多职业学校普遍以技术为核心，学校管理层中许多成员也出身于技术专业领域，他们对于职业教育的理解或许稍显不足（W03-w305）	B58 领导层对职业教育理解弱	N46 领导素养
对于乡村文化人才来说，乡村对其自身的吸引力显得不足（W09-w11）	B7 吸引文化人才	N11 文化人才需求
他提出，乡村的特殊功能主要体现在三个层面：一是粮食生产的保障；二是生态环境的维护；三是文化传承。此外，还包括两个方面的供给：一是生态服务的提供；二是文化的供给（W07-w20）	B133 乡村独特功能	N50 乡村价值
企业之所以选择前往乡村地区，是因为那里蕴藏着可开发、可利用、可挖掘的资源（W20-w19）	B37 乡村要有可开发价值	
均需我所提及的银行、农业机构以及高校等积极地报名参与（W01-w126）	B44 多方力量参与	N66 社会力量参与
例如，在我们当前进行的项目中，部长将与对方协商，探讨我们正在进行的项目是否具备实施的可能性（W14-w122）	B70 项目落地商谈	N31 校村合作
有伦公司主要致力于服务乡村地区，其业务范围广泛。在福州地区设有若干项目点，在三明尤溪地区亦有布局。该公司专注于乡村振兴项目，尤其在智慧农业领域进行深入探索与实践（W06-w05）	B75 公司乡村振兴项目	N43 企业服务乡村
就村民与乡村企业之间的关系而言，无论何地，外地人一旦踏入任一村庄，定会遭遇部分村民的不公对待（W11-w86）	B91 乡村企业与村民关系	N17 乡村运营环境

续表

原始资料节选举例	开放性编码	概念
我向他们传授了若干产业理念以及国家的最新政策解读，明确指出发展规模经济是国家战略的重要组成部分，而乡村振兴战略的核心之一便是促进规模经济的兴起（W03-w29）	B131 产业理念的教育、更新	N21 乡村发展理论
我们在进行教育工作，致力于培养人才。同时，此地实际上也是我们极为重要的一个实践基地（W15-w78）	B111 实践基地	N52 乡村基地
为增进乡村集体的归属感，我们积极筹划并实施了多种文化娱乐活动以吸引村民参与。主要利用夜晚、传统节日以及农闲时期等时段，开展政策宣传，举办各类文艺演出，如扭秧歌、旗袍走秀等。同时，我们还组织了科技培训班和读书交流会等文化活动，以满足村民多样化的文化需求（W16-w07）	B29 开展活动增强文化认同	N39 文化认同培育
企业在该领域的参与度相对较低，然而，通常我们会为施工企业为施工环节提供指导（W15-w55）	B55 职业院校指导企业实践	N22 校企交流
您上次来访时，邻近之处有一座郭氏祖厝。该祖厝时常举办各类活动，如重阳节及春节期间，一些乡贤会慷慨解囊，资助村中长者在祖厝内聚餐、欢聚，享受欢乐时光。此乃社会风气之良好体现（W09-w28）	B9 弘扬良好风气	N70 乡风文明
我们将与政府机构合作开展一系列培训项目，例如与德化县政府、德化扶贫办公室（现更名为德化乡村振兴局）携手进行农村致富带头人的培训工作（W19-w97）	B108 学校与政府合作开展项目	N13 政校合作
……	……	……
总计	138 个	74 个

数据来源：根据访谈资料和扎根理论编码整理。

表 4.3　职业教育服务乡村文化振兴影响因素初始范畴提炼表

初始范畴	范畴释义	理论依据与说明
C1 发展需求	乡村发展需求既包括水电、网络、生态环境等物质层面的需求，也包括经济发展、文化传承、社区治理等非物质层面的需求	共同的文化观念使乡村具有凝聚力。乡村文化资源通过向社会资本转化服务乡村治理。乡村建设者在文化传承、文化生产、文化消费和公共文化服务活动参与中，建立情感纽带，实现乡村善治[1]
C2 乡村资源	乡村资源通常被定义为乡村地区所涵盖的自然资源、人力资源以及社会资源的全面集合，是乡村可持续发展的坚实基础	
C3 文化认同	乡村文化认同指的是村民接纳、肯定乡村本土文化价值，从而认可与遵守乡村生活方式、文化行为、思维模式，对其具有归属感及情感上的依恋	
C4 建设人才	建设人才指的是扎根乡村地区，具有服务乡村经济、社会、文化、生态等方面知识、技能及能力的人才	
C5 政策保障	政策保障，即政府及相关部门为实现乡村文化振兴或解决乡村发展过程中出现的问题所制定、推行的各项政策措施，用以保障乡村振兴工作的顺利推进	地方政府是乡村发展的指导者、支持者和合作者[2]，应重视乡村政策保障体系建设，强化乡村文化政策的配套性、协调性和支撑性[3]
C6 财政支持	财政支持指的是政府统筹国家财政资源，通过资金、税收、补贴等形式为乡村文化振兴提供帮助和支持	
C7 机制完善	机制完善通常指的是政府立足现有基础，优化已有制度和机制，改进其结构方式和运行方式，从而提升其乡村发展适应性与服务效能	
C8 发展目标	发展目标指的是职业院校在规划的时间范围内，为契合社会经济发展实际需要、提升整体教育质量以及推动学生就业与职业发展所确立的具体发展方向及目标	需求、供给与场域是职业教育服务乡村文化振兴必须考虑的问题。职业教育对自身功能与定位的认知影响其融入乡村文化振兴的程度与效果，相关服务主体必须达成共识[4]
C9 乡村认知	乡村认知指的是对乡村地域及其内含的各项特征、现状以及潜在发展趋势的理解和把握。该认知对职业院校教育教学规划、专业设置调整、科研创新路径选择等领域的决策与发展方向产生影响	
C10 资源整合	资源整合指的是职业院校优化内部与外部教育资源配置，实现教育资源的高效组合与合理利用	

① 胡洪斌，柯尊清.乡村文化资源保护与利用的三重维度［J］.理论月刊，2020（10）：99-107.

② 曾薇.战略衔接期乡村产业协同治理的驱力、结构与路径研究——以凤镇 M 村"国企联村"为例［J］.农林经济管理学报，2022，21（4）：481-490.

③ 周柏春.中国特色乡村文化振兴道路的内在机理与推进策略［J］.学术交流，2021（7）：141-150.

④ 邵琪，张义民.职业教育服务乡村振兴的空间正义及其实践进路［J］.职业技术教育，2022，43（19）：67-72.

续表

初始范畴	范畴释义	理论依据与说明
C11 团体合作	团体合作指的是社会各界为实现乡村文化振兴目标彼此间互相协作、紧密配合、共同奋斗的状态	社会力量是推动乡村文化振兴的动力，各参与者之间的信任基础、协同意愿、社会荣誉和经济利益等影响了其参与效果[①]
C12 社会责任	社会责任指的是组织所应秉持的对社会的承诺与义务。企业社会责任强调企业不能单纯追求利润，还应尊重人的价值，重视自身对环境、消费者和社会的贡献	
C13 收益期待	收益期待指的是企业在投资中对收益回报的期待	
C14 乡村文化发展	乡村文化发展指的是在社会各界努力下，乡村地区文化资源的传承与保护得以实现，乡风更加文明，乡村文化影响力与竞争力得到提升	政府、企业、社会组织等通过乡村文化振兴资源供给响应机制"自上而下"和"自下而上"的贯通，保障了乡村文化振兴资源供给的精度、效度[②]
C15 教学生产双赢	教学生产双赢指的是通过教育资源与产业需求的匹配，实现教育对于人才的培养和产业对于合格劳动力的需求之间的双向满足，从而达成教育人才培养与产业人才需求的双重目标	
C16 乡村行企共赢	乡村行企共赢指的是乡村与行业、企业展开合作，彼此间共享资源，形成优势互补，最终实现共同发展	

4.3.2 主轴性编码

针对开放性编码过程已经初步分解的资料，主轴编码通过"条件—行动"或"行动—结果"的逻辑关系再次对其进行整合和归纳，从中提炼出主范畴，从而为后续的理论模型构建提供基础[③]。

在本书中，依据协同治理理论和利益相关者理论，对通过开放性编码所

---

① 张学昌. 乡村文化振兴的社会参与机制——基于协同治理的视角 [J]. 新疆社会科学, 2022（4）: 163-172.

② 张学昌. 乡村文化振兴的社会参与机制——基于协同治理的视角 [J]. 新疆社会科学, 2022（4）: 163-172.

③ 吴毅，吴刚，马颂歌. 扎根理论的起源、流派与应用方法述评——基于工作场所学习的案例分析 [J]. 远程教育杂志，2016，35（3）: 32-41.

得到的 16 个概念范畴即：C1 发展需求、C2 乡村资源、C3 文化认同、C4 建设人才、C5 政策保障、C6 财政支持、C7 机制完善、C8 发展目标、C9 乡村认知、C10 资源整合、C11 团体合作、C12 社会责任、C13 收益期待、C14 乡村文化发展、C15 教学生产双赢、C16 乡村行企共赢进行了深度梳理和分析，形成了 5 个主范畴，分别是：服务动因、服务保障、服务能力、服务方式以及服务效果。这 5 个主范畴涵盖了乡村、政府、职业院校、社会以及结果这五个不同的子系统。服务动因包括发展需求、乡村资源、文化认同和建设人才。乡村作为职业教育服务乡村文化振兴系统运作的源头，其自身拥有的资源、强烈的转型发展需求、文化传承需求以及建设人才需求，不仅促使政府、职业院校、企业等主体投身乡村文化振兴实践。服务保障包括政策保障、财政支持以及机制完善，指的是政府从宏观上为系统顺利运行保驾护航，通过出台政策、提供资金以及完善机制体制等方式调节系统运行。服务能力包括发展目标、乡村认知和资源整合，是职业院校作为推动系统运行的主体力量服务供给能力的体现。职业院校独特的发展目标引领其深入乡村、服务乡村，而对乡村的深刻认知决定了其服务的深度与广度，职业院校资源的整合直接落地于乡村，其作为中介与桥梁联系系统各方，带动系统运行。服务方式具体表现为团体合作、承担社会责任及追求收益期待，这些是职业教育服务乡村文化振兴系统运行方式的直观体现。社会力量在社会责任感以及收益期待的双重推动下服务乡村。在服务过程中，社会力量通过团队合作，包括企业与企业、企业与行业、企业与职业院校及其他社会机构联合的方式服务乡村，通过各种社会力量的参与推动系统快速运行，其对系统的正常运转也起着调节作用。服务效果包括乡村文化发展、教学生产双赢以及乡村行企共赢，指的是在结果层面上，各方乡村文化振兴实践效果的呈现（见表 4.4）。

表 4.4   主轴编码结果

维度	类别	主范畴	初始范畴
乡村层面	前因变量	服务动因	C1 发展需求
			C2 乡村资源
			C3 文化认同
			C4 建设人才
政府层面	调节变量	服务保障	C5 政策保障
			C6 财政支持
			C7 机制完善
职业院校层面	中介变量	服务能力	C8 发展目标
			C9 乡村认知
			C10 资源整合
社会层面	调节变量	服务方式	C11 团体合作
			C12 社会责任
			C13 收益期待
结果层面	结果变量	服务效果	C14 乡村文化发展
			C15 教学生产双赢
			C16 乡村行企共赢

4.3.3   选择性编码

选择性编码是指围绕核心范畴，寻找主范畴之间的内在联系，绘制相应故事线并构建理论模型的过程。研究发现，服务动因、服务保障、服务能力、服务方式以及服务效果五大因素相互作用，彼此影响，共同诠释了职业教育服务乡村文化振兴影响因素及内在机理这一核心范畴。由此，可以梳理出职业教育服务乡村文化振兴的内在机理，即在乡村内在需求的指引下，职业教育发挥在乡村文化振兴中的先导作用。在政府制度保障下，联合社会各界服务乡村文化振兴，在协同合作中，既促进乡村文化振兴又实现价值共享。如图 4.1 所示。

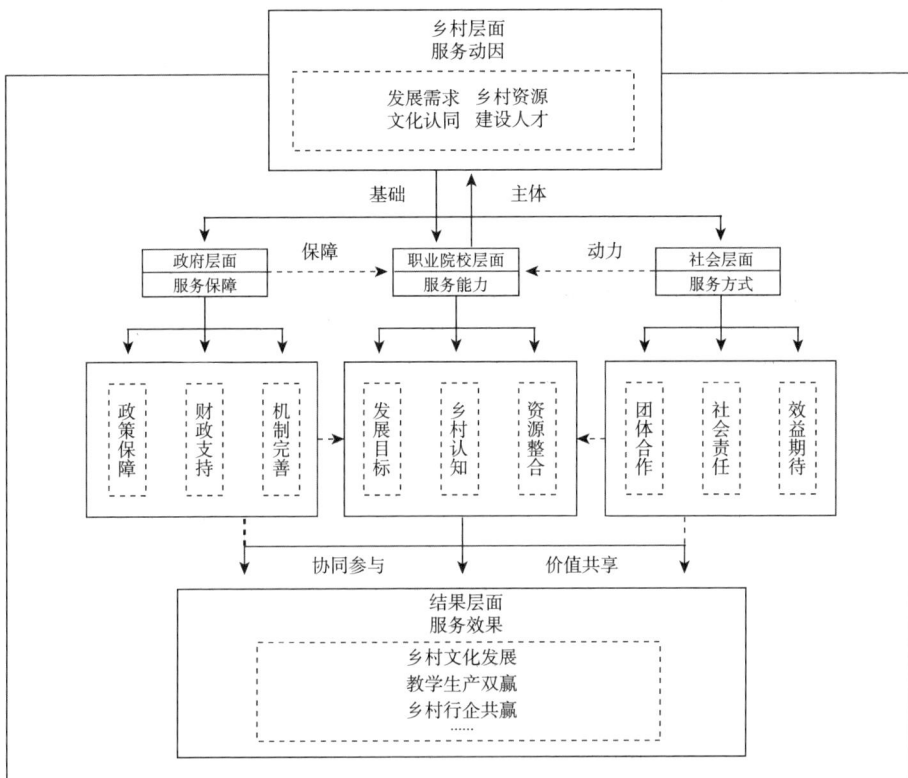

图 4.1　职业教育服务乡村文化振兴影响因素及内在机理图

4.3.4　理论饱和度检验

在应用扎根理论进行分析的过程中，研究者可以通过对非访谈途径所获得的案例资料进行理论检验[1]。在检验中，即使新增了一些样本，也并未出现新的范畴和概念的出现，那么就可以认为已经达到了理论饱和[2]。在本书的研

---

① 关旭，陶婷芳，陈丽英. 我国大型城市旅游业与演艺业融合路径及选择机制——企业层面的扎根研究 [J].经济管理，2018，40（1）：22-37.

② 宁泽逵，冯佳.农产品物流利益相关者联盟意向影响因素——基于扎根理论的研究 [J].商业经济研究，2023（6）：78-82.

究中，选择了一所职业本科院校——泉州职业技术大学，作为理论饱和度检验的具体案例。

研究按照开放性编码、主轴性编码以及选择性编码对该院校的案例进行了编码工作，在编码的过程中，发现所得的结果能够与已有的编码体系相融合，并没有新的概念被提出。具体的编码结果如表 4.5 所示。由此可见，研究已经达到了理论饱和状态。

表 4.5　理论饱和度检验示例

文本列举	检验概念	核验结果
W23-w01 根据"十四五"规划纲要草案，以及 2021 年政府工作报告指示，泉大成立职业本科首个乡村振兴学院——（围头）乡村振兴学院	政策引导——验证：政策保障	饱和
W23-w105 围绕"扎根晋江、服务泉州、辐射八闽"的办学格局，我校通过乡村振兴学院服务乡村振兴、回馈社会	学校办学格局——验证：发展目标	饱和
W23-w113 希望泉大乡村振兴学院专业团队的力量能够帮助我们规划、提升乡村振兴项目，通过项目落地执行发挥村庄优势，实现我们村特色发展	乡村特色发展——验证：发展需求	饱和
W23-w19 泉州职业技术大学乡村振兴学院通过整合全校优质资源服务乡村产业振兴、人才振兴、文化振兴、生态振兴和组织振兴，丰富"晋江经验"内涵	整合资源服务乡村——验证：资源整合	饱和
W23-w125 在乡村振兴政策提出之前，他就有心投身乡村建设，希望通过留住乡村原味，发展乡村旅游，带活乡村经济	创始人乡村情怀——验证：社会责任	饱和
W23-w53 今后乡村振兴、乡村人居环境改造，一定离不开大量懂建筑、懂文化的团队	人才团队需求——验证：建设人才	饱和
W23-w85 晋江市融媒体中心、泉州职业技术大学、福建广电网络集团晋江分公司、晋江市乡村振兴局协同共建福建省乡村振兴直播产业基地，既开创了融媒资源要素向"三农"聚集的新模式，也探索了乡村振兴新实践	政校行企合作——验证：团体合作	饱和
W23-w107 师生们将中华传统文化、乡镇地域文化、党建文化、红色革命基地文化等元素融入乡村微景观，为建设美丽乡村，助力乡村振兴贡献了一分力量。同时，学生的社会责任感、奉献精神和社会服务意识也得到了提升	乡村、师生共同收获——验证：教学生产双赢	饱和
W23-w28 吴道盛家庙大门简朴肃穆，小记者们在这里充分体会到围头众乡贤慷慨解囊，造福家乡的感人情怀，也深受忠孝双全等诸多良好家风的感染	从小培养文化认同——验证：文化认同	饱和

4.4　作用机制阐释

通过对三级编码获取的 5 大因素进行阐释，厘清职业教育服务乡村文化振兴系统的运行机制。

4.4.1　影响因素阐释

在职业教育服务乡村文化振兴系统中存在服务动因、服务保障、服务能力、服务方式以及服务效果 5 大因素，各因素关系阐释如下。

4.4.1.1　服务动因阐释

该变量的影响因素包括乡村发展需求、乡村资源状况、文化认同程度以及乡村建设人才。其中，振兴乡村文化是乡村发展的内在需求[①]，也是各项工作开展的出发点，乡村资源是发展乡村文化的物质基础，民众文化认同是精神基础，乡村建设人才是发展引擎，这些要素共同推动了乡村层面文化振兴子系统的运转。

由编码研究揭示，乡村具有深植内在的发展需求，这些需求涵盖了传承优秀传统文化、发展文化产业、获取技术支撑以及推动经济全面繁荣等多个方面。这些内源性的发展需求，是乡村发展的原动力，是推动乡村进步的基石。其中，乡村是否拥有丰富的土地、文化、生态等本土资源，直接关乎其发展前景。此外，在乡村的开发过程中，资金的充足程度也是一个重要的影响因素。编码研究显示，不同经济基础的村庄，其可用于建设的经费也有所不同，内部资金的多少，直接制约着村庄的发展速度。

---

① 李庆华，张博. 全面推进乡村振兴视阈下优秀乡土文化的传承与创新 [J]. 学习与探索，2021（9）：76-81.

在当前的背景下，乡村文化资源的开发与保护面临着诸多矛盾，包括传统与现代的冲突，原生与未来的碰撞，变现与增值的抉择[1]。同时，社会现代化的快速推进，加速了乡村文化精神的变迁，因此建立乡村文化认同感成为乡村文化振兴的迫切任务。为重塑民众的文化认同，需引导村民们转变观念，积极参与乡村文化建设。而在这个过程中，各类经营、管理、文化、技术人才成为乡村建设的主力军。编码研究也显示，乡村对于这些建设人才有着强烈的渴求。

以上分析表明，乡村所拥有的资源，还不能完全满足乡村文化振兴的内在发展需求，需要其他力量的支持和帮助。

4.4.1.2 服务保障阐释

该变量主要受政府层面的影响，包括政策保障、财政支持以及机制完善。政策制度的保障主要体现在国家在乡村文化振兴中发挥引导和支撑作用，为乡村文化振兴规划发展蓝图，并给予相应的政策和制度支持。例如，国家出台了修缮传统古村落的政策，推行科技特派员制度，鼓励和组织基层开展和举办形式多样的文化活动等，并且积极搭建相关平台，推动政策和制度的落地以及相关方案的执行。

政府的财政支持主要体现在预算编制中，加大对乡村及乡村企业的财政扶持和资金投入力度。编码显示，政府补贴对各方力量投身乡村服务的积极性有很大提升作用。另外，政府为确保各项经费的有效使用，应加强对投入财政经费的监督和管理。

机制的完善主要体现在要健全组织领导机制，完善工作运行机制，促进各部门之间的配合。乡村文化振兴涉及农业农村部门、文旅部门、教育部门等多主体部门。政府因此需要切实加强各部门之间的交流与合作，明确权责内容，形成职责分明、分工明确的责任体系。

---

[1] 胡洪斌，柯尊清.乡村文化资源保护与利用的三重维度［J］.理论月刊，2020（10）：99-107.

　　构建政府、基层干部与村民之间的良性互动体系，能够推动乡村文化建设形成常态化运行机制，进而促进乡村文化振兴的有效开展。这需要政府层面的政策保障、财政支持以及机制完善的共同努力，以确保乡村文化振兴取得实质性的进展和成果。

4.4.1.3　服务能力阐释

　　职业教育，作为一种特殊的教育形式，不仅致力于技术的教授和传播，更在文化生产与创新中扮演着重要角色。这种教育模式不仅对个人的成长和发展负责，同时也承担着推动社会经济进步的重任。通过向乡村地区输送知识、技术和文化的要素，职业教育为乡村的文化可持续发展提供了强有力的智力支撑，从而推动了乡村文化的振兴和繁荣[①]。

　　职业院校是推动乡村文化振兴的重要力量，其发展目标和运行模式对于实现乡村文化的振兴具有至关重要的作用。职业教育子系统在为乡村文化振兴服务的过程中，受到职业院校发展目标定位、对乡村的深入认知以及资源整合能力的直接影响。2021 年，中共中央办公厅、国务院办公厅联合印发了《关于推动现代职业教育高质量发展的意见》，进一步明确了职业教育高质量发展的方向，为职业教育的未来发展提供了明确的指导和强大的政策支持，树立了我国职业教育发展史上的又一个重要里程碑。职业院校在类型定位上应当进行优化和调整，以适应社会和经济发展的需求。应深入推进教育教学改革，增强职业教育的适应性和实用性，助力乡村文化振兴。乡村文化振兴不仅是社会发展的需要，更是职业教育实现自身特色发展目标的重要途径。职业院校对乡村的认知态度和支持力度，直接影响乡村文化振兴实践项目的推进和成效。

---

① 　熊晴，朱德全.民族地区职业教育服务乡村振兴的教育逻辑：耦合机理与价值路向［J］.教育与经济，2021，37（3）：3-9.

通过编码发现，学校领导对乡村的了解程度和对乡村文化振兴的态度，会显著影响学校相关政策的推行力度、资金的投入和支持程度，以及为保障乡村文化振兴工作顺利进行所提供的各项保障力度。同时，师生对乡村的认知和理解，也会影响他们参与乡村文化振兴的深度和广度。编码也发现，许多教师带着对乡村的深厚热爱投身乡村工作。然而，学校在职称评审、经费供给等关键环节的支持力度尚有欠缺，这在一定程度上削弱了教师的工作热情，并影响了乡村文化振兴工作的顺利推进。在资源整合方面，职业院校应充分发挥其优势，通过整合校内的专业资源、课程资源、设备资源，集合师生的力量，为乡村提供全方位的知识传播、技术技能培训以及文化传承服务，满足乡村对知识、技术以及文化的多元需求，旨在通过培养乡村的经营者、管理者及文化传播者等核心人才，为乡村文化振兴营造积极向上的社会风气和浓厚的文化氛围。

4.4.1.4 服务方式阐释

职业教育在服务乡村文化振兴的过程中，不仅需要职业院校本身加强服务能力建设，提升教育质量与实用性，而且需要社会支持系统的外力支撑[①]。社会支持系统是职业教育服务乡村文化振兴的重要推动力，其服务方式受到团体合作、社会责任感和收益期待三方面的共同影响。

在社会层面，团体合作服务乡村文化振兴的形式多种多样。例如，校企合作，职业院校与企业之间建立紧密的合作关系，共同培养符合乡村发展需要的人才；校村企合作，职业院校、村庄与企业之间形成联动，通过职业教育的力量推动乡村文化振兴；校政企合作，职业院校与政府部门及企业合作，形成政策、教育、产业三者之间的良性互动；此外，还有社会力量，如新闻媒体、报刊机构、金融机构等参与合作，以及区域合作如东西部协作，这些

---

① 周永平，杨和平，沈军.乡村振兴与协同治理：职业教育"CCEFG"联动共生模式的探索实践[J].中国职业技术教育，2020（7）：14-20.

多元化的合作方式为乡村文化振兴提供了有力的支持。这些社会力量之所以能够汇集到乡村，一大原因在于他们强烈的社会责任感。在深厚社会情怀的引领下，他们积极响应国家号召，踊跃为乡村提供经济援助、技术支持及平台搭建等多维度支持，以实际行动诠释社会责任的担当。

企业在乡村文化振兴中扮演着重要的角色，他们不仅有着服务社会的情怀，同时也期待着经济收益。通过编码可以得知，企业在投资乡村项目时，会考虑乡村项目的大小、乡村市场的前景以及相关产品是否能够增值等因素。很多企业在对乡村开展服务时，采取的是融合社会价值和商业价值的策略，既承担起相应的社会责任，回馈了社会，又能够获得一定的经济收益，实现了社会效益和经济效益的双重提升与平衡[①]。

4.4.1.5　服务效果阐释

协同治理注重各主体间的互动与激励，其深层目的是通过协调各方利益和合理配置资源，以期达成既定目标，收获实质性的成效[②]。这种治理模式特别强调多方利益相关者构成的复杂体系内的合作与共赢，这些利益相关者包括政府部门、非政府组织、私营企业以及村民等。在职业教育领域，其服务乡村文化振兴的效果就是通过多方的共同努力，实现对乡村的全方位服务，并从中收获效益，这些效益包括但不限于乡村文化的持续发展、教育和生产活动的互利共赢，以及乡村与相关行业、企业间的共同繁荣等。

在文化发展方面，体现为乡村优秀传统文化得到传承与创新，不仅增强了村民对本地文化的认同感，也使乡村本身成为一个充满活力、文化底蕴深厚、宜居宜业的地方，真正实现"产业兴旺、生态宜居、乡风文明、治理有

---

① 陈丽琴，张新政.第三次分配促进乡村振兴：生成逻辑、运行现状及优化路径［J］.海南大学学报（人文社会科学版），2024，42（2）：151-159.

② 吴春梅，庄永琪.协同治理：关键变量、影响因素及实现途径［J］.理论探索，2013（3）：73-77.

效、生活富裕"的美好愿景 ①。

教育与生产的互利共赢，在职业教育体系中表现得尤为明显。职业院校与行业、企业深度合作，优化产教融合模式，丰富校企合作机制，显著提升教育服务适应性与质量。在这个过程中，行业和企业同样获益匪浅，他们充分利用职业院校所提供的丰富教育资源，如优秀的师资力量、充满活力的学生群体、先进的设施及多元化的平台，成功培育出了一批批符合企业需求的高素质人才。这一过程中，不仅显著降低了生产和培训的成本，还极大地增强了企业的核心竞争力。

至于乡村与行业、企业的共赢，则表现在乡村为行业、企业提供了广阔的实践空间和无限的发展可能，而行业、企业的发展，又为乡村带来了急需的人才和技术，推动了乡村产业的快速成长。同时，其他社会力量也积极响应，像行业和企业一样，与乡村建立起紧密的合作关系，踊跃投身于国家乡村振兴战略的伟大实践中。这一过程中，他们不仅履行了自身的社会责任，还实现了自身的蓬勃发展，最终与乡村携手共进，共创繁荣。

4.4.2　内在机理模型解析

通过编码分析，我们可以揭示职业教育服务乡村文化振兴系统中各个因素之间存在的运行关系。首先，乡村层面的服务动因作为初始的前因变量，为整个系统的运行提供了动力和方向。乡村文化振兴的内在需求和外部压力构成了这一层面的服务动因。其次，政府层面的服务保障以及社会层面的服务方式作为调节变量，对整个系统运行起到重要的调节作用。政府通过制定相关政策、提供资金支持和完善机制体制，为职业教育服务乡村文化振兴创造了有利条件。同时，社会层面的服务方式，包括社会力量参与、多元化服务模式等，也为职业教育服务乡村文化振兴提供了多样化的选择。再次，职

---

① 闫周府，吴方卫.从二元分割走向融合发展——乡村振兴评价指标体系研究［J］.经济学家，2019（6）：90-103.

业院校层面的服务能力作为中介变量，在整个系统中发挥着关键的连接与转化的功能。职业院校通过提升教育教学质量、加强师资队伍建设、优化专业设置、提升乡村认知等方式，提高自身服务能力，从而更好地满足乡村文化振兴的需求。最后，结果层面的服务效果作为结果变量，它反映了职业教育服务乡村文化振兴的实际成效。服务效果的优劣不仅直接关乎乡村文化振兴目标的达成，更是衡量整个系统运行成效的一把重要标尺。职业教育服务乡村文化振兴系统中的各个因素相互关联、相互影响，共同构成了一个协同推进的系统。乡村层面的服务动因、政府层面的服务保障和社会层面的服务方式共同调节和促进职业院校层面的服务能力提升，进而实现结果层面的服务效果优化，从而达到协同助推职业教育服务乡村文化振兴的效果。这一系统的运行，需要各方共同努力，形成合力，以实现乡村文化振兴的目标。

第一，内在服务动因促使职业教育服务乡村文化振兴行动开展。乡村层面的服务动因是职业教育服务乡村文化振兴系统的前因变量。乡村蕴含着丰富的文化资源，是中华民族的伟大遗产宝库。然而，在现代社会快速发展的背景下，工业化与城市化的浪潮不断席卷乡村，对乡村的传统结构带来了巨大的冲击。乡村原有的文化形态和结构在外在压力的冲击下逐渐解体，乡村人才因追求更优教育与就业机会纷纷外流，致使乡村社会陷入空前的空心化与衰落危机之中。乡村发展面临多重挑战：经济困境、文化与人才流失，以及社会结构的深刻变迁。在这样的背景下，乡村文化的传承与创新显得尤为迫切，也更为困难。乡村文化在价值观念、发展方向，以及推动力量上存在的迷茫和缺失，为职业教育的介入提供了重要的空间和机遇，是职业教育助力乡村文化建设的出发点[①]。

第二，服务动因与服务能力通过互动耦合推动职业教育服务乡村文化振兴行动。在乡村与职业院校的服务互动中，可以观察到一种深刻的耦合关

---

① 肖幸，杨春和.生态宜居：职业教育"生态＋"教育的逻辑框架［J］.国家教育行政学院学报，2020（11）：80-87.

系，这种关系表现在多个层面。首先，乡村的发展需求与职业院校的发展目标呈现出高度的一致性。这意味着，职业院校在提供教育服务的过程中，能够针对乡村的具体需求进行精准定位，从而使教育服务更加符合乡村的发展方向。同时，乡村为职业院校提供了一个广阔的文化、产业和实践空间，使得职业院校能够在这个空间中充分发挥自身的教育优势。其次，职业院校的资源汇聚能力与乡村资源开发潜力相辅相成，职业院校凭借丰富的教育资源支持乡村开发，而乡村则为职业院校教育活动提供了丰富的素材，促进了教育活动的深入进行。再次，职业教育在文化性方面的培养与乡村在文化认同方面的需求同频。这意味着，职业院校在培养学生的过程中，能够注重学生文化素养的提升，通过职业院校的乡村实践，提升学生的乡村文化认同，从而使学生在回归乡村后，能够更积极地投身乡村文化建设。最后，职业院校的服务能力在乡村文化振兴行动中起到中介作用，职业院校通过提供智力支撑、人才支持和技术服务①，有效地推动了乡村的发展。

第三，外在服务保障和服务方式影响服务能力促进多种服务效果实现。政府机构在推动乡村文化振兴的进程中不仅是引领者和倡导者，更是坚定支持者和积极参与者②。政府通过其权威和资源，在宏观战略层面为乡村文化的复苏与振兴创造了一个良好的外部环境，确保文化振兴工作的顺利进行。在此基础上，政府还从顶层设计的层面出发，为乡村文化振兴提供了必要的制度保障和政策支持，确保了文化振兴工作的有序开展和持续进行③。与此同时，行业企业和各类社会组织的参与同样不可或缺。它们以自己的规模效应，能够吸引和集中更多的人力、物力和财力资源，为乡村文化振兴提供有

---

① 王志远，朱德全．逻辑起点与价值机理：民族地区职业教育服务乡村振兴的行动观照［J］．教育研究与实验，2022（1）：49-56.

② 曾薇．战略衔接期乡村产业协同治理的驱力、结构与路径研究——以凤镇 M 村"国企联村"为例［J］．农林经济管理学报，2022，21（4）：481-490.

③ 杨勇，康欢．五维合一：职业教育助力乡村振兴的价值坐标［J］．中国职业技术教育，2021（3）：54-60.

力的物质保障。借助知识溢出效应，行业企业将前沿的科技成果与先进的经营管理理念引入乡村，有效提升乡村文化的科技内涵与管理效能。社会组织效应的发挥则有助于形成乡村文化振兴的社会合力，通过各种形式的活动和组织，增强乡村文化的凝聚力和影响力[①]。作为职业教育服务乡村文化振兴系统的外在调节变量，政府和企业等社会力量的参与，二者能够与职业教育变量有机结合，对职业教育乡村服务能力产生正面影响，使得职业教育在服务乡村文化振兴时能够得到更为有力的支持和资源保障，从而提升职业教育乡村文化振兴的服务质量和效果。

---

① 王振波，刘亚男. 新时代背景下我国乡村振兴研究述评——基于十九大以来的文献考察 [J].
社会主义研究，2020（4）：151-158.

第5章 职业教育服务乡村文化振兴
影响因素量表开发及检验

本章依据上一章扎根理论的分析结果构建职业教育服务乡村文化振兴影响因素结构方程模型并对其进行分析。结果表明，职业教育服务乡村文化振兴受到来乡村层面的服务动因、政府层面的服务保障、职业院校层面的服务能力、社会层面的服务方式以及结果层面的服务效果五大因素影响。其中，服务动因正向影响服务能力及服务效果；服务能力正向影响服务效果，在服务动因及服务效果之间起到中介作用；服务保障调节服务能力在服务动因和服务效果之间的中介作用、服务方式调节服务能力在服务动因和服务效果之间的中介作用。提出将乡村发展需求作为出发点、将职教服务能力作为发力点、将相关支持保障作为结合点以及将最终服务实效作为落脚点的职业教育振兴乡村文化路径建议。

5.1 研究方法与研究设计

基于前文扎根理论分析的基础，形成职业教育服务乡村文化振兴影响因素的问卷项目库，采用专家咨询法对问卷效度进行检验，最终形成包含 28 个选项的职业教育服务乡村文化振兴影响因素初始问卷。研究者通过初次问卷发放对初始问卷进行优化，将问卷项目由 28 个缩减至 24 个，通过二次问卷发放再次检验问卷的信效度。研究者在确定新问卷具有良好信效度后，提出职业教育服务乡村文化振兴影响因素研究的 6 个假设并对其进行检验。

5.1.1　问卷调查法介绍

在开展社会科学研究的过程中，问卷调查法因其广泛的适用性和高效的数据收集能力，成为众多研究者青睐的手段。作为研究工具的问卷或量表，其质量能与所采集数据的精准度直接产生关联，因而对研究结果的有效性与可靠性具有重要影响。

5.1.1.1　问卷调查法的概念及分类

（1）问卷调查法的概念

问卷，亦称调查表，指的是一系列与研究主题紧密相连的问题合集，以设问的形式呈现，旨在通过受访者的反馈，准确、具体地反映社会现象。问卷调查法，作为一种被普遍采纳的社会科学研究工具，指的是研究者将前期设计好的问卷通过直接递送、报刊发布、电话访问、网络传播及邮政寄送等方式发送给特定调查对象，用以收集、了解受访者对特定议题或事项的态度倾向、行为模式、特征表现、价值观念或信仰体系等关键信息。问卷调查普遍采用匿名参与的方式，这不仅有效保护了受访者的个人隐私，还降低了社会压力对回答内容可能产生的干扰。匿名回答使受访者能够更自由地表达真实意见和看法，从而确保所收集数据的真实性和有效性。问卷调查法具备进行大规模调查的能力，其开展过程不受调查研究人员变更的干扰，因而可以周期性地实施。调查者通过对问卷内容进行精心设计并遴选合适的样本群体，使其能够触及并覆盖广泛的人群范围，从而收集到具有代表性的数据样本。问卷调查的广泛性和代表性特征对于确保研究结果的可靠性和统计显著性至关重要，有助于降低偏见和误差，从而提升研究成果的普遍适用性和可信度。作为一种系统性的数据收集手段，问卷调查法能够高效地汇聚大量数据，便于后续统计软件的分析。调查者深入剖析问卷所得的量化数据，可以揭示变量间的内在联系、预测发展趋势并辨识差异性，为科学研究、政策制定及商业决策等提供坚实的数据基础和决策依据。

（2）问卷调查法的分类

根据问卷设计特点与结构特征，可以将问卷调查法划分为三类：结构问卷、无结构问卷以及半结构问卷。结构问卷旨在通过预设的、明确的问题及限定的答案选项来收集信息；无结构问卷则倡导自由表达，允许受访者提供开放式回答；而半结构问卷则巧妙地融合了上述两者的优势，既包含部分固定问题，又留有开放式回答的空间。依据其承载形式的不同，问卷调查可划分为纸质问卷调查与网络问卷调查两大类别。其中，纸质问卷调查作为一种传统调查方式，主要依赖人力分发并回收答卷。然而，此种调查方式存在一些弊端，具体体现在对回收问卷的分析与统计过程较为复杂烦琐，且整体成本相对较高。另一种网络问卷调查方式则是研究者借助特定的在线调查问卷平台对问卷进行设计、发放，并且对收集到的结果进行分析。此方式的主要优势在能够跨越地域限制，且成本投入相对较低。但是，它也存在一定的局限性，即难以保证答卷质量。在国外，Survey Monkey 等平台能够提供线上问卷服务；在国内，问卷网、问卷星、调查派等同样具备类似功能。而依据问卷填答对象的不同，问卷调查又可被细分为自填式问卷调查与代填式问卷调查两大类。自填式问卷调查指的是通过邮寄、分发、网络等多种渠道，将调查问卷直接交由被调查者自行填写的调查方式。此方法赋予了被调查者充分表达个人见解的自由度，特别是在对敏感性议题进行处理时，自填式问卷能收集到更为真实可靠的反馈信息。此外，该方式采用标准化的表述，确保每位被调查者所面对的问题均保持一致性，有效规避了调查人员可能带入的个人偏见。然而，自填式问卷调查亦存在局限。例如，若被调查者在问卷中回答模糊或拒绝回答某些问题，则后续补救措施的实施将面临较大挑战。另外，因无法直接参与被调查者的答题过程并深入了解其背景环境，调查者难以保证所有答案的独立性，这无疑影响了问卷整体质量的评估与判断。代填式问卷调查指的是调查者与被调查者直接交谈或通过电话进行的调研方式。在此方法中，调查者能够直接掌控并引导被调查者的回答流程，从而更有效地理解、监控并评估回答内容的质量。然而，值得注意的是，代填式问卷调查不仅需耗费大量人力资源，还可能因调查者的主观倾向而在调查过程中引入偏差，从而影响最终结果的客观性。

5.1.1.2　问卷调查法的应用及分析流程

（1）问卷调查法的应用

与深度访谈和观察法相比，问卷调查法在收集大量数据时具有更为高效和成本较低的优势，因为它能够快速触达大量受访者并保证数据的匿名性，从而提高数据真实性。在社会科学领域，问卷调查法作为一种重要的定量研究方法，被广泛应用于大样本数据的收集。心理学家也经常采用问卷调查法对个体的心理状态、行为模式、态度倾向及价值观等关键指标进行评估。

作为一种多功能手段，问卷调查法不仅局限于数据的搜集，也可充当反馈与评估的工具。问卷调查助力政府洞悉公众政策态度、满意度及反馈，全面评估政策实施成效，为政策调整与优化奠定坚实基础。此外，政府还将问卷调查作为了解公众公共服务需求与期望的窗口，通过数据分析，持续优化服务质量与效率，满足民众期待。企业凭借问卷调查，系统收集消费者购买意愿、习惯、偏好及满意度等信息。收集到的数据，经过科学分析，能够为企业提供深刻的市场洞察，辅助其把握市场趋势，并据此预测未来市场的可能走向，从而精准制定市场策略。另外，运用问卷调查这一工具，企业还能够对员工关于工作环境、薪酬福利、职业发展等多个维度的满意度与看法进行了解，帮助企业客观评估当前组织文化的实际状况，为企业优化内部管理、增强团队凝聚力提供有力支持。教育机构不仅可以通过实施问卷调查的方式，对教师的教学质量、教学方法以及学生满意度进行评估，还可以通过深入探究并收集学生对于课程内容的接受程度、兴趣所在以及针对教学改进的具体建议，从而确保教学质量的持续优化与提升。

在问卷调查中，问卷长度、问题的复杂程度以及是否触及个人隐私等因素影响着问卷的回收率以及数据的质量。问卷设计是一项高度专业化的工作，它要求设计者具备深厚的实践经验和专业知识。对于同一问题，不同设计者所制定的问卷可能大相径庭，这在一定程度上增加了问卷调查结果的不确定性。此外，由于无法直接观测用户在填写问卷时的具体行为和心态，这进一步增加了结果信度和效度评估的复杂性。

问卷的信度与效度是衡量其质量优劣的两个关键指标。信度，也可称为可靠性，指的是问卷测量结果所展现的一致性与稳定性程度。具体而言，信度评估的是针对同一对象在不同时间、不同情境下开展问卷测量时，所获取结果的一致性与可重复性。若某份问卷的信度较高，则无论进行多少次重复测量，抑或由不同人员进行测量，其所得结果均应呈现出高度的稳定性与一致性。效度，即问卷的有效性，是评估问卷测量结果准确性与真实性的重要指标。该指标衡量的是问卷是否切实触及并精确捕捉研究者所意图测量的内容。若某份问卷展现出较高的效度，则其测量结果应能忠实地反映被测量对象的实际情况。

在问卷调查法应用中，为确保问卷的信度与效度，需遵循一定要求，如明确研究目的、设计清晰的问题、使用合适的量表、进行预测试和评估等。在运用问卷调查法之际，研究人员必须谨慎把握多个关键环节。首先，构建问卷设计的理论基础，这要求研究者必须深入明晰研究目标，并精心构思问题，以精准捕捉研究所需的核心数据。在设计问卷的过程中，务必确保问题的表述准确无误，避免提出可能引导受访者回答的偏见性问题，从而保证收集到的数据具有高度的客观性和有效性。其次，在问卷正式发放之前，必须经历测试与多次修正流程。此步骤能够为研究者提供发现并修正问卷中潜在问题的机会，如歧义表述、理解难度较大的问题以及逻辑错误等问题。通过此环节，研究者能够系统地收集参与者的反馈，并据此对问卷进行必要的调整和优化，从而确保问卷的整体品质达到更高标准。最后，对问卷的信度和效度进行严格检验是不可或缺的重要环节。研究者应将专家评审与统计分析工具分析相结合，确保能够对这些关键指标进行全面、准确的评估。

（2）问卷调查法的分析流程

问卷调查的通用流程涵盖问卷的设计、调查对象的选取、问卷的分发和回收以及数据的处理与分析等步骤。首先，问卷的设计应确保其能够精确反映调查目标。在设计问卷之际，研究者要确保问卷内容聚焦于问卷主题，应避免纳入任何与主题无直接关联或表述含混不清的问题，以确保问卷的严谨性与有效性。在问题设计过程中，需确保合理性。对于问卷的长度，应维持在适宜的范围内，问卷长度应控制在受访者 30 分钟内能完成，以避免引起厌烦情绪。同时，设计者应当充分顾及受访者的情感与理解力，避免使用高度专业化或可能引起不适的词语，确保问卷内容通俗易懂，便于受访者准确回答。针对涉及个人隐私的询问，必须清晰地向受访者阐明数据的保护措施及其使用目的，从而有效缓解其可能产生的疑虑与担忧。设计者通过设计多样化且隐蔽的鉴伪题目，可以增强问卷的可靠性，有效识别和剔除不认真填写的问卷。

其次，清晰界定并选定调查对象，保障样本的代表性和数据的有效性。要基于调查目的与研究范围，选定调查对象。鉴于不同的研究目的，调查对象也有所不同。为确保调查对象与研究目标契合，需细致确定调查对象的各项特征，包括年龄、性别、职业分布及教育背景等。为保障研究结果的全面性与深度性，应将具有不同背景与观点的调查对象纳入调查范围，以丰富数据样本的多样性。此外，研究者还需把控样本规模。科学合理的样本大小，不但能够提升研究效率，而且能有效反映研究总体的真实面貌，从而赋予研究结果普遍意义与推广价值。回收率是评估调查成效的关键指标之一。高回收率往往意味着数据收集更加全面，有效提升研究的可信度和可靠性。对于研究者而言，为提升参与者的积极性与响应质量，可采取设立激励机制以激发参与热情，通过多次提醒确保信息准确传达，并不断优化问卷设计，从而提升用户体验和数据质量，进而提高问卷回收率。

接着，选择适宜渠道分发问卷，并确保问卷的有效回收。在问卷设计完毕且调查对象明确界定之后，研究者随即步入问卷的分发环节。此阶段涵盖面对面访谈、电话访问、在线问卷提交以及传统邮寄手段等多元化的分发途径。在问卷分发过程中，研究者需关注提升参与流程的便捷性和吸引力，以提高问卷响应率。对于在线问卷，需保障问卷链接有效、易于访问；而对于传统邮寄方式的问卷，则需综合考量邮寄的时效性及其成本效益，优化资源利用。问卷回收是问卷调查流程中至关重要的另一环节。在此阶段，研究者需采取追踪与提醒措施，确保问卷全面填写并及时回收。研究者可借助电话随访、电子邮件提醒或面对面催交等多种途径提高问卷的回收效率。此外，为激发参与者的积极性，促使其及时返还问卷，可考虑提供小礼品、设置抽奖环节或采取其他形式的激励机制。

最后，严谨处理、深入分析获取的数据，确保结论的提炼。作为问卷调查的最后步骤，为方便后续统计分析，此环节涵盖对回收问卷的编码、数据录入、清洗及整理工作。研究者在对数据进行处理时，需全面细致地审查所有回收的问卷，对数据的完整性与准确性进行审视，核实受访者是否已完整回答所有问题，排查是否存在缺失或回答不全面的问题，从而剔除无效或信息不全的问卷。若发现某份问卷所有问题均选择同一答案选项，反映出该问卷填写态度不严谨，那么，此类问卷将被视为无效数据，不予采纳。同时，对于问卷中出现明显违背常理或与研究背景及前提条件不符的回答，亦将采取排除措施，以确保最终分析结果的准确及可靠。在剔除无效问卷后，研究者继续对剩余有效问卷数据展开整理与编码工作，将数据进行录入、校验，整理成便于分析的格式，随后运用统计软件，开展描述性统计分析、交叉分析、回归分析等多维度分析，汲取研究所需的有效信息与结论，进而为决策及后续研究提供坚实依据。

5.1.1.3 李克特量表介绍

李克特量表（Likert scale）是一种通过引导被调查者依据其内心感受与认知，对一系列展现的陈述进行评估与选项选择，以此来测量其态度、观念或满意度等深层次心理状态的量表。该量表往往会设计一系列围绕特定主题或话题的描述性语句，被调查者需基于个人真实想法与感受，对这些描述进行同意度评判，通常涵盖"非常同意""同意""中立""不同意"及"非常不同意"五个选项。这一过程为研究者提供了宝贵的主观态度数据，支持其针对相关议题展开深入、理性的研究与分析工作。

李克特量表，作为调查问卷中广泛采用的工具，旨在通过一组与特定主题相关的陈述来衡量受访者的综合态度和意见。1932 年，该量表由美国社会心理学家伦西斯·李克特（Rensis Likert）提出，其设计目的在于提供比传统"是/否"问题更为细致和丰富的信息。李克特量表一般包含五个或七个等级，量表两端分别代表极端的正面态度和负面态度，中间则设置了一个中立或中等态度的选项。这种设计使得受访者能够根据自己的真实感受，对某个特定陈述的同意程度按"非常同意"到"非常不同意"范围进行精确表达。

作为一种评价工具，李克特量表在设计与应用层面都展现出特色。具体而言，在设计维度上，该量表彰显了较高的便捷性。其构建流程相对简化，省去了烦琐的程序与冗长的步骤，从而便于研究人员依据研究需求灵活制定量表，确保研究工作的顺利进行。其次，在使用范围上，相较于其他类型的量表，李克特量表呈现出更为显著的适用性。其独特设计的结构赋予了它深度挖掘并精确测量其他量表难以触及的多维度复杂概念或态度的能力。因此，在涉及多元化、多层次且抽象概念的研究中，李克特量表展现出的优势尤为显著。此外，从信度评估的视角出发，在多数情境下，相较于其他量表，李克特量表表现出更高的信度水平，能够保障研究结果的稳固性和可靠性。因此能确保所收集数据的精确性，这也成为研究者在调查时选择其作为研究工具的原因之一。李克特量表的另一优点在于其设计的答案选项具备可量化特性，这一特点极大地方便了数据的后续分析处理。同时，它也能够覆盖一个广泛范围内的多重选项，促使受访者在回答问题时能够选择更加符合自身真实感受的答案，从而提高了数据的准确性和可靠性。此外，李克特量表还巧妙地规避了设计过于宽泛问题的常见弊端，如常见的"是/否"问题。这类问题往往可能让受访者在回答时难以深思熟虑，进而影响数据收集的质量。李克特量表凭借其细致具体的选项设计，激励受访者深入思考，进而保障数据的真实可靠与有效性。

因李克特量表的各项优点，其在社会众多领域也得到了运用。作为在社会调查及心理测量领域得到广泛应用的评估工具，其在衡量与评估个体态度倾向、满意度及偏好等方面展现出显著作用。因能够量化数据，李克特量表在需要将个体对多个问题的看法进行量化的场合尤为适用。在市场调研环节，该量表可助力量化评估消费者对某一产品或服务的满意度；在教育评估领域，其能够量化学生的学习态度及教学效果；而在政策反馈方面，它则能实现对公众在特定政策上满意度与态度的量化调查。李克特量表通过构建分级的评分体系，为研究者提供了更为精确的途径对个体的观点与态度进行洞悉、分析，进而为决策层及政策制定者提供坚实的数据支撑。

然而，在运用李克特量表进行调研或评估的过程中，研究者应当竭力规避一些常见的偏差模式，以确保所收集的数据兼具准确性与有效性。具体而言，趋中倾向偏差需引起重视，此现象具体表现为，受测者在面对问卷选项时，因不愿表达过于极端的立场，或是对某些问题缺乏明确观点，从而倾向于避免选择极端选项。同时，惯性偏差亦不容忽视。该偏差体现为受限于受测者的固有思维模式，抑或对问卷初步理解的局限，受测者在回答一系列问题或陈述时，不论问题或陈述的具体内容如何，都选择一致性答案。此外，社会赞许偏差也需要研究者注意。社会赞许偏差体现为在回答问卷时，部分受测者可能会尝试揣摩并迎合他们认为社会普遍期望或所在组织所期望的答案，而非基于自身真实想法作答。这一偏差可能对数据的真实性和有效性构成影响。

为了确保李克特量表的信度与效度，对量表进行细致的修订和持续的完善是至关重要的。研究者在问卷设计时，需优化题项表述、调整题项排列顺序以及根据需要增删题项，以确保量表能够精准对研究目标进行反映。另外，研究者还需对量表进行预测试。预测试旨在发现并解决量表中潜在的问题，诸如表述模糊的题项、受测者难以理解的内容或可能引入偏差的设计元素。通过深入分析预测数据，研究者能够及时发现并修正这些问题，进而有效降低偏差的干扰，提升最终量表所收集数据的整体质量。

5.1.1.4 SPSS软件介绍

SPSS，即统计产品与服务解决方案（Statistical Product and Service Solutions），是数据分析领域备受赞誉的一款统计软件。1968 年，该软件由斯坦福大学的三位研究生：诺曼·H. 尼尔森（Norman H. Nie）、戴尔·H. 本特利（Dale H. Bent）以及 C. 哈德·胡贝尔（C. Hadlai Hull）共同研发。随着时代的变迁与技术的飞速发展，SPSS 历经多次更新与完善，持续保持其在业界的领先地位。目前，SPSS 已成为数据分析领域的标志性软件之一，其卓越的性能赢得了全球范围内研究者、学者及数据分析师的信赖与好评。

SPSS 软件拥有直观简洁的图形化用户界面，极大地简化了用户的数据操作流程。通过此界面，用户可以执行数据的输入、编辑、管理及深入分析，而无须依赖特定的编程技能或复杂的代码编写。这一设计显著降低了学习难度，让数据分析工作更高效便捷。因此，SPSS 凭借其用户友好性和高效性能，在数据分析领域赢得了广泛的认可与应用。在数据处理能力上，SPSS 能够熟练且高效地驾驭 Excel、CSV、SAS、Stata 等多种数据格式，集成了数据清洗、转换、筛选等一系列预处理功能，极大地简化了数据处理流程，且具备高度的适应性和灵活性，能够轻松应对各种复杂的数据场景。无论是面对深入的数据分析、挖掘，还是日常的数据处理工作，都能对用户的多样化需求进行满足，让数据处理变得简单、快捷且高效。

该统计分析工具集多种统计分析功能为一体。其核心功能包括：描述性统计分析，此模块通过数据的总结与展示，助力研究者迅速把握数据全貌；均值比较分析，有效支持对两组或多组数据均值差异的显著性检验；方差分析，适用于两组或多组数据均值间是否存在显著性差异的验证；相关分析，深入探索两个变量间的潜在关联，评估其相关性；回归分析，致力于构建变量间的数学模型，以实现对未知数据的预测；因子分析，旨在从纷繁复杂的变量中提炼出核心因子，简化分析过程；聚类分析，通过科学分组揭示数据的内在结构特征；时间序列分析，关注时间维度上数据变化的规律性探索，为预测未来趋势提供有力支持。上述统计方法覆盖了数据描述、假设检验、关系探索、模型构建等多个领域，确保其能够灵活应对不同学科领域及复杂研究问题的需求。该软件还可以为用户提供个性化的报表及图表生成服务，能够让用户迅速创建包含分析数据的报表与图表，直观展示研究成果。用户还可以自由选择柱状图、折线图、饼图等图表类型，对图表的排版与布局进行优化调整，确保最终成果契合用户的期望与展示要求。

鉴于其卓越的数据处理能力和高效的结果呈现方式，SPSS 在众多领域均得到了广泛应用。在商业领域，SPSS 已成为众多企业不可或缺的工具，被广泛应用于市场调研、消费者行为深度剖析以及财务精细分析等，助力企业决策者穿透复杂的市场数据迷雾，精准捕捉商业机遇，从而优化产品布局，强化市场竞争优势。在市场研究领域，SPSS 运用其处理与分析庞杂市场数据的能力，助力研究人员精准把握市场需求脉搏，洞悉消费者偏好变迁，并紧跟行业发展趋势，为企业决策提供数据支撑。在社会科学研究领域，在社会学、心理学、政治学等学科中，SPSS 协助研究人员从大量数据中提炼出宝贵的信息资源，助力理论探索与实证分析。此外，在教育领域，在教育统计与评估研究之中，SPSS 能够深入剖析学生学习成效及教育资源分配效果，为教育政策的科学制定与教育改革的稳步推进提供有力支撑。

5.1.2　专家咨询法介绍

5.1.2.1　专家咨询法概念及特点

20 世纪 40 年代，O. 赫尔姆（Olaf Helmer）和 N. 达尔克（Norman Dalkey）创立了专家咨询法，也叫德尔菲法（Delphi method），是一种利用相关领域专家专业知识和经验的研究手段，通过咨询专家对问题进行研究以及对研究假设进行验证。1946 年，该法经兰德公司首次实践而逐渐得到广泛应用。该方法的核心在于，借助专家的独特视角和精准判断，对研究对象的价值及可行性展开全面评估。该方法主要通过匿名方式进行，通过匿名收集专家意见，在多次信息交流与反馈修正中，使专家意见逐渐趋于统一。该方法将定量与定性分析进行结合，通常被应用于预测、评价，特别是在缺乏直接数据支持时，通过此方法可以有效取得专家共识。

通过研究者直接咨询专家，双方就研究对象展开深入交流，这一方法使研究者能够在短时间内获得来自专业领域的深刻见解与宝贵建议。此方法有助于研究者迅速把握问题核心，深化对专业领域规律与特点的理解。专家咨询法还有助于反映研究问题中存在的潜在风险与机遇，从而为研究工作的深入开展提供更为全面、更为深刻的视角与思考。此外，研究者就复杂多变的问题向具备深厚专业知识和丰富实践经验的专家群体进行意见征询，能够汇聚并利用其智慧与经验对问题展开剖析。通过多轮征询、反馈与修正，专家观点渐趋一致，确保预测与决策的精准可信。

专家咨询法的核心要点在于确保专家意见的独立性与客观性。具体而言，该方法要求被征询的专家以匿名方式发表其见解。同时，专家之间需保持"互不交流"的状态，即避免发生横向联系。此措施旨在避免少数影响力大的专家左右意见，确保每位专家平等独立表达，促进全面、客观、公正的决策。其实质上是一种采用匿名方式进行的反馈函询方法。具有如下特点：一是专家匿名参与。在征集意见时，赋予专家选择匿名的权利。通过隐匿身份，专家得以在无外界干扰的环境下，自由阐述其专业见解与建议，使所提供意见的客观性与公正性得到保证。此外，匿名性亦作为一道屏障，避免专家遭受外界可能给予的压力与批评，使他们能够毫无顾虑地表达真实见解，从而为决策者提供宝贵的专家参考。二是重复反馈。专家咨询法是一种采用多轮问卷调查的专家决策方法。这种方法的关键特点在于它的迭代性质，即通过多轮的反馈和调整，逐步收集到专家们的一致意见。在每一轮的调查中，专家们会被要求提供他们对某一问题的看法和意见。收集这些意见后，专门的组织者会进行详尽的统计分析，以期提炼出核心观点和共识。在分析完成后，组织者会将这些结果以某种形式反馈给参与调查的专家们。让专家们得以洞悉他人观点，并据此对自己的意见进行适时调整。在此过程中，专家们可以看到集体意见的统计数据，但无法知道哪些观点是来自哪位具体专家的。这样的设计有助于避免群体思维和个体影响，确保专家们基于客观的数据和信息来调整自己的观点。三是导向一致。专家咨询法的核心理念在于引导参与者形成共识，或至少使各方观点逐渐趋于一致。该方法通过多轮反馈与讨论环节的实施，系统地对专家意见进行汇集，使彼此间意见分歧逐步缩小，最终凝聚成一个相对统一的预测结论或集体性建议。该过程不仅提高了决策的质量和效率，也确保了决策结果的客观性和公正性。四是灵活性。该方法具备依据研究项目不同需求进行灵活调整与适应的能力。其灵活性体现在多个方面：首先，在问题设计上，专家咨询法能够根据研究目的，精细编排问题，确保问题既覆盖研究广度，又触及研究深度。其次，在调查轮数方面，该方法根据专家反馈灵活调整，若意见分歧大，则适时增加轮次，促进意见逐步统一。最后，反馈方式灵活多样，可根据实际情况选择书面、口头或电子形式，确保信息传递及时且有效。鉴于专家咨询法所展现的诸多特性，其被公认是一种极为高效且可靠的判断预测方法。

5.1.2.2 专家咨询法的应用、原则及实施步骤

（1）专家咨询法的应用及原则

专家咨询法，不仅可以在预测和决策时使用，还可以在评价体系构建、管理沟通策略优化及规划流程设计等多个实践领域使用。该方法的严谨逻辑性与操作灵活性促使其在各行各业中得到广泛传播与应用。在商业领域，专家咨询法能精准评估市场动向与消费者需求，为企业战略规划的制定提供有力支撑；在军事领域，它则成为分析战场态势、为指挥决策提供坚实数据支撑的重要工具；在卫生保健领域，专家咨询法在护理研究中的实践，有效汇聚并整合了多位专家的真知灼见，对于构建护理标准的科学性和制定治疗方案的精准性，均具备重要价值。随着医学研究的不断推进，专家咨询法的作用日益显著，它不仅提升了医疗决策的客观性和科学性，还有效促进了医疗服务质量与效率的双重提高。在教育领域，专家们通过多轮匿名调查与深入讨论，最终在相关问题上达成了共识。借助专家咨询实现模型构建，可提升模型构建的精确性与可靠性，进而对形成普遍共识性理解发挥重要推动作用。教育教学领域的专家咨询法使用不仅助力研究者提炼出更为精准的研究假设，还指导实践中的教学策略优化，最终促进教育质量的全面提升。

专家咨询法在应用时应遵循以下原则：第一，所挑选的专家须具备代表性和权威性。研究者在实施专家咨询法时，所选专家须具有代表性，最好也是相关研究领域、行业的权威人士。这些专家不仅须具备深厚的理论知识，还应在研究相关领域拥有广泛的实践经验，能够深刻洞察并精准把握该领域的发展趋势与前沿动态。第二，咨询设计要措辞准确。研究者的咨询设计需要注意措辞，确保信息清晰表述，不令人产生误解或混淆，保证各专家能够进行准确的判断和分析。研究者应向专家提供尽可能翔实的信息，确保专家能够全面而深入地理解问题。此外，问题的设计应紧密围绕研究目的，具备

明确的目标导向性，避免无谓的发散，确保各事件间联系紧密，共同形成一个相互关联、协调统一的体系。从而方便专家对问题进行深入的探讨和研究，从而得出更为科学、合理的结论。第三，要防止诱导现象的出现。在研究过程中，研究者不得诱导专家。研究者如若将意见和看法强加给专家，不仅会影响调查结果的客观性和公正性，还会影响专家思考及其观点表述。研究者应秉持对专家意见及独立性的高度尊重，避免在研究过程中对专家施加任何形式的不当影响或压力。在研究问题的设计、方法手段的选择，乃至结果分析上，均赋予专家充分的自主决策权，确保他们的专业判断不受外界干扰。

（2）专家咨询法的实施步骤

专家咨询法的实施步骤主要由咨询问题的确立、专家的选择、咨询方案的设计以及咨询结果的整理和分析等构成。

在启动任何科研项目的初步阶段，首要任务是精确界定需要专家指导的具体议题或预测范畴。在此阶段，研究者需深入剖析问题本质，确保全面理解，以便更有效地收集专家见解与建议，且研究问题的设定需兼具明确性与针对性。明确性旨在确保问题表述清晰无歧义，便于同行及参与者准确把握问题的核心要义。而针对性则要求问题紧密聚焦于研究领域的特定层面，摒弃宽泛与模糊，以保障研究的深度与效率，确保研究目标既清晰界定又具体可行，从而在后续研究进程中保持方向明确，集中资源于核心议题，也方便专家能够据此提供更为精确和深入的指导。

在专家挑选的流程中，需细致考量研究问题的本质属性及其所属学科范畴。为确保咨询成果具备深度与广度，所选专家应具备与研究议题相符的专业知识与实战经验，能针对问题或项目提供深刻见解与建设性建议。在专家的遴选上应秉持开放与包容的原则，力求在相应领域内构建一个包含多元视角、多层次、跨学科的专家团队。从而通过多维度、深入细致地剖析，提升咨询结果的全面性与客观性。同时，专家团队的多样性亦能激发创新思维，促进跨领域知识互动与融合，为研究难题的解决贡献更为丰富、深刻的见解与策略。

在设计咨询方案的阶段，研究者需精心规划咨询方式、咨询时间及问题列表等要素。为确保咨询活动高效有序地展开，研究者需严谨规划咨询流程的每一步。首先，对咨询方式进行明确，是采用面对面访谈、电话沟通还是邮件、微信等软件交流。研究者可以基于咨询对象的偏好与实际情况，灵活选用咨询方式。其次，为保障咨询效果，在咨询时间安排上需充分尊重咨询对象的时间表，避免在对方繁忙的时段进行咨询。研究者应在咨询前与咨询对象就咨询时间进行确认。最后，为确保咨询的顺畅进行，研究者在此阶段还需进行咨询问题列表的准备。问题的形式可以是开放式或封闭式，在编制问题列表时，需精心考虑问题的排列顺序及内在逻辑性。

在咨询结果的整理和分析阶段，为掌握具备研究实际指导意义的见解与建议，研究者需对收集的专家意见进行处理，并通过及时系统归纳各类专家意见及建议，从而对其进行精细分类与全面评估，进而识别并筛选出对研究具有价值的观点。在这一阶段，应着重整合并优化这些意见，以期形成更加全面且系统的建议。在整理与分析环节中，研究者还应对可能出现的偏见或误差进行关注，确保能够迅速识别并及时采取恰当措施予以纠正与调整，从而维护结果的客观性与准确性。

5.1.3 结构方程介绍

5.1.3.1 结构方程的概念及分类

（1）结构方程的概念

结构方程模型（Structural Equation Modeling，简称 SEM）是一种融合了多种统计方法的多元模型，常用于社会科学领域的研究。它起源于 20 世纪初，在 20 世纪 70 年代中期，由瑞典统计学家卡尔·约瑞斯科（Karl Joreskog）进一步发展研究。

在数据分析及构建模型的过程中，研究者不仅会遇到能够直接观测和度量的显性变量，还可能遭遇一些无法直接观测和度量的隐性变量。尽管这些隐性变量无法直接测量，但在模型中扮演着至关重要的角色，对其他变量的表现及其相互间的关系产生影响。结构方程模型具备替代传统多元回归分析、路径分析、因子分析以及协方差分析等多种方法的能力。利用结构方程模型，研究者能够清晰地分析单项指标对总体的影响以及单项指标之间的相互作用。结构方程模型作为一种强大的统计分析工具，在职业教育研究中扮演着至关重要的角色。结构方程模型能够同时处理多个因变量和自变量，通过潜变量和观测变量的建模，揭示复杂变量关系中的潜在结构。SEM 的优势在于其能够综合考虑这些因素之间的相互作用，提供更为全面和准确的分析结果。SEM 的应用不仅限于简单的因果关系分析，还能够处理路径分析、中介效应和调节效应等复杂模型。SEM 还能够处理多层次数据，因此研究者可以更深入地理解职业教育中的复杂现象，为政策制定者和教育实践者提供科学依据。

（2）结构方程的分类

结构方程模型主要由测量模型与结构模型两部分组成。测量模型的主要功能在于确立潜在变量与观测变量之间的联系。潜在变量是指那些理论上存在，但无法直接观测或量化的概念，如顾客满意度、智力水平、品牌忠诚度等。相对地，观测变量是指那些通过调查、测试或直接测量手段能够获得的具体数据点，如问卷调查中的具体题目回答。测量模型采用因子分析或主成分分析等手段，在潜在变量与观测变量之间确立线性关系，并对观测变量对潜在变量的贡献度进行量化计算。结构模型描述的是潜在变量间的关系。该模型以路径分析原理为基础，利用因果关系路径图来阐释变量间的直接及间接效应。在结构模型的框架下，潜在变量被划分为受其他变量影响的内生变量和影响其他变量的外生变量。结构模型通过恰当的路径系数设定对变量间的因果关系强度进行估算，并对理论假设的正确性进行验证。作为结构方程模型中描述潜在变量间关系的关键部分，结构模型依据路径分析的原理，通过因果关系路径图对变量间的直接作用与间接作用进行揭示。

5.1.3.2　结构方程的应用及分析步骤

（1）结构方程的应用

结构方程模型中的测量模型能够对潜在变量与观测变量之间的关系进行处理，而结构模型则能够对潜在变量与观测变量之间的因果关系进行处理。这种共存性使得研究者能够在统一的框架内有效地检验复杂的理论模型。与传统的回归分析相比，结构方程模型不仅允许潜在变量的存在，而且强调其重要性。因此，该模型能够更精确地捕捉到现实世界的复杂性和抽象特征。此外，结构方程模型还具备处理多个变量间直接效应、中介效应以及总效应等复杂关系的能力。这一特性让研究者能够更全面地理解变量间的相互作用机制，并揭示潜在变量之间隐秘的联系。在测量模型与结构模型的构建中，结构方程模型均纳入了误差项的考量。这些误差项反映了测量过程中的不精确性、模型设定的不准确性，以及未纳入模型的其他因素所引起的变异。通过纳入误差项，模型得以更精确地评估变量间的关系以及对模型的拟合优度进行评估。在评估模型的拟合度、变量间的因果联系以及路径系数的显著性水平上，结构方程模型还具备包括拟合优度指数、路径系数的显著性检验以及模型比较等多种统计检验手段，能够对模型的合理性和有效性进行系统性的评估。

因其在处理和分析多变量复杂关系方面表现出的高效性以及协助研究者构建和验证理论模型的有效性，结构方程既在学术研究中扮演着重要角色，也在实际应用中展现了巨大潜能，其在社会科学、心理学、经济学、市场营销等多个领域均有着广泛运用。在社会科学领域，研究者可借助结构方程对社会现象背后的多种因素及其相互作用进行分析，从而更深入地对社会结构和行为模式进行了解。在心理学领域，结构方程能够辅助对个体行为与心理状态之间的复杂联系进行揭露，从而为心理干预和治疗提供科学支撑。在经济学领域，它可以协助经济学家对市场动态、消费者行为以及经济政策的影响进行分析，从而制定更为有效的经济策略。

（2）结构方程的分析流程

结构方程模型的构建过程包括构建模型、模型拟合评估以及进行模型检验等多个环节。作为模型构建的基础，理论框架的设定要求研究者对研究议题进行明确，提出合理的假设，依据现有理论及相关研究基础，对各变量间的潜在联系进行界定。在此阶段，研究者对测量模型和结构模型进行设定。研究者可借助路径图对变量间的因果关系和测量关系，构建理论框架，为后续研究提供支持。此阶段还要求研究者深入回顾文献，以确保所提出假设的科学性和合理性。作为检验模型是否能合理解释数据的关键环节，在模型拟合与评估阶段，研究者通常会采用 AMOS、Mplus 等统计软件对模型进行拟合，并评估模型的拟合度。卡方与自由度的比值（χ^2/df）、均方根误差近似（RMSEA）、比较拟合指数（CFI）和塔克－刘易斯指数（TLI）等是此阶段常用的拟合指数。通过对这些拟合指数与标准值展开比较，研究者可以对模型是否与实际数据相符进行判定、评估，进而修正和优化模型。若模型的拟合度未达预期标准，将进入模型修正阶段。为提升模型的解释力和预测能力，确保最终模型能更准确地解释各变量间的复杂关系，研究者需进行模型的修正。研究者可以通过模型扩展（如采用修正指数）或模型限制（如采用临界比率）来进行修正。

本书旨在通过对职业教育服务乡村文化振兴的影响因素进行分析，厘清其内在机理，从而为职业教育赋能乡村文化振兴提供相应意见建议。前文研究表明，职业教育服务乡村文化振兴系统的运行受多方力量和多种因素制约，如服务动因和服务能力等，这些因素不仅难以直接量化，而且彼此间相互作用关系错综复杂。因此，研究中若未使用恰当的研究方法，将难以厘清该运行系统中各因素关系，难以对所构建的职业教育服务乡村文化振兴影响因素模型的适切性进行判断，也无法对各变量之间的直接和间接效应进行确定。虽然聚类分析、主成分分析等多种技术可用于探讨相关问题，但回归分析和探索性因子分析在应用中常面临研究结果缺乏验证性的挑战。而相较之下，结构方程模型具有揭示影响因素间的相互作用，并通过路径系数或载荷系数来展示这些因素之间相关性的优势。本书中探讨的职业教育服务乡村文化振兴影响因素，需借助多种可视化变量来阐释潜在变量。因此，结构方程对于本书而言具有适用性及可行性。

5.1.3.3　Amos 软件介绍

本书选用 Amos26.0 进行分析。Amos 是由美国 SPSS 公司专为结构方程模型开发出来的用于分析设计的统计软件包。作为 SPSS Statistics 软件包的一个独立且扩展的模块，它与 SPSS 软件实现了紧密集成，使用户能够在 SPSS 中，完成数据管理和初步分析，再无缝转移至 Amos 以执行更复杂的 SEM 任务。

Amos 具备直观的用户界面以及操作流程，即使是没有专业背景的用户也能够轻松地学会使用它。此外，通过其图形化界面的帮助，用户可以直观地进行模型的创建和修改工作，而无须具备复杂的编程技能。这种设计使得 Amos 不仅适合专业人士，也大大降低了普通用户的学习门槛，使得他们能够迅速上手并有效地利用 Amos 进行各种任务。该软件支持结构方程模型、路径模型、因子分析以及回归分析等多种建模方式，不仅具备基础的统计分析方法，还具有多组比较、多重群组分析等复杂模型分析功能。为了进一步提高模型的准确性和可靠性，该软件还可以提供多重拟合统计量，便于用户对模型的拟合度和精确性进行评估。此外，该软件兼容性极佳，能够支持 Excel、SPSS、SAS 等多种数据格式的导入，并且分析结果可以轻松地反向导出至 Excel 或 SPSS 等软件，极大地简化了数据输入与处理的流程。新版 Amos 显著增强了其建模与分析能力，新增了探索性因子分析模型、辅助多群组分析功能、高级文本输出选项以及扩展的 Amos 编程环境，为用户提供了更加便捷的模型创建与验证工具。

该软件的兼容性、高效性、图形化使其具有广泛的适用性。在教育学、心理学、经济学等研究领域，面对众多变量之间的复杂关系处理，无论是进行统计分析还是模型验证，无论是进行理论检验还是实证研究，Amos 都能为研究者提供有力支撑。Amos 的灵活性和多元功能使其成为各个领域研究者的重要工具，极大地提高了研究的效率和准确性。

5.1.4　研究流程分析

研究者着手开发职业教育服务乡村文化振兴影响因素量表，旨在系统识别并厘清这些影响因素的内在关系，从而为职业教育更好地服务乡村文化振兴提供科学指导。在量表开发过程中，前期深入探索和扎根理论分析共识别出五大范畴，如服务动因、服务保障、服务能力等，以及 16 个相关概念，如发展需求、乡村资源、文化认同等，这些为研究者开发职业教育服务乡村文化振兴影响因素量表提供了关键线索。基于这些前期研究基础，研究者进一步对获取的这些概念、范畴进行整合，从中提炼和提取出问卷的关键题项，最终构建了一个包含 72 个题项的职业教育服务乡村文化振兴影响因素的问卷项目库。在问卷设计的后期阶段，为确保问卷项目的有效性和可靠性，研究者采用专家咨询法来检验问卷的内容效度。研究者通过咨询 5 位行内专家的专业意见和建议，对问卷题项进行优化整合，最终形成包含 28 个选项的职业教育服务乡村文化振兴影响因素初始问卷。

研究过程中，为确保被调查者都能够根据自身真实情况参与回答，本书问卷设计环节遵循了李克特五级量表的标准化评估方法。问卷中，在五个明确界定的等级上让被调查者表现其观点和态度。答案选项包括"非常同意""同意""一般""不同意""非常不同意"五个等级。同时，这些选项也相应分别被赋予 5、4、3、2、1 分值，以便于量化分析。

为确保问卷调查结果的一致性和稳定性，同时优化问卷设计，提升研究的论证力度和可信性，本书共进行了两次问卷发放。在明确了初始问卷的内容框架后，研究团队采用了滚雪球抽样法，启动了首轮问卷数据的收集工作，成功发放了 435 份问卷。这一轮数据收集的主要目的是检验问卷的信度和效度，以确保问卷能够准确地收集到研究所需信息。第一轮问卷数据收集到后，利用 SPSS 软件对这些数据进行分析。借助项目净化与探索性因子分析的方法，课题组对初始问卷的每一项内容都进行了细致的分析、检验，并据此进行了相应的调整。在该环节，对初始问卷进行持续优化，最终将问卷题项由 28 个缩减至 24 个。

在对初始问卷进行必要的修改后，研究团队启动了第二阶段的数据收集工作。这一阶段的主要目的是通过信度和效度分析，重新验证问卷的可靠性和有效性，确保问卷经过调整后仍能保持高质量。这一轮依然用滚雪球抽样法进行问卷调查，共发放问卷 574 份。在这一轮数据收集完成后，再次利用 SPSS 软件对数据进行重新测量和分析，以验证新量表的信效度，通过反复的检验和优化，确保新问卷量表在研究过程中具有稳定性和可靠性。分析结果表明，新职业教育服务乡村文化振兴量表具有良好的信效度。

在上述研究的基础上，提出职业教育服务乡村文化振兴影响因素研究 6 个假设并对其进行检验。提出的研究假设包括：第一，服务动因正向影响服务能力及研究假设；第二，服务动因正向影响服务效果；第三，服务能力正向影响服务效果及研究假设；第四，服务能力在服务动因和服务效果之间起到中介作用；第五，服务保障调节服务能力在服务动因和服务效果之间的中介作用；第六，服务方式调节服务能力在服务动因和服务效果之间的中介作用。研究者运用结构方程对上述假设进行拟合检验、路径分析、中介效应以及调节效应检验。检验结果表明：服务动因对服务能力具有正向影响；服务动因对服务效果具有正向影响；服务能力对服务效果具有正向影响；服务能力在服务动因和服务效果之间起到中介作用；服务保障以及服务方式调节服务能力在服务动因和服务效果之间的中介作用的假设成立。

5.2 职业教育服务乡村文化振兴影响因素及量表开发

在职业教育服务乡村文化振兴影响因素及量表开发过程中，严格遵循丘吉尔（Churchill）所制定的量表开发指导建议。首先，设计问卷，确保问卷内容全面且针对性强。其次，实施项目有效性测试，评估问卷在测量目标变量方面的准确性和有效性。再次，启动第一轮问卷数据收集工作，以获取初步的数据支持。在收集到初步数据后，对其进行分析、评估，并针对问卷不足之处进行必要的修改与优化。最后，在修改问卷的基础上，开展第二轮问卷数据收集工作，进一步充实和完善数据集。基于第二轮数据收集的结果，重新测量量表的信度和效度，进一步验证其可靠性和有效性[①]。

5.2.1 初始量表开发及修订

5.2.1.1 初始量表开发

（1）问卷设计目的

本问卷的设计初衷旨在通过收集乡村工作者、职业院校教师、学生等多方面意见反馈，深入且系统地探究与分析影响职业教育助力乡村文化振兴效果的五大影响因素，为后续识别这些因素在职业教育服务乡村文化振兴系统内的关系奠定翔实、可靠的原始数据基础。

（2）问卷对象选取

在设计问卷，选取调查对象时，应考虑目标受访群体是否能够广泛覆盖并深入探究其与研究目标之间的多维度关联，从而获取多元化数据，实现对研究

---

① CHURCHILL JR G A. A Paradigm for Developing Better Measures of Marketing Constructs [J]. *Journal of Marketing Research*, 1979, 16(1): 64-73.

主题的全面分析与理解。为了确保调研成果具备广泛性与代表性，研究者特别选定以下几类对象作为问卷发放目标群体。一是乡村工作者。乡村工作者因为工作关系，与乡村的关系密切，对乡村文化发展情况以及需求有着深入了解，对职业教育如何更好服务乡村文化振兴有着直观的感受与独到的见解。二是职业院校师生。职业院校师生是职业院校服务乡村文化振兴的主体，职业院校教师直接参与职业院校教学管理工作，十分熟悉职业教育教学内容、教学手段、教学资源等。同时，职业院校教师也是职业院校参与社会服务的主力，在他们的带领下，职业院校学生积极参与乡村文化振兴。对这类群体进行调查，有助于获取职业院校乡村服务的第一手资料。三是政府乡村振兴工作推进相关部门。作为乡村振兴战略的引领者与执行者，该群体在职业教育服务乡村文化振兴的政策导向、资源投入、制度保障等层面具有全局性的把握。来自该群体的问卷数据将为研究提供来自政策层面的支撑与指导。四是包括乡村企业在内的社会力量群体。该群体是乡村文化振兴的重要参与力量，对其进行调查有助于了解来自多个领域及不同层次群体对职业教育服务乡村文化振兴的理解，便于丰富研究数据，从而为研究提供更为全面的参考。

（3）问卷设计原则

为了确保问卷的有效性和可靠性，在设计职业教育服务乡村文化振兴影响因素问卷时，应遵循以下原则。一是目的性原则。本次问卷的最终目的是分析职业教育服务乡村文化振兴的五大影响因素及内在机理。设计问卷时，每一题项应聚焦于该研究主题与目标，剔除一切无关或偏离主题的内容。二是逻辑性原则。问卷中的问题应表述清晰，易于理解，避免出现含糊不清、模棱两可的语言，问题设置应符合职业教育服务乡村文化振兴内在规律，问题与问题之间具备内在联系，便于被调查者理解。三是易于接受原则。将受调查者的接受度与心理感受纳入问卷设计考虑因素，注意问卷措辞与语气，对受调查者保持尊重，采用匿名方式开展问卷调查，避免引发受调查者的反感或抵触情绪。采用线上问卷形式，以问卷星作为问卷发布平台，并且精简问卷内容，将答题时长控制在30分钟以内，在保证问卷质量的同时，减少受调查者的时间、精力消耗。四是易于整理分析原则。问卷设计时，考虑后续统计分析需求，采用李克特量表五级量表进行问题选项的设置，方便数据的录入、分析与整理。

（4）问卷设计方法

德威利斯（DeVellis）在其研究中指出，为了确保量表具有全面性和代表性，理想的项目库规模应当是最终选定的量表项目数量的5倍，而此比例的下限应不低于1.5倍[①]。基于这一指导原则，课题组在中国知网上进行了广泛的文献检索，以掌握职业教育在服务乡村文化振兴方面的现有研究状况。通过这一过程，课题组也对当前学界的研究进展和存在的问题进行梳理，从而为研究提供坚实的理论基础。在文献综述的基础上，研究者深入应用扎根理论的编码手段，对所收集的资料与数据进行了全面而深入的分析，挖掘并提炼出核心的概念与范畴。这些源自实践、经过抽象化处理的理论框架，为后续制定问卷题项提供了坚实的理论支撑。随后，基于这些概念和范畴的细致剖析，研究者设计了一系列问卷题项，并最终构建了一个包含72个问卷题项的项目库。

5.2.1.2　初始量表修订

（1）专家咨询目的

为确保职业教育服务乡村文化振兴影响因素问卷设计的准确性与有效性，课题组向相关领域的专家进行咨询，以专业角度审视问卷的合理性、科学性与针对性。通过专家咨询，深入剖析职业教育在助力乡村文化振兴中的核心议题，从而提高问卷设计的针对性。同时，结合专家在职业教育与乡村文化振兴领域的实战经验，从实践层面指导问卷设计，增强问卷的实用性与可操作性，

---

① SU X, LI X, WU Y, et al. How is Intangible Cultural Heritage Valued in the Eyes of Inheritors? Scale Development and Validation［J］. *Journal of Hospitality & Tourism Research*, 2020, 44(3): 806-834.

确保问卷成果能有效服务于实践探索。通过专家的反馈与指导，及时修正问卷设计中存在的不足，在持续优化过程中，提升问卷的有效性与可靠性。

（2）专家咨询过程

在此过程中，专家咨询法被运用于收集咨询专家对职业教育服务乡村文化振兴影响因素问卷题项的专业意见和建议。主要通过微信发送问卷并与各专家深入沟通。专家通过背靠背评审，确保问卷修订过程的公正性与客观性。同时，在专家咨询过程中，课题组需确保将问卷修改内容真实、详尽地反馈给专家，旨在最终形成相对一致的观点，从而为问卷的实践应用奠定坚实的理论基础与决策依据。

课题组经过细致的考虑与规划，挑选与研究主题高度相关，且具备相关实践经验的专家学者作为咨询对象，并且确保所选专家的代表性和专业性。最终，共确定五位专家。这些专家主要来自职业教育与乡村文化工作领域，他们不仅了解职业教育，而且具备乡村文化相关工作经验。随后，课题组通过一对一的微信咨询形式，与上述专家学者就问卷题项内容进行深入交流。

课题组将针对职业教育服务乡村文化振兴影响因素的问卷分发给五位专业领域专家，以征询他们对问卷项目设置的专业意见。具体而言，一是咨询专家当前问卷中哪些项目可以保留。二是对于问卷中需要修改的项目，先咨询专家是否可以通过对这些项目进行修订、合并来保留相关项目，若不能修订或合并，再咨询专家意见，决定是否需要调整相关项目的维度。最后，在无法调整的情况下，询问专家是否应该删除某些项目。在收集和整理专家的反馈后，本研究团队对问卷项目库进行了筛选。筛选工作的具体流程如下：先剔除两名或两名以上专家建议删除的项目；三是对两名或两名以上专家建议修改、合并的项目进行修改、合并；四是对有两名或两名以上专家建议调整维度的项目进行相应维度的调整。

经过专家评审后，课题组再次对问卷题项进行了审视，并对问卷进行了修改。修改过程涵盖题项的删减、调整与合并，并剔除可能引发混淆或不必要的冗余内容，确保问卷题项能够精确聚焦于研究目标。经过一系列的设计与优化，经历两轮的专家咨询，各位专家对问卷项目达成共识。课题组最终构建了一个包含 28 个题项的初始量表，为后续的实证研究提供了坚实而可靠的基础。该量表的具体内容按职业教育服务乡村文化振兴五大因素进行编排，共分为 5 部分。SD1—SD7 选项关于服务动因；SG1—SG5 选项关于服务保障；SC1—SC6 选项关于服务能力；SM1—SM5 选项关于服务方式；SE1—SE5 选项关于服务效果。具体如表 5.1 所示。

表 5.1 职业教育服务乡村文化振兴影响因素初始量表

序号	因子	题项内容	题项来源
1	服务动因	SD1 乡村具有内在发展需求	Miller[1]；胡洪斌，柯尊清[2]；扎根理论分析
2		SD2 乡村所持资源影响其发展	
3		SD3 乡村文化振兴离不开村民对乡村的文化认同	
4		SD4 村民在乡村文化振兴中需要转变思想	
5		SD5 乡村文化的振兴离不开各类人才	
6		SD6 乡村需要对文化振兴进行规划	
7		SD7 乡村发展对技术有需求	
8	服务保障	SG1 政府是乡村文化振兴的指导者、支持者、合作者	林克松，刘璐璐[3]；周柏春[4]；扎根理论分析
9		SG2 政府的财政投入力度关乎乡村的发展	
10		SG3 政府财政支持可以提高社会力量服务乡村的积极性	
11		SG4 政府政策保障对乡村发展很重要	
12		SG5 政府需完善组织机制体制，提高乡村文化振兴服务能力	

① MILLER B A. Rural Distress and Survival the School and the Importance of "Community" [J]. *Journal of Research in Rural Education*, 1993, 9(2): 84-103.

② 胡洪斌，柯尊清. 乡村文化资源保护与利用的三重维度 [J]. 理论月刊，2020（10）：99-107.

③ 林克松，刘璐璐. 后扶贫时代职业教育服务乡村振兴的角色困境及行动策略 [J]. 职教论坛，2021，37（11）：36-42.

④ 周柏春. 中国特色乡村文化振兴道路的内在机理与推进策略 [J]. 学术交流，2021（7）：141-150.

续表

序号	因子	题项内容	题项来源
13	服务能力	SC1 职业院校需要联合政府、企业及其他社会力量共同参与乡村文化振兴	Schafft[1]；吴一鸣[2]；扎根理论分析
14		SC2 职业教育与乡村具有一致的发展目标	
15		SC3 职业院校高质量发展目标促使其参与乡村文化振兴	
16		SC4 学校领导、师生对乡村的认知影响职业院校乡村文化振兴推行效果	
17		SC5 职业教育服务乡村文化振兴是对乡村发展需求的响应	
18		SC6 职业院校可以通过整合内部课程、专业、师资等资源服务乡村文化振兴	
19	服务方式	SM1 乡村文化振兴离不开社会力量的参与	Edwards 等[3]；瞿晓理[4]；扎根理论分析
20		SM2 企业投资乡村会考虑项目能否带来效益	
21		SM3 企业投资乡村项目会考虑项目能否为产品增值，提高销售额	
22		SM4 企业与乡村合作的基础是乡村具有可开发资源	
23		SM5 社会各界在社会责任感的影响下投身乡村服务	
24	服务效果	SE1 乡村各利益相关者能否创造共享价值事关乡村能否得到长远支持与发展	吴春梅，庄永琪[5]；张学昌[6]；扎根理论分析
25		SE2 乡村文化振兴重建了文化秩序，促进了乡风文明	
26		SE3 企业融入乡村建设既开发了乡村资源又促进了企业进一步发展	
27		SE4 职业院校与企业合作既提升了职业院校办学能力又促进了企业发展	
28		SE5 社会力量协同参与提升了乡村文化振兴服务效果	

① SCHAFFT K A. Rural Education as Rural Development: Understanding the Rural School—community Well-being Linkage in a 21st-century Policy Context［J］. *Peabody Journal of Education*, 2016, 91(2): 137-154.

② 吴一鸣. 乡村振兴中职业教育的"角色"担当［J］. 现代教育管理, 2019（11）: 106-110.

③ EDWARDS B, GOODWIN M, PEMBERTON S, et al. Partnerships, Power，and Scale in Rural Governance［J］. *Environment and Planning C: Government and Policy*, 2001, 19(2): 289-310.

④ 瞿晓理. 职业教育"赋能"乡村振兴: 实践与优化［J］. 职业技术教育, 2021, 42（13）: 59-64.

⑤ 吴春梅, 庄永琪. 协同治理: 关键变量、影响因素及实现途径［J］. 理论探索, 2013（3）: 73-77.

⑥ 张学昌. 乡村文化振兴的社会参与机制——基于协同治理的视角［J］. 新疆社会科学, 2022（4）: 163-172.

5.2.2 初次问卷发放及检验

5.2.2.1 问卷项目净化

在问卷研究的初步分析阶段，调查问卷的回收与整理工作是研究的基础性步骤。在这一环节中，只有细致缜密、严谨有序，才能保障后续数据分析工作的顺畅进行。通过问卷的回收与整理，能够精确筛选出有效数据，排除无效或信息不全的问卷。这一过程不仅有助于深入了解调查对象的基本情况，而且为后续的探索性影响因子分析提供了明确的思路与方向，从而确保了研究的精确性与可靠性。

2023 年 5 月 11 日至 5 月 16 日，研究团队采用滚雪球抽样法来实施首次问卷调查。被调查者性别、年龄段、最高学历、职业等背景资料统计结果如表 5.2 所示。

表 5.2　首次问卷样本分布情况

变量	分类	频率	百分比（%）
性别	男	146	35.7
	女	263	64.3
年龄段	19 岁及以下	87	21.3
	20—29 岁	186	45.5
	30—39 岁	65	15.9
	40—49 岁	50	12.2
	50—59 岁	16	3.9
	60 岁及以上	5	1.2

续表

变量	分类	频率	百分比（%）
最高学历	高中以下	28	6.8
	高中	43	10.5
	大专	74	18.1
	本科	208	50.9
	硕士及以上	56	13.7
职业	务农人员	14	3.4
	村干部	16	3.9
	企业职员	55	13.4
	公务员 / 政府机构人员	33	8.1
	教育工作者 / 事业单位人员	78	19.1
	学生	135	33
	民营或个体劳动者	36	8.8
	其他	42	10.3

数据来源：根据问卷调查数据整理。

课题组通过问卷星平台，共派发了 435 份问卷，并且全部成功收回了。在筛选过程中，研究团队剔除答案选项存在自相矛盾或者呈现出明显规律性模式的问卷，最终获得了 409 份有效问卷。据此，问卷整体回收率达到 94.02%。

在问卷的基本构成方面，本书采用了李克特五级量表来进行量化测量。在数据处理方面，本书运用了 SPSS 和 Excel 两款软件，对筛选出来的有效数据进行了极端值分析和缺失值处理。值得注意的是，未经处理的问卷项目在实施因子分析时容易出现多维度的情况，进而对变量之间的关系分析造成不利影响。因此，Churchill 在 1979 年提出，在初始问卷的测量题项筛选和净化过程中，应该采用因子分析方法 ①。在本书中，主要依据三个标准来对量表题项进行净化和修正。首先，如果一个项目的决断值，即 C.R. 值小于 3，那么该项目将被删除；其次，如果一个项目的共同变异性，即 CITC 小于 0.4，那么该项目也将被删除；最后，如果删除某个项目之后，信度系数克隆巴赫系数（Cronbach's α）的值大于所有其他变量的 Cronbach's α 值，则该项目同样会被删除。

依据既定的净化和修正标准，课题组对本次研究中涉及的 5 个变量所包含的 28 个题项进行了总分计算，并根据总分的高低，将样本分为前 27% 和后 27% 两组，分别将高分组、低分组，赋值 1，2，采用独立样本 t 检验对各题项进行了分析。根据 t 值，即 C.R. 值 ≥ 3，以此标准判断题项的区分度，如果 C.R. 值 ≥ 3，说明题项的区分度较好，可以保留；如果 C.R. 值 < 3，说明该题项的区分度较差，需要删除。从表 5.3 可知，其中 28 个条目的 C.R. 均大于 3，因此所有题项均满足保留条件。题总相关测试旨在评估各题项与问卷总分之间的相关性。若题项和题项总分的相关性过低或过高，均说明题项存在问题。相关性过低，意味着题项的同质性不足，而相关性过高则可能表明题项测量的内容并非同一维度。通常，题总相关系数需要大于 0.4，说明题项合格，需要保留；低于 0.4，应予以删除。根据表 5.3 的分析结果可知，题项 SM3、SD4、SD6、SD7 的总体相关系数均小于 0.4，故需要删除，其他各题项的相关系数介于 0.423—0.668 之间，其显著差异具有统计学意义（$p < 0.01$），故 24 个题项可以保留。采用删除题项后 α 值检验的方法进行分析，如果删除某一道后 Cronbach's α 值提高了的题项应该予以删除。预测问卷的 28 项的总 Cronbach's α 系数为 0.908、其中 SM3 题项删除有明显提高。故需要删除 SM3 这个题项。经过上述分析，课题组删除了题项 SM3、SD4、SD6、SD7，最终保留下了 24 个题项，以确保研究的严谨性和问卷的有效性。具体情况如表 5.3 所示。

---

① CHURCHILL JR G A. A Paradigm for Developing Better Measures of Marketing Constructs ［J］. *Journal of Marketing Research*, 1979, 16(1): 64-73.

表 5.3　项目分析汇总

题项	C.R.	CITC	删除项后的 Cronbach's α 系数	未达标数目	是否删除
SG1	13.33	0.546	0.904	0	保留
SG2	14.593	0.668	0.902	0	保留
SG3	14.941	0.642	0.902	0	保留
SG4	16.077	0.632	0.903	0	保留
SG5	10.522	0.547	0.904	0	保留
SM1	10.726	0.529	0.904	0	保留
SM2	10.32	0.449	0.906	0	保留
SM3	5.175	0.207	0.911	1	删除
SM4	9.732	0.462	0.906	0	保留
SM5	9.404	0.459	0.906	0	保留
SD1	9.816	0.552	0.904	0	保留
SD2	10.402	0.478	0.905	0	保留
SD3	10.876	0.539	0.904	0	保留
SD4	6.012	0.340	0.908	1	删除
SD5	10.468	0.50	0.905	0	保留
SD6	7.931	0.328	0.908	1	删除
SD7	7.164	0.309	0.908	1	删除
SC1	9.603	0.436	0.906	0	保留
SC2	10.333	0.423	0.906	0	保留
SC3	9.203	0.441	0.906	0	保留
SC4	10.762	0.491	0.905	0	保留
SC5	10.46	0.485	0.905	0	保留
SC6	12.371	0.507	0.905	0	保留
SE1	9.695	0.513	0.905	0	保留
SE2	10.357	0.541	0.904	0	保留
SE3	10.2	0.558	0.904	0	保留
SE4	9.348	0.517	0.905	0	保留
SE5	9.996	0.538	0.904	0	保留
标准	≥ 3	≥ 0.4	< 0.908	0	保留

数据来源：根据结构方程数理分析整理而得。

5.2.2.2 探索性因素分析

在评估量表效度指标的过程中，研究者采用探索性因素分析方法进行判断。分析结果显示，若检验统计量，即 KMO 值大于 0.9，且巴特利特（Bartlett）球形度检验的显著性水平 p 值小于 0.05，则说明该问卷极为适宜开展因子分析。若 KMO 值位于 0.8 至 0.9 之间，表明问卷具有较高的适宜性；若 KMO 值位于 0.7 至 0.8 之间，则适宜性一般；若 KMO 值位于 0.6 至 0.7 之间，则适宜性较低；而当 KMO 值小于 0.5 时，则表明该问卷不适宜进行因子分析。

由表 5.4 数据可知，本次因子分析结果 KMO=0.866 > 0.6，且 Bartlett 球形度检验结果 p < 0.001，说明该量表适合进行因子分析。

表 5.4　KMO 和 Bartlett 检验

KMO 取样适切性量数		0.866
Bartlett 球形度检验	χ^2	6408.861
	df	276
	p	0.000

数据来源：根据结构方程数理分析整理而得。

在方差解释率分析过程中，若单一因子的特征值大于 1，并且该特征值的方差解释率高于 3%，则可视为存在一个独立的因子。

课题组从该量表中提炼出六个核心因子。这些因子累积方差解释率达到 74.779%，这意味着它们能够涵盖并解释数据中大部分的变异情况，具体数据如表 5.5 所示。

表 5.5　总方差解释度

成分	初始特征值			旋转载荷平方和		
	总计	方差百分比	累积（%）	总计	方差百分比	累积（%）
1	8.017	33.403	33.403	3.877	16.156	16.156
2	2.601	10.84	44.243	3.665	15.272	31.428
3	2.398	9.993	54.236	3.089	12.871	44.3
4	2.052	8.549	62.785	2.916	12.152	56.451
5	1.874	7.809	70.595	2.778	11.574	68.025
6	1.004	4.184	74.779	1.621	6.753	74.779
7	0.606	2.524	77.303			
8	0.575	2.396	79.699			
9	0.518	2.158	81.857			
10	0.473	1.97	83.827			
11	0.446	1.859	85.686			
12	0.405	1.688	87.374			
13	0.396	1.652	89.026			
14	0.344	1.433	90.459			
15	0.324	1.352	91.81			
16	0.302	1.259	93.07			
17	0.274	1.14	94.209			
18	0.26	1.084	95.293			
19	0.238	0.99	96.283			
20	0.221	0.921	97.205			
21	0.218	0.908	98.113			
22	0.189	0.789	98.902			
23	0.169	0.704	99.606			
24	0.095	0.394	100			

数据来源：根据结构方程数理分析整理而得。

在确定了这六个因子之后，课题组进一步对旋转后的成分矩阵（包括共同度）进行了深入分析，发现题项 SC2 和 SC5 存在分类不当的问题，如表5.6 所示。因此，删除这两个题项。

表 5.6　旋转因子载荷和共同度

题项	成　分						共同度
	1	2	3	4	5	6	
SG1	0.832						0.768
SG2	0.819						0.815
SG3	0.835						0.807
SG4	0.772						0.735
SG5	0.811						0.731
SM1			0.847				0.795
SM2			0.872				0.8
SM4			0.836				0.753
SM5			0.821				0.723
SD1					0.804		0.719
SD2					0.798		0.682
SD3					0.712		0.608
SD5					0.848		0.754
SC1				0.809			0.714
SC2						0.862	0.879
SC3				0.775			0.647
SC4				0.835			0.776
SC5						0.821	0.862

续表

题项	成　分						共同度
	1	2	3	4	5	6	
SC6				0.8			0.727
SE1		0.819					0.733
SE2		0.877					0.814
SE3		0.795					0.719
SE4		0.792					0.683
SE5		0.791					0.702

数据来源：根据结构方程数理分析整理而得。

接着，删除题项后，本书再次进行探索性因子分析。分析结果显示
KMO 值为 0.885，大于 0.6 的标准，同时 Bartlett 球形度检验也显示 p 值小
于 0.001，这表明数据非常适合进行因子分析。具体情况如表 5.7、表 5.8、
表 5.9 及图 5.1 所示。

表 5.7　KMO 和 Bartlett 检验

KMO 取样适切性量数		0.885
Bartlett 球形度检验	χ^2	5697.749
	df	231
	p	0.000

数据来源：根据结构方程数理分析整理而得。

表 5.8　总方差解释度

成分	初始特征值			旋转载荷平方和		
	总计	方差百分比	累积（%）	总计	方差百分比	累积（%）
1	7.542	34.284	34.284	3.757	17.076	17.076
2	2.433	11.059	45.343	3.646	16.572	33.648
3	2.296	10.434	55.777	3.078	13.99	47.638
4	2.051	9.322	65.098	2.906	13.207	60.845
5	1.832	8.329	73.428	2.768	12.583	73.428
6	0.593	2.695	76.123			
7	0.523	2.377	78.5			
8	0.516	2.344	80.845			
9	0.473	2.149	82.994			
10	0.443	2.015	85.009			
11	0.404	1.837	86.846			
12	0.396	1.802	88.648			
13	0.344	1.565	90.213			
14	0.325	1.476	91.69			
15	0.302	1.375	93.064			
16	0.274	1.243	94.308			
17	0.251	1.14	95.448			
18	0.242	1.099	96.547			
19	0.219	0.994	97.541			
20	0.203	0.922	98.463			
21	0.18	0.817	99.28			
22	0.158	0.72	100			

数据来源：根据结构方程数理分析整理而得。

表 5.9　旋转成分矩阵

题项	成分					提取
	1	2	3	4	5	
SG1	0.856					0.771
SG2	0.841					0.813
SG3	0.841					0.804
SG4	0.78					0.733
SG5	0.825					0.732
SM1			0.848			0.795
SM2			0.871			0.797
SM4			0.837			0.749
SM5			0.821			0.721
SD1					0.805	0.719
SD2					0.798	0.679
SD3					0.713	0.598
SD5					0.848	0.754
SC1				0.809		0.701
SC3				0.775		0.647
SC4				0.834		0.776
SC6				0.801		0.724
SE1		0.818				0.728
SE2		0.877				0.813
SE3		0.794				0.717
SE4		0.792				0.682
SE5		0.791				0.701

数据来源：根据结构方程数理分析整理而得。

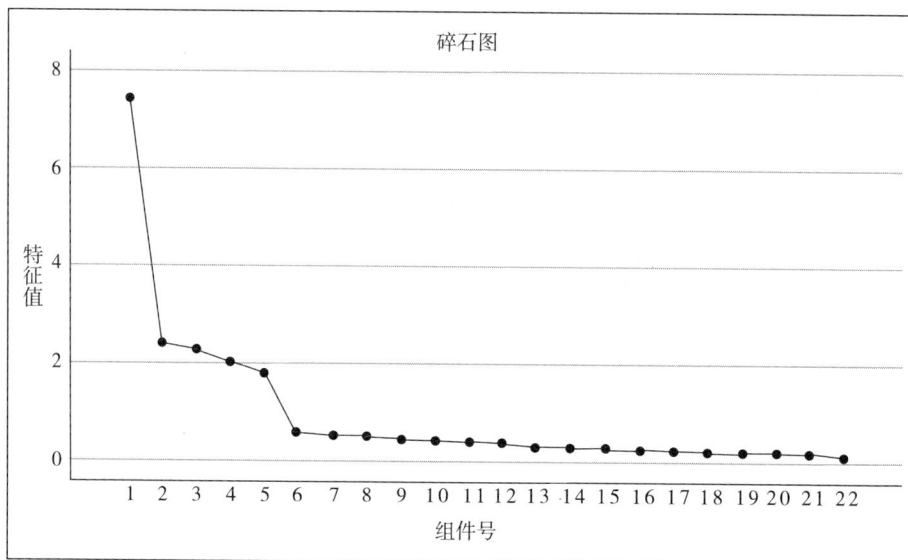

图 5.1　碎石图

数据来源：根据结构方程数理分析整理而得。

在删除了 SC2 和 SC5 之后，课题组采用最大方差法再次进行分析，最终得到了 5 个主要成分。根据扎根编码结果将第一个主成分命名为服务保障，方差解释度为 17.076%；第二个主成分命名为服务效果，方差解释度为 16.572%；第三个主成分命名为服务方式，方差解释度为 13.99%；第四个主成分命名为服务能力，方差解释度为 13.0227%；第五个主成分命名为服务动因，方差解释度为 12.583%。

5.2.3　正式问卷及数据分析

5.2.3.1　共同方法偏差检验

2023 年 6 月 6 日至 6 月 16 日，课题组再次通过滚雪球抽样法开展问卷调查。被调查者的性别、年龄、最高学历、职业等背景资料统计结果如下表 5.10 所示。

表 5.10　正式问卷样本分布情况

变量	分类	频率	百分比
性别	男	194	36.10
	女	343	63.90
年龄段	19 岁及以下	116	21.60
	20—29 岁	250	46.55
	30—39 岁	83	15.46
	40—49 岁	59	10.99
	50—59 岁	23	4.28
	60 岁及以上	6	1.12
最高学历	高中以下	37	6.89
	高中	56	10.43
	大专	99	18.44
	本科	273	50.84
	硕士及以上	72	13.40
职业	务农人员	17	3.17
	村干部	20	3.72
	企业职员	67	12.48
	公务员 / 政府机构人员	45	8.38
	教育工作者 / 事业单位人员	101	18.81
	学生	183	34.08
	民营或个体劳动者	47	8.75
	其他	57	10.61

数据来源：根据问卷调查整理而得。

在本次调查中，共发放了 574 份问卷，并成功收回了 537 份有效问卷，问卷的有效率达到 93.55%。

信度，即可靠性，是评估问卷可信度的关键因素，它直接关系到问卷的可信度，主要体现在检验结果的持续性、一致性、重现性以及稳定性上。优质的测量工具应当具备良好的内在信度，即在同一被测对象进行多次测量时，其结果应始终保持一致，以确保结果的可信性。在评估量表的内在信度时，研究者通常采用 Cronbach's α 系数作为衡量标准。该系数的值越高，表明量表内各项目的结果越趋于一致，从而反映出量表的信度越高。当 Cronbach's α 系数低于 0.6 时，则表明量表的信度较低，需要对问卷进行重新编制或对其中存在争议的指标进行筛选。而 Cronbach's α 系数位于 0.7 至 0.8 之间则表示问卷数据结果较为稳定；若超过 0.9，则说明问卷数据结果极为稳定。本书采用上述方法评判问卷的各变量，服务保障、服务方式、服务动因、服务能力、服务效果的相应信度结果如表 5.11 所示。由表 5.11 中的数据可知，本次问卷调查各变量信度值为 0.839—0.929，总量表的信度为 0.906，因此结果稳定性较高，具有一定的可信度。

表 5.11　各变量的信度检验

变量	题项	Cronbach's α 系数
服务保障	5	0.929
服务方式	4	0.894
服务动因	4	0.839
服务能力	4	0.889
服务效果	5	0.900
总计	22	0.906

数据来源：根据结构方程数理分析整理而得。

在数据采集环节，由于数据来源、评分者、测量环境、项目背景及项目特性等因素的相似性，导致预测变量与标准变量之间产生人为协变现象，是较为普遍的方法偏差。问卷测量误差主要包含系统误差与随机误差两大类。此类由相同数据源引发的常见方法学误差，将对统计分析结果造成严重干扰和误导，属于系统性失误。目前，常用的对方法偏差进行检验的手段包括哈曼（Harman）单因素检验法、偏相关法、潜在误差变量法、误差唯一性相关模型以及直积模型等。

为了确保统计分析结果的准确性，本书采用最常用的 Harman 单因素检验法来检验数据的常用方法偏差。具体而言，即研究者对所有量表项目展开探索性因子分析，将特征值大于 1 的成分抽取出来。通过这种方法，研究共提取出 5 个特征值大于 1 的公因子。未经旋转的第一个因子解释方差为 34.047%，这个数值没有超过 40%，这意味着不存在一个公因子可以解释大部分的变异量。这一结果说明，该量表通过了同源方法偏差检验，数据具有较高的可靠性，如表 5.12 所示。

表 5.12　总方差解释

成分	初始特征值			提取载荷平方和		
	总计	方差百分比	累积（%）	总计	方差百分比	累积（%）
1	7.49	34.047	34.047	7.49	34.047	34.047
2	2.745	12.476	46.523	2.745	12.476	46.523
3	2.27	10.317	56.84	2.27	10.317	56.84
4	2.086	9.48	66.32	2.086	9.48	66.32
5	1.755	7.976	74.295	1.755	7.976	74.295

数据来源：根据结构方程数理分析整理而得。

5.2.3.2　问卷信效度分析

本书采用 Cronbach's α 系数作为量表内的一致性信度的衡量指标，对问卷各变量服务动因、服务保障、服务能力、服务方式、服务效果信度进行评估。分析结果显示，各变量信度值在 0.839—0.929 之间，总量表的信度为 0.906，信度良好。

根据本书的变量特征，表 5.13 呈现了特征值大于 1 的 5 个主成分的提取结果。通过采用凯撒正态化最大方差法对成分矩阵进行旋转处理，结果如表 5.13 所示。前 5 个主成分的特征值分布较均衡，分别为 3.832、3.629、3.083、3.067、2.734。这 5 个主成分的累计方差贡献率为 74.295%，说明 5 个主成分能够有效概括 22 个题项所包含的信息，并且能够解释大部分的变异量。

表 5.13　效度检验

题项	成分				
	1	2	3	4	5
SG1	0.854				
SG2	0.85				
SG3	0.85				
SG4	0.788				
SG5	0.831				
SM1				0.848	
SM2				0.875	
SM3				0.829	
SM4				0.84	
SD1					0.791
SD2					0.791
SD3					0.707
SD4					0.837
SC1			0.831		
SC2			0.824		
SC3			0.849		
SC4			0.85		

续表

题项	成分				
	1	2	3	4	5
SE1		0.809			
SE2		0.871			
SE3		0.789			
SE4		0.789			
SE5		0.799			
特征值	3.832	3.629	3.083	3.067	2.734
方差贡献率	17.416	16.496	14.015	13.943	12.425
累积贡献率	17.416	33.912	47.928	61.87	74.295

数据来源：根据结构方程数理分析整理而得。

问卷验证性因子分析的拟合度各项指标为：χ^2/df=3.349，RMSEA=0.066，GFI=0.902，CFI=0.940，IFI=0.940，TLI=0.930，AGFI=0.875，如表 5.14 所示。验证性因子分析模型的拟合指标均达到要求。如图 5.2 所示。

表 5.14 整体量表的模型拟合指标

指标	取值范围	理想值	计算结果
χ^2/df	大于 0	小于 5，小于 3 更佳	3.349
RMSEA	大于 0	小于 0.1，拟合较好；小于 0.08，拟合很好；小于 0.05，拟合非常好；小于 0.01，拟合非常优秀	0.066
		0.05，拟合非常好；低于 0.01，拟合非常出色	
GFI	0—1	大于 0.8 可以接受；大于 0.9 最佳	0.902
CFI	0—1	大于 0.8 可以接受；大于 0.9 最佳	0.940
IFI	0—1	大于 0.8 可以接受；大于 0.9 最佳	0.940
TLI	0—1	大于 0.8 可以接受；大于 0.9 最佳	0.930
AGFI	0—1	大于 0.8 可以接受；大于 0.9 最佳	0.875

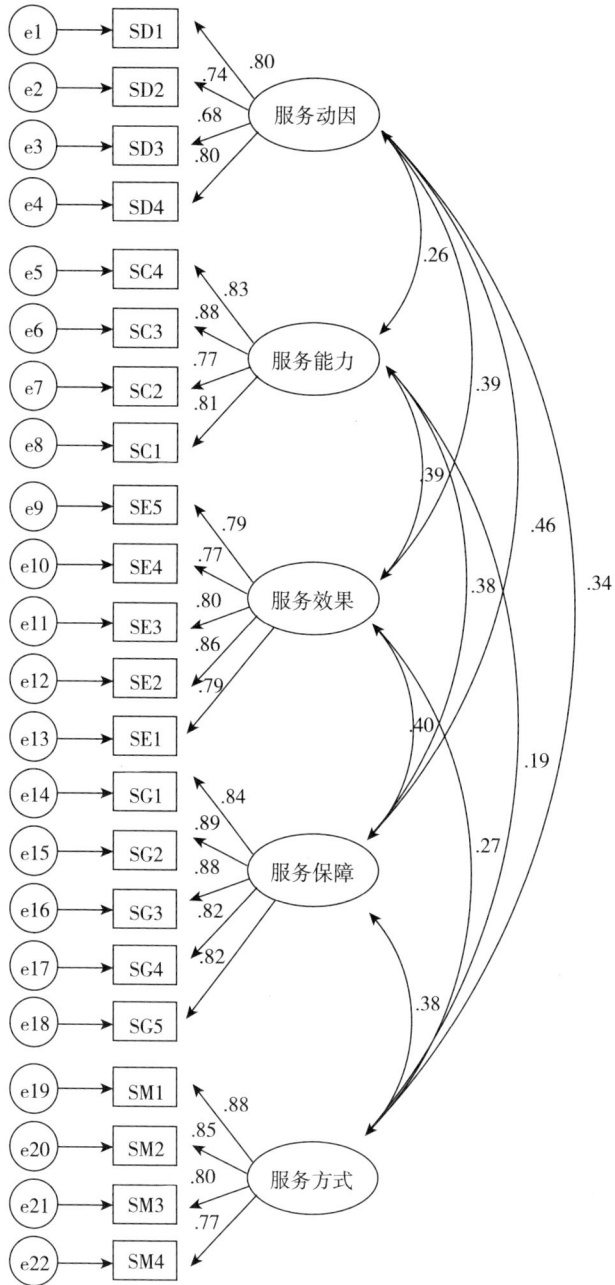

图 5.2　整体量表的验证性因子模型

数据来源：根据结构方程数理分析整理而得。

聚合效度，亦称收敛效度，是指在运用多种测量手段对某一特性进行测量时，所得测量结果的相似性程度。换言之，不同的测量手段应当在测量某一特性时相互聚合，形成一致意见。本书遵循荣泰生[①]的指导意见，通过建构信度（CR）和平均方差提取值（AVE）对收敛效度进行检验。通常情况下，组合信度应大于 0.7，平均方差提取值应大于 0.5，这些数值均超过上述既定标准，即可视为标准的参考值。本书按上述方式检验收敛效度，结果显示各题项因素载荷值均大于 0.5，各维度的组合信度均大于 0.7，平均方差提取值均大于 0.5，如表 5.15 所示，说明该量表收敛效度良好。

表 5.15　收敛效度分析结果

变量	题项	b	S.E.	C.R.	p	β	CR	AVE
服务能力	SC1	1				0.812	0.89	0.669
	SC2	0.994	0.051	19.469	***	0.774		
	SC3	1.06	0.048	22.103	***	0.859		
	SC4	1.093	0.052	21.115	***	0.825		
服务动因	SD1	1.024	0.056	18.283	***	0.802	0.841	0.57
	SD2	0.855	0.051	16.836	***	0.736		
	SD3	0.788	0.051	15.464	***	0.68		
	SD4	1				0.796		
服务效果	SE1	1				0.794	0.901	0.647
	SE2	1.086	0.049	22.116	***	0.864		
	SE3	0.963	0.048	20.052	***	0.798		
	SE4	0.956	0.05	19.246	***	0.773		
	SE5	0.938	0.048	19.711	***	0.788		

① 荣泰生 . AMOS 与研究方法 ［M］. 重庆：重庆大学出版社，2009：123-126.

续表

变量	题项	b	S.E.	C.R.	*p*	*β*	CR	AVE
服务保障	SG1	1				0.839	0.929	0.724
	SG2	1.103	0.041	26.643	***	0.893		
	SG3	1.101	0.042	26.067	***	0.881		
	SG4	0.941	0.041	23.186	***	0.82		
	SG5	0.959	0.041	23.136	***	0.819		
服务方式	SM1	1				0.878	0.895	0.68
	SM2	1.017	0.041	24.533	***	0.847		
	SM3	0.915	0.041	22.309	***	0.796		
	SM4	0.937	0.044	21.417	***	0.775		

注：b：非标准化载荷；*β*：标准化因子载荷；*** 表示各变量在 1% 的水平下显著。
数据来源：根据结构方程数理分析整理而得。

在效度的区分上，一项实验若能通过科学的统计方法证实那些原本与预设的建构并无直接关联的指标，实际上确实与该建构无任何关联，那么该项测验便展现出区分效度。以一个具体的例子来说，若一项测验理论假设创新性与智力之间存在显著差异，而在实际的测验结果中，创新性得分与智力水平之间并未呈现出显著的相关性，则可认定此项测验具备出色的区分效度。依据 AVE 的平方根与潜变量间相关系数的比较，来显示区分效度，若 AVE 的平方根值大于相关系数，则表明具有良好的区分效度[①]。各维度 AVE 的平方根大于各维度之间的相关系数，如表 5.16 所示，说明量表区分效度较好。综上所述，该量表具有良好的效度。

① FORNELL C, LARCKER D F. *Evaluating Structural Equation Models with Unobservable Variables and Measurement Error: A Comment* ［J］. *Journal of Marketing Research*, 1981, 18(1): 39-50.

表 5.16 区分效度分析

变量	服务动因	服务能力	服务效果	服务保障	服务方式
服务动因	0.755				
服务能力	0.261	0.818			
服务效果	0.394	0.385	0.804		
服务保障	0.460	0.385	0.400	0.851	
服务方式	0.338	0.193	0.266	0.382	0.825

数据来源：根据结构方程数理分析整理而得。

5.3 职业教育服务乡村文化振兴影响因素量表的预设效应及检验

5.3.1 理论及研究假设

乡村地区的人文资源、自然资源是乡村社会发展的基础[①]，与文化产业的物质、精神属性相契合，赋予了职业教育助力乡村文化振兴的可能性[②]。职业教育及其带来的文化、技术、人才资源，在乡村文化振兴中发挥着重要作用。职业教育赋能乡村文化振兴的过程中，必须直面乡村文化建设中面临的问题，乡村文化的窳弱状态明晰了职业教育服务乡村文化的出发点和逻辑指向[③]。乡村资源是协同治理网络关系确立和发展的能量源，有助于实现主体利益。乡村发展目标与内在需求促进了乡村协同治理网络关系结构的形成，是

---

① 胡洪斌，柯尊清. 乡村文化资源保护与利用的三重维度 [J]. 理论月刊，2020（10）：99-107.

② 胡钰，赵平广. 文化、人才、资本：乡村振兴的基本要素研究 [J]. 行政管理改革，2022（11）：34-43.

③ 肖幸，杨春和. 生态宜居：职业教育"生态 +"教育的逻辑框架 [J]. 国家教育行政学院学报，2020（11）：80-87.

影响协同治理效果的显性因素①。

据此，提出研究假设 1：服务动因正向影响服务能力；研究假设 2：服务动因正向影响服务效果。

提升农民素养，弘扬乡村文化，促进乡风文明建设是乡村文化振兴的主要目标。完善的职业教育体系是乡村文明的行动依托；精准的目标定位是乡风文明的行动坐标②。作为乡村文化振兴的主阵地，职业教育应该由学校角色向平台角色转化③，通过提供人力资源、盘活乡村文化资源、采取"上挂、横联、下辐射"的策略，联合各方力量共同振兴乡村文化④。

据此，提出研究假设 3：服务能力正向影响服务效果；及研究假设 4：服务能力在服务动因和服务效果之间起到中介作用。

协同治理网络关系结构主要通过沟通、协调，平衡节点间利益关系；通过多维跨界合作，整合内外资源；通过功能整合，获取有效结果实现有序性。在协作、整合变量的调节作用下，网络结构关系发生发展变化⑤。多主体利益诉求及博弈关系影响职业教育服务乡村文化振兴的效果。政府政策文件、法律法规、制度体系等直接引领职业教育服务乡村文化振兴；行业企业、中介机构、志愿组织、社交媒体等社会群体也是职业教育服务乡村文化振兴的支撑力量⑥。各主体具有不同功能，政府起着引导和保障作用，院校具有教育和执行作用，企业起着生产和执行作用，行业具有协调

---

① 吴春梅，庄永琪．协同治理：关键变量、影响因素及实现途径［J］．理论探索，2013（3）：73-77.

② 朱德全，马鸿霞．乡风文明：职业教育"化民成俗"新时代行动逻辑［J］．国家教育行政学院学报，2020（8）：3-9.

③ 吴一鸣．乡村振兴中职业教育的"角色"担当［J］．现代教育管理，2019（11）：106-110.

④ 林克松，王官燕，赵学斌．县域职业教育发展与乡村文化振兴的双螺旋耦合［J］．教育与职业，2020（16）：27-34.

⑤ 吴春梅，庄永琪．协同治理：关键变量、影响因素及实现途径［J］．理论探索，2013（3）：73-77.

⑥ 林克松，刘璐璐．后扶贫时代职业教育服务乡村振兴的角色困境及行动策略［J］．职教论坛，2021，37（11）：36-42.

和主持作用[1]。政府、企业、社会组织等通过乡村文化振兴资源供给响应机制"自上而下"和"自下而上"的贯通，保障了乡村文化振兴资源供给的精度、效度[2]。

据此，提出研究假设5：服务保障调节服务能力在服务动因和服务效果之间的中介作用；研究假设6：服务方式调节服务能力在服务动因和服务效果之间的中介作用。

5.3.2　结构方程模型的确立及分析

5.3.2.1　结构方程拟合检验

结构方程模型的拟合度各项指标如下：$\chi^2/df=3.683$，小于5；RMSEA=0.071，小于0.08；GFI=0.940、CFI=0.957、IFI=0.957、TLI=0.946、AGFI=0.912，均超过0.8。依据吴明隆所提出的结构方程模型适配检验指标：χ^2/df 应位于1—3；RMSEA 值应介于 0.05—0.08，若低于 0.05 说明适配非常好；GFI 值一般认为应大于 0.9，若在 0.8 以上尚可接受；CFI 值应大于0.9；TLI 值应在 0.9 以上；同时，样本量通常应该超过200[3]。该结构方程模型的模型拟合指标均达到要求（见表5.17），适合进行结构方程模型分析。模型主要路径如图5.3所示。

---

① 瞿晓理.职业教育"赋能"乡村振兴：实践与优化［J］.职业技术教育，2021，42（13）：59-64.

② 张学昌.乡村文化振兴的社会参与机制——基于协同治理的视角［J］.新疆社会科学,2022（4）：163-172.

③ 吴明隆.结构方程模型——AMOS 的操作与应用［M］.重庆：重庆大学出版社，2009：37-50.

表 5.17　结构方模型的模型拟合指标

指标	取值范围	理想值	计算结果
χ^2/df	大于 0	小于 5，小于 3 更佳	3.683
RMSEA	大于 0	小于 0.1，拟合较好；小于 0.08，拟合很好；小于 0.05，拟合非常好；小于 0.01，拟合非常优秀	0.071
		0.05，拟合非常好；低于 0.01，拟合非常出色	
GFI	0—1	大于 0.8 可以接受；大于 0.9 最佳	0.940
CFI	0—1	大于 0.8 可以接受；大于 0.9 最佳	0.957
IFI	0—1	大于 0.8 可以接受；大于 0.9 最佳	0.957
TLI	0—1	大于 0.8 可以接受；大于 0.9 最佳	0.946
AGFI	0—1	大于 0.8 可以接受；大于 0.9 最佳	0.912

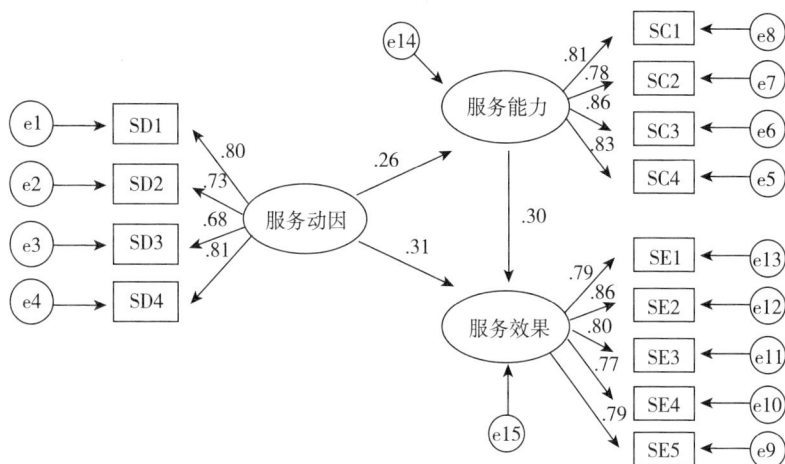

图 5.3　结构方程模型图运行结果

数据来源：根据结构方程数理分析整理而得。

5.3.2.2　路径分析

本书采用 Amos26.0 软件进行结构方程模型路径分析，从而得出结构方程模型路径系数值和 C.R. 值。路径系数体现了变量之间的影响关系及程度，而临界比例 C.R. 可用于评估回归系数是否显著。通常情况下，如果 C.R. 值大于或等于 1.96，即可说明在 0.05 的显著水平下存在显著差异[①]。本书结构方程模型的标准化回归系数与方差参数估计结果，如表 5.18 所示。路径分析显示：服务动因对服务能力的路径系数为 0.263，C.R. 值为 5.273，对应的显著性 $p < 0.001$，表明服务动因对服务能力具有显著的正向影响，故假设 1 成立。服务动因对服务效果的路径系数为 0.314，C.R. 值为 6.454，对应的显著性 $p < 0.001$，表明服务动因对服务效果具有显著的正向影响，故假设 2 成立。服务能力对服务效果的路径系数为 0.303，C.R. 值为 6.42，对应的显著性 $p < 0.001$，表明服务能力对服务效果具有显著的正向影响，故假设 3 成立。

表 5.18　各变量之间的路径系数

回归路径	β	b	S.E.	C.R.	p
服务能力←服务动因	0.263	0.237	0.045	5.273	***
服务效果←服务动因	0.314	0.33	0.051	6.454	***
服务效果←服务能力	0.303	0.353	0.055	6.42	***

注：*** 表示各变量在 1% 水平下显著；b：非标准化系数；β：标准化因子系数。
数据来源：根据结构方程数理分析整理而得。

5.3.2.3　中介效应检验

本书采用 Bootstrap 方法，对中介效应的存在性进行直接检验。直接检验的假设条件为 H0:ab＝0。若检验结果所给出的置信区间包含 0，则表明中介效应不存在。基于路径分析的结果，进一步确认了假设检验的正确性。为了探究这些显著的路径里是否存在中介效应，课题组以 bootstrap 法进行了中介效应检验，重复 5000 次样本，并计算了 95% 的可信区间。根据表 5.19 显示的结果可知，存在一条中介路径，且服务动因→服务能力→服务效果中介路径的置信区间上下限均不包含 0，而且 P 值小于显著水平 0.001，故假设 4 成立。

[①] 胡文渝，金永生，李静. 网络购物中信息搜索的感知价值对购物意愿的影响 ［J］. 北京邮电大学学报（社会科学版），2011，13（3）：31-37.

表 5.19　中介效应检验

效应分解	效应量	S.E.	95% 下限	95% 上限	*p*
总效应	0.084	0.024	0.046	0.141	***
直接效应	0.330	0.076	0.192	0.491	***
间接效应	0.414	0.070	0.283	0.560	***

注：*** 表示各变量在 1% 水平下显著。

数据来源：根据结构方程数理分析整理而得。

5.3.2.4　调节效应检验

一是服务保障的调节效应检验。采用 Hayes 等人开发的 process v4.1 宏程序中的 Model 14 检验，对服务保障、服务动因、服务能力、服务效果 4 个变量进行中心化处理，并计算出中心化后的自变量与调节变量的交互项，结果如表 5.20 所示。在模型 1 中，服务动因（b=0.234，t=5.516，$p < 0.001$）对服务能力具有显著的正向预测作用。在模型 2 中，服务动因（b=0.251，t=5.433，$p < 0.001$）对服务效果具有显著的正向预测作用，服务能力（b=0.291，t=6.383，$p < 0.001$）、服务保障（b=0.194，t=4.807，$p < 0.001$）、服务能力和服务保障的交互项（b=0.115，t=3.155，$p < 0.01$）对服务效果的预测作用说明服务保障在服务能力和服务效果之间起到了调节作用。为了进一步了解服务保障在服务能力和服务效果之间的调节作用，采用 Aiken 和 West 的方法进行简单斜率检验[1]，将服务能力和服务保障依据加减 1 个标准差的标准进行分组。通过进一步简单斜率分析（见图 5.4）发现，当服务保障在较低水平（M-1SD）时（simple slope=0.171，t=3.268，$p < 0.01$），服务能力对服务效果具有显著的正向预测作用；当服务保障在较高水平（M+1SD）时（simple slope=0.410，t=6.282，$p < 0.001$），

---

[1]　AIKEN L S, WEST S G. *Multiple Regression*：*Testing and Interpreting Interactions*［M］. Newbury Park: Sage, 1991.

服务能力对服务效果具有显著的正向预测作用，说明随着服务保障水平的不断提升，服务能力对服务效果的预测作用呈现逐渐增强的趋势，因此假设 5 成立。

表 5.20 服务保障调节效应检验

变量	模型 1：服务能力		模型 2：服务效果	
	b	t	b	t
服务动因	0.234	5.516***	0.251	5.433***
服务能力			0.291	6.383***
服务保障			0.194	4.807***
服务能力 * 服务保障			0.115	3.155**
R	0.232		0.497	
R^2	0.054		0.247	
F	30.426***		43.518***	

注：***、** 分别表示各变量在 1%、5% 水平下显著。

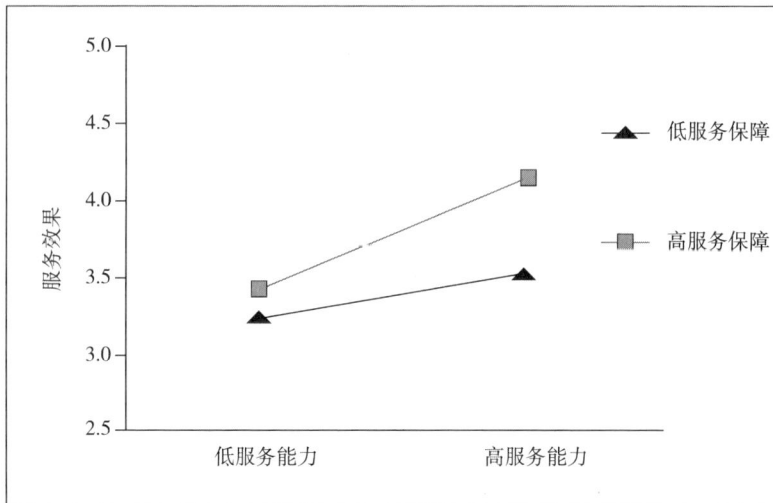

图 5.4 斜率图（a）

数据来源：根据结构方程数理分析整理而得。

二是服务方式的调节效应检验。仍是采用 process v4.1 宏程序中的 Model 14 进行检验，对服务方式、服务动因、服务能力、服务效果四个变量进行中心化处理，并计算出中心化后的自变量与调节变量的交互项，结果如表 5.21 所示。在模型 1 中，服务动因（b=0.234，t=5.516，$p < 0.001$）对服务能力具有显著的正向预测作用。在模型 2 中，服务动因（b=0.288，t=6.364，$p < 0.001$）对服务效果具有显著的正向预测作用，服务能力（b=0.316，t=7.175，$p < 0.001$）、服务方式（b=0.110，t=2.961，$p < 0.01$）、服务能力和服务方式的交互项（b=0.082，t=2.227，$p < 0.05$）对服务效果的预测作用说明服务方式在服务能力和服务效果之间起到了调节作用。再一次采用 Aiken 和 West 进行简单斜率检验[①]。服务方式在较低水平（M-1SD）时（simple slope=0.231，t=4.294，$p < 0.001$），服务能力对服务效果着显著的正向预测作用，服务方式在较高水平（M+1SD）时（simple slope=0.401，t=6.409，$p < 0.001$），服务能力对服务效果着显著的正向预测作用，结果如表 5.22 所示。服务方式在较低水平的时候，服务能力对服务效果有着显著的正向预测作用，反之亦然，故假设 6 成立。（见图 5.5）

表 5.21　服务方式的调节效应检验

变量	模型 1：服务能力		模型 2：服务效果	
	b	t	b	t
服务动因	0.234	5.516***	0.288	6.364***
服务能力			0.316	7.175***
服务方式			0.110	2.961**
服务能力 * 服务方式			0.082	2.227*
R	0.232		0.474	
R^2	0.054		0.225	
F	30.426***		38.504***	

注：***、**、* 分别表示各变量在 1%、5%、10% 水平下显著。

① AIKEN L S, WEST S G. *Multiple Regression*: *Testing and Interpreting Interactions*［M］. Newbury Park: Sage, 1991: 12-17.

表 5.22 斜率分析

方式	Effect	S.E.	t	p	LLCI	ULCI
-1.0445	0.231	0.054	4.294	0.000	0.125	0.336
0	0.316	0.044	7.175	0.000	0.230	0.403
1.0445	0.401	0.063	6.409	0.000	0.278	0.524

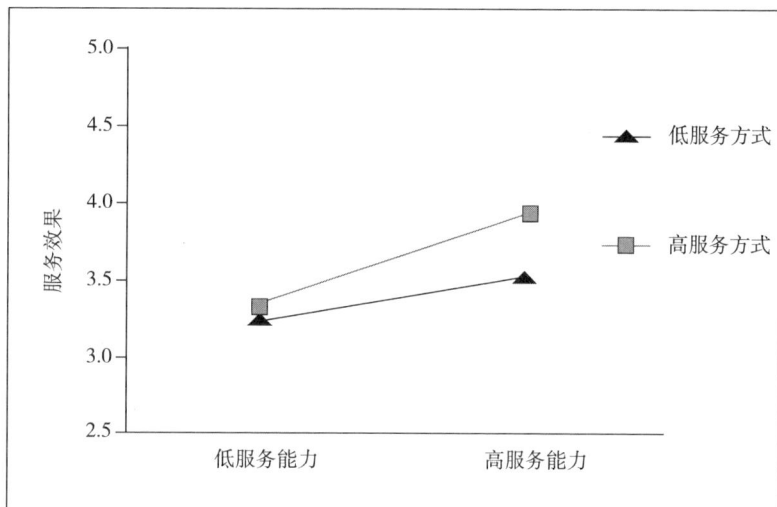

图 5.5 斜率图（b）

数据来源：根据结构方程数理分析整理而得。

5.3.3 研究小结与启示

5.3.3.1 研究小结

本章通过实证分析的方法，深入探讨了职业教育在服务乡村文化振兴过程中所涉及的各种影响因素及其内在的运作机制。研究结果揭示了职业教育服务乡村文化振兴的五大关键因素，这些因素包括服务动因、服务保障、服务能力、服务方式以及服务效果，分别对应着乡村、政府、职业院校、社会以及结果这五个不同的层面。在职业教育服务乡村文化振兴的整个系统中，这五大因素之间存在着复杂而紧密的相互关系。具体来说，服务动因对服务能力具有显著的正向促进作用；服务动因同样对服务效果产生积极的影响；服务能力本身也对服务效果产生正向影响；服务能力在服务动因与服务效果之间扮演着中介的角色；而服务保障和服务方式则在服务能力与服务效果之间起到调节作用，影响着服务能力的中介效应。

本章在两个方面对现有研究成果进行了拓展与深化。首先，拓宽了研究视野。当前，关于职业教育服务于乡村文化振兴的研究大多聚焦于文献的思辨性分析，而实证性探究则较为稀缺。本章从实证的角度出发，运用扎根理论、问卷调查、结构方程等研究方法，对职业教育服务乡村文化振兴的影响因素进行了深入探讨。借助此方法，本章不仅明晰了各影响因素及其内部运作机理，还为职业教育助力乡村文化振兴开辟了新的研究视野。其次，本章扩展了研究内容。通过扎根理论，本章探索了职业教育服务乡村文化振兴的影响因素，并在此基础上构建了一个包含 5 个主要影响因子和 22 个具体题项的影响因素测量量表。该量表经过验证，具有较高的信度和效度。此外，本章还通过结构方程模型构建了影响因素模型，明确了各影响因素之间的内在关系，从而为乡村文化振兴提供了有力的理论支持和实践指导。

5.3.3.2 研究启示

首先，在乡村振兴的过程中，必须将乡村发展的实际需求作为振兴乡村文化的出发点和立足点。在这一过程中，需要采取双管齐下的策略。一方面，必须深入乡村，制订出切实可行的发展规划。具体来说，规划工作需要遵循三个基本原则。第一，规划需"接地气且接天线"，即深入研读上级部门关于乡村发展的政策、文件及指示精神，全面准确把握国家大政方针、省情市情及乡村发展新动向，确保乡村文化发展方向正确，与国家整体发展战略相契合。第二，规划需要"接地气"，这要求必须深入乡村基层，细致掌握当地的地理环境、社会结构及文化传统等实际情况，据此制订出切实符合乡村特色的发展规划，确保乡村文化建设能够真正落到实处，发挥应有作用。第三，规划还要"接人气"，这意味着需要将多元化的建设主体引入乡村，强化乡村文化建设的人才支撑，紧密对接文化产业市场的发展需求，以保障乡村文化建设能够持续稳健推进，实现蓬勃发展。另一方面，乡村文化建设还需要融入乡村，深入了解乡村的具体需求。乡村文化发展是一个复杂而多维的过程，不同乡村的需求各不相同。因此，需要根据乡村的不同文化发展需求，灵活调整乡村服务策略。对于乡村基础性的文化需求，如娱乐休闲类需求，需整合乡村现有文化资源，加强基础设施建设，着力提升乡村文化的供给能力，从而满足村民的基本文化生活需求。对于乡村追求审美愉悦的享受型文化需求，需要丰富村民的文化生活，提供多样化的文化活动，提升乡村文化的整体品质和村民的文化体验感。而对于乡村表现创造力和发展的文化需求，则需要提供个性化的文化服务，发展乡村文化的新业态，形成文化合力，营造一个多元化的文化氛围，激发乡村文化的活力和创造力。

其次，将职教服务能力作为振兴乡村文化的发力点。为了实现这一目标，需要从两个方面着手。一是，职业院校要不断提升服务能力。职业院校作为乡村服务的核心力量，应充分利用其在技术、职业和社会服务领域的独特优势。对内，需要科学配置教学资源，加强专业建设，创新教学模式，构建现代职业教育体系，从而促进职业教育自身的高质量发展。对外，需要深化产教融合，强化政府、学校、行业和企业之间的合作，扩宽职业教育的社会服务功能，增强职业教育的适应性，使其更好地服务于社会和经济的发展。二是，需要采取多元化的服务形式。在"扶智"型服务方面，职业院校的服务目标为面向乡村大众开展文化技术技能培训，普及乡村建设的新知识、新技术和新方法。此举旨在培育乡村文化建设所需之才，进而提升村民参与乡村文化建设的整体水平。在"扶志"型服务方面，职业院校的服务重点是面向乡村开展文化宣传活动，改变村民传统的"等靠要"思想。宣扬乡村优秀传统文化，旨在增强村民的文化认同感和参与感，进而提升村庄的文化凝聚力，激发乡村文化发展的内在活力。在"扶业"型服务方面，职业院校的服务目标为面向乡村帮扶发展文化产业。通过发挥职业院校的平台作用，将产业专家、产业技术、产业项目等引入乡村，营造文化产业发展良好的氛围，为乡村文化的长远发展提供坚实的基础。通过这些措施，有效地将职教服务能力转化为振兴乡村文化的强大动力。

再次，将相关支持保障作为振兴乡村文化的结合点。需要充分发挥政府及社会力量在乡村文化发展中的调节保障作用，确保乡村文化的繁荣与振兴。在政府层面，保障作用主要体现在两个方面。一是制度保障。政府需要制定一系列振兴乡村文化的相关政策制度，确保这些政策能够顺利实施。同时，政府还应畅通部门与部门之间的沟通渠道，以便更好地协调各方资源。此外，注重机制体制创新也是关键，政府通过建立相关的监督、考核、奖励及问责机制，从顶层设计上为乡村文化建设提供坚实的保障。二是经济保障。政府应增加对乡村的财政投入，优先保障乡村建设资金，统筹乡村财政资金的使用，以提高资金的使用效益。同时，政府还应加大对乡村的支持力度，做好税收优惠、耕地保护补贴、水利发展基金等匹配财政保障工作，以提高社会资本参与乡村建设的积极性。此外，政府还应引导和鼓励社会资本投入乡村基础设施建设及产业发展建设，为乡村的经济发展注入新的活力。在社会力量方面，保障体现在人员、设备、技术、资金等资源的支持上。政府不仅可以吸引社会各行各业的专家汇聚乡村，为乡村发展提供必要的技术技能人才，还可以利用专业知识服务于乡村人才培养，为乡村提供必要的设备及资金，从而推动乡村三产融合发展，为乡村产业注入新活力。政府从宏观层面保障乡村的发展，而社会力量则在执行层面服务乡村建设，以此增强沟通协作，打破障碍，使双保障系统能够更有效地激发乡村发展活力，为乡村振兴提供持续动力。

最后，政府将服务实效作为振兴乡村文化的落脚点，确保乡村文化建设能够真正落到实处，取得实际成效。一是需要确立一套实效评价指标。乡村文化建设绝不能仅仅停留在理论层面，而应该有明确的实施路径和评价标准，确保有章可循。可以将乡风是否文明、村民是否满意、社会是否认同作为乡村文化建设实效评价指标，以此保证乡村文化建设的方向不偏离，确保其真正符合乡村的实际需求和村民的期望。二是需要厘清多方交叉关系。乡村文化建设是一个涉及多方面主体的复杂过程，包括政府、乡村、职业院校和社会力量等。对政府而言，乡村文化的发展有助于推动中国式现代化的进程；对乡村而言，乡村文化的传承有助于凝聚人心，促进乡村的可持续发展；对职业院校而言，积极参与乡村文化发展，能够有力推动职业教育向更高质量层次迈进；对社会力量而言，通过帮扶乡村，既能践行社会责任，又能获得相应的利益回馈。多元主体在乡村文化建设中的不同发展诉求决定了实现路径的多元交叉以及多方关系的复杂多变。在乡村文化建设中，必须厘清各方的权责关系，明确各自的职责和任务，从而促进各方各司其职，共同为乡村的发展贡献力量。三是创新利益联结机制。面对多方利益相关者的多元诉求，应当构建乡村文化利益共同体、情感联结体和治理协同体，以形成更为紧密的利益联结。通过这些机制，政府可以实现合理配置社会资源，优化利益分配，还可以实现多主体齐心协力、共建共营乡村，共享乡村文化建设的成果。这样，乡村文化的发展不仅能够得到各方面的支持和参与，还能够确保各方的利益得到平衡和保障，从而推动乡村文化的繁荣和乡村的全面振兴。

第6章　泉州职业技术大学服务乡村文化振兴实践案例探索

本章以泉州职业技术大学这一职业本科院校为典型研究对象，深入分析其在服务乡村文化振兴方面的实践举措。研究者通过剖析影响该校服务效果的各类因素，以及梳理其具体的实施路径，为职业教育助力乡村文化振兴提供具有实证价值的案例。

6.1　晋江职业教育概述

晋江位于闽南核心地带，与台湾隔海相望，系福建省下辖县级市，晋江市现有50家上市公司，其中包括众多知名品牌，如恒安、安踏、利郎等，这些企业为晋江市赢得了"中国鞋都""中国伞都""中国运动服装名镇"等15项"国字号"品牌。晋江市形成了2个超千亿、5个超百亿的产业集群，县域经济竞争力连续21年稳居全国前十，综合经济实力连续30年居福建省第一。习近平总书记在福建工作期间，曾七次来到晋江调研，将晋江县域经济繁荣、产业特色鲜明、民企名企众多的发展模式总结为"晋江经验"，给予这片土地宝贵的思想引领[①]。经过多年的探索与实践，晋江在600平方公里的土地上培育了6所职业院校，其中本科层次职业院校1所、专科高职院校

---

① 杨玉华，许旭红."晋江经验"的马克思主义经济学诠释与高质量发展对策［J］.东南学术，2020（2）：174-182.

1 所、中职学校 4 所，先后获得"全国职业教育先进单位""农村职业教育
和成人教育示范县"等荣誉。晋江市围绕现代职业教育发展的痛点、难点、
堵点和盲点问题，拓展了校地共建的多元化办学格局，构建了纵向贯通的多
层次职业教育体系，打造出产教深度融合的多样化育人模式，提升了职业教
育服务地方发展的多维价值，塑造了"以校地共建为基础动力、以纵向贯通
为发展方向、以产教融合为实施路径、以服务地方为价值取向"的职业教育
体系，形成可推广的职业教育版"晋江经验"，为现代职业教育提质培优与
增值赋能提供了实践指导。如图 6.1 所示。

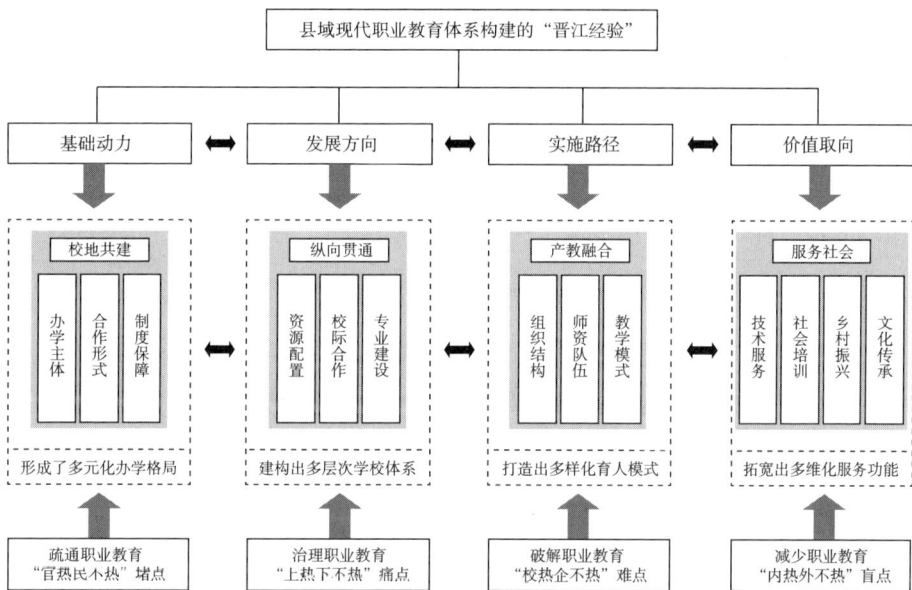

图 6.1　县域现代职业教育体系构建的"晋江经验"

第一，以校地共建为基础动力，健全多元化办学格局。办学模式和机制
体制改革是激发县域现代职业教育内生动力的基础和前提[①]。晋江市从培育
职业教育特色品牌出发，依托民营资本的优势，优化共建政策环境，探索创
新校企合作办学新机制，成功打造县域职业教育的区域特色品牌，有效解决

---

① 管弦.办学质量提升视域下的高职院校制度建设［J］.职教论坛，2017（7）：41-44.

了职业教育"政府热、民众冷"的堵点。一是，丰富办学主体。从理顺职业教育管理体制入手，晋江市构建出政府统筹管理、行业企业与社会力量多元主体协同共治的办学格局。例如，2009 年，在晋江市政府主导下，澳门金龙集团与晋江本地的恒安、浔兴等五大企业集团共同创办了泉州轻工职业学院，实施企业学院一体化的育人模式，该校目前是全省唯一一所进入示范性现代职业院校行列的民办高职院校。同年，晋江市政府还推动社会捐资创办的泉州理工职业学院建设晋江校区，全力支持其升格为泉州职业技术大学，开展本科层次职业教育试点。值得一提的是，泉州职业技术大学是全国首批、福建省唯一的职业本科试点院校，于 1986 年创办于晋江，历经职业培训、职业中专，2002 年升格为高职"泉州中营职业学院"，2006 年更名为"泉州理工职业学院"，2019 年升格为职业本科"泉州职业技术大学"，是晋江现代职业教育体系构建的探索者与践行者。二是，拓宽合作形式。职业教育办学应遵循市场的规范性与人才的适应性，提升社会参与度[①]。晋江市充分利用其民营经济发达、在外泉商众多以及侨港澳台资源丰富的独特优势，通过校政行企联动，创新合作形式，吸引地方性支柱企业和海内外社会力量深度参与职业教育。例如，2021 年，晋江市组建职业教育产业协作联盟，探索建立职业教育产业园区，打造产教融合品牌园区，促进行业、企业与职业院校的深度融合。职业院校与地方头部企业成立"安踏电商学院""恒安智能工学院""浔兴建筑学院"等特色产业学院；与海外华侨企业牵手开展"鲁班工坊"合作项目；与行业协会组建食品职业教育集团、鞋业职业教育集团等产教联盟，打造校企命运共同体，实现校企合作利益最大化、资本最优化。三是，完善制度保障。行政与立法的政策力量是促进政府与职业教育良性互动的催化剂[②]。晋江

---

① SAURIN A A N, LOPEZ M A, GARCIA J C B, et al. Student Engagement in Vocational Education and Training: Differential Analysis in the Province of Valencia [J]. *Revista De Education*, 2022, 394(2): 189-213.

② 林克松，王官燕，赵学斌. 县域职业教育发展与乡村文化振兴的双螺旋耦合 [J]. 教育与职业，2020（16）：27-34.

市注重职业教育的顶层设计,从制度上为职业教育发展提供了制度保障,如表 6.1 所示。以办学经费为例,晋江市通过实施免学费政策、基建贷款贴息补助等措施,不断健全与办学规模、培养成本和办学质量相适应的财政投入制度,确保新增教育经费优先向职业教育倾斜。例如,晋江市教育局给予中职院校每校期限 3 年、5000 万额度的基建贷款贴息补助;落实社会力量举办职业教育的用地以及财税优惠政策,给予民办高校贷款贴息、体育场馆设施改造补助等。此外,晋江市教育局还支持中高本职业院校与企业在工业园区建立二级产业学院,激发企业参与办学的积极性与主动性。

表 6.1　晋江市职业教育发展相关制度保障

时间	名称	核心内容摘选
2020 年 2 月 14 日	晋江市职业技能提升行动实施方案	职业院校承担面向社会职业技能培训的收入在合理扣除直接成本后,可按不超过 70% 的比例提取补充单位绩效工资
2020 年 4 月 10 日	晋江市技能大师(名师)工作室建设管理规定(试行)	工作室由高技能人才和技能带头人依托企业、行业研发中心、职业院校等载体领办
2021 年 9 月 9 日	晋江市人民政府办公室关于促进新时代职业教育创新发展若干措施的通知	构建与现代产业发展相匹配的"结构合理、品牌鲜明、多元开放、均衡发展"的职业教育新格局
2021 年 12 月 10 日	晋江市"十四五"人才发展规划	深化实施"政企互动+产教融合"人才培养模式,打造人才培训公共服务平台,建设高标准国家职业教育高地
2022 年 2 月 15 日	晋江市中心城区教育资源整合提升工作方案(2021—2025)	统筹规划职业教育发展……实施职业院校教师素质提升计划……成立教育资源优化布局领导小组
2023 年 6 月 9 日	晋江市教育局等七部门关于印发晋江市"十四五"特殊教育发展提升行动实施方案的通知	加强职业教育与特殊教育融合……探索开展"学历证书+若干职业技能等级证书"制度试点
2024 年 2 月 27 日	晋江市人民政府关于加快推进晋江市域产教联合体建设的通知	围绕深化产教融合主线……加快建设晋江市域产教联合体……谱写"晋江经验"的职业教育篇章

第二，以纵向贯通为发展方向，构建多层次学校体系。培养和造就高素质的技术技能人才是增强职业教育适应性并提升县域人才竞争力的发展方向[①]。晋江市致力于夯实中等职业教育基础地位、高质量发展专科高职教育、稳步推进本科职业教育试点，形成了层次分明、结构清晰、功能定位准确的职业教育体系，实现了中高本纵向贯通，做到了一体化、系统化培养不同层次技术技能人才，致力于解决职业教育"上热下不热"的痛点，如图 6.2 所示。一是，科学配置资源。晋江市明确职业教育服务区域发展的办学宗旨，契合战略性新兴产业、先进制造业、现代服务业及现代农业等产业格局，建立了由高教发展中心、职教中心、职业院校、龙头企业等单位组成的职业教育联席会议制度，全面统筹职业院校的布局与发展，实现职业教育资源配置的科学化与合理化。二是，夯实专业建设。专业群是职业教育"双高"建设的主要策略[②]。在联席会议基础上，晋江市建立了职业院校专业建设协调机制，实行"正负面清单"，全面统筹各校的专业（群）建设与动态调整，增设了护理、养老服务、体育等社会急需专业，以及大数据、人工智能等契合地方产业发展趋势的新兴专业。全市目前已有 18 个职业本科专业、37 个高职专业、68 个中职专业，其中 42 个"1+X"证书制度试点，形成了特色鲜明、优势突出、结构合理的专业集群。三是，深化校际合作。在做强"3+2"五年制高职培养模式的基础上，晋江市勇于开拓，积极探索区域性职业院校"3+2+2"中高本衔接的新模式，并成功组建了"1+1+X"办学联盟（涵盖 1 所本科层次职业院校、1 所高职院校及多所中职学校），持续拓宽升学渠道，搭建起坚实的升学"立交桥"，促进技术技能型人才培养质量与数量的双提升。晋江是全国唯一一个职业教育资源全面覆盖"中高本"的县级市。得益

① 刘佳，林颖. 新产业体系构建背景下职业教育人才培养模式的转型研究［J］. 黑龙江高教研究，2019（9）：105-109.

② 胡俊平，顾京，吴兆明. 高等职业教育"双高"建设的要义、表征和策略［J］. 江苏高教，2019（11）：119-124.

于福州大学科教园区、中国科学院大学福建学院智能制造学院、中国科学院海西研究院泉州装备制造研究所等众多高水平大学和科研院所的资源。晋江的职业教育不仅在中等教育阶段取得显著成就，还具备了培养专业硕博士和向上延伸职教体系的办学优势。晋江职业教育体系每年向社会输送各类毕业生近万名，其中 2023 年培养全日制毕业生 1.9 万名，超 40% 留在晋江，为晋江的产业发展和创新转型提供了立体式、多元化、全周期的人力资源支撑。[①]

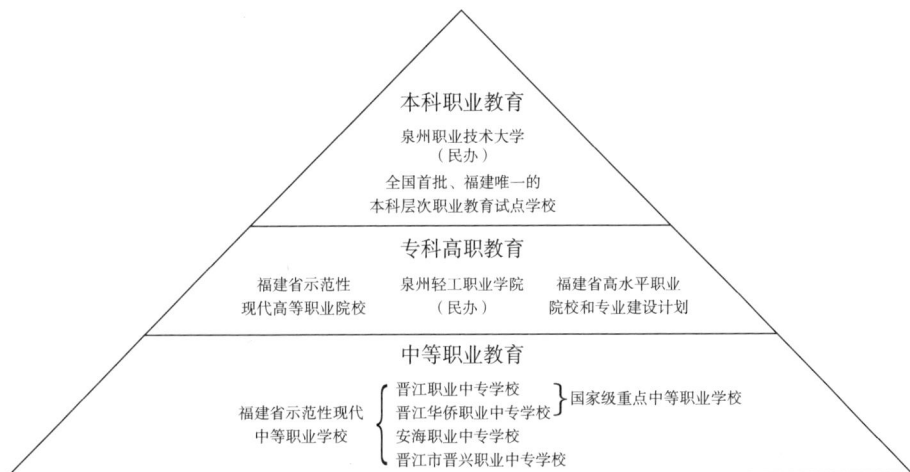

图 6.2　晋江市纵向贯通的职业学校体系

第三，以产教融合为实施路径，打造多样化育人模式。产教融合的模式增加技术技能人才的成长与成才价值，以此促进就业创业能力提升，是县域职业教育办学活力的重要体现[②]。在多元办学格局与多层次学校体系的共同支持下，晋江职业教育充分利用地区产业优势，将产教深度融合作为核心策略，坚定不移地推行校企双主体协同育人的新型培养模式。通过构建信息平台、推进企业入驻教育、组建双师团队、整合"岗课赛证"资源等途径，形

---

① 晋江经济报. 晋江全力打造产教融合全国县域范例［EB/OL］.（2024-08-02）［2024-12-27］. https://jyt.fujian.gov.cn/jyyw/ttxw/202408/t20240802_6496532.htm.

② 石伟平，郝天聪. 从校企合作到产教融合——我国职业教育办学模式改革的思维转向［J］. 教育发展研究，2019，39（1）：1-9.

成了灵活多变且富有成效的育人模式，破解了职业教育"校热企不热"的难点。一是完善组织结构。为了确保产教深度融合的顺利实施，在政府层面，晋江市搭建了由教育、人社、工信部门组成的产教融合信息服务平台，向社会提供精准的信息发布、推荐与增值服务；在学校层面，建立校企共建理事会/董事会决策制度，设立产教融合办公室，实施双院长、双专业带头人机制，搭建出校企共管与双赢的管理架构。二是打造双师队伍。晋江市创新用人机制，运用多元考核选拔方式，吸引"全国技术能手""中华技能大奖"等荣誉获得者等高技能人才入编，或在职业院校设立工作室，同时打通大师、匠师与教师职称并行的评聘通道，从而拓宽职业教育教师的来源，优化职业教师队伍结构。建立产学研用一体化创新体系，与企业联合创办"技能大师工作室"、生产性实训基地，打造以专业师资团队与企业技术骨干为核心的双师队伍，聚焦专业建设、实践教学、社会培训以及技术服务方面的合作与提升。三是，创新教学模式。晋江市职业院校依托与产业园区（集成电路产业园、工业设计园等）、行业协会（卫生用品商会、食品行业协会等）以及重点企业（恒安、安踏、浔兴等）共办学院、共设平台、共建专业、共编教材、共育人才、共享收益的产教深度融合模式，创新实施"群教学"，深化"课堂革命"，打造出"岗（工作岗位）"+"课（课程体系）"+"赛（职业技能大赛）"+"证（职业技能等级证书）"贯通融合的育人模式，实现了专业设置与产业需求、课程内容与职业标准、教学过程与生产过程的深度对接，形成了现代服务、智能制造、酒店管理、数字文创等职业能力为核心的特色教学体系。

第四，以服务地方为价值追求，拓宽多维化服务功能。通过现代职业教育体系构建与实践，职业教育在经济、社会、文化等方面的服务功能与价值将得到进一步发挥[①]。晋江市以赋予职业教育多重服务功能为追求，立足服

---

① 刘永亮，杨延波，苟琦智."双高"院校引领职业教育五维度高质量发展的内涵与路径［J］.教育与职业，2022（1）：43-46.

务区域发展战略，持续深化职业教育供给侧改革，并通过增强职业教育适应性，为晋江经济高质量发展提供有力的人才与技能支撑，有效解决了职业教育"内热外不热"的问题。一是赋能技术创新。晋江市积极引导职业院校发挥专业与人才优势，以市场为导向、以特色专业为依托，在校内设立院士专家工作站、博士后联合培养单位、清洁能源应用技术协同创新中心、休闲食品加工应用技术协同创新中心等平台，开展面向晋江产业实际需求的新产品、新工艺开发等技术服务和人才培养。二是深耕社会培训。晋江市聚合教育与人社部门的人力资源服务功能，利用职业院校的师资和实训条件，深耕金秋再就业工程、中国轻工（晋江海峡）培训基地、福建省机动车安全检测行业培训、泉州市退役军人创业就业园等社会培训品牌项目。晋江市每年还组织职业技能鉴定培训和社会人员培训，年均总量分别达到 1 万人次和 3 万人次，其中社会人员的农村转移劳动力培训年培训总量近 1 万人，这些培训活动为县域发展提供了有效的人力资源支撑。三是服务乡村振兴。晋江市依托泉州职业技术大学成立全国职业本科首个乡村振兴学院，联合区域内职业院校深入乡村开展新型农民职业培训、乡村治理能力提升、乡村微景观改造、乡村文旅资源整合、大学生创新创业孵化等活动，全面推进职业教育高效赋能乡村文化、人才、产业、组织与生态的全面振兴。截至 2023 年 8 月，已累计服务 17 个乡镇，17 个村，开展了 49 期专题培训班，培训 5000 余人。四是，促进文化传承。出泉州职业技术大学牵头与泉州非遗馆、晋江文旅集团、晋江安海职业中专学校、安溪华侨职校等单位成立了"泉州市传统文化教育联盟"，通过馆校共建与校际合作的模式，邀请非遗传承人和民间艺人走进校园，设立"大师工作室"，同时鼓励学生走出校园，亲身体验"海丝文化"的魅力，联合开创"专业基础教学、通识教育实作、传统文化体验、非遗文化传习、工匠精神传承、创新创业实践"为一体的传承新模式，建设《穿越泉州刺桐城》省级一流本科课程等优质教学资源，为职业教育传承文化遗产探索出了新道路。

6.2 泉州职业技术大学简介

6.2.1 泉州职业技术大学办学思路介绍

泉州职业技术大学（以下简称"泉大"），坐落在宋元时期中国乃至全球重要的海洋商贸中心——泉州。自1986年创立以来，学校始终深耕职业教育领域，从职业培训起步，逐步从中职、高职阶段发展到全国首批且目前福建省唯一的本科层次职业教育试点学校。建校38载，泉大始终坚守"产业伙伴型大学"之办学宗旨，致力于培育富有创新精神与实践能力的创业先锋。

该校的办学思路主要体现在：一是紧密结合地方的实际需求，有针对性地进行专业设置。在"根植晋江、服务泉州、辐射福建"办学原则的指导下，该校紧密围绕福建省强化数字、海洋、绿色、文旅"四大经济"的发展战略，在专业设置上构建并优化石油化工、智能制造、新一代信息技术、新能源汽车、绿色建筑、商科、教育体育以及艺术设计八大专业群布局。秉承"办好一个专业群，带动一方产业兴"的理念，泉大在优化专业群布局的同时，深化校企合作，携手华为、安踏等业界翘楚，共建产业学院与工作室，为区域输送高素质技术人才，促进教育与产业良性互动，促进区域经济的可持续发展。二是在人才培养方面，学校推行双院制（学院与书院相结合）的管理模式，着重提升学生的"一宽三强"能力。"一宽"旨在构建宽广的理论基础，高度重视学生综合素质的培养，致力于提升学生的通识素养。"三强"则包括三方面内容：一是强化实践能力，涵盖符合职业岗位标准的职业技能及解决复杂工程问题的能力；二是注重创新创业能力的培养，旨在塑造具有卓越创新能力的人才；三是重视终身学习能力的培养，以保障人才的持续发展。为提升职业教育的灵活性和适应性，学校精准对接区域发展和产业转型需求，针对初中级技术技能人才、高等技术应用型专门人才和高层次技术技能人才等不同层次人才制订不同培养要求及培养方案。比如，作为省级示范性职业院校联盟的重要一员，学校积极发挥其在泉州市汽车职业教育联盟中的理事长单位作用，携手比亚迪新能源汽车、华为智能网联汽车等国内知名企业，共同规划并打造面向新能源汽车技术专业的"中职—高职—职业本科"人才贯通培养的"技术技能树"。在此基础上，学校在"3+4 中本贯通"试点项目中全面贯彻并深入推进这一人才培养模式。该校还以岗位职业能力标准为导向，对专业建设的职业方向进行界定，在培养方案中融入职业理念、职业道德、专业知识及技能，满足学生专业成长与发展需求。在职业本科人才培养模式方面，积极探索并实施"岗课赛证项"的培养方式。在与企业的沟通合作中，确立岗位所需的知识与技能要求，并将这些实际需求转化为专业课程的教学内容。这种将岗位与课程紧密对接的方式，不仅保证了教学内容的实用性和时代前沿性，还显著提高了人才培养的质量和与社会需求的适应性[1]。三是，持续深化产教融合。为实现构建"产业伙伴型大学"目标，学校努力打造高水平教育共同体，实施专业群与行业标杆企业、区域领军企业共建产业学院、订单班、协同创新中心、生产性实训基地、企业工作室等多元化合作方式，为学生创造优质就业机遇。晋江市产教联合体，作为牵头单位，成功入选首批 28 个国家级市域产教联合体之一，成为福建省乃至全国县域及民办单位中唯一入选的单位。该校与华为公司共同打造的联合创新产业学院、与安踏集团携手共建的电商服务产业学院、与行云集团联手打造的新能源汽车产业学院，均荣膺省级产业学院称号；与信泰集团的校企合作更是催生了实体运作的合资企业；该校还与字节跳动、金山公司携手打造信创中心；与安踏集团共设电商服务工作室；与万华化工合作实施订单班人才培养项目。该校还荣幸地成为工业和信息化部首批"根技术联合创新人

---

① 吴滨如，苏康敏. 以专业建设驱动职业教育适应性提升［J］. 福建教育，2024（17）：9-12.

才产教融合基地"的成员单位，并与数字泉州建设办公室、泉州人社局以及华为公司携手签订了四方合作协议，共同打造了泉州市首个专注于高技能数字人才培养的示范基地。

在推动社会服务方面，学校秉承"创业者摇篮"的育人理念，深深扎根于本土，致力于积极服务地方经济社会发展。在特定领域的人才培养、社会培训上，学校与地方政府紧密合作，共同打造了晋江市乡村振兴学院、晋江市退役军人教育学院、晋江市河长学院以及晋江市社会工作学院等多所专业学院，各方就科研课题研究、技术服务、科普教育、专业赛事以及大型活动等方面展开深入合作。在对区域内乡村进行服务的过程中，学校承担了来自 57 个乡镇的委托任务，圆满完成了近 80 项和美乡村人居环境改造建设项目，各项目的建设资金总计超过了 3000 万元。学校在乡村振兴方面的历史进程和成就，如图 6.3 所示。在学校的发展进程中，不断与政府、企业、行业等多方力量携手合作，共同打造具有区域特色的高质量职业教育体系，探索职业教育的"晋江经验"，并取得了显著的成效。学校工作成果受到了中央电视台、中国新闻网等国家级媒体的广泛报道和高度评价。

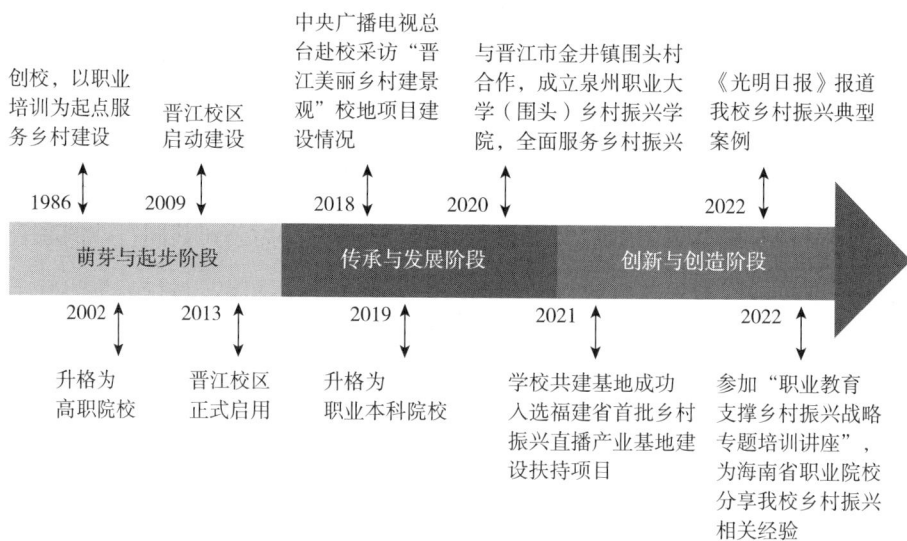

图 6.3　泉大乡村振兴历史发展图

6.2.2　泉州职业技术大学文化育人特色介绍

泉州，这座中国海洋经济文明史的璀璨明珠，早在宋元时期就被伟大的旅行家马可·波罗誉为与埃及亚历山大港齐名的"东方第一大港"。近年来，凭借丰富的"海丝"文化遗存，泉州相继荣获"中国首批历史文化名城""海上丝绸之路起点城市""世界多元文化展示中心""东亚文化之都"四大文化品牌荣誉。据统计，截至 2024 年 9 月，泉州拥有世界级非物质文化名录 6 个、国家级非物质文化遗产 36 个、省级非物质文化遗产 128 个，非遗资源十分丰富。[①] 为充分发挥非遗资源地域优势，秉持"把学生培养成全面发展的人"这一理念，学校将学院教育与书院育人融合，推行"课程活动化，活动课程化"的教学方式，在非遗教育与人文素养培育融合方面做了不少尝试。截至目前学校先后承接了近百项社会服务，有近千人次参与传统文化体验交流活动。学校成功与晋江市侨台外事局、晋江团市委等部门合作共建了"华文教育基地""晋江市青少年传统文化教育基地"；与晋江市文保中心、磁灶镇合作设立了"磁灶窑陶瓷技艺传习所"；学校艺术工坊获批为泉州人文社科普及基地。近些年，学校培育出了"见义勇为先进分子"金华夏、"感动福建十大人物"林潼、"福建励志先锋"陈泽毅、"优秀大学生士兵"汤幼文、"国家西部志愿者"陈志伟、"抗疫先锋"曾志雄等学生榜样，育人成效明显。学校人文素养培育经验为非遗传承与高校学生人文素养融合的操作方法和实施路径提供了参考与借鉴。如图 6.4 所示。

---

① 泉州市人民政府.泉州概况［EB/OL］.（2024-09-11）［2025-02-10］.https://www.quanzhou.gov.cn/gastronomy/ch/qzgk/syzc/202411/t20241127_3110180.htm.

非遗师资团队
民间艺人
非遗大师
专任教师

非遗课程体系
通识教育课
公共必修课
公共选修课
非遗融合专业课

非遗教育

人文素养培育

活态共推

艺术工坊平台
校企合作
工学结合
非遗传承平台

六大书院活动
一院一品牌
非遗进校园活动
传统文化传播

对外交流合作
传统文化教育联盟
乡村振兴学院
国际合作交流

图 6.4　非遗教育与人文素养培育融合路径

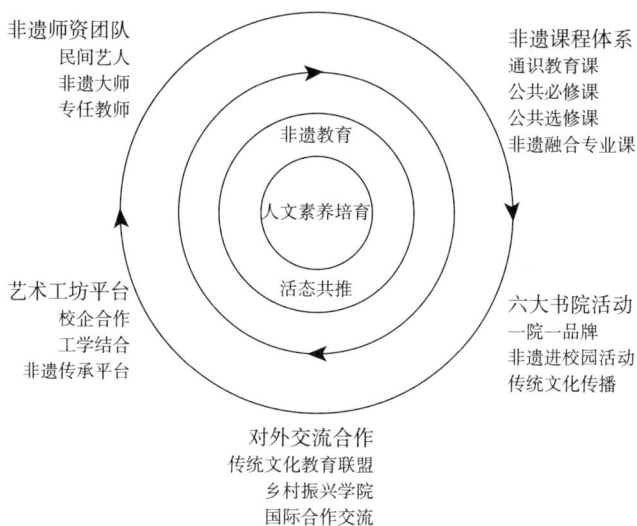

一是打造非遗师资团队，引领人文素养培育方向。非遗来自生活，源于民间。民间艺人的活态呈现与传授在非遗校园传承中有着重要作用。将传承人、教师以及非遗涉及的学科人才结合起来，有助于非遗教育工作的开展[①]。学校聘请民间艺人加入非遗教师队伍，借助非遗大师的亲传身教，指导学生深入学习非遗项目，从而培育学生的人文素养。目前学校设有金苍绣、剪纸、陶艺、印染四个非遗大师工作室。工作室的职能除了开展讲座、技艺传承、课程讲授外，还包括与学校特色专业的共创。例如，刺绣、印染技艺应用到服装设计、数媒艺术专业人才培养以及产品研发中，有效地探索出了传统非遗与现代科技相融合的新思路，初步打造出刺绣、印染非遗校内实训基地，较好实现了非遗的活态传承与创意转化。同时，学校还有计划地培养和引进一批热爱传统文化、致力非遗传承的专任教师。以剪纸大师工作室为例，学校在引进非遗大师后，不仅吸引了年轻剪纸传承人留校担任产品艺术设计的专职教师，还激发了相关专业专任教师积极拜师学艺的热情，这一现

① 马知遥，常国毅.非物质文化遗产教育性保护的方法论与道路探究［J］.民族艺术研究，2019，32（6）：135-144.

象蔚然成风。学校还高度重视非遗教师的发展规划，通过课题立项、专家讲座、外派学习交流等多种形式，不断强化对师资队伍的非遗培训，进而提升专任教师的文化素养与专业水平，有力推动了生态型教师共同体的健康发展。培养专业的非遗师资团队，有利于更好地传承非遗文化。

二是构建非遗特色课程体系，丰富人文素养培育内涵。课程建设是高校实施非遗传承的核心工作，是学生提升人文素养的重要渠道。学校开设"基础＋特色"两类通识课程。其中，"基础课程"涵盖心理健康教育、生涯教育、劳动教育、美育等面向全体学生的课程内容，课程以文化讲堂、读书沙龙、师生谈话、分享交流等方式展开，满足学生提高个人文化素质及综合能力的需求。"特色课程"指的是非遗课程。学校通识教育学院确立了以人文素质提升为基础，向艺术传媒等专业课程延伸的课程建设思路，在学院与书院中开展非遗相关必修课、选修课及丰富的第二课堂活动。其中，做好传统文化的普及性基础教育是学校开展非遗教育的第一步，学校开设了《中华优秀传统文化》作为所有专业的公共基础必修课。而教育既要紧跟现代化进程，又要善于利用丰富的本土文化资源[①]。立足泉州本土文化，学校开设了《穿越泉州刺桐城》课程。该课程通过双师任课机制，将理论教学和现场实践相结合，让学生在走访泉州古城区的同时，体验传统文化，传播传统文化。在课程资源建设上，除了以国内有代表性的优秀统编教材为主导外，学校还结合"海丝"特色文化，甄选文本、电子、视听等形式资料作为教辅资源，同时鼓励老师编撰《走进泉州》等校本教材作为通识课程的补充。此外，学校还将非遗传承纳入专业课程体系。目前学校开设有剪纸、陶艺、书法、篆刻、印染、刺绣等 10 余门非遗课程，这些课程一方面作为数媒艺术、服装设计、产品艺术设计等相关专业的选修课（必选 4 门）；另一方面也作为公共选修课，面向全校其他专业开放。学校通过设立非遗必修课、非遗公

---

① 董云川，林苗羽.非物质文化遗产的教育传承责任探究——以"坡芽歌书"为例［J］.教育科学，2020，36（1）：9-14.

共选修课以及将非遗融合进专业课，学校构建非遗传承课程体系，充分发挥了学与教的积极性，使非遗教育更加深化[①]，让非遗成为泉大学子的一种生活方式，培育着学生的人文素养。

三是依托六大书院活动，营造人文素养培育氛围。2009 年，泉州职业技术大学晋江新校区规划了"书院"，于 2013 年正式启用，开始实施"书院制"学生教育管理模式。目前，学校已成功构建起涵盖"一善、双馨、三创、四实、八方、拾德"六大主题的书院体系，这些书院与十大学院紧密对应，共同构成了独具特色的"双院制"教育模式。各书院依据自身内涵建设方向，携手通识教育学院，共同推进"一院一品牌"特色活动的开展。学校充分发挥书院的文化育人功能，注重书院对传统文化的传承，使书院成为融合非遗教育与人文素养培育的重要载体。六大书院各有特色，定期组织开展传统文化体验活动，联合学校源歆国学社，举办穿汉服、写汉字、读诗词等文化体验活动，营造浓厚书院文化氛围，提升学生对传统文化的兴趣。同时，书院也会定期开展传统文化剪纸展、非遗进校园之李尧宝剪纸花灯讲座等传统文化节系列活动。其中，双馨书院的"传统文化月"活动被泉州传统文化促进会授予"传统文化传播中心"这一称号，并受邀参加"古城泉州·汉服十年"冬至演出活动。六大书院通过构建"非正式课程体系"，与通识教育课程形成互补，将通识教育与书院育人有机融合，建立协同通道，搭建平台，并匹配优质导师资源，在学校"双院制"背景下使学生成为书院、学院的亲密友好合作伙伴和校园文化的传播者，有效提升了学生的人文素养。

四是根植艺术工坊平台，拓宽人文素养培育形式。课堂上人文学科知识的传授是人文素养的重要基石，同时相关的实践活动也是不可或缺的补充。产业伙伴型大学是学校的办学特色之一，校企合作、工学结合贯穿于人才培养的各个环节。艺术工坊作为学校"传统文化进校园"项目中重要的教学空间，围绕"开发 1 个课程包 + 成长 1 个学生社团 + 入驻 1 个大师 + 培育

---

① 张艳. 以非物质文化遗产有效促进大学生人文素养提升 [J]. 教育与职业，2016（16）：109-111.

1 个工作室"的四个"一"工程，探索面向校内授课、校外体验课程培训，集"专业基础教学、通识教育实作、传统文化体验、非遗文化传习、工匠精神传承、创新创业实践"为一体的人文素养培育新模式。学校于 2016 年与厦门络缇集团共建络缇时尚学院，开设了服装与服饰设计、产品艺术设计专业，企业的设备、技术进驻校园，部分与专业联系紧密的工坊成为生产线。工坊作为非遗公选课的第二课堂，在培养学生非遗兴趣、提升人文素养及艺术创作能力上也发挥了重要作用。跨专业的学习，尤其是商科类学生对非遗项目的创新创业也有不少成功实践。工坊是非遗手工艺品的"校中厂"。以皮雕技艺为例，工坊不仅搭建起非遗教育传承的桥梁，还成功解决了手工作品市场化面临的场地限制、资金瓶颈及人力资源匮乏等难题，从而实现了本科职业教育与非遗传承的深度融合与共赢发展。学校通过艺术工坊平台的实践活动，拓宽了学生的人文素养培育形式。

五是深化对外交流合作，增强人文素养培育效果。学校积极加强与外界的交流合作，在对外交流中，不断培育学生人文素养。学校作为泉州社科类科普基地，承担着传统文化传承与传播的重大使命。2020 年，学校联合中国闽台缘博物馆、晋江市社科联、泉州传统文化促进会等九家单位，成立传统文化教育联盟。该联盟以学生人文素养培育为核心，根植于本地非遗文化的沃土，通过会议论坛的智慧碰撞、传习教学的生动实践、课题研究的深度挖掘，不断加深相互间的交流与合作，为传统文化与教育的深度融合开辟了新路径，有力地推动了传统文化的保护与传承。作为对国家全面实施乡村振兴战略的响应，学校积极探索职业教育服务乡村振兴路径。2020 年，学校乡村振兴学院在晋江市围头村正式揭牌。目前，学校已有四个项目在围头村落地执行，包括乡村景观改造、文学创作、全域旅游、海产品电商。其中，文学创作项目组将采取大学生与小学生结对的方式，以'大学带小学，大手牵小手'的创意模式，共同推进文学素养的培育、文学园地的建设，以及主题活动的开展。另外，学校还充分发挥自身地处侨乡以及海上丝绸之路起点的地域优势，担负高校文化传承创新职责，先后承办了"中菲青年互访游学""华裔少年寻根之旅"、国际大体联等活动。在各项国际交流活动中，积极推动本校学生与来访青少年的结对交流。在结对交流中，学生们通过亲身参与汉服展示、书法练习、剪纸艺术等传统文化体验活动，进一步提升了自身的人文素养。以教育、文化之间的交流作为载体，学校通过"请进来、走出去"方式，有效增强了学生人文素养培育效果。

6.3 泉州职业技术大学服务乡村文化振兴项目介绍

6.3.1 泉州职业技术大学服务乡村文化振兴情况

新质生产力是实现我国高质量发展的战略基石。加强职业教育，培育大国工匠，赋能新质生产力，实现教育强国战略的重要环节[①]。职业教育是振兴乡村文化的重要手段，赋能乡村文化振兴既是历史传承也是使命担当[②]。根据 2019 年国务院印发的《国家职业教育改革实施方案》，职业教育应"服务乡村振兴战略，为广大农村培养以新型职业农民为主体的农业实用人才"。2024 年中央一号文件指出要"壮大乡村人才队伍""发挥职业院校作用，提高农民教育培训实效"，再次从顶层设计上肯定了职业教育在乡村文化振兴中的独特地位。作为我国首批职业本科院校，泉大积极贯彻国家政策号召，于 2020 年 12 月 30 日成立了泉州职业技术大学乡村振兴学院，为该校在乡村振兴领域开启了崭新的篇章。随后，该校又陆续在晋江内坑、洛江罗溪等地建立了多个乡村振兴基地，通过资源整合、专业团队的组建和多元化措施的有力实施，既为当地农村带来了切实的帮助，也为学校师生搭建了实践和

---

① 韩飞，郭广帅. 职业教育赋能新质生产力：理论逻辑、实践堵点与创新路径［J］. 职教论坛，2024，40（3）：5-14.

② 吴一鸣. 乡村振兴中职业教育的"角色"担当［J］. 现代教育管理，2019（11）：106-110.

研究的宝贵平台。在理论研究层面，为深化对乡村文化振兴战略的理解，学校加强职业教育服务乡村文化振兴的研究工作，积极申报并参与省市科技特派员（团队）项目，将专业知识和技能与乡村的文化建设与产业发展进行有机结合。另外，鼓励学生参与乡村文化调研和保护工作，通过实地考察、访谈等方式，收集乡村文化资源，为乡村文化的保护和传承提供科学依据。在实践操作层面，学校充分利用其在专业人才方面的优势，积极引导和组织学生投身乡村文化建设。例如，学校通过电商助农、乡村人才培养、乡村文化志愿服务等项目，使学生能够将所学知识与技能应用于实际工作中。在乡村服务中，泉大还注重与政府、企业、行业等的合作，依托学校课程、培训、技术等将政府、企业、行业等社会力量以及乡村紧密联系起来。例如，泉大通过校企合作、行企联动、政校携手的方式，全面增强学生的职业能力。学校在办学实践中，不断深化"校企合作""产教融合"的理念，现已建立校外实践与实习基地共计 220 余个。在服务乡村中，依托学校课程。例如，《景墙实测验收》课程对属地乡村开展改造行动，依托学校培训能力为村社带头人、贫困大学生"村官"等开展培训。在实践中，泉大通过对接政府、行业、企业、乡村等主体，无缝衔接教育场域、实践场域与乡村场域，将政府力量、企业及行业优势融入乡村建设中，为乡村振兴提供技术、人才、文化等保障，进而推动乡村革新发展，实现多方共赢。

职业教育改革方案落地到乡村，泉大赋能乡村文化振兴主要在以下几个方面发力。

一是改善乡村文化环境。学校依托泉州市社会科学普及基地的资源优势，积极担当发起者角色，组建了"传统文化教育联盟"。学校通过与各联盟成员单位的紧密合作与积极互动，共同构建了一个有利于优秀传统文化传承与创新发展的优越外部环境。学校全面整合校内资源，深入探索各专业与乡村文化振兴的契合点，精准定位乡村振兴的关键着力点，为达成乡村文化振兴的战略目标提供坚实支撑与精准服务。学校人居环境学院利用专业所长，服务乡村。作为专业实践形式之一，学院教师带领学生深入乡村，运用所学专业知识和技能，独具匠心地将废弃的乡村土地打造成精美的微景观。在景观设计时，既考虑乡村的生态环保又兼具景观的美观性和实用性，巧妙地将社会新风尚、家庭优良传统以及富有地域特色的乡土文化等元素融入其中，景观设计体现中华优秀传统文化、乡镇地域文化、党建文化等，不仅美化了乡村文化环境，而且传承和弘扬了乡村传统文化。与此同时，校内书院与学院也通过加强合作，双院联动服务乡村。比如，三创书院与人居环境学院紧密合作，通过开展"三下乡"社会实践活动，通过组织"古镇微景青力创艺"乡村振兴实践团的暑期社会实践活动，在合作乡镇，如安溪虎邱镇、晋江市内坑镇霞美畲族村、晋江市围头村等设立学生实习实训基地，激励学生深入乡村基层一线，将所学理论知识转化为实际行动，紧密围绕乡村文化振兴与生态保护的主题，深切感知乡村现状与需求，通过亲身践行乡村文化振兴，为乡村文化的繁荣发展贡献职业教育的智慧与力量。

二是加强乡村文化教育与培训。一方面，学校充分发挥其教育资源的优势，积极策划并实施一系列专门针对乡村地区的教育培训项目，提升乡村文化教育水平。学校乡村振兴学院组织沙画、剪纸、书法、足球等优质通识课程负责人深入围头各所学校开展授课与展演活动。同时，学校持续加强对教师队伍的专业培训，通过系统的指导，不断提升乡村教师的教育教学能力，进而推动乡村教育教学水平的整体提升。此外，学校还与围江学校携手开展大小记者结对研学活动，双方举行了文学创作交流活动，就小记者团机制建设、结对模式、文学素养提升、主题活动组织、文学园地打造等方面进行了探讨。泉大大学生记者团、文学社与围江学校小学生记者团通过"大学带小学、大手牵小手"的合作方式，结对联动，在系统的培训和辅导中，挖掘围江学校小学生的写作潜能，提高他们的写作兴趣，助力他们在写作实践中不断成长。截至 2023 年 8 月，学校已成功举办四期乡村振兴培训班，累计惠及学员超过 200 人，通过理论与实践相结合的教学方式，有效提升了学员的科技创新能力和乡村振兴实践技能。另一方面，学校不仅能够充分利用其丰富的教育资源与独特优势，面向乡村居民开展多样化的技能培训与专业辅导，还可以通过有效提升乡村居民的就业竞争力和创业能力，为乡村培育众多适应本地发展需求的人才。针对乡村居民的不同群体特点和实际需求，终身教育学院精心策划并推出了茶艺师、公共营养师、婴幼儿发展指导师、保健按摩师等一系列实用的技能培训项目，满足乡村居民多元化的职业发展愿望，助力他们习得实用技能，进而提升生活品质。截至 2023 年 8 月，学校的教育服务已扩展至包括泉港区、晋江市、台商投资区等在内的多个周边乡镇。为了更便捷地惠及乡村居民，终身教育学院创新性地实施了"教育进村"策略，通过提供贴合农村转移劳动力实际需求的技术技能培训，帮助他们顺利实现职业转型与提升，不仅强化了农村劳动力的就业竞争力，还有效促进了农村劳动力的有序流动，为乡村地区的持续发展注入了新的活力。

三是搭建乡村文化交流与合作平台。发挥其在文化教育领域的示范引领作用，对所服务的乡村地区自然景观、传统民俗、特色饮食等乡土文化元素进行深入挖掘，科学整合乡村文化资源，为文化交流与合作平台的构建打下牢固基础。以乡村振兴学院为平台，学校与地方政府、企业紧密协作，利用短视频、直播等新媒体工具，作为平台传播媒介，拓宽乡村产品营销途径。学校携手晋江市融媒体中心及福建省广电网络有限公司晋江分公司，合力打造乡村振兴直播产业基地，融合媒体力量与本土资源，通过专业课程与实操训练，培育直播产业人才。2021 年 11 月，该项目成为福建省首批乡村振兴直播产业基地建设扶持项目之一。2023 年 3 月，学校举办了"融城市精彩带晋江好物"福建省乡村振兴直播产业基地的签约与揭牌仪式。直播基地启用后，学校定期为社会各界提供互联网营销师、主播、短视频制作运营、电商运营推广及主播导师等全方位课程与实训，覆盖直播行业的所有关键环节和重要岗位。学校通过"培训＋实践＋资源带货"的模式，有效填补了晋江直播产业的人才空缺，为乡村文化振兴提供了坚实的产业支持。此外，学校还构建了乡村与外界沟通的桥梁。学校数字媒体艺术专业紧密跟随学校乡村振兴战略部署，自 2019 年开始前往乡村拍摄短片。该专业通过优秀乡村短片的拍摄为外界了解、感受乡村打开窗口。2021 年 8 月，该专业师生代表前往三明市泰宁县上青乡，以当地乡村为拍摄地精心打造了乡村短片《在桑梓》。得益于当地政府以及村民的全力支持，该片荣获第十二届中国国际新媒体短片节金鹏奖提名，并受到大赛组委会的特别邀请，参与分享交流。另外，该片还荣获了第八届"根亲中国"华语电影短片大赛优秀作品奖，不仅促进了当地乡村研学事业的蓬勃发展，还成功推动了相关项目的有效落地。

四是提升乡村文化治理与服务水平。基层党组织是乡村治理的中坚力量，通过对党组织建设进行强化，能够提升乡村干部的综合素质与履职能力，进一步提升了乡村治理的科学化、标准化水平，从而实现了乡村治理能力的显著增强。基层党组织采取加强乡村社会管理、有效化解乡村矛盾纠纷、深化乡村精神文明建设等一系列措施，能够有力促进乡村社会的和谐稳定，从而切实提高广大农民群众的获得感和幸福感。职业院校在服务乡村过程中，积极推动乡村党建工作的创新发展，为乡村社会的和谐稳定发挥了不可或缺的重要作用。学校各学院基层党组织积极发挥自身优势，例如，人居环境学院党支部致力于打造"生态先锋"党支部，将生态文明理念、党建文化、社会主义核心价值观等贯穿于专业人才培养的全过程。该学院绿色建筑专业群主动践行产学研合作，与六个镇政府携手共建，达成党建共建和校地合作协议。在多方合作中，深度融合中华传统文化、乡镇地域文化、党建文化以及红色革命基地文化等多重元素，共同打造富有教育意义和文化价值的乡村微景观。马克思主义学院主动构筑党建"智库"。全院教师积极响应号召，深入乡村一线，全力投身于基层党建工作的深入探索与实践研究，推动乡村基层党建与乡村社会治理、乡风文明建设、农村经济发展等多个方面实现深度融合与协同发展。2024 年，学校被评为"全国党建工作样板支部"培育创建单位；学校党建入选全国高校"双带头人"教师党支部书记"强国行"

专项行动团队名单；获得第六届全国民办高校党建和思想政治工作优秀成果一等奖。学校还持续承接基层党组织书记培训工作，致力于提升乡村干部的管理能力和综合素质。例如，2021 年 12 月，学校承接晋江市村（社区）党组织书记及市委第八批驻村第一书记（专注于乡村振兴）任职培训班的组织与实施，助力新任基层党组织的领航者深化理论素养，筑牢理想信念之基，增强责任感与使命感，提升岗位执行能力，从而为全面推进乡村振兴战略的实施贡献力量。为提升乡村地区的法治水平，学校发起"法律普及、文化传播、服务提供及教育培训"活动，通过组建由教师和学生构成的法治宣传与教育服务团队，深入乡村学校及社区等基层组织，举办专题性的法律讲座及系列法治宣传活动，传播法律知识，提升村民的法治认知与素养，推动乡村社会的和谐与稳定。

6.3.2　泉州职业技术大学服务乡村文化振兴典型案例

6.3.2.1　泉州职业技术大学助力乡村文化振兴思路介绍

2018 年，中共中央、国务院联合颁布了《关于实施乡村振兴战略的意见》，对推进乡村振兴战略作出了全面部署安排。作为对党的十九大精神和全国教育大会的指导方针以及对《中共中央国务院关于实施乡村振兴战略的意见》和《乡村振兴战略规划（2018—2022 年）》的响应，为推动高等学校更好地服务乡村振兴战略。同年，教育部颁布了《高等学校乡村振兴科技创新行动计划（2018—2022 年）》。中共福建省委与福建省人民政府也共同印发了《关于实施乡村振兴战略的实施意见》，并依据本省实际情况，制定了具体的实施意见。此外，福建省还出台了《福建省实施乡村振兴战略规划（2018—2022 年）》，进一步对乡村振兴战略的具体目标和各项任务进行了细化。一系列文件为泉大创立乡村振兴学院指明了方向，提供了指导原则。随着乡村振兴战略的持续推进，全国各地纷纷成立乡村振兴学院及相关机构，制订乡村振兴服务方案，通过设计专业课程、举办实践活动、进行科学研究等多种途径，为乡村振兴注入了坚实的人才基础和智慧支持。泉州职业技术大学（围头）乡村振兴学院的设立，也是对这一发展潮流的积极回应，体现了学校致力于为本地区乡村振兴事业培养更多高素质、高技能的优秀人才。

在乡村实践中，泉州职业技术大学（围头）乡村振兴学院在晋江市人民政府、晋江市委组织部、农业农村局、教育局等多部门的悉心指导下，争取所有可利用的资源，紧密围绕中心工作，积极邀请相关领域的专家学者，共同投身乡村服务，为乡村振兴战略的实施贡献力量。学院秉承以服务乡村振兴战略为核心的理念，通过精心策划的分阶段任务、特色基地建设以及多元化的努力方向，为乡村振兴战略的深入实施提供全面而多层次的支持。学院还致力于打造具有鲜明"海峡"特色的服务模式，并努力将其推广为可复制、可广泛推广的宝贵经验，为乡村振兴事业贡献更多智慧和力量。具体而言，泉大围头乡村振兴学院，立足于围头村实践基地，并不断拓展服务半径。其服务范围覆盖晋江本地，并逐步扩展至泉州市、福建省乃至全国，旨在充分利用自身教育和培训资源优势，打造外埠合作教学、党性教育、美丽乡村景观提升体验、中华传统文化研学、全国乡村振兴示范、农村创业创新及乡村文创体验等多个基地，树立乡村振兴典范，供其他地区借鉴。在分阶段任务与实施策略上，围头乡村振兴学院主要采取以下措施。第一，统筹现有资源，先行导入。乡村振兴学院积极整合校内外的教学设施、师资力量以及实践基地等资源，梳理学校在文创传播、乡村微景观、智慧旅游、电子商务等方面的优势，不仅通过乡村教育以及学院工坊赋能围头村文化振兴，为围头村文化振兴的初步工作提供全方位的支持和坚实的保障，还通过先行导入机制，快速响应围头村初期需求，从而为后续深入持久的服务奠定坚实基础。第二，开发课程，承接培训和活动。乡村振兴学院深入研究围头村的具体需求，精心设计并推出具有针对性的培训课程和活动。这些课程和活动将涵盖技能培训、专业知识讲座以及现场观摩等方面，依托学校在乡村善治、新型职业农民/农村实用人才、大学生"村官"、青少年研学等方面的培训经验展开，切实提升围头村村民的综合素质和专业技能水平。学校还积极通过国防教育和党建活动等形式，与围头村建立深入合作关系，在满足村民在学习和发展方面的多样化需求的同时，为他们提供信息交流、经验分享、寻求合作的平台。第三，创新创业，为产业赋能。体现为依托围头乡村振兴学院，为围头村村民提供全方位的支持与丰富资源，以助力其创新创业活动。不仅为村民提供专业且细致的创业指导服务，帮助他们明确创业方向，还能有效规避创业过程中的潜在风险；同时，及时共享市场资讯与行业动态，协助村民深入理解市场需求，精准把握市场脉搏，从而作出更为明智的商业判断。大力倡导村民踊跃参与乡村振兴产业项目，通过创新创业，为传统产业注入新动力，促进产业结构优化升级，不仅有助于提升当地产业竞争力，更能为乡村文化振兴事业增添新的增长点，推动其持续、健康发展。针对围头村旅游文创、渔村电商等产业发展需求，充分利用围头村的滨海生态、战地文化、闽台交流及渔村文化等丰富资源，深入挖掘全域旅游项目，精心策划并完善围头村旅游资源的开发与规划方案，同时构建完善的旅游信息系统设计与应用体系，以提升旅游功能，并进一步强化其旅游开发利用价值。针对围头村线上销售海产品所面临的诸多挑战，如包装运输问题以及营销推广难题等，研究相应解决措施。

6.3.2.2　晋江围头村简介

金井镇围头村位于福建省晋江市，东面台湾海峡，西接围头湾，南离大金门岛仅5.2海里，北临泉州，全村常住人口约4300人，有着丰富的人文历史资源。根据围头村发展规划及对村干部的访谈，课题组梳理出围头村近代发展阶段图。如图6.5所示。在一次创业阶段，1926年，菲律宾华侨返乡助学、帮困、修建码头、订立村规民约。南洋精神深刻影响着围头村建设。然而，随着城镇化发展，因远离城镇，难以分享城镇的公共基础设施和资源，围头村渐渐成了落后村。为了更好地发展围头，2007 年，围头村新一届两委以"振兴围头·二次创业"为指引，定下"一年一台阶，五年一跨越，十年初步实现宜居宜业宜游，二十年全力打造海峡名村"的发展目标，规划了从 2007—2026 年，利用 20 年时间逐步实现立足晋江，面向全国，再到 2035 年，将围头小格局渐渐融入国家发展大格局的发展路线。通过 14 年的乡村建设，围头村摸索出了自身的乡村发展路径，提出了文化先行，党建引领，产业带动的乡村文化生态建设模式，成绩斐然。围头村位于福建东南沿海，近年来通过整合资源和挖掘文化内涵，荣获了包括全国文明村、全国乡村特色产业亿元村、全国"一村一品"示范村等 20 多个国家级荣誉称号，以及福建省乡村治理示范村、福建省乡村振兴试点村、福建省首批金牌旅游村等 80 多项省市级荣誉。"围头精神、围头速度、围头经验"获得社会赞誉。

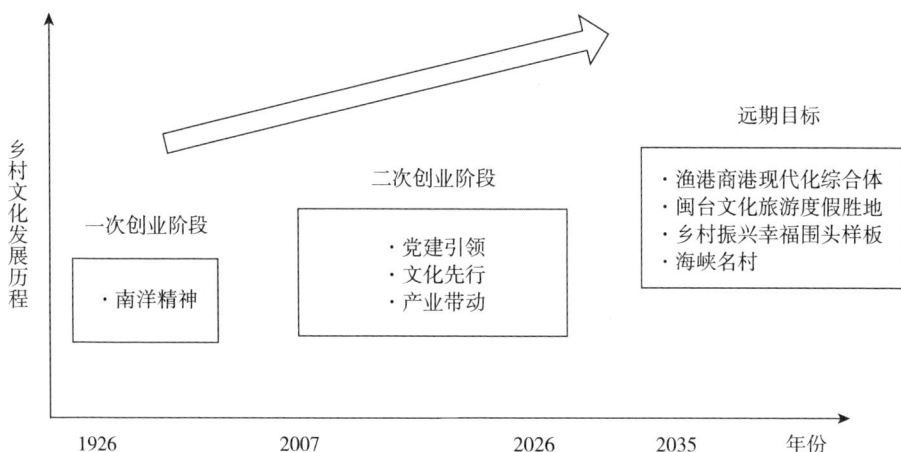

图 6.5　围头村发展阶段

2007 年，围头村新一届领导班子上任后，对村庄现状及落后根源进行了分析，总结出围头村当时既存在其他乡村建设的共性问题，也存在着多宗族姓氏不团结、产业单一的特殊情况。针对这些问题，新一届领导班子逐渐摸索出党建引领，文化先行，产业带动的乡村文化生态建设模式，通过对围头村的乡村文化建设经验进行剖析，可以归纳出乡村文化生态建设模式。如图 6.6 所示。

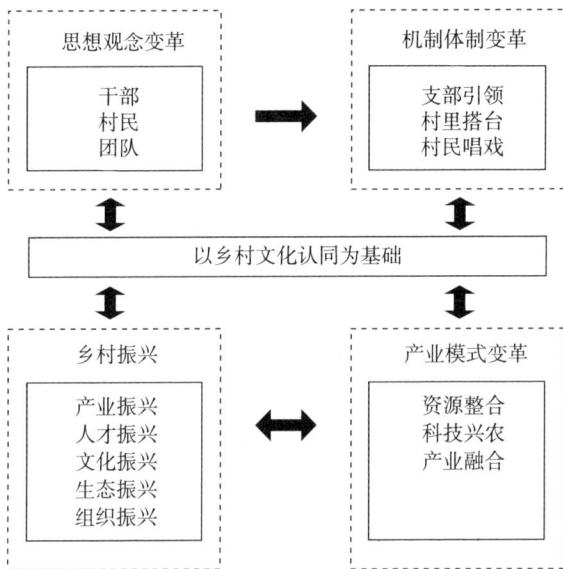

图 6.6　乡村文化生态建设模式

第一，以村级党建为抓手，引领乡村发展正确方向。首先，在文化生态主体建设上，重视基层党组织建设。围头村的基层党组织严谨有序地推进党内政治生活，一丝不苟地执行"三会一课"制度，并深入开展"两学一做"学习教育及"不忘初心、牢记使命"主题教育活动。以党建项目带动党员教育，把党群服务中心、党建文创园、安业民烈士陵园、围江爱心基地及金沙湾党员义工基地等打造成党员教育阵地，使基层党组织凝聚力不断增强。在实际工作中，充分发挥党员的先锋模范作用。中共晋江市金井镇围头村支部委员会每名党员对照"一名党员、一面旗帜、一句承诺"标准，投入一线工作和乡村服务，并创新性地推出了"党建领航、同舟共济"的"1+N"渔村综合治理模式。在管理中，实行"指导员 + 站长 + 网格员 + 信息员 +N 督导员"模式，让党员当指导，群众为站长，老协会、妇女会和少先队负责监督，通过微信群"网格 + 视频 + 信息"对出现的乡情、村况及时进行收集、处理，推动乡风文明建设。其次，在文化生态主体形成上，重视榜样引领作用。围头村扎实推行"党建 + 评先"计划，营造"人人争先进，户户争文明"的良好氛围，引导更多人加入乡村建设中。围头村凭借每月揭晓的"围头好人榜"及年度评选的"好党员""好长辈"与"好少年"等十大榜样，持续深化"党建＋评先"的良好风尚。2015—2020 年，围头村，这个有着1300 多年历史的渔村，不仅在文化保护和乡村振兴方面取得了显著成就，还评出了各类先进人物 900 多人，有效发挥了道德榜样的示范作用。

第二，以围头文化为核心，凝聚乡村治理合力。其一，在文化生态内核塑造上，提炼总结乡村精神。围头村对自身历史发展进行了梳理，从 1926年围头村菲律宾华侨积极投身围头建设的实践中，总结出为乡、为民和为家庭的南洋精神。从 1958 年金门炮战围头人民的英勇事迹中提炼出爱党、爱国和爱军队的红色精神，并将二者融合形成"三爱三为"的"围头家国精神"，为全体围头人找到了共同的文化根源。此外，围绕二次创业发展规划，围头村提炼出战地文化、滨海风情、渔村韵味、侨台纽带和海丝遗风五大文化。其二，在文化生态载体打造上，注重优秀文化推广。组建乡风文明促进会，量化、细化移风易俗内容标准，形成"文明围头、十句公约"，对村规民约、村民自治章程等制度进行修订，使其更为完善。为了提升村民素质，将文化内化于心，围头村还积极推进主题日活动。目前已形成每月五大主题日五大活动，即"综治主题日，全村合创平安""村民主题日，村民乡贤走进来""党员主题日，党员干部走出去""双拥主题日，军民携手谋发展"和"围头小星星日，大手拉小手"。优秀文化的滋养，让村民的家国情怀得以激发和释放，村民的态度也由"要我参与"悄然转变为"我要参与"。

第三，以文旅产业为动力，推进乡村持续发展。首先，在文化生态氛围营造上，整合乡村文化旅游资源。不断完善道路、公园等民生与旅游公共基础设施建设，建成了乡村游客服务中心、民宿和便民公共卫生间等服务设施，形成集娱乐休闲、海鲜美食、生活体验和旅游购物等为一体的围头乡村休闲旅游服务群体，打造出东西两条旅游主干线，推出了游围头、看金门、逛古街、探炮洞、泡海水、吃海鲜、抓鲍鱼、住民宿和听故事等具有围头特色的旅游产品，初步形成建民宿、卖海鲜和开休闲餐饮店等的旅游产业链。其次，在文化生态模式构造上，推进一二三产业深度融合。鉴于围头的地理优势，1992 年初，福建省政府就在围头村设立了民间对台小额贸易试点。2009 年，围头对台保税物流中心成立，成为台商来泉创业的有力平台。围头与台湾地区频繁的经贸往来，丰富了围头产业体系。目前，围头村的产业分布已经从单一的捕捞业，逐步扩展到水产养殖、对台小额贸易、海洋经济（包括捕捞业）、旅游业、港口物流以及服装制造等多个领域。最后，为有效应对新冠疫情影响，围头村在做好疫情防控工作的基础上，将互联网与"渔业生产＋特色产品＋乡村旅游"深度融合，成功将线上的"带货、带景、带故事"与线下的"带人、带游、带美食"活动相结合，有效应对了近年来的产业挑战。

围头村在乡村文化振兴中，通过党建创新，加强基层党组织的凝聚力和创新力，积极发挥党员干部带头作用，以党员干部带动村民不断进步，提高村治理水平；用文化先行来统一村民思想，提高村民素质，提升村民文化自信，增强其文化认同感，为村庄改革打下坚实基础；根据村庄实际，结合相关政策，积极发展旅游业，打造特色旅游文化品牌，形成旅游产业链的同时，积极开展对台贸易，加强对台合作，创新营销形式，完善产业体系。经过 14 年发展，围头村经济文化水平得以明显提升。然而，人才作为乡村文化生态体系中的关键因素，一直是制约围头村乡村文化建设进一步发展的瓶颈。从围头村的发展路径中也可以得知，乡村的全面振兴，在形成统一文化认同的基础上，更需管理机制体制的革新与产业发展模式的强力支撑。步入新时代，在围头村的发展中，进一步挖掘旅游资源、壮大乡村文旅产业、推动渔村电商线上销售等，仍是拓展产业发展的新路径。

6.3.2.3　泉州职业技术大学服务晋江围头村文创产品开发案例简介

（1）围头村文创设计文化元素提取

围头村的乡村振兴历程是"晋江经验"的又一成功实践。凭借地理优势，围头村将战地、滨海、渔村、侨台、海丝"五大文化"与红色党建、绿色渔村、白色沙滩、蓝色海湾、金色产业"五色围头"与"海峡两岸七夕返亲节"和"闽台文化旅游节"两大节日结合，在两岸文化交流中，构筑地缘、商缘、姻缘、民缘、水缘"闽台五缘村"，实现闽台乡村文化与旅游融合，助推两岸旅游经济发展。

围头乡村振兴学院在查阅文献资料了解围头村的基础上，对围头村开展设计调研活动，走访调研了毓秀楼围头战地党支部旧址、防炮洞、战地坑道、安业民烈士陵园、钢铁阵地、鲍鱼培育基地等地，并对围头村村民进行访谈。依据围头战地历史文物古迹、观光景点、民俗节庆活动、非遗文化、特色美食等资源，对围头乡村文化进行梳理，梳理出该村文创设计文化元素。如表 6.2 所示。

表 6.2　围头村文化元素概况表

文化类型		文化元素
战地文化		毓秀楼炮战遗址、一号放炮洞、东南第一哨、一号碉堡（围头海角）、"八二三"战地公园、战地坑道、围头民兵哨所、达屋楼古民居、东线和平公园、安业民纪念碑、月亮湾、赤山金门瞭望台等"八二三"炮战国防教育十二大遗址、永平古城、道盛海峡文化中心
滨海文化		东海湾、海峡人家、金沙湾海水浴场、围头角生态观光区
渔村文化	围头特产	厝味高粱酒、贝壳
	围头海味	鲍鱼、小鱼干、小虾米、海带、紫菜
	围头小吃	海蛎煎、牡蛎、土笋冻、润饼卷、面线糊、活鱼粥、凉拌螺片、清蒸加力鱼、姜爆海鸭
侨台文化	民俗节日	海峡两岸七夕返亲节、"八二三"炮战纪念日、闽台乡村旅游文化节
	五缘文化	地缘、商缘、姻缘、民缘、水缘 海峡生成地缘、地缘重启商缘、商缘带来姻缘、姻缘加深民缘、民缘促成水缘
	围头新娘	围头新娘文创园
海丝文化		古渡渔人码头（围头古渡）、古石塔（围头古塔）、围头古街、妈祖古地

（2）围头村文创产品开发价值

文创产品设计通过提取产品文化元素，借助设计师的创意表达进行转化，进而实现文化传递和产品增值[①]。从文化层面上看，围头村有着悠久的历史文化资源。自唐开元时期便有相关史料记载，宋元时期泉州海上丝绸之路四大出海口围头港位居其一。明末清初，郑成功驻军于此，施琅也曾于此地操练水师，出征台湾。1958 年，围头村成为震惊中外的"八·二三"海峡炮战的主战场。从情感层面上看，城镇化的推进加速了乡村文化的衰落，阻碍了乡村文化记忆的传承。对围头文创产品的开发有助于留住乡愁，促进乡村文化情感的延续。此外，将文创产品开发与乡村旅游相结合，不仅提升了围头村乡村旅游的品质，还更好地满足了乡村旅游者的情感体验需求。从经济层面上看，乡村文创对乡村现有人文、自然以及经济资源进行整合，使其成为大众容易感知的文创产业[②]。对围头文创产品的开发延伸了围头村旅游产业链，促进了围头村一二三产业深度融合，使围头文化成为围头经济新增长点，从而通过文化产业振兴加速围头村乡村全面振兴。

（3）围头村文创产品设计现状分析

相较于周边其他乡村，围头村乡村产业发展构建较早。围头村秉承"以文促游，以旅促兴"的理念，积极推进文创产品的创新开发。一是在村庄规划中融入文创元素。精心规划，开辟了乡村地区的专属场地，打造了邻里文创走廊与围头文创园。二是在校村合作中丰富产品种类。与泉大共建乡村振兴学院后，村校在旅游、电商、乡村善治等方面加强产学研合作，学校发挥课程、专业优势对围头文创产品进行设计，围头村也提供相应场地对学生设计的文创产品进行展出，进一步丰富了围头村文创产品种类，浓厚了乡村文

---

① 李红超，王昕宇，李维钰 . 基于文化元素的故宫博物院文创产品设计研究［J］. 包装工程，
2022，43（2）：325-332.

② 盛玉雯，陈庆军 . 南京山景社区文创产业振兴策略与实践［J］. 包装工程，2020，41（14）：
311-319.

化氛围。三是在闽台交流中互鉴文创产品。凭借与台湾的深厚渊源，村里专门设立了闽台文创商城，展销两地特色文创商品，进一步促进了闽台经济融合与文化交融。目前围头村已开发出该村美食、特产以及文化导览等相关旅游产品。但是其文创产品发展也存在一些问题亟须改进。一是产品设计视觉效果欠佳。好的文创产品是地方文化的良好宣传，应当是观赏性和实用性的结合，才能对消费者产生吸引，激发购买欲望[1]。在围头村实地调研中，课题组发现围头文创产品偏重实用而轻视美学，包装简陋，图案雷同，未能彰显本土文化韵味。另外，围头村特产的散装销售方式存在安全隐患，因为仅使用塑料袋包装，未能在包装上标明食品名称、生产日期、保质期、生产者名称及联系方式等关键信息，也未注明"QS""食品专用"等字样，并不符合食品安全标准，导致难以被消费者认可。二是产品定位同质化。围头文创缺乏清晰的产品定位，未能突出本村文化特色。目前围头村市面上的文创产品多为围头海味产品相关，如小鱼干、小虾米、海带等，以及市面上普遍存在的贝壳、手绘地图、旅游导览手册等旅游产品，产品种类不够丰富，同质化严重，地域文化特色不突出。围头呈现的伴手礼店铺主要为蓝莲花台湾商品店、古厝丽港特产商店、十八台湾商品店三家，均以销售台湾产品居多，围头本地产品较少，围头特色文创品牌有待进一步打造。三是产品传播方式偏传统。目前围头村文创产品的传播方式仍偏向于依赖游客来村旅游实地购买，通过当地商贩进行销售，线上销售较少。此外，对年轻消费群体的关注度尚显不足，文创产品与新时代、新媒体的融合程度也相对较低，这在一定程度上制约了其文创产品的知名度和竞争力。

（4）围头村文创产品开发思路及成果展示

发展乡村文创产业需用创意设计方式将乡村非遗文化、村史、名人故事等文化资源以及环境、生态、景观等自然资源转化为文化产品，对乡村原有

---

① 肖优，王洪亮．地方文化元素在旅游文创产品设计中的应用研究［J］．包装工程，2020，41（20）：228-233．

产业进行重组，提高文化产品附加值[①]。且文创设计需在彰显产品、工艺特色的同时考虑用户需求，创新设计模式，通过独特风格吸引消费者，让消费者与产品互动，产生共鸣，从而认可产品[②]。围头文创亟须理清当地文创元素，挖掘文化内涵，通过创新设计思维，实现文创产品从散装到整装，从表层到内质，从通货产品到特色产品的变化，逐步形成围头文创品牌。另外，围头文创还需考虑消费者需求，改进传播方式，提升围头文创知名度，促进围头文创产业快速发展。

有鉴于此，基于对围头村的调研，围头乡村振兴学院设计团队在文创产品设计中将围头十八景中的毓秀楼炮战遗址、一号碉堡（围头海角）、月亮湾等战地观光景点，以及围头古街、妈祖古地、古渡渔人码头等滨海休闲景点列入文创设计元素来源；将围头海峡两岸七夕返亲节、"八二三"炮战纪念日、闽台乡村旅游文化节等民俗节日、民俗活动作为文创设计的场景启发；将围头南音、高甲戏等非遗文化作为文创设计形象来源；将围头海蛎煎、牡蛎、土笋冻等美食作为文创设计的重要装饰元素；而围头"五缘故事"则是文创设计的灵感来源。立足围头村的自然资源、人文环境和文化底蕴，在旅游文创产品设计中将围头五大文化，即战地文化、滨海文化、渔村文化、侨台文化、海丝文化融合其中，从而提高围头文创产品的文化性、趣味性和时尚感，实现高品质乡村旅游文创产品设计和运营，以品牌化推进乡村旅游高质量发展。文创产品除了采用平面方式进行销售，还应通过灵动有趣的方式全面而系统地展示、传播产品内涵[③]。因此，设计团队将飞行棋、雪糕、卡通等元素运用到围头文创设计中。通过调研分析，设计团队开发出围头

---

① 文卫民，文问，张玉山．文化创意设计介入乡村振兴的六维模式探讨［J］．家具与室内装饰，2021（10）：26-29.

② 刘民坤，桑虹丽，梁建华．乡村旅游文化创意产品研发的影响因素研究［J］．贵州财经大学学报，2021（5）：101-110.

③ 薛红艳，金才富，朱思宇．古村落文化旅游产品开发的深化与活化之路径——以金华市兰溪市诸葛八卦村为例［J］．民族艺术研究，2022，35（1）：101-104.

飞行棋、围头文创雪糕、围头立体书、围头卡通形象"鲍鲍"等多款 IP 产品。IP 形象在品牌推广中具有不可忽视的作用。围头村利用 IP 形象的独特魅力，并结合旅游宣传，精心打造村落 IP，从而有力推动当地多元化产业的发展。围头村通过文化 IP 的设计、开发、整合以及联名等方式能够有效延续文创产品的生命力，解决文创产品同质化问题①。例如，围头卡通形象"鲍鲍"系列文创来源于对围头渔村文化的挖掘，以围头村的特色海产——鲍鱼为造型，在造型配饰项链中融合了五色围头文化和美丽的渔村文化，将卡通形象鲍鲍作为围头的 IP 形象，让游客更直观、贴切地感受到围头村的风情和围头文化的多样性。

在助力围头文创产品开发时，围头乡村振兴学院设计团队通过对围头村文创产品进行再设计，将乡村文化融入文创产品设计，从围头历史故事、民俗文化、美食文化、自然风光中挖掘设计元素融入文创产品设计中，把围头当地独特文化资源融入包括战地文化、滨海文化、侨台文化等在内的五大围头文化中，打造具有围头特色的文创产品。设计团队精心打造的文创产品不仅丰富了围头村的文化旅游产品体系，还深化了文创产品的文化内涵，显著提升了围头文创产业的文化与经济双重价值。

6.4 泉州职业技术大学服务乡村文化振兴理论模型分析

在前文的研究中，研究者依据扎根理论对收集到的文献资料、访谈资料等进行深入分析，经过开放性编码、主轴性编码及选择性编码分析，成功构建了"职业教育服务乡村文化振兴影响因素及内在机理模型"。本部分将以此理论模型为核心，结合选择性编码所提炼的服务保障、服务动因、服务能力、服务方式以及服务效果五个范畴，及其所对应的政府层面、乡村层面、

---

① 施爱芹，董海奇，郭剑英.IP 创意视阈下乡村旅游文创的设计价值及互动体验［J］.社会科学家，2022（3）：50-55.

职业院校层面、社会层面以及结果层面，深入剖析泉州职业技术大学乡村文化振兴实践中所涉及的影响因素。

服务保障主要体现在政府层面的多个影响因素上，包括政策保障、财政支持及机制完善等方面。泉大围头乡村振兴学院的成立，得益于国家乡村振兴战略的推行与指引。政府在职业教育服务乡村文化振兴政策中扮演着引导者和保障者的角色，其作用主要体现在以下方面。首先，其为乡村文化振兴提供必要的基础配套设施和公共服务设施，确保乡村文化振兴在硬件设施上得到充分的支持。其次，在财政支持方面发挥着重要作用，政府通过各种财政手段，为乡村文化振兴提供必要的资金保障，确保各项事业能够顺利进行。除此之外，在顶层设计中，科学规划乡村文化振兴的方向，确保战略实施沿正确道路推进。在发展模式上，对乡村文化振兴进行科学指导，帮助乡村找到适合自身特点的发展路径。在相关政策上，对乡村文化振兴进行有效引导，确保各项政策能够落到实处，真正惠及乡村发展。在制度层面，为乡村文化振兴提供坚实保障，建立健全相关制度，保障其在有序环境中推进。最后，政府通过积极引导各方力量加入乡村文化振兴行动，与其他主体协同合作，共同服务乡村文化振兴，从而在宏观层面上，促成乡村文化振兴战略的顺利推进，确保乡村文化振兴能够在国家层面得到充分的重视和支持。

服务动因反映乡村层面的影响因素，涵盖发展需求、资源条件、文化认同及人才建设。政府通过对围头村乡村文化建设的历史进行深入梳理，以及对泉大乡村振兴实践的细致研究，可以清晰地看到，其存在着进一步整合其自身资源、培养乡村文化人才、提升乡村文化认同以及推动自身持续发展的强烈需求。这些来自围头村的诉求，正是围头村与泉大携手合作，共同建设围头乡村振兴学院的内在动力所在。

服务能力体现为职业院校层面上的影响因素。职业院校是乡村文化振兴系统的核心驱动力和桥梁，其发展目标、乡村认知的深度及资源整合力，深刻影响着乡村文化振兴的成效。职业教育凭借"职业性""教育性"及"技术性"的独特魅力，在服务乡村文化振兴中展现出无可比拟的优势。对乡村的服务不仅是职业教育能力的体现，更是其社会责任感的展现。在泉大的发展历程中，服务周边乡镇也被设定为学校的发展目标之一。作为职业教育服务乡村文化振兴系统的连接部分，泉大深入乡村进行实地调研，不断提升对乡村实际情况的认知。依托学校丰富的课程资源、培训项目和技术支持，泉大通过与安踏集团共建的订单班培养计划等校企合作模式，以及工作室一体化教学模式等创新教学方式，将政府、企业、行业以及乡村紧密地联系在一起。这些合作不仅有效提升了学生的职业能力，还为乡村文化振兴注入了新的活力。

服务方式体现的是社会层面的影响因素。作为职业教育服务乡村文化振兴系统的核心动力因素，社会层面的服务方式受到三个方面的影响，团体合作、社会责任以及收益期待。泉大，作为创业者的摇篮以及产业伙伴型大学，在其办学过程中始终秉承校企合作、产教融合的理念。学校已经与盼盼、安踏、华为等众多知名企业建立了广泛而深入的合作关系。凭借校企、行企间建立的紧密纽带，行业与企业慷慨地为职业教育输送优质的企业师资、先进的硬件设施以及充裕的实践基地等资源。同时，行业标准、行业人才需求以及行业评价也被融入职业教育的课程和教学中，使得职业教育更加贴近实际，更加符合行业发展的需要。在乡村服务领域，涌现出众多具有社会责任感的企业，学校主动号召校友企业投身乡村文化振兴事业。例如，在围头村域的考察活动中，校友企业积极参与，与学校团队共同深入调研，为村庄的改造和发展提出了具体的规划方案。通过这种多方社会力量的共同参与，学校不仅为乡村建设提供了有力的支持，同时也为各方创造了互惠互利、共同发展的机会。

服务效果所反映的是结果层面的影响因素。具体来说，职业教育在服务乡村文化振兴的过程中，其服务效果主要体现在多主体共同参与乡村发展的效益上。这包括乡村文化的繁荣发展、教学与生产的互利共赢以及乡村与行业企业的共同进步等多个方面。泉大乡村文化振兴项目正是对政府乡村振兴政策的积极贯彻和有效执行。通过这一项目的实施，乡村的整体环境得到了显著美化，村民的文化素养和生活质量也得到了显著提升。同时，参与项目的大学生们在乡村实践中得到了宝贵的锻炼机会，他们在乡村创作的毕业设计作品，及以乡村文化为灵感的文创产品，在各大赛事中频频斩获奖项，彰显了他们的卓越才华与非凡创造力。此外，与乡村合作的企业也在服务乡村的过程中获得了相应的经济回报和社会认可。总体而言，从成果层面来看，各方均取得了显著成效，共同谱写了共赢的新篇章。

综合前述分析，泉大的乡村文化振兴实践，全面而细致地考虑了服务保障、服务动因、服务能力、服务方式以及服务结果等多方因素，并能够将自身作为中介，连接各方，使职业教育服务乡村文化振兴系统能够顺利运转。来自政府层面的服务保障因素为泉大乡村文化振兴实践创设了良好的外部环境，保证了乡村文化振兴的顺利推进。泉大积极与相关部门合作，确保政策支持和资源投入；在乡村层面，受乡村服务动因驱动，围头村进一步的发展需求为泉大提供了合作契机，双方共建围头乡村振兴学院，并随之开展了一系列服务行动；在服务过程中，泉大深入调研，精准把握乡村需求，充分发挥自身专业优势，与村民携手合作，为乡村提供了专业人才和技术支持，确保项目在乡村落地生根；在社会层面的服务方式是乡村文化振兴不可或缺的力量，泉大积极调动社会各界力量，形成强大合力，共同推进乡村文化振兴；在结果层面，泉大注重评估和反馈，确保项目的可持续性和实效性。这些措施和努力在各个层面都得到了良好的执行和积极的反馈，充分体现了职业院校层面的服务能力对乡村服务效果的正向影响。作为乡村文化系统运行的主体力量，以桥梁形式连接各方，保障乡村文化振兴效果的实现。泉大的实践不仅为书写中华民族现代文明的乡村篇章提供了宝贵的理论与实践参考，也为其他地区和院校提供了可借鉴的经验和启示，进一步推动了乡村文化振兴事业的发展。

6.5 泉州职业技术大学服务乡村文化振兴实施路径阐述

一是多要素融合构建职业教育体系。完整的教育体系是职业教育为乡村文化振兴提供智力支持的坚实基础。在办学定位上，学校一方面强调职业教育注重实务操作的特点，坚持"产业伙伴型大学"的办学理念，将校企合作和工学结合的理念贯穿整个办学过程；另一方面，学校也突出了其在区域职业教育中的引领作用，专注于为区域发展培养高素质的技术技能人才。为实现该目标，学校积极促进"中职—高职—职业本科"的有效衔接，并深入探索与中职、高职学校间的交流合作新模式。在专业构成方面，学校根据晋江地区的产业发展需求，与装备制造、电子信息、体育产业等领域的实际需求相对接，动态优化专业建设。学校设置了机械设计制造及自动化、电子商务、休闲体育等专业，形成了智能制造、新一代信息技术、文旅体育等专业群。通过这些专业优势，学校积极开展面向产业的技术服务，与晋江安踏集团合作共建了安踏电商服务产业学院，与华为技术有限公司联合成立了华为ICT 学院，从而提高了专业的社会服务能力。在课程体系的构建上，学校重构了本科专业的课程体系，实现了模块化教学，并对师资团队进行重建。专业课程凸显产教融合的特色，而通识课程则着重于人文素养的培育。学校将"通识课程＋专业平台课＋专业基础课＋专业方向课程＋专业拓展课程"的课程体系与"岗位＋理实一体化课程＋竞赛＋证书＋社会服务项目"的模块化教学组织形式相结合，从而实现了特色育人。这种课程体系和教学组织形式的结合，不仅提高了学生的专业技能，还培养了他们的人文素养和社会责任感，为乡村文化振兴提供了有力的智力支持。

二是多场域协同培育乡村文化人才。在培养文化人才的过程中，学校注重将多个场域进行融合，以实现教育、实践和乡村三个场域的有机结合，从而延伸乡村文化人才链。在教育场域方面，学校依托终身教育学院，致力于开展城乡社区服务人才的教育工作。具体来说，学校通过组织各种类型的社会培训课程，如职业营养师、医疗临床辅助服务员、母婴护理员等，满足乡村文化振兴过程中对各类技能人才的需求。此外，学校还针对村社带头人、大学生"村官"、致富带头人等特定群体，提供专项培训，以培养乡村文化振兴所需的经营管理人才。在实践场域方面，学校积极开展"校政村企"合作模式，致力于为乡村发展培养优质高层次的技术人才。例如，学校与乡村企业合作共建校外实践基地、人才培养基地及教师交流平台，既为学生提供丰富的实践机会，也为教师搭建与企业沟通的桥梁。此外，学校还与晋江东石镇政府在科研赋能、校企合作及乡村振兴等方面展开深度合作，共同推动乡村发展。在乡村场域方面，学校深度参与，致力于提升乡村整体文化水平。例如，在"海峡第一村"晋江围头村，学校开展"大学带小学，大手牵小手"研学活动，助力乡村小学生文化素养提升，建立围头鲍鱼电商营运实践基地，助力乡村产业人才培育。此外，在晋江内坑镇黄塘村、安海镇新店村，学校开展环境艺术设计专业毕业设计项目，聚焦乡村微景观改造，同时提升学生的专业技能。在东石镇，学校还开展科技特派员服务乡村企业活动，让教师到企业挂职锻炼，为企业解决技术难题，同时也促进教师专业能力的提升。通过这些举措，学校不仅为乡村文化振兴提供了有力的人才支持，也为乡村的可持续发展增添了新动力。

三是多方式共推促进文化产业发展。通过与乡村的合作，学校充分发挥职业教育优势，促进乡村产业链、教育链与创新链的深度融合与延伸，有效推动乡村文化产业的长远发展。首先，学校积极协助整合乡村的文化资源。例如，学校深入挖掘晋江围头村在乡村旅游、休闲体验及渔村文化等领域的独特魅力，并据此清晰规划了围头村文创产业的发展路径；同时，学校将红色教育、专业实习及校企合作等多元化元素融入围头村的战地文化、旅游规划及景观改造中。其次，学校通过举办双创大赛，鼓励学生将围头村海产品鲍鱼的电商运营方案，以及旅游文创、红色文创、海洋文创等主体设计品落地实施。最后，学校助力乡村文化产业的融合发展。目前，学校已经建立了国科数字产业学院、安踏电商产业学院、华为ICT产业学院等，这些学院不仅为乡村产业的发展提供了信息技术、电子商务、数字媒体等方面的支持，也促进了乡村文化产业与这些新兴产业的融合，从而形成了新的业态。

四是多主体合力提升乡村文化氛围。乡村文化是一个包含乡村物质、制度、行为、心态文化层的复杂系统，其振兴需要来自各方力量的支持。为了推动乡村文化的振兴，学校牵头成立了"传统文化教育联盟"。这个联盟不仅包括政府及各类教育机构，还涉及乡村、企事业单位和社会组织。在文化空间的打造方面，学校对乡村文化景观进行了改造，美化了乡村文化空间。迄今为止，学校已经完成了57个乡村的改造工作，涉及项目资金高达3000万元。这些努力得到了社会的广泛认可。2018年12月，中央广播电视总台的记者专程赴晋江市安海镇，采访了当地乡村振兴的实践案例，包括"晋江美丽乡建景观"校地项目建设情况。在文化活动的开展方面，各类单位为活动的顺利进行提供了有力的保障。例如，晋江团市委、文旅局等政府部门提供了配套政策支持，确保活动能够顺利进行。中国闽台缘博物馆、泉州木偶剧团等文化单位为活动提供了场所和内容支持，丰富了活动的内容。安溪华侨职校、安海职业中专学校等教育机构为活动提供了主体和智力支持，确保活动的专业性和深度。晋江经济报、电视台等媒体为活动提供了宣传支持，扩大了活动的影响力。除此之外，各机构还在乡村文化研学、传习教学、课题研究方面积极开展合作。各方力量通过这些合作共同推动乡村文化的传承和发展，为乡村文化的振兴注入了新的活力。

第7章 职业教育服务乡村文化振兴的发展路径

深入研究并探索职业教育服务乡村文化振兴发展路径，是解决乡村文化振兴面临问题的关键所在。本部分在前文职业教育与乡村文化振兴内在联系分析的基础上，详细阐述了职业教育服务乡村文化振兴的逻辑向度、发展原则、具体实施路径以及未来发展趋势，旨在为职业教育更有效地服务于乡村文化振兴提供系统性的、切实可行的发展路径指导，助力乡村文化振兴战略的顺利实施。

7.1 职业教育服务乡村文化振兴的逻辑向度

职业教育与乡村文化振兴之间并非简单的线性关系，而是相互交织、相互影响的复杂网络，其中包含的发展向度、育人向度、治理向度等维度共同构筑了职业教育服务乡村文化振兴的底层逻辑架构，对路径的选择、设计与实施产生深远影响。在深入探讨职业教育服务乡村文化振兴路径的过程中，不能仅仅停留于表面的行动策略与实践方法。在阐述具体的服务路径之前，深入剖析其逻辑向度，不仅是对理论深度的追求，更是为后续实践提供有力支撑的关键所在。

7.1.1 发展向度：构建高质量职业教育体系

随着乡村建设步伐的持续加快，乡村文化的振兴对职业教育领域提出了更为迫切与深刻的要求。在此背景下，构建一套高质量的职业教育体系，无疑是对这一时代命题做出的积极且富有远见的回应。高质量职业教育体系，作为职业教育与乡村文化振兴之间的桥梁与纽带，肩负着人才培养、技术输送、文化传承创新等重大使命。它不仅关系到职业教育自身的进步与发展，更直接关系到乡村文化振兴的成效与未来走向。

7.1.1.1 现代职业教育发展体系面临的问题

（1）体制机制不健全，存在"官热民不热"的堵点

2019 年 2 月，国务院印发的《国家职业教育改革实施方案》明确提出推动企业与社会力量参与举办职业教育，以形成多元办学格局的目标。当前，由政府、职业院校、行业与企业共同组成的职教集团（联盟）是合作办学的主要形式之一。然而，这种方式主要源自政府自上而下的政策引导，受制于法律地位、隶属关系、产权性质等政策与制度的模糊或缺失，行业或企业的内在需求动力受到抑制[①]。实质性的办学参与、资金投入及风险共担机制较为匮乏，政府的协调监督、激励保障措施未能有效落实，导致合作多流于形式，形成了职业教育中"官热民不热"的堵点。具体来说，尽管政府积极推动职业教育的发展，但相关的体制机制尚未健全，导致行业和企业在参与职业教育的过程中面临诸多障碍。首先，法律地位的不明确导致企业在参与职业教育时缺乏必要的法律保障。因此，它们在投入资源和精力时显得尤为谨慎。其次，隶属关系的错综复杂，使得各方利益难以达成统一，进而制约

---

① 周仕国，母中旭．利益相关者视域下政府主导型职教集团发展机制探究［J］．教育与职业，2021（5）：50-54.

了合作办学的效率与成效。再次，产权性质的模糊不清，令企业在投身职业教育时难以界定自身权益，进而削弱了其参与的积极性。最后，政府在协调监督、激励保障等方面的举措尚显不足，致使合作办学多流于形式，鲜有实质性突破。这种情况下，职业教育的发展更多地依赖于政府的推动，而行业和企业则显得相对冷淡，形成了"官热民不热"的局面。

（2）学校体系不完善，存在"上热下不热"的痛点

2022 年 5 月，新修订的《中华人民共和国职业教育法》将职业教育与普通教育并列为类型教育，明确指出二者具有同等的法律地位。这一改革举措进一步强调了职业教育的重要性，并且明确了现代职业学校体系应该包括中等职业学校教育、专科以及本科以上层次的职业教育。然而，在现实生活中，由于受学历情结的影响，许多家长和学生仍然将升入普通高中视为唯一的教育选择，从而忽视了中等职业教育所具有的功能性作用。近年来，为扭转此局面，国家着手试点中高职衔接、中高本贯通的教育模式，为中职生开辟了更为广阔的学业晋升之路。尽管如此，由于地域和经济社会发展水平的差异，不同县域之间的职业教育发展仍然存在明显的不均衡现象。特别是在经济欠发达地区，中等职业教育的发展步伐明显滞后，难以构建起一体化的职业学校体系框架。这种现象导致职业教育在上层政策层面受到重视，但在基层实施过程中却难以得到充分的响应和支持，形成了所谓的"上热下不热"的痛点[①]。这种状况不仅影响了职业教育的整体发展，也制约了中等职业教育在人才培养和社会服务中的作用发挥。如何解决这一痛点，实现职业教育的均衡发展，成为当前教育改革中亟待解决的重要问题。

（3）产教融合不深入，存在"校热企不热"的难点

当前，职业教育产教融合形态尚未实现优化与升级，尤其是缺乏系统的顶层设计以及宏观战略思维，仍局限于点对点、短期化、浅层次的校企合

---

① 任占营.职业教育提质培优的现实意义、实践方略和效验表征［J］.中国职业技术教育，2020（33）：5-9.

作。一方面，职业院校在专业群建设上缺乏对区域产业的充分认识，只关注现有专业与关联行业的互动。在职业教育专业设置与课程开发上，与地方产业需求的对接仍存在明显短板，导致人才培养成果与企业实际需求之间存在不小的鸿沟。另一方面，产业主体更多关注短期效益的实现，对学校的培养模式、师资质量、技术创新等方面的要求较高，双方的利益点难以平衡，合作意愿不强，产教融合共同体短时间难以建立，存在产教融合"校热企不热"的难点[①]。职业院校与企业之间的合作机制尚处于摸索阶段，合作模式也未臻成熟。尽管目前双方长期稳定合作机制的缺乏使得合作容易流于表面，但政府已经开始采取行动，通过《职业教育产教融合赋能提升行动实施方案（2023—2025 年）》等政策文件，明确提出了资金支持和激励机制，以促进产教融合的深入发展。例如，临港新片区发布的支持政策，为产教融合型企业提供了最高 2000 万元和 1000 万元的资金支持，以及最高 500 万元的创新项目支持。这些措施有助于激发企业与学校双方的积极性，推动产教融合向更深层次发展。

（4）服务功能不完善，存在"内热外不热"的盲点

现代职业教育不仅担负着服务地方技术技能人才培养、就业与再就业能力提升的基本使命，还应该成为技术创新、文化传承以及国际交流合作的实践主体[②]。职业教育在服务地方经济社会发展上，虽在人才培养和就业能力提升上有所成效，但在技术创新、文化传承及国际交流合作领域仍有待加强。许多职业学校在面对生源压力时，往往将办学资源和精力主要集中在内部的日常教育教学活动上，导致教师们忙于教学和指导学生参加各类竞赛，而忽视了学校在社会服务方面的发展。这种情况下，学校的社会服务功能往

---

① 李振华，谢颖 . 本科职业教育产教融合共同体模式构建研究［J］. 中国高校科技，2022（Z1）：115-119.

② 吴桂彬 . 共同富裕背景下职业教育发展：价值、困境和策略［J］. 职业技术教育，2022，43（13）：31-36.

往仅限于提供一些通用技术技能的培训，而对于企业所急需的技术革新、流程改造、产品设计等深层次服务则涉及较少。此外，虽然职业学校在文化传承方面有所涉及，但大多停留在技艺层面，缺乏更深层次的文化内涵挖掘和传承。在推进乡村文化振兴的过程中，众多职业院校在服务乡村文化振兴上，服务意识尚显薄弱，缺乏主动参与的积极态度。尽管职业院校手握丰富的教育资源与专业人才，但在主动对接乡村文化振兴需求、提供有效支持与服务方面，显得颇为被动，未能充分施展其资源优势。课程设置上，对乡村文化元素与特色的融合不足，致使培养的人才在乡村文化传承与创新上存在短板，难以满足乡村文化振兴战略对人才的深层次需求。至于促进职业教育发展的国际交流合作，更是鲜有涉及，从而导致服务功能"内热外不热"的现象。

7.1.1.2　现代职业教育发展体系构建路径

（1）明确政府在职业教育发展中的主导作用

在我国，职业教育的管理体制遵循政府统筹、分级管理、地方为主的原则。这一模式凸显了地方人民政府在职业院校的举办和管理中所承担的核心职责。具体而言，地方人民政府不仅享有对专科层次的高职院校和中等职业学校设置的审批权，还承担着领导行政区域内职业教育工作的职责。为确保职业教育的科学发展，满足地方经济和社会发展的实际需求，宏观上，地方人民政府应将职业教育纳入区域经济和社会发展规划，与促进就业创业、推动发展方式转变、产业结构调整，以及技术优化升级等重大任务进行统一部署和综合推进，从而实现职业教育与地方发展的良性互动。在做好顶层设计的同时，政府还应整合地域内的教育资源，并确保各项政策举措得到有效落实。应不断完善职业教育办学布局，增加投入力度，从而不断改善并提升职业院校的办学条件。政府还应致力于推进服务职业教育发展的制度创新，提升治理能力的现代化水平。在坚持党的领导的前提下，应积极构建产学研深度融合的合作平台，并大力引入社会资本。同时，必须始终坚持社会主义办学方向，强化落实立德树人的办学目标与使命。此外，政府还应加大宣传力度，充分利用新媒体等多种渠道，做好职业教育政策的宣传工作，通过树立技术技能人才的模范典型，分享成功经验，为职业教育的发展营造一个更加积极、健康的良好氛围。在乡村服务上，通过优质的教育要素供给以及合理的教育资源配置，促进农村职业教育体系的建立健全，特别是涉农专业的全面布局与深度优化，使其实现从初步建立到全面覆盖，再向优质化发展的跨越式升级，从而推动乡村地区职业教育的充分发展，促使城乡教育均衡发展。政府还可以发挥其在乡村振兴战略中的引领作用，联合职业院校、行业、企业等多元主体共同组建致力于服务农业发展、推动乡村全面振兴的乡村振兴学院，确保职业教育、乡村振兴相关法律法规在乡村得到切实有效的贯彻与执行。

（2）强调学校在教育体系中的核心地位

必须明确学校的服务方向，专注于满足区域发展战略的需求。学校通过将教育、培训、研究和应用紧密结合，不断提升职业教育的供给能力和水平，从而为经济社会的发展提供技术、文化和人才支持。为达到这一目标，职业院校需要优化育人模式，紧跟新一轮科技革命和产业变革的趋势，坚持校企双主体育人的原则，大力推进教学改革，积极探索岗位课程、竞赛和证书相结合的融合育人模式，以不断提升人才培养的适应性和针对性。此外，职业院校还需不断加强师资队伍建设，不仅要借助入企培训、挂职锻炼等途径来强化专职教师的专业能力，还需精心规划技术型、管理型、创业型等多领域校外导师的引进策略、合作模式、培养机制及评价体系，确保教师队伍的专业性和多样性，从而为学生提供更全面、更高质量的教育。

在服务乡村上，职业教育的建设应与乡村社会的发展需求紧密对接，并形成与之匹配的结构体系。目前，虽说我国已拥有世界上最大规模的职业教育体系，然而我国职业院校在办学质量方面尚不能完全满足乡村振兴战略对高质量职业人才的现实需求。在构建高效服务乡村的职业教育体系上，职业院校应当矢志不渝地走内涵式发展的道路。从本质上讲，职业院校办学质量的优劣直接体现在能否精准对接乡村社会对专业技术技能人才的培养需求，以及能否充分满足乡村民众通过职业教育实现社会融入和个人全面发展的教育诉求。在职业教育体系构建中，必须坚持以人民为中心的发展思想，全面关切乡村学生的成长需求，并紧密贴合社会发展的实际需求，密切关注乡村经济和社会发展的新变化，以高质量、高适应性的职业教育服务促进乡村可持续发展。具体而言，职业院校应依据乡村主导产业与新兴产业的未来走向，精心调整本校的专业布局，在专业设置方面，积极增设或强化与乡村发展需求紧密相关的涉农、电子商务、旅游、大数据等专业。同时，学校应深入挖掘乡村丰富的文化资源，打造既符合乡村文化需求又独具乡村特色的职业教育课程体系。在人才培养方面，既要注重实践教学，也要强化技能培养，确保课程内容紧密贴合乡村产业的发展趋势和技术升级的实际需求。此外，在教师培养上，鼓励学校教师投身乡村企业进行一线服务实践，在实践经验积累中，提升教师教学的乡村针对性与适用性。

（3）突出产业在经济发展中的载体功能

企业需要转变传统的经营理念，顺应当前经济转型和产业结构升级的大趋势。企业必须深刻认识到职业教育对于自身长远发展的战略性意义，积极承担起培养人才的社会责任，应主动与职业院校建立联系，将自身的专业技术技能、管理经验以及创新文化等要素，融入与职业院校的合作之中。企业可以与职业院校以签订合作协议、共同建设实训基地、携手开发课程等多元化方式，促进双方资源共享，实现优势互补。同时，企业还应创新合作形式，依托产教融合型城市建设、职业教育集团（联盟）以及产教融合型企业认证制度，积极探索混合所有制的合作模式，与地方龙头企业共同建设产业学院。企业通过提供包括人才服务、技术支持、项目孵化及商业服务在内的多样化具体举措，进一步加深中小企业与职业院校之间的协作与联动，以此推动产教融合向更深层次发展。

聚焦乡村服务，构建面向乡村的高质量就业教育体系，必须坚持产教融合的发展方向。企业应以产教联盟为依托，汇聚职业院校、行业技术专家等宝贵资源，聚焦农业技术研发，促进农业科技创新成果转化。应协同职业院校一起构建农业技术创新平台，满足乡村所需人才培养、技术服务及科技攻关等需求。同时，与职业院校共同打造农业技术价值链，从而促进农业科技创新成果转化效率的提升。产业的繁荣是乡村振兴战略的经济基石，是破解乡村发展难题的根本途径。企业应深入挖掘乡村文化资源特色及产业优势，主动与职业院校开展深度合作，共同培养满足乡村文化产业发展需要的专业人才，以推动乡村特色文化产业的繁荣发展，进而实现乡村产业结构的优化升级。企业还应积极响应并参与政府引领的乡村产业振兴计划，与职业院校携手，共同致力于技术攻关、文化产业开发、市场拓展等领域的合作。通过持续深化各类项目合作，双方有力促进了职业教育与乡村产业的深度融合，共同迈向互惠互利、繁荣发展的新篇章。

7.1.2 育人向度：栽培高素养乡村文化人才

7.1.2.1 乡村文化人才发展困境

（1）乡村人口基数大，文化人才匮乏

根据国家统计局最新发布的数据，2023 年乡村人口数量达到了 47700 万人。尽管这一数字在总人口中的占比不及城镇人口，但从绝对数量来看，乡村人口依然是一个庞大的群体，因此乡村地区在国家人口结构中的地位非常重要。虽然乡村地区拥有如此庞大的人口数据，但其人力资源未得到有效运用。乡村人口尚未充分融入生产流程，与资本、技术、土地、信息等生产要素的结合尚待加强，以释放其潜在的经济价值。具体来说，乡村人口在数量上占据了相当大的比例，但其潜力并未得到充分挖掘。尽管乡村地区拥有丰富的自然资源和人力资源，但这些资源并未得到充分开发和利用。乡村人口在教育、技能和就业机会方面存在一定的不足，导致他们在生产过程中未能充分发挥作用。此外，乡村地区的基础设施和公共服务相对滞后，这也限制了乡村人口与生产要素的有效结合。另外，根据国家统计局所提供的数据，可以观察到在过去五年中，乡村人口数量呈现逐年下降的趋势。国家统计局《中国统计年鉴 2024》数据显示，2019 年，全国乡村户籍人口为 52582 万人，而到了 2020 年，这一数字降至 50992 万人。进入 2021 年，乡村人口继续下降，降至 49835 万人。到了 2022 年，乡村人口数量进一步减少，降至 49104 万人。截至 2023 年，乡村人口已经降至 47700 万人。这一连续的下降趋势不仅反映了乡村人口的减少，同时也导致乡村本土人才数量的削减。乡村人口的逐年递减，无疑给乡村地区的人才储备和人力资源建设带来了前所未有的挑战与压力。乡村文化人才稀少的另外一个原因在于教育资源的分配存在明显的不均衡现象，以及乡村地区在教育条件上存在诸多限制，众多乡村居民难以获取高质量教育资源，这成为制约乡村文化人才辈出的关键因素之一。

（2）城市乡村差距大，人才流失严重

长期以来，受历史和政策因素的影响，我国形成了城乡二元结构。在城乡二元制下，城市与乡村发展差距明显。在经济发展层面上，相较于乡村，城市地区凭借其更多元、更发达的工业体系和服务业，成功地吸引了大量的资本涌入和人才聚集。而乡村地区在产业上更多依赖于农业，因而经济发展也相对落后。在教育资源分配方面，相比于乡村学校，城市学校一般配备更优质的师资力量，具备更先进的教学设施，能够为学生创设更好的学习环境和发展平台，因而二者在教育质量上也存在较大差异。在基础设施建设方面，城市地区的交通网络、供水供电系统和通信设施更为完善。相较之下，乡村地区的基础设施建设则落后许多，既影响了居民的生活质量，也制约了乡村经济的发展。此外，在公共服务设施方面，与乡村居民相比，城市居民在医疗、文化、体育等多个公共服务领域能够体验到更为全面和丰富的资源供给，而乡村区域则面临着公共服务设施较为匮乏的挑战，无法充分满足乡村居民的基本需求。乡村地区相对滞后的经济发展水平导致就业机会的稀缺和收入水平的低下。与此同时，乡村地区相对匮乏的教育资源不仅限制了人才在知识和技能上的提升，还进一步影响了他们的职业发展前景。许多乡村人才因难以在当地找到满足他们物质需求的工作，因而纷纷选择离开乡村。对城市更优质的医疗、教育和交通等资源的追求，以及对提高自身的生活质量的渴望，也导致许多乡村人才流入城市。在乡村居民眼中，城市逐渐成为实现人生目标的理想场所，而乡村则成了封闭和落后的代名词，这种文化观念也在一定程度上驱使乡村人才流向城市，造成乡村人才流失严重。

（3）机制体制待完善，人才质量不高

第一，体现为教育投入机制不完善。我国教育资源分布呈现不均衡性，特别是在城乡之间。经济发达的城市地区集中了大量资源和财富，导致教育资源配置向这些区域倾斜，而农村地区则面临教育投入不足的问题，尤其是在职业教育方面，投入更是显得微薄。而鉴于农村经济基础较差，财政收入较少，其在教育上的资金支持也更为有限，导致农村学校在教学仪器设备、图书资料、食堂和学生宿舍等教育设施建设方面，离国家的规定标准仍有距离。农村学校的办学条件无法得到根本性的改善，这直接导致优秀教师群体前往农村任教的意愿普遍不高，进而使得农村学校的师资力量严重不足。同时，由于经费的限制，农村学校在吸引和留住高素质教师方面面临巨大困难。在众多因素的共同影响下，乡村教育的质量普遍较低，人才培养质量不高。第二，体现为人才培养体系不完善。乡村人才培养体系薄弱体现在：人才培养内容不够契合乡村需求；人才培养方法简单粗放，形式陈旧单一；培养途径不够系统，乡村人才往往缺乏成长的定向标杆和持续提升空间。人才培养内容模糊、方法不科学、培养路径不系统，导致乡村人才在成长过程中缺乏连贯的高质量教育资源，难以在技能提升、职业规划等方面获得持续支持，从而阻碍了其专业技能的深化和综合素质的提升。第三，体现为激励机制不完善。对于在乡村地区工作的专业人才而言，优厚的薪酬和丰富的社会性收益是激励其工作热情的关键因素。然而，乡村人才不仅薪资水平普遍偏低，而且还缺乏将薪酬与个人工作表现直接关联的激励体系。这种情况一方面造成乡村地区难以留住优秀人才，另一方面也导致乡村人才工作缺乏明确指引和目标，动力不足，既影响工作效率，也阻碍了乡村地区人才质量的提升[①]。

（4）文化资源待开发，发展土壤缺失

乡村文化源远流长，农村地区保留着数量众多的天然文化遗存。例如，历史遗址、民俗风情、民间艺术等，这些丰富多样的文化资源，是乡村文化的重要体现。然而，目前的乡村文化资源尚未得到有效挖掘、整理及开发，尚未最大限度发挥其文化价值和社会效益。乡村文化资源开发不充分，是导致乡村文化产业滞后的关键因素。乡村地区文化资源的有效挖掘与利用，直接制约了乡村文化产业规模化、规范化发展，同时也限制了乡村经济发展的多样性和现代性进程。同时，大量有价值的乡村文化传统和特色技艺面临失传危险，乡村地区的文化个性和传统风貌受到破坏。而受制于文化资源开发不足，乡村文化人才因缺乏多样化的工作体验和自我提升平台，难以提高专业技能。因缺乏丰富的文化素材和灵感源泉，乡村文化人才难以创作出与时俱进、适应市场需求的文化产品。长此以往，乡村文化发展的根基薄弱，将导致其发展前景日益受限。与此相伴而生的是乡村产业单一化愈发显著，劳动力与产业结构出现严重错配。不少农村产业还停留于种养层面，少有第二、第三产业支撑，更谈不上多样化的文化产业布局。而单一的种养业业态，也无法吸引更多人才流入。乡村人才发展土壤贫瘠，还体现在人才发展

① 　徐姗姗，吴未．乡村振兴背景下加快破解农村人才发展瓶颈问题的研究［J］．农业经济，2024（3）：126-128．

的环境相对较差。乡村文化市场偏小，需求与消费能力不足，导致乡村文化人才难以借助市场途径促成自我价值的实现。另外，乡村文化环境贫瘠，也是值得重视的问题。乡村地区文化设施滞后，文化活动匮乏，这些因素共同制约了乡村文化人才的成长与发展。在这样的环境之下，乡村文化人才面临着社会认可度不足以及经济或其他形式的回报不充分的双重困境，阻碍了他们在乡村地区实现个人的潜能和价值。

7.1.2.2 乡村文化人才培养路径

（1）政策引领与激励驱动：构建乡村文化人才成长的沃土

在政策方面，各级政府应积极主动作为，针对当前乡村文旅发展呈现出的良好势头，从乡村文化人才的培养、使用、激励等多个方面，制定既具前瞻性又具针对性的政策措施，明确乡村文化人才的成长方向，并为其提供坚实可靠的支持与保障。政府部门要将乡村文化人才的培养视为国家及地方文化发展战略规划的重要组成部分，通过明确其在加速乡村振兴进程、促进乡村文化繁荣方面的关键地位与积极作用，来确保其在战略层面得到充分重视。为营造良好的政策环境，地方政府应在土地使用、项目审批、市场准入等环节积极探索创新，简化审批流程，降低准入门槛，提供税收优惠，以更加灵活、便捷的方式支持乡村文化创业。政府部门通过提供创业指导和培训，提升文化人才技能，从而为其提供更加宽松和有利的发展环境。在资金支持上，政府部门可以设立专项基金，用于扶持与培育乡村文化领域的杰出人才，旨在吸引多元化的文化精英汇聚乡村，共同推动各项文化项目的蓬勃发展。该专项基金可采取直接资金支持、提供贷款利息补贴以及实施税收优惠政策等多种形式提供援助。通过相应资金支持，减轻文化人才在乡村创业及乡村服务过程中所承受的经济压力，从而激发他们的创新精神和工作热情。在乡村文化基础设施建设上，应加大乡村文化基础设施建设投入力度，建设和完善乡村文化活动中心、图书馆、文化广场等重要公共文化设施。同时，为更好地支持乡村文化人才的创作和展示，可以通过举办各类文化活动和比赛，为乡村文化人才提供才华展示机会，为文化人才创作提供丰厚文化土壤。要为乡村文化人才提供充足的成长舞台与晋升机会，通过拓宽人才引进渠道，吸引各类优秀文化人才，增进城乡文化人才之间的交流与互动，从而实现城乡资源共享。另外，通过电视、广播、报纸、网络等多种媒体渠道，大力宣传乡村非物质文化遗产传承人、乡村艺术家与创作者、乡村文化教育等文化人才的优秀事迹和独特魅力，让更多人了解他们的才华和努力，从而在乡村形成尊重文化、推崇创新的社会风气，丰富乡村文化生态。

（2）教育深化与技能提升：打造乡村文化人才培育的摇篮

乡村文化人才的成长深深植根于职业教育的沃土之中。在培育乡村文化人才的过程中，不仅要注重专业技能的提升，更要致力于其综合素质的全面发展。在系统化的职业教育熏陶下，乡村文化人才在精通专业技艺的同时，亦能拓展其兴趣领域，深化人文底蕴，进而做到文化传承和创新有机结合。此外，职业教育深化还应当注重乡村文化人才开放式、包容性精神的培养，使之能够更好地理解和吸收不同文化的优秀成分，加强不同文化之间的互鉴互融，进而推动乡村文化的蓬勃发展。可以通过强化基础教育、深化专业教育、倡导终身教育为乡村培育文化人才。在基础教育阶段，在职普融通中，厚植学生主动继承当地优秀民俗文化、传统艺术的文化基因，统筹课程教育、实践活动、社团活动等，引导农村青少年成为魅力乡村的守护者与创新者，推动"艺术家驻乡""戏曲进乡""文化遗产进村"等优质文化项目向乡村集聚，增强乡村文化氛围。在利用与挖掘乡村独特历史文化资源中，让农村青少年感知乡村当地文化的魅力，于春风化雨中实现文化养育，培育学生文化传承责任感。在专业教育上，面向有意愿投身乡村文化事业的学生，开展专业化培养。职业院校可通过设置民俗学、非物质文化遗产保护、文化创意产业等相关学科课程，推行实践教学、案例教学，让学生全面掌握乡村文旅、乡村创意设计及项目策划等领域的专业知识与技能，不仅深刻领悟乡村文化的精髓与价值，而且能将理论知识灵活转化为实践能力，为日后在乡村文化事业中的蓬勃发展奠定坚实基础。另外，倡导终身教育理念，引导乡村文化人才优化知识结构、提高能力水平。借助进修班、研修班以及网络课程等多元学习形式，结合现代网络技术的便捷优势，为乡村文化人才开辟持续学习、不断提升自我的新途径。

在乡村文化人才的培育过程中，技能的提升不仅决定了人才在工作中的实际能力表现，还直接关系到他们所能达成的文化贡献与成果。为推动文化人才将理论知识有效转化为实践能力，应着重加强实践教学环节，职业院校通过策划文化项目、开发文化产品、组织文化活动等一系列实训活动的开展，使文化人才能够在实践中学习、成长。职业院校需要积极建立实训基地，并寻求与企业的合作机会，为文化人才搭建起一个接近真实工作场景的实践平台，以进一步提升他们的实战经验和能力。此外，院校还应重视文化人才创新思维与创新能力的培养，策划创意工作坊、设计竞赛等多样化活动，激励文化人才紧密关注社会热点与市场需求，巧妙融合传统文化精髓与现代元素。

（3）平台搭建与文化传承：铺就乡村文化人才发展的坦途

平台搭建为文化人才提供了展示才华、分享智慧的舞台，同时促进了他们之间的交流与合作。职业院校可以帮助乡村搭建文化展示与交流平台、创新创业平台以及文化传承平台，铺就乡村文化人才发展道路。在文化展示与交流平台搭建上，职业院校创建乡村文化展示中心、文化街区、文化广场等实体平台，既展示乡村文化人才的作品，又举办文化活动，让村民亲身体验和了解乡村文化。与此同时，职业院校还可以帮助乡村创建网站、社交媒体账号、App等线上平台，拓宽乡村文化人才展示渠道，进一步扩大其影响力。通过举办、牵头组织乡村文化论坛、专题研讨会以及创意工作坊等活动，构建充满活力的文化交流网络，为乡村文化人才提供分享信息、交流经验、寻找合作机会的平台。在创新创业平台的搭建上，职业院校通过对政府、企业、学校等多方资源进行整合，构建涵盖政府、学校、行业、企业四方联动的创新创业服务体系。发挥职业院校在师资力量、教学设施、科研成果等方面的教育资源优势，为乡村文化人才的创新创业提供全方位支持。在平台建设上，坚持线上和线下相结合的原则，线上平台主要负责政策咨询、项目申报、技能培训、信息交流等，线下平台的主要功能则是开展创业沙龙、项目路演、文化展览等活动，增强乡村文化人才彼此间的沟通与合作。同时，职业院校积极构建项目孵化机制，利用自身优势，在技术、市场推广、项目跟踪指导等方面为乡村非物质文化遗产项目、创意设计、乡村旅游等优秀文化项目提供支持，促进乡村文化人才将文化创意及时转化为文化产品。作为乡村文化传承平台，职业院校通过文化课程、文化讲座、文化体验活动等的开展，运用网络直播、短视频等现代传媒手段，宣传乡村文化，提升乡村文化影响力，为乡村文化传承创造良好氛围。职业院校还可以参与乡村文化资源的整理与挖掘，将乡村民间故事、民间习俗、艺术等整理成系统化的乡村文化资料档案和数据库，既对乡村文化遗产进行传承和保护，又给予乡村文化人才创作素材和灵感源泉。在文化创新上，坚持传承乡村本土文化，激励乡村文化人才自主创新，将现代设计理念、先进技术手段与新时代元素融入传统艺术之中，让乡土文化资源重新焕发生机与活力。帮助乡村文化品牌进行培育与宣传推广，促进乡村文化品牌价值及竞争力的提升。

7.1.3　治理向度：推动高效能乡村文化治理

7.1.3.1　乡村文化治理存在问题

（1）乡村文化治理空间退化

乡村文化治理空间指的是乡村社会中用于文化活动开展、文化价值传递、文化交流和治理的文化场所，以及由此形成的文化氛围。它不仅包括以寺庙、祠堂、文化广场为代表的物质空间，而且包括以村民在此空间形成的仪式、节庆、公共关系为代表的非物质空间。工业化、城市化的浪潮不断冲击着乡土文化，导致乡村文化治理空间逐渐退化乃至萎缩。乡村传统公共空间不仅是村民日常交流与社交活动的场所，更是乡村社会整合、道德教化以及共识凝聚的关键媒介。这些空间不仅见证了乡村历史的沧桑变迁，更蕴藏着丰富的文化底蕴与珍贵的集体记忆。然而，在现代社会的迅猛发展和城市化推进的背景下，许多具有悠久历史的寺庙、充满家族记忆的祠堂以及曾是村民生活核心的水井等传统公共空间，正逐渐被现代化建筑所替代，其传统功能亦随之逐渐衰退，甚至被人们遗忘。乡村文化活动的物理空间遭受大幅缩减，致使原本依托这些空间开展的社会活动与文化仪式丧失了原有的载体与舞台。那些在这些空间中举行的节日庆典、宗教仪式、婚丧嫁娶等活动，不仅为村民提供了交流和互动的平台，还增强了他们对乡村的归属感和认同感。如今，随着这些传统公共空间的消失，村民之间的互动和联系日益稀少，乡村的凝聚力和文化传承亦遭受了重大冲击，而乡村现代文化空间也还未完全建立。农村地区文化站、体育馆等基础设施的建设尚未全面普及。另外，对于已建好的文化设施，往往还存在利用率低、被挪作他用甚至被废弃的问题。农村现有的文化基础设施在保障文化治理工作的系统性和治理效果的长效性方面仍显不足①。

以农耕文明为主流的传统乡村社会有着深厚的地方依恋情感，农民与土地、自然形成了朴素的相互依存关系，构成传统乡村社会淳朴的人际交往原则以及守望相助的帮扶秩序。同一村落中的村民，在相似的生产生活方式运转之下，形成相近的生活节奏、伦理观念、风俗习惯及文化信仰等，铸就了乡村内部某种宿命式的联动归属，构造了"乡村共同体"的基本形态。"乡村共同体"的稳固体现为既有基于血缘和地缘关系的稳定性，又有了一种精神文化层面的共识与归属。在传统乡土中国的乡村里，族群具有非常重要的

---

① 孙绍勇，周伟.新时代推进乡村文化治理的实然审视与应然图景［J］.南昌大学学报（人文社会科学版），2023，54（5）：104-113.

价值，彼此之间缔结成了有机的联系，族群成员对这一有机群体承载的传统文化加以确认并通过各种礼治维持恒常的睦谊[①]。伴随经济的发展，乡村的农业生产方式产生变化，乡村的社会结构发生变迁。传统小农经济转变为现代农业、特色农业，大幅提高了农业生产效率。乡村旅游、农村电商等新兴非农产业的蓬勃发展，为乡村经济注入了新的活力，然而，它们也在一定程度上冲击了乡村农业文化的根基。传统农耕文化中的祭祀活动、节日仪式、传统习俗等逐渐淡化。在我国传统的乡村社会中，家庭结构是以大家族为单位的，一个家庭主要包括父母及子女，还有伯叔姑舅姨等一系列血缘关系。然而，随着社会的现代化和经济的发展，现代乡村家庭结构逐渐向小型化和核心化转变。如今，越来越多的家庭趋向于由父母和子女构成的小家庭模式，亲属关系也因而变得更加简洁明了。这种变化在一定程度上削弱了乡村社会的凝聚力，社会网络变得更加松散。同时，小型化的核心家庭也对乡村文化传统的延续产生了影响，年轻一代或许已不如先辈那般频繁地接触和学习传统文化，致使一些珍贵的传统习俗和技能正逐渐淡出人们的视野。村民对传统文化的认同感逐渐减弱，文化自我认知的迷茫与危机显现。伴随城镇化加快推进，大批青壮年劳动力外出务工或迁入城镇。乡村的空心化既带来乡村劳动力资源的减少，也影响了乡村文化的延续。

（2）乡村文化参与主体缺位

文化治理是将治理理论与文化权力思想相结合的一种治理模式，在这种治理模式中，不仅依赖于传统的行政手段和法律规范，更倾向于运用文化这种软手段，通过文化感染、文化塑造、文化召唤等方式实现柔性治理。文化治理具有独特的治理逻辑，即通过文化力量对人们的思想观念、价值取向、行为方式产生指引和规制作用。文化治理的内涵首先强调的是治理主体的多元性。这意味着在文化治理的过程中，不仅仅依靠政府或某个单一的权威机构来实施治理，而是需要社会各界，包括政府机构、非政府组织、企业、社

---

① 张波，李群群.乡村文化治理的行动逻辑与机制创新［J］.山东社会科学，2022（3）：110-117.

区以及公民个人等的广泛参与。多元主体的共同参与有利于形成综合性、立体式、全方位的治理体系，使得治理措施更加贴近实际需求，更具包容性和可持续性[①]。在乡村文化治理中，农民、政府、企业等主体的参与度不足，导致乡村文化建设缺乏足够的动力，进而影响了其发展速度，甚至出现了停滞的趋势。

农民作为乡村文化建设的主体力量，在乡村文化建设中的缺位受到多方面因素的影响。一是自身认知的限制。因教育水平有限，他们对乡村文化及其深厚价值认识不足，更侧重于经济收入和物质生活改善，忽视了精神文化需求，从而在乡村文化建设中缺乏主动参与的积极性。二是个人能力的制约。伴随城市化进程的推进，越来越多的农村青壮年劳动力选择外出务工，寻求更多的就业机会和发展空间。大规模的人口流动导致乡村地区出现"空心化"，最终留守在乡村的主要为老人、妇女和儿童。由于这些群体的身体健康状况、文化教育水平及活动参与能力相对有限，难以独自承担推动乡村文化建设的重任。三是文化认同的影响。在现代化进程的洪流中，乡村传统的家庭结构正逐渐解体，以宗族为纽带的邻里关系和亲缘关系情谊亦日渐稀薄，乡村文化的社会基础持续遭受冲击。城市文化的影响使乡村居民价值观发生变化，对传统文化的认知和接受度逐渐减弱。外来文化的渗透以及乡村文化的边缘化和村落文化的碎片化，同样动摇着乡村自治的文化根基，村民对乡村文化的认同感进一步削弱，乡村文化的传承与发展面临严峻的挑战。

政府在推动乡村文化建设的过程中，应当扮演引导者、支持者和保障者的角色。政府需要通过制定相关政策和提供资金支持，确保乡村文化建设能够顺利进行。然而，在现实中，受政绩导向的影响，一些地方政府往往过于注重经济增长，而忽视了文化建设所蕴含的深远价值。这种片面的观念直接导致乡村文化建设领域财政投入的匮乏、资源分配的不均衡以及政策执行力

---

① 汪倩倩. 新时代乡村文化治理的理论范式、生成逻辑与实践路径［J］. 江海学刊，2020（5）：231-236.

的弱化，进而使得乡村文化建设难以达到预期效果。此外，在建设乡村文化的过程中，来自政府的统一规划和协调还不够到位，未能充分调动农民的积极性，导致农民群体缺乏协同性，难以聚合成强大的合力。

社会组织和企业通过提供资金支持、技术保障、文化教育等方式，推动乡村文化的繁荣和发展。社会组织和企业在乡村文化建设中的参与程度深刻影响着乡村文化建设的多样性。然而，现实中，由于政策环境的限制、市场环境的不确定性，以及自身能力的不足等多种复杂因素的影响，社会组织和企业在参与乡村文化建设的过程中常常面临诸多困难和挑战。其一，政策环境的制约因素不容忽视。相关政策和法规在执行层面存在的模糊地带，致使社会组织和企业在参与乡村文化建设的过程中难以明确方向。政策环境的频繁变动与不确定性，使得社会组织和企业在参与乡村文化建设时面临诸多风险。因此，它们在投入资源时会采取更加审慎的态度。其二，市场环境的不稳定和激烈的竞争压力也影响社会组织和企业的参与。乡村文化建设的深入发展通常要求长期的资金注入与不间断的支持。然而，市场环境的不稳定往往给社会组织和企业带来巨大的经济压力，迫使它们将有限的资源优先投入更为紧迫的商业活动，进而使得它们难以持续关注并投入乡村文化建设，也无法维持长期的参与和支持。

（3）乡村文化治理体制僵化

乡村文化治理体制僵化本质上是因为乡村文化治理体系革新升级滞后于乡村振兴中文化多元发展、价值亟待守护、资源整合利用等方面的现实需求，使治理体制出现难以适应、衔接不畅、反应迟钝等弊端。乡村文化治理体制僵化受到制度建设、执行方式、资源配置等多重因素影响。

就文化制度的建设而言，在传统文化治理时期，乡村的公共文化领域大多处于自我管理的状态，这种管理主要由非官方的宗族组织自发承担和维持。然而，随着时间的推移，特别是随着改革开放的推进，政府的关注点转向经济建设领域。因此，文化制度的建设步伐放缓，难以适应并满足基层日益多样化和灵活的文化需求及其实践活动[①]。宗族组织虽然在一定程度上承担了文化管理的职责，但由于其自发性和非官方性质，难以形成系统化的文化治理体系。此外，随着经济的快速发展，乡村社会结构和文化形态也发生了深刻的变化。传统的宗族组织逐渐失去了其原有的影响力，新的文化需求和实践活动不断涌现。然而，由于缺乏有效的政策引导和制度支持，这些新的文化需求和实践活动难以得到充分的发展和推广。

在文化治理的执行上，健全且高效的基层组织体系在乡村文化振兴中扮演着至关重要的桥梁角色。它既是上级政策与决策深入乡村的传输带，确保各项规划与指令能够精准落地；同时，也是凝聚村民力量、激发乡村内生动力的核心，能够将广大村民紧密团结起来，使之成为乡村建设与发展的主力军。然而，面对乡村社会结构日益明显的分散化与个体化趋势，现有的基层组织体系面临着严峻挑战，其整合能力与社会影响力显著减弱，进而导致乡村治理领域出现了诸多亟待解决的问题与困境[②]。在实际工作中，乡村基层组织存在组织松散、管理粗放、落实不到位等问题。基层干部素养与能力参差不齐，缺乏系统培训，面对复杂的挑战时，常感力不从心，难以有效应对。乡村基层组织与群众的联系尚不紧密，尚未建立有效的沟通机制。另外，在一些地区乡村文化治理的过程中，政府扮演着绝对的主导角色，从决策到执行，都一手包办。这种政府主导、自上而下的单一化治理模式，只关注政府的决策和政策，忽视了乡村社会的多元性和复杂性，也忽略了乡村社会的自治性，剥夺了乡村社会的自治权，使乡村社会失去了自主管理和解决问题的能力，极易导致决策远离乡村社会实际，使治理走向僵化。

在资源配置方面，乡村文化治理中的文化设施建设及文化活动开展需要

---

① 孙刚，罗昊.乡村振兴背景下文化治理现代化的价值意蕴与政策路径［J］.江汉论坛,2021（7）:85-90.

② 叶鹏飞.秩序与活力：乡村文化治理的问题与反思［J］.湖北民族大学学报（哲学社会科学版），2021，39（6）:69-79.

充足经费保障。然而，当前乡村公共文化领域缺乏有效的政策支持和资源投入，导致其发展滞后。实践表明，很多地方在财政分配上对乡村文化治理的经费投入较少，难以保障文化治理体系的有效运行。城市条件优越，待遇丰厚，相比之下，乡村文化人才匮乏，乡村难以吸引和留住人才，成为制约乡村文化发展的瓶颈。乡村人力资源短板阻碍了乡村文化创新性发展。另外，在文化产品的供应上，在当前的"行政化主导"供给模式下，文化产品的供给主要源自政府部门"自上而下"的决策。政府在提供文化产品时，往往基于政绩的考虑，也采取"自上而下"的方式，并且倾向于提供符合自身偏好及利益的文化产品。然而，由于缺乏对乡村文化根基、村民文化素养及文化期待的深入调研，政府提供的文化产品与农民实际需求存在不匹配问题，导致供需错位。这种错位不仅造成了资源的浪费，还导致文化产品的供给效率低下，无法真正满足农民的文化需求，进而影响了文化产品的实际效果和价值[①]。

7.1.3.2　乡村文化治理优化路径

（1）空间重塑：打造乡村文化崭新生态

一是要加大力度挖掘并弘扬优秀的乡村传统文化。优秀的乡土文化既能提振农村的精神风貌，又能增强村民间的凝聚力。在乡村文化治理过程中，要发挥民风民俗的引导作用，离不开优秀传统乡土文化的持续滋养。职业院校应深入挖掘传统村落、文物古迹、农业遗迹所蕴含的德育资源，允分展现其淳朴民风、启迪民智、温暖人心的力量；加强对文艺技艺、戏曲歌曲等文化形式的发掘与保护，以自身教育资源对农村文艺工作者的创作生产进行支持，协助他们创作出更多反映农耕生活之美、农村改革发展辉煌成就、乡村文化蓬勃振兴，深受群众喜爱与好评的乡村题材艺术作品；积极探索职业教

---

① 汪倩倩. 新时代乡村文化治理的理论范式、生成逻辑与实践路径［J］. 江海学刊，2020（5）：231-236.

育对乡村优秀传统文化的创造性转化，加大现实观照，推动文艺下乡，探索艺术职业教育服务乡村形式，将美术、音乐、舞蹈等艺术形式带入农村，将书法、绘画、诗词等传统艺术教授给农民朋友，提高群众艺术修养，并通过多样化乡村文化产品和活动的形式，丰富并构建乡村文化治理的多元载体，进而拓宽其传播与实践的平台，全面提升乡村文化影响力和吸引力。

二是要积极助力乡村地区文化设施与活动场所的规划与建设。乡村文化治理的深化离不开文化设施与活动场所的支撑。要发挥职业院校教育资源优势，通过文化广场、图书馆、乡土博物馆及装饰文化墙等建设项目的参与，为村民营造充盈的文化活动空间。根据不同乡村的自然风貌及人文特色，抽取乡村文化元素，据此完成乡村亭廊、文化长廊、艺术雕塑等文化景观的设计，厚植乡村文化底蕴，提升乡村文化品位。基于地域特征与文化特色，在尽可能保留村落原始风貌的同时，同步推进乡村基础设施与公共服务设施的完善，并精心规划富有人文气息的活动标识与景观小品。通过参与各类民俗活动、文化艺术展览、论坛讲座、节庆节会活动的组织、策划，在提升村民文化素养和文明水平的同时，着力塑造符合时代要求的乡村生活模式、乡村邻里关系、乡村公益秩序。依托职业教育资源和技术力量，打造乡村数字电影放映、智慧文艺创作与展示、网上文化讲座等多功能、多种类复合型服务平台，浓厚乡村文化氛围，促进文化艺术成果共建共享，打通职业教育引导乡村民众、服务乡村民众的"最后一公里"。利用职业教育在信息技术领域的专长与优势，促进传统农家书屋的转型升级，使其向数字化与智能化转变。通过全面实现图书资源的数字化，乡村居民得以突破地域局限，利用远程访问轻松获取图书资源，享受在线阅读的便捷。同时，引入电子化管理手段，提升书屋的运营效率与管理水平，确保图书资源的有效整合与高效利用。

三是要大力推进乡村文化生态的可持续发展。在重塑乡村文化空间方面，还应突出生态文明建设，对乡村的自然风貌进行保护，维护乡村生态平衡。职业院校可发挥教育优势，将生态文明教育融入乡村，结合乡村的具体情境，推行生态帮扶项目与环保知识普及活动，利用政策宣讲、农业技术普及、村民技能培训等多种手段，并借助讲座、竞赛、展览等形式，进一步增强村民的环保意识，营造乡村内人人投身生态文明建设的热烈氛围。职业院校通过组织乡村生态资源调查活动，为乡村生态文明建设的具体项目实施提供指导，同时激励师生与农民携手开展生态环境保护的研究与实践，将职业教育的培育作用延伸至田间地头，确保专业知识与实践能力在美丽乡村建设中得以充分展现。为进一步促进乡村文化生态可持续发展，职业教育还应赋能乡村文化振兴绿色发展。应从乡村实际出发，以绿色产业为主导，通过发展生态农业、乡村旅游等为重塑乡村文化空间提供经济方面的保障。为激活乡村活力，应通过引入引人入胜的田园文化旅游业态，策划独具匠心的个性化乡村旅游体验项目，使乡村的自然生态、农业生产及居民日常生活情趣与当代旅游消费模式深度融合，实现乡村价值的全方位展现与旅游经济的蓬勃发展。

（2）活化参与：促进乡村文化多元治理

乡村文化治理并不应由政府部门独自承担，也需要基层党组织、村民以及其他相关参与主体。乡村文化多元主体共同参与的治理格局的运行离不开多元治理主体在领导力、执行力，以及技术实力方面的协同提升与相互促进。各治理主体凭借卓越的领导力，为乡村文化治理指明了方向；凭借高效的执行力，确保了政策与项目的精准落地；凭借强大的技术实力，推动了文化治理的创新步伐与优化管理进程。

首先，应加强党组织的领导职能，提高党建乡村文化治理效能。乡村多元治理主体离不开党组织的引领。基层党组织是乡村文化建设的领航者、资源的整合者和群众的启迪者。职业院校应促进党建与思政教育在区域、校际及城乡间的交流合作，并将党建活动及项目教学深度延伸至乡村地区。数字化党建与教育技术的革新是驱动乡村文化振兴、加速农业农村迈向现代化的关键动力。借助职业教育数字技术的强大力量，数字党建得以深化党组织的管理与建设，促进乡村各级党组织、党员、群众之间的紧密联系，从而使党建工作的整体质量和效率得到提升。在构建数字化新型职业农民教育平台的过程中，不仅能够拓宽职业院校远程教育的师资队伍，还可以增强党建与思政教育的实际效果，从而吸引并激励更多热爱乡村、精通农业技术与管理的新型乡村建设人才投身乡村文化振兴事业。另外，还可以利用抖音、微信、微博等新媒体平台，深入挖掘并拓展职业教育与乡村文化振兴的思想教育空间，进一步加深职业院校与乡村基层党委、党组织之间的紧密联系。职业院校通过双方的深入交流与合作，逐步调动乡村党员参与乡村建设的积极性，充分发挥其先锋模范作用，引领村民在乡村文化建设中坚定信念，积极践行社会主义核心价值观。

其次，应激发村民的参与热情，形成乡村文化治理内生力量。在推进乡村社会治理的过程中，不能将村民仅仅视为治理的客体，而应将其视为能够进行自我管理的主体，他们不仅是乡村文化治理的主要参与者，也是乡村社会秩序维护者、活力展现者与受益者。广泛的村民参与是推进共建共治共享格局形成的核心要素。提升群众的自治能力，关键在于以下两方面的努力。一是要确保乡村自治牢固地植根于法治的土壤之中，要在珍视并传承优秀传统文化的同时，将法治精神融入乡村治理，通过协助乡村强化法治建设来引领以德治村、以文化人的方向。二是要协同乡村对村民自主参与或服务于村民需求的正式及非正式社会组织进行扶持。通过社会组织力量，广泛动员并引导村民亲身参与乡村文化治理的实际活动，从而在实践中逐渐培养村民的自治意识和能力。另外，在乡村文化治理中，职业院校可以联合乡村，通过实施多元化的乡村文化项目和活动规划，进一步加强村民间的互动与了解，从而使村民在交流中，逐渐形成对乡村的认同感和归属感，进而激发更广泛的乡村参与热情，建立相互扶持、共同守望的邻里和谐氛围。乡贤群体以其卓越的才能、崇高的品德、深厚的修养和明智的处事之道，在乡土社会中深耕多年，赢得了全体村民的敬意与信赖。他们不仅是乡村文化精神的忠实传播者和实践者，还承担着维护乡村文化秩序的重要职责。在文化治理框架下，应充分激发乡贤群体的活力，使之成为推动乡村文化建设的中坚力量和引领者，引领乡村精英共同为乡村文化的繁荣与发展贡献力量。

再次，应引导社会组织加入乡村建设，构建乡村文化治理的外部支持网络。在乡村文化治理的宏观框架下，现代治理理论积极倡导将民间组织、社会团体及非营利机构等非国家行动者纳入治理体系的广阔版图，以此打破传统"政府—市场"二元对立的固有格局，构建政府坚强领导、市场机制驱动、社会各界广泛参与的多元化治理新格局。在此架构中，政府部门需持续稳固其作为公共文化服务核心推动者的基石地位，市场应在乡村文化资源的优化配置以及文化产业的繁荣发展进程中，发挥基础且关键的作用。同时，应大力鼓励其他社会主体，积极整合并调动各类社会资源，深度融入公共文化产品与服务的精心策划、创新创作及高效供给的全过程。企业应充分利用其资源优势，通过投资、赞助、提供技术服务等多种形式，积极参与乡村文化项目的建设，既有效改善乡村文化的硬件设施条件，又为乡村文化的传承与发展注入强劲动力。乡村文化，作为历史的深厚积淀与地域特色的鲜明展现，只有深入剖析其核心内容及广泛影响，才能制定出符合乡村实际、切实有效的文化振兴策略。应鼓励各类社会机构前往乡村开展调研，以准确把握乡村文化发展的真实诉求与民众期望，通过多样化方式，充分激发乡村文化的内在生命力和发展潜力。此外，还应积极运用各种媒体渠道，加强对乡村文化振兴工作的宣传与推广，提升公众对乡村文化独特魅力与重要价值的认识与认同，从而吸引更多人关注和支持乡村文化的保护与传承工作。通过实施治理主体多元化的战略布局，有效淡化文化治理中的行政干预色彩，确保文化治理的最终目标不再局限于服务政治需求，而是深刻转变为以满足人民群众日益增长且日益丰富的文化需求为核心，促使文化政策与实际操作更加紧密地贴合民生需求，全面满足人民群众对美好生活的热切期盼与向往。

（3）深度融合：创新乡村文化治理体系

一是各部门要合力促进体制与机制的创新与变革。职业院校要切实担当起乡村文化治理的职业教育责任，并加强职业教育与文化管理部门之间的协同合作。各级党委应紧密结合乡村职业教育的实际发展状况和农村文化特点，构建具有鲜明地域特色的职业教育服务乡村文化振兴体系，并清晰规划其推进路径与实施策略；文化行政部门应发挥引领作用，确保乡村文化治理政策的有效执行；与职业教育机构，特别是文化、艺术及农村发展相关的职业院校，应发挥主导作用，确保乡村文化振兴相关政策在职业教育领域的细致实施；同时，职业教育管理部门需对职业教育服务乡村文化振兴的实施情况进行监督，评估其措施和成效，确保职业教育的服务能够真正满足乡村文化振兴的需求。组织宣传部门应着力强化乡村文化治理资源的优化配置力度，尤其需积极引领并扶持职业院校投身乡村文化项目的策划与执行，借助职业教育活动，大力弘扬乡村文化的独特魅力。地方政府则需致力于完善乡村文化服务体系，通过引入清单制、积分制等先进管理工具，巧妙地将乡村的传统宗族文化、公共秩序及良好习俗融入现代治理体系，实现文化的传承与创新。对于文化相对滞后的地区，职业教育服务乡村文化振兴的力度需进一步加大，通过层层落实乡村文化治理的主体责任，对治理步骤、策略及方向进行明确。在开展创建乡村文化治理示范村户活动中，归纳总结先进典型在乡村文化治理方面表现的成功治理经验。通过职业教育与乡村文化的深度融合，促进乡村文化治理取得更为显著的进步。

二是要不断深化乡村文化治理要素配置体制机制的改革与创新。为了破解农村长期遭遇的人才匮乏与资金紧张难题，迫切需要构建和完善一套既科学又合理的乡村文化治理资源投入体系。首先，必须确保治理资源能够真正倾斜于公共服务领域，让文化治理的成果惠及广大农民群众。这意味着，治理的重心必须下沉至基层一线，确保每一份宝贵的资源都能精准匹配乡村的实际需求，发挥最大效用。通过构建多层次、广覆盖的乡村文化服务网络，为农民提供更加便捷、高效的文化服务，进而点燃他们参与文化治理的热情，焕发活力。在资金方面，优化乡村文化治理的投融资结构显得尤为重要。构建乡村文化治理资金整合与统筹的长效机制，关键在于整合财政、金融及社会各类资源，汇聚成强大的资金支持合力。此外，还应拓宽投融资的渠道，激励金融机构增加对乡村文化治理的贷款支持，充分利用政府财政资金的杠杆作用，确保财政资金的优先投入，以此吸引更多的金融资本和社会资本流向乡村文化建设，尤其要关注职业教育中乡村文化人才的培养。其次，要建立有效的人才激励引导机制。人才被视为乡村文化治理的核心要素，因此吸引更多杰出人才投身乡村文化治理工作显得尤为重要。需要打通城乡文化治理人才交流渠道，为乡村注入新鲜血液与活力。同时，利用乡情乡愁这一情感纽带，吸引并鼓励企业家、专家学者等社会各界精英深入乡村，参与文化治理工作。最后，充分利用工会、共青团等组织的优势，动员社会各界力量，共同支持乡村文化治理。通过搭建合作桥梁、组织志愿服务活动等形式，吸引更多人参与乡村文化治理，营造全社会广泛关注、积极参与的良好环境。在人才培养层面，职业院校需要创新乡村文化治理人才的培养模式。通过构建技能培训课程体系、提供多样化的实践锻炼平台，精心培育一支具备高素质和专业能力的乡村文化治理人才队伍，使之成为引领乡村文化振兴的坚实力量，为乡村文化的蓬勃发展注入智慧与活力。

三是通过乡村文化产业的带动作用促进乡村文化治理体系的改革与创新。乡村文化建设务必充分利用文化产业的引领效应。首先，凭借乡村得天独厚的地理优势和积淀深厚的文化底蕴，精心培育特色产业，并着力拓展产业链条。同时，通过职业教育与产业的深度融合，为乡村社会培养多层次的实用型人才。应通过制定规章制度、弘扬文化价值观、打造精神象征等非实体手段，将共同治理和善治的理念融入乡村社会治理体系，实现职业教育内涵式发展与乡村现代化愿景的相辅相成。通过加速构建教育与社会在人才、信息、技术、资金等要素上的互通桥梁，建立起教育、政治、经济、文化、生态各空间之间平等对话的机制，推动乡村产业、人才、文化、生态与组织的深度融合与共同发展。其次，应利用文化产业的利益联结作用，对村民的日常行为进行规范、指导和激励。一方面，为了推动乡村文化的蓬勃发展，需构建一个能广泛惠及所有村民的利益共享机制，确保乡村发展的硕果惠及每一个人，进而营造一个公正且和谐的社会氛围。这不仅是对村民辛勤付出的回馈，更是对传统乡土社会优良价值观的传承与发扬。如尊老爱幼、邻里互助、相互扶持等精神文化，在文化产业的发展浪潮中得到了新的诠释和生动的实践。另一方面，为了应对乡村发展过程中面临着的外部风险和挑战，要将市场化竞争机制引入乡村。最后，根据各种生产要素在产业发展中的贡献程度来分配村集体经济的收益，从而有效激发村民的积极性和创造力，保持乡村发展的韧性与活力。同时，该机制还能促进资源的优化配置，提高产业效率，引领乡村经济朝着更高质量、更可持续方向发展。通过文化产业的繁荣反哺乡村治理和社会建设，促进乡村社会的和谐稳定与全面发展。

7.2　职业教育服务乡村文化振兴的发展路径

7.2.1　职业教育服务乡村文化振兴的原则

7.2.1.1　珍视历史传承与紧贴现实需求并重

中国乡村文化发展之路，恰似一幅波澜壮阔的历史画卷，其深厚的历史底蕴与鲜明的时代气息交相辉映，共同绘就了一幕幕动人心魄的文化盛景。自古以来，乡村便是中华民族繁荣兴盛的基石，其文化发展脉络悠长，历经沧桑巨变，展现出坚韧不拔的生命力。从20世纪二三十年代起，便有有志之士通过改革乡村教育、医疗卫生体系、社会习俗及经济合作组织等多元路径，勇于探索乡村发展的崭新道路。新中国成立后，土地改革的春风吹遍广袤乡村，合作化运动蓬勃兴起，农村文化在此背景下焕发出新的生机与活力。改革开放以来，农村文化更是迎来了多元化发展的黄金时期，不断适应时代变迁，彰显出蓬勃的创造力和旺盛的生命力。

在迈向全面建设社会主义现代化国家的新阶段，职业教育为了更有效地服务乡村文化的繁荣发展，必须坚持珍视历史传承与紧贴现实需求相统一的原则。在职业教育服务乡村的过程中，需深刻认识乡村传统文化的珍贵价值，挖掘其深刻内涵，保留并弘扬其中的精华，同时紧密结合乡村文化发展的实际需求与现状，共同推动乡村文化的繁荣发展。一方面要意识到乡村文化历史传承的重要性。在历史的长河中，传统文化犹如一座巍峨的灯塔，始终指引着乡村社会的方向，成为其不可或缺的精神支柱。从深邃的民俗文化到精湛的手工艺，再到热闹非凡的传统节日，这些乡村优秀传统文化，详尽记载了乡村发展历程中的沧桑巨变与独特风情，充分展示了乡村居民深邃的智慧与卓越的创造力。这些宝贵的记录，不仅极大地丰富了村民的精神世界与文化生活，更在无形中强化了村民之间的情感纽带与集体归属感，促进了乡村社会的和谐与团结。传承乡村文化历史，能够激发村民对自身文化的自信心和自豪感。村民在日常的乡村生产生活实践中逐渐塑造出别具一格的文化身份和审美标准。对乡村文化元素给予应有的重视，能够提升村民的文化底蕴和审美能力，并加深他们对乡村文化的归属感和荣誉感。在新时代的历史征程中，在深刻践行乡村文化振兴战略的过程中，必须坚守尊重历史的根本立场，恪守真实性与完整性的双重保护原则，同时兼顾活态遗产的独特价值，全力守护乡村从古至今所积累的物质与非物质文化遗产，深入挖掘并弘扬乡村社会所蕴含的核心价值观、道德理念与人文精神精髓。同时，必须高度重视并妥善保护与利用乡村地区独具特色的住宅建筑、民居风貌、农业景观、传统节庆习俗及民间艺术等宝贵资源。通过最大限度地保留与传承乡村文化的历史风貌，展现乡村文化在中华民族文明历史长河中所经历的深刻变迁与独特贡献。当然，重视历史传承并不等同于墨守成规，而是要在继承的基础上促进乡村文化的进一步发展。回顾中国乡村文化的发展历程，众多传统文化元素都随着时代的更替而被赋予了新的意义并得到新的发展。职业教育应深入挖掘并有效整合乡村传统文化资源，以此激发乡村文化的活力，推动其不断向前发展。因此，在职业教育服务乡村文化振兴的过程中，另一方面，还应紧密贴合乡村实际需求。随着国家经济的持续迅猛发展，产业结构不断调整，乡村地区对人才的需求日益迫切。职业教育应立足乡村发展的实际需要，致力于培养既能满足乡村产业发展、乡村治理需要，又能适应乡村文化建设的高素质、技能型人才。这些人才不仅应具备精湛的专业技能，还需拥有深厚的乡村文化底蕴和创新能力。产业升级是乡村经济发展的关键驱动力。职业教育与乡村产业的深度融合，对于促进乡村产业的升级与转型具有重要意义。具体而言，职业教育可以通过向农民传授现代农业技术与管理知识，增强乡村农业产业的竞争力，并提升其附加值，从而实现农业产业的现代化与高效化。同时，职业教育还应加强对乡村旅游和文化创意产业专业人才的培养，为乡村文化的持续繁荣和多元化发展提供源源不断的内在动力。此外，职业教育还应积极为乡村社会提供技术培训与文化宣传等服务，从而提升农民的综合素质与技能水平，提升乡村整体素质，增强乡村文化传播力，为乡村的可持续发展奠定坚实基础。

7.2.1.2　寻求普遍规律与展现独特魅力同步

我国广大的乡村地区，凭借其得天独厚的自然地理优势、差异化的经济发展水平以及悠久深邃的历史积淀，孕育了多姿多彩、独具魅力的乡村文化体系。其文化差异不仅鲜明地体现在乡村各地民俗活动的丰富性、建筑风格的多样性、饮食习惯的独特性等方面，更深刻地塑造了乡村居民的生活方式、价值观念与精神世界。这些独具个性与特色的乡村文化，构成了乡村魅力的核心，是乡村文化振兴不可或缺的基石。然而，尽管各地乡村文化异彩纷呈，但在党的坚强领导下，乡村文化振兴的目标与方向高度统一。通过传承与弘扬中华优秀传统文化，着力提升乡村居民的文化素养与审美品位，促进乡村文化事业的繁荣发展，并通过文化振兴的强大驱动力，引领乡村经济社会实现全面进步。这些明确的目标与要求为各地乡村文化振兴工作指明了方向，注入了强劲动力。

在新的发展阶段，职业教育推进乡村文化振兴，需在遵循乡村文化建设规律与展现独特魅力间找到平衡。这意味着职业院校既要遵循乡村文化振兴的基本原则，对职业院校服务乡村文化振兴的典型案例进行总结，学习其宝贵经验。同时，也要将院校自身的独特优势和特色资源与乡村各地的实际情况结合，采取灵活多样的措施服务乡村，从而创造出既各具特色又和谐共生的乡村文化振兴新景象，让每一处乡村都能展现出其独特的美，而这些美又能相互映衬，共同构成一幅丰富多彩的乡村文化新画卷。一方面，要遵循普遍规律，夯实职业教育赋能乡村文化振兴的基础。职业教育在开展乡村服务时，应紧密契合《国家乡村振兴战略规划（2018—2022 年）》《乡村全面振兴规划（2024—2027 年）》的总体要求，确保服务内容与国家政策导向保持高度一致。职业教育应围绕实现"产业兴旺、生态宜居、乡风文明、治理有效、生活富裕"的宏伟蓝图，以及"弘扬文明乡风、树立优良家风、培育淳朴民风"的具体实践目标，通过提供与乡村文化振兴相关的教育和培训服务，赋能乡村文化振兴。在教育实施过程中，职业教育必须着重培养学生的综合素养和专业技能，使其能够具备投身乡村文化振兴所必需的坚实能力和专业素养。通过构建科学合理的课程体系与丰富多样的实践活动，进一步加深学生对中华优秀传统文化的理解与认同，有效推动文化传承，充分激发他们的文化自信与创新潜能。在提供农业技术、农产品加工、乡村旅游等专业培训，推动乡村产业繁荣与生态和谐的同时，职业教育还应深刻把握文化传承与创新教育的使命，致力于丰富农民群众的精神世界，促进文明乡风的培育。在教育过程中，职业教育应充分尊重农民的意愿，积极发挥他们的主观能动性，对其自主学习能力与创新思维进行重点培养，培养其前瞻思维，帮助其树立正确的价值观与科学的发展观，从而激发乡村发展的内生潜能。同时，职业教育须具备长远眼光，强调可持续发展理念，认识到乡村文化振兴是一项持久且艰巨的系统工程，必须持之以恒地提供坚实的教育支持与服务保障。另一方面，职业教育在服务乡村时，还应彰显乡村特色，促进职业教育与乡村文化的深层次融合。职业教育院校应深入乡村，对各村独有的文化背景、自然资源优势及悠久历史传承展开调研，并据此精心策划、实施与当地文化特色紧密相连的职业教育课程与培训项目，确保课程内容既体现现代农业科技的先进性，又涵盖乡村旅游管理的科学策略，同时融入手工艺复兴等实用技能的传授。在课程设计过程中，需深刻融入乡村文化的精髓要义，使学员在技能提升的同时，能够深化对本土文化的理解与情感认同，从而成为推动乡村文化振兴的坚实力量与积极倡导者。职业院校应当持续加大乡村本土人才培养的力度，尤其要聚焦于培养能够担当起传承与弘扬乡村特色文化重任的优秀人才。具体而言，应通过设立如传统手工艺制作、民俗艺术表演、乡村导游服务等具备鲜明地域特色的专业课程，精心培育一批既掌握扎实专业技能又深刻理解文化内涵的复合型人才，使他们能够在守护乡村文化遗产、促进文化产业发展、引领乡村经济转型升级等方面扮演核心角色，从而推动文化繁荣与经济发展的深度融合与相互促进。此外，职业院校应当主动担当，积极助力乡村形成并推广彰显鲜明区域特色的文化品牌。通过组织市场调研、品牌战略规划、营销策略制定等培训活动，引导乡村深入挖掘并充分展现其独特的文化底蕴与魅力。在此基础上，帮助乡村打造具有地方特色的农产品、乡村旅游项目及文化节庆活动等文化标识，以吸引更多的外部关注与参与，从而有效推动乡村旅游产业的蓬勃发展，促进乡村经济的繁荣兴旺。同时，职业教育还应当积极担当起桥梁纽带的重要角色，将国内外乡村文化紧密联结，深入总结其发展的先进经验，精心提炼成功之道与可行路径，然后将这些经验和方法与服务的乡村实际情况相结合，在融合、转换和创新中，既提升乡村文化的整体水平，又确保乡村文化特色得到充分体现。

7.2.1.3 全面规划与关键领域突破相互协调

基于系统论的理论框架，系统乃是由其内在构成要素所集成的统一整体。这些内在要素虽各自具备独特功能，对系统整体功能有所贡献，但系统之功能并非单纯为各要素功能之简单累积。实际上，系统功能是各要素间相互协作、相互约束的复杂体现，是它们综合作用下的产物。在要素间的动态交互过程中，系统功能超越或者低于各要素功能之和。故而，为达系统功能的最大化，核心在于对各要素进行优化整合。将此理念移植至乡村文化振兴这一系统领域，不难洞悉，其建设成效的优劣与乡村各方面建设与各类力量之间能否实现最佳配置与整合息息相关。

鉴于乡村文化振兴是一项具有明确目标、清晰原则及顺畅逻辑的综合工程，包含多项工作内容和任务。在此过程中，既要应对亟待解决的紧迫任务，也要着眼长远，稳步推进各项长期工作。面对紧急任务，务必科学区分，精确界定核心任务与次要任务，确保关键事项优先处理，同时保障其他辅助性工作有序不紊地进行。在新时代新征程中，为深入实施乡村振兴战略，促进乡村文化的繁荣发展，必须坚持唯物辩证法的科学指导原则，持续运用其工作方法，确保在系统性推进乡村文化振兴的过程中，巧妙融入重点突破的策略。具体而言，在规划与执行乡村文化振兴的各项任务之际，需秉持全局视角，细致入微地综合考虑各类因素，以系统发展的长远眼光，精心规划出全面且周密的战略蓝图。同时，其还需明确工作重心，实施精准有效的政策措施，集中力量解决乡村文化振兴道路上的主要矛盾及其关键性制约环节，以此推动乡村文化振兴事业不断迈上新台阶。一方面，职业教育要以全局视野系统化地促进乡村文化繁荣。乡村文化振兴作为乡村振兴战略的重要组成部分，与产业振兴、生态振兴、组织振兴及人才振兴共筑乡村振兴之基，形成互为支撑、相辅相成的整体架构。这五大领域既各领风骚，又相互依存，共同绘就乡村振兴的壮丽画卷。缺乏乡村文化的繁荣兴盛，乡村振兴便难以称为全面与深入。同时，乡村文化的振兴能够激发精神活力，提供智力支撑，为其他四个领域的振兴注入不竭动力，促进乡村振兴事业的全面发展。有鉴于此，职业教育应当高度重视系统性与整体性的构建。职业教育服务乡村文化振兴需树立全局观，将文化振兴置于乡村全面振兴的战略高度，强化其与产业、生态、组织、人才振兴在总体规划中的联动作用。乡村文化振兴本身，亦是一项复杂多元的系统工程，蕴含丰富要素与多元面向。在推进过程中，精准把握乡村文化各要素的相互关联，妥善处理关系，确保工作协同推进。唯有如此，方能系统而有序地推动乡村文化振兴的深入实施，既传承弘扬优秀乡村文化，又显著提升农民群众的思想文化素养，实现教育、文化与人深度融合，营造"文化育人、人兴文化"的良性循环与良好生态。另一方面，职业教育要集中资源解决乡村文化振兴的关键挑战。在职业教育助力乡村文化振兴中，在秉持全局观念，系统谋划，精准施策的同时，尤其要聚焦并着力破解乡村文化振兴面临的核心矛盾。此矛盾深刻体现为农民群众对高品质精神文化生活需求的日益增长，与当前乡村文化领域发展不平衡、不充分形成的鲜明对比。从职业教育的服务角度出发，职业院校需深刻洞察这一矛盾在乡村文化领域的具体映射：一是乡村文化发展与乡村经济社会整体进步的不协调；二是文化资源在乡村内部空间布局上存在不均衡现象；三是人才、技术、资金等文化发展所必需的关键资源在城乡以及不同区域间的配置也呈现出显著差异。同时，职业教育还需正视并着力解决以下关键问题：不同社会群体间存在文化享受的不平等的现象；乡村文化遗产保护利用与传承发展力度的欠缺；以及乡村文化产品与服务供给在有效性和丰富性上的不足。针对当前面临的紧要任务与核心要点，职业教育需致力于通过人才培养的优化、技术创新的推进、文化传承的强化等路径，解决乡村文化发展中存在的不平衡、不充分问题，推动文化资源的均衡配置，并有效提升乡村文化产品与服务的供给效能，切实满足人民群众日益增长的精神文化需求。

另外，在职业教育服务乡村文化振兴的实践中，不能盲目推进、缺乏重点，也不能像"撒胡椒面"那样没有针对性地提供服务。各职业院校应当紧密结合自身实际，广泛听取并尊重当地农民和政府的意见建议，精准把握乡村文化振兴的切入点和关键领域。同时，职业教育服务还需紧跟时代步伐，随着乡村社会的新变化、新需求而不断做出适应性调整，更新服务内容、服务方式，从而有力地促进乡村文化的繁荣发展。

7.2.1.4　文化传承创新与当代融合相互统一

在全球化浪潮的推动下，中国的市场化进程展现出了深远而空前的变革力，深刻重塑了民众的思维模式、行为方式及价值观念，乡村社会同样受到影响。乡村社会，作为小农经济与市场经济交织影响的阵地，正经历着传统价值观念的渐进式消解与道德体系的重塑挑战。步入 21 世纪以来，中国乡村社会正步入一个社会价值体系深刻转型与重构的关键时期。从历史的长河回望，无论当代中国社会主义核心价值体系在内核本质，抑或外在表现形式上如何与时俱进、创新发展，其均内在地蕴含着对中国传统社会核心价值体系的深刻传承与弘扬，二者之间存在着根深蒂固、不可分割的历史与文化纽带。故而，在职业教育服务乡村文化中，必须深刻认识到承载着浓厚传统社会核心价值底蕴的乡村文化，其重要性不容小觑。职业院校需秉持高度的文化自觉，深入发掘并提炼其中仍具蓬勃生命力的文化资源，以资借鉴与运用。具体而言，应传承乡村文化中蕴含的和谐共生、康宁安乐、崇德向善的价值观，以及诚信、和睦、互助、共克时艰的传统美德。同时，职业教育服务乡村文化振兴也应当致力于重塑农民群众的精神信仰体系，让乡村文化既彰显中国特色，又蕴含乡土气息，引领农民群众实践，激发其精神动力。

职业教育应当积极助力乡村文化的转型升级，在文化的碰撞中，实现乡村传统文化与现代文化的深度融合。在此过程中，在传承乡村传统文化精髓的同时，融入现代文明元素，塑造出符合现代化需求且蕴含深厚底蕴的乡村新文化。乡村文化在其历史演变中，受限于当时的认知水平、时代背景，难免存在一些过时或陈旧的内容。然而，随着时代的进步和社会的发展，乡村文化也展现出新的现代性特征。职业教育作为连接传统与现代、乡村与城市的桥梁，有责任和义务引导乡村文化的创新发展。在推动乡村文化振兴的过程中，职业院校需要摒弃只关注经济发展而忽视精神文化需求，只重视文化保护而忽视其利用价值的传统理念，应秉持创新、协调、绿色、开放、共享的新发展理念，致力于乡村文化的繁荣兴盛。职业院校应成为培育兼具文化素养与创新能力的乡村人才的摇篮，为乡村文化的传承与创新注入不竭的动力与活力。在内容创新的维度上，职业院校需紧密跟随时代步伐，并深入理解人民群众对高品质生活的强烈向往，从而精心设计并推出与之匹配的课程与培训项目，深度挖掘乡村文化中蕴含的丰富宝藏与优秀基因，激励培训学员创作出更多彰显时代精神的文化精品。就文化振兴手段而言，职业院校应当积极拥抱现代科技，将前沿科技成果与乡村优秀传统文化深度融合，打造独具特色的数字化乡村文化振兴模式。通过强化乡村文化基础设施的智能化，职业教育能够为乡村文化公共服务、文化产品创作、文化产业繁荣、传统艺术工艺传承、文化旅游推广等多个方面提供更加多元且高效的支持，不仅显著提升乡村文化的社会认知度与品牌影响力，更将为乡村经济的多元化、可持续发展开辟新的增长点，助力乡村振兴战略的深入实施。

另外，职业教育还应承担起促进城乡文化共融繁荣的职责。尤其是在深化乡村文化历史与现实的交汇融合，以及开辟城乡文化融合发展新路径上，职业教育被视为乡村文化迈向现代化进程中的关键一环。城市与乡村文化间形成的良性互动、相辅相成的关系，构成了职业教育助力乡村文化振兴的坚实基石。但是，乡村文明建设相较于城市文明建设仍存在一定的短板，特别是在文化传承的深度、创新能力的拓展及人才资源的积累等方面。职业教育需紧密围绕"以城带乡"的战略部署，主动作为，积极引入城市的先进文化理念、实践经验和技术资源，为乡村民众提供高水平的文化启蒙与职业技能培训，提升乡村居民的文化底蕴与专业技能，促进其对乡村文化的深刻理解与有效传承，同时防范城乡文化趋同的风险。另一方面，职业教育亦应致力于推动乡村文化的城市传播，通过在城市规划与建设中巧妙融入乡村传统文化的精髓，实现乡村文化的现代传承与延续，既激发城市居民对乡村的深厚情感与文化认同，还为乡村文化的广泛传播与深入发展开辟了新渠道。

7.2.2　职业教育服务乡村文化振兴的进阶路径

7.2.2.1　价值取向：从"远离乡村"向"服务乡村"进阶

在城乡二元结构的背景下，农村教育与城市教育间存在显著的差距。此时，职业教育更侧重于满足城市的人才需求，无形中承载了"城市导向"的印记。此现象在职业院校课程体系构建、教学资源分布及学生就业预期设定等均有体现。从职业教育课程体系构建来看，职业教育课程内容构建多聚焦于满足城市经济发展需求，而对乡村地区实际需求的关注与融入尚显不足。就教学资源配置而言，职业教育资源也往往倾向于城市地区，院校优秀师资力量、先进教学设施及各类实践基地大都聚集于城市。资源配置的不均衡，使得乡村地区学生在职业教育中难以获取优质教学资源，实践环节亦缺乏足够的指导与支持。在学生的就业上，职业教育常被视作通往城市就业市场的通道。不少学生选择职业教育的原因在于怀揣毕业后能在城市企业就职、获得较高薪酬并拥有更广泛职业前景的梦想。这种就业期望加剧了乡村地区的人才外流，使得人才匮乏问题日益凸显。职业教育与城市紧密关联、逐渐远离乡村的导向，不仅削弱了其在乡村地区的传播力与影响力，也不利于乡村文化振兴的进一步推进。

伴随国家对乡村振兴战略的高度关注，以及城乡融合发展战略的持续推进，乡村已不再是职业教育服务的边缘区域，而是成为一个充满机遇的广阔舞台。从原先的"疏离乡村"到如今的"服务于乡村"的转型，既是职业教育顺应时代发展要求的必然结果，也是其实现自身意义、促进社会向前迈进的关键路径。从更深层次的角度来审视，职业教育这种价值取向的转变彰显了职业教育对社会责任的积极承担。职业教育不仅局限于技能型人才培养，更扮演着促进社会公正、驱动经济社会发展的关键角色。在乡村文化振兴的进程中，职业教育理应进一步扩大其贡献，发挥更加显著的影响力。职业教育价值取向的转型对乡村文化的振兴也将产生正面推动效应。一方面，职业教育能够为乡村地区注入知识养分与活力，提升农民群众的综合素养与文化品位。另一方面，通过职业教育与乡村文化的深度融合与互动，能够成功挖掘并弘扬乡村中蕴含的珍贵传统文化遗产，进一步增强乡村文化的凝聚力与传播效能，为乡村文化的全面振兴奠定坚实基础。

具体而言，在服务前期，职业院校应当以农村服务为核心，构建服务框架。通过深思熟虑，精心规划，确保服务乡村文化振兴的行动能够有的放矢，成效显著。首先，学校需明确自身的特色发展目标，这不仅仅是口号式的宣言，而是需要通过深入分析学校的优势资源、师资力量、学科特色以及历史积淀等多方面因素，精准定位学校在乡村文化振兴中的独特作用。例如，农业职业院校可以依托其丰富的农业技术和实践经验，致力于推广现代农业技术和农耕文化，为乡村注入新活力的同时，深入了解所服务的乡村也是至关重要的一步。学校应组织专业团队，通过实地考察、访谈村民、查阅历史文献等多种方式，全面了解对接乡村的文化资源、文化元素、文化传承现状以及文化发展需求。这不仅包括对乡村自然风光、民俗风情、历史遗迹等显性文化资源的认知，还涉及对乡村社会结构、价值观念、生活方式等隐性文化元素的把握。经过细致的梳理和分析，学校能更精准地把握乡村文化振兴的关键，为后续服务行动奠定坚实基础。

在服务中期，学校应全力以赴，为乡村文化振兴实践提供全方位的支持和保障。在政策制度方面，学校应积极响应国家关于职业教育服务乡村振兴的号召，制定和完善相关政策措施，为师生参与乡村文化振兴提供制度保障。在资金投入方面，学校应加大对乡村文化振兴项目的扶持力度，通过设立专项基金、争取政府补贴、吸引社会捐赠等多种渠道筹集资金，确保乡村文化振兴项目的顺利实施。在技术支持方面，学校应充分利用自身的专业技术优势和教学资源，为乡村文化振兴提供智力支持和技术指导。在媒体宣传方面，学校应加强与媒体的沟通合作，借助新闻报道的广度、专题访谈的深度以及宣传片的直观性，全方位展示学校在服务乡村文化振兴方面的丰硕成果与宝贵经验，提高学校的知名度和影响力。此外，学校还应为师生乡村文化振兴行动提供便利与保障。这包括为师生提供必要的交通、食宿、安全等后勤保障服务；为师生搭建交流合作的平台，促进师生之间的信息共享和经验交流；通过提供心理慰藉与正向激励措施，激发师生参与乡村文化振兴的热情与活力。通过这些措施的实施，学校能够营造一个良好的职业教育服务乡村文化振兴氛围，提升乡村文化振兴服务成效。

在服务后期，学校应及时对学校乡村文化振兴实践进行总结反思。这既是对过去工作的回顾和总结，也是对未来工作的展望和规划。学校应组织专门团队对服务行动进行全面梳理和分析，明确学校服务行动当中的优势和劣势。对于符合对接乡村发展需求的优势进行强化和推广；针对诸如离农课程、离农行为等短板，进行深入剖析并采取有力措施予以纠正。通过不断总结反思和改进提升职业教育的适应性，从而更好地发挥职业教育的社会和经济价值。在总结反思的过程中，学校还应注重收集和分析各方面的反馈意见和建议。这包括村民的满意度调查、师生的心得体会、专家的评估意见等。通过广泛收集并深入分析这些反馈信息，学校得以精准地洞察乡村文化振兴的实际需求与未来趋势，从而为后续的服务行动提供更为精确且强有力的支持。

7.2.2.2　战略定位：从"身份认同"向"文化共生"进阶

职业教育，作为一种以实践为导向且高度重视社会服务的教育形态，其宗旨不仅局限于技术技能的培养，更在于满足地方经济社会发展的迫切需求及行业企业对高素质人才的深切期望。在乡村振兴战略中，职业教育扮演着重要角色，其通过设计与乡村产业、文化紧密相关的教育体系与培训服务，着力培育能够引领乡村产业升级、优化生态环境、传承并创新本土文化的优秀人才，进而促进乡村经济的兴盛和文化的进步。在乡村文化振兴的时代背景下，职业教育不仅仅局限于教授农业技术、手工艺等传统技艺，提升乡村人才的专业水平和实际操作能力，更重要的是它能够引导村民完善自我认知，帮助村民重新审视和定位自己，激发乡村居民对本土文化形成认同感与自豪感，促进其在内心深处形成强烈的归属意识。这种"身份认同"的建构，不仅是职业教育服务乡村文化振兴的重要使命，更是其不可或缺的关键一环，对于促进乡村社会的全面进步与和谐共生具有深远的积极影响。

"身份认同"深植于个体对自身、社会及文化深层次理解与归属感的基石之上，既深刻影响着乡村人才对自我价值的认知把握，也关系着他们在乡村社会中的角色定位及与乡村文化的深度理解和情感联结。职业教育在服务乡村中能够帮助乡村形成自我身份认同、社会身份认同以及文化身份认同。通过职业教育平台的依托，乡村人才能更深刻地理解自身在乡村文化振兴中所肩负的历史使命和责任担当，从而清晰明确自己在其中的角色定位。自我认同感的提升驱使他们更为积极主动地参与乡村文化传承与创新工作，为乡村的繁荣昌盛与进步发展贡献智慧与力量。此外，职业教育还通过提升乡村人才的专业技能和实际操作能力，促进他们的社会地位和影响力的提高。随着来自社会的赞誉与尊重的增多，其社会认同感不断提高，这既增强了他们的自信心与归属感，也激发了乡村青年的积极性，鼓励他们投身乡村文化实践，从而形成推动乡村全面发展的新合力。同时，职业教育还可以通过课程设计和实践活动等手段，帮助乡村人才深刻认识乡村文化的深厚底蕴与独特优势，进而提升他们对乡村文化的认同感和归属感。乡村人才对文化的深度认同，不仅为乡村文化的薪火相传与创新发展注入了不竭动力，更为乡村社会的和谐与持续繁荣提供了有力保障。

伴随全球化的不断推进，乡村文化已不再是封闭的体系，而是与现代文化、城市文化乃至全球文化相互交织、紧密相连。因此，职业教育服务乡村文化振兴需要顺应这一发展潮流，不只是培养乡村的身份认同，还应对拥有跨文化视角和创新能力的人才进行培育，使他们不仅具备能够深入领悟乡村文化的内涵与价值的能力，还要有能力将其与现代文化元素相融合，从而在共生的环境中为乡村文化注入新的生命力和活力。在乡村振兴战略的大力推动下，乡村的振兴不仅意在重塑乡村的经济格局，更深刻地影响着乡村文化的根基与未来发展方向。职业教育也迎来一个全新的历史发展阶段，既蕴含着巨大的机遇，也面临着严峻的挑战。在此背景下，职业教育由"身份认同"向"文化共生"的迈进，既是对职业教育本质的一次深化理解，也是对乡村可持续发展道路的积极探寻。一方面，职业教育应坚持传承与创新并举。一是继续深度挖掘与传承乡村文化的精髓与魅力，通过开设特色课程、组织多彩文化活动等途径，使乡村文化得以有效传承与广泛弘扬；二是激励学生将现代科技、先进设计理念等创新元素融入乡村传统文化之中，指导学生运用互联网、大数据等前沿技术手段，推动传统文化的创造性转化和创新性发展。另一方面，职业教育应创设文化交流与协作的通道。职业教育应主动承担起沟通乡村文化与外界的桥梁作用，通过策划文化交流活动、邀请学者专家开办讲座等多种方式，拓宽乡村的文化认知视野，并引导其形成开放包容的思维方式。此外，职业教育还应着力加强与城市、高等院校及国际社会的合作与对话，促进乡村文化资源的深度挖掘与广泛共享。具体而言，可与城市内其他院校建立稳固的合作关系，携手推进乡村文化的深度研究及专业人才培养等工作；同时，亦应积极探索与国际组织及机构的合作途径，共同致力于乡村文化的国际传播，彰显其独特魅力，进而在全球文化格局中提升乡村文化的知名度与影响力。再者，职业教育要强化复合型文化人才培育。鉴于乡村文化的多元性与丰富性特质，职业教育务必秉持尊重差异、包容多样的原则，避免以单一文化标尺衡量乡村社会。通过实施多元化文化教育策略，引领乡村人才深刻认识并珍视各种文化间的差异与独特韵味，从而推动文化间的深入交流与和谐共存。职业教育应着重培育兼具文化自觉、文化自信及创新能力的高素质复合型人才。此类人才既需要掌握坚实的专业技能与广博的知识基础，也需要具备敏锐的文化洞察力与精准的判断力，不仅能够成为乡村文化建设的中坚力量与领航先锋，还能够有力推动乡村文化与现代文明、城市文化及全球文化的共荣共生。

7.2.2.3 服务方式：从"单一服务"向"多元协同"进阶

在现阶段，职业教育在助力乡村文化振兴中，许多职业院校正充分利用自身教育资源，通过开设与乡村文化紧密相关的课程、培训项目以及实践活动，采取自主独立的方式，为乡村地区提供服务与支持。然而，推进乡村文化振兴并非一朝一夕之功，在此进程中离不开职业教育持续不断地投入和努力。在乡村现代化建设的征程中，也面临着越来越多的挑战，对职业教育资源的需求呈现多元化趋势。乡村文化振兴既关系到乡村居民的生产生活方式，也涉及社会历史记忆等多个方面，关联领域广泛且复杂。面对乡村文化振兴及发展的多元化需求，单一职业院校的教育资源局限性日益显现。一方面，单一职业院校自身资源无论在数量还是质量上都难以完全满足乡村发展的多元化需求。由于针对乡村具体领域和问题的专业研究和教育资源不足，单个职业院校在应对乡村产业升级、生态保护、社会治理等复杂议题时显得力不从心，难以提出有效的应对策略和支持措施，更难构建一个全面、系统且能持续发挥作用的服务框架。另一方面，单一职业院校的乡村服务模式往往刻板且缺乏多样性，难以根据乡村发展过程中不断变化的需求进行灵活调整，从而削弱了其在推动乡村文化振兴和整体发展上的效能与贡献。另外，职业院校在服务提供上多局限于单向知识传授，缺乏与乡村社区及村民的有效互动与反馈机制，导致教育成果难以最大化实现。在乡村服务中，职业院校还需面对来自地方政府及其他社会组织的协同合作挑战。鉴于各方目标、资源及利益诉求存在差异，合作过程中极易产生信息失衡、资源配置不均等问题，进而对整体服务成效产生负面影响。为此，职业院校应意识到单一院校力量的有限，持续深化服务模式的探索与创新，强化与各方力量的协调配合，秉持团结协作、共谋发展原则，强化与地方政府、其他社会组织的沟通交流，确保各项任务有序推进。

职业院校在推动乡村文化振兴时，应从"单一服务"走向"多元协同"。应携手多方力量共同推进乡村文化振兴，充分发挥职业教育作为平台的桥梁作用，积极联结并激发社会动力因素。一是搭建多主体服务平台。明确服务平台的主要宗旨在于推动信息的全面共享、资源的深度整合以及优势的互补共赢，从而有效满足乡村发展对职业教育资源的多元化需求。中高本职业院校之间，可以依托各自的专业优势与资源优势，成立职教联盟，形成纵向贯通的职教体系，不仅顺畅职业教育内部的协作机制，还能通过资源共享、优势互补，增强职业教育系统的整体力量。此外，职业教育还应积极与行业、企业建立紧密联系，共建实践基地、产业学院、科技创新平台等。这些平台的建立，不仅为学生搭建了实习实训的机会，也为教师科研探索、企业技术创新注入了强劲动力，提供了有力支持。在政府、行业和企业等多方力量的共同参与下，职业教育还可以搭建起行业、企业产教融合平台、就业服务平台、职教产业园、区域合作平台等。这些平台的建立，不仅促进了教育链、人才链与产业链、创新链的有效衔接，还为区域经济社会发展提供了有力的人才支撑和智力保障。二是发挥多场域服务作用。职业教育服务乡村文化振兴系统涉及教育、乡村、实践、政策等场域。教育场域源源不断地为乡村输送宝贵人才，成为乡村文化持续传承与创新的动力来源。乡村场域是承载文化传承与创新的重要平台，也是各大场域乡村服务的落脚点。实践场域在检验并提升各大场域服务效果方面发挥着关键作用。而政策场域则为各大场域的服务提供了强有力的指导与保障。教育、实践、乡村等各个场域共同构建了一个紧密相连、相互作用的系统，通过各司其职，协同合作，共同促进乡村教育事业的进步和文化的繁荣发展。此外，在系统运行过程中，各场域间相互交织、双向互动，共同推动系统发展。职业教育不仅可以通过在现有场域互动中增加新场域，还可以通过增加新场域带动新要素、新主体参与乡村文化振兴。例如，在实践场域方面，职业教育可以联合政府、企业等力量，共同开展乡村特色产业培育、乡村旅游开发等项目，将教育场域、乡村场域、政策场域等有机结合起来，不仅带动乡村经济发展，还能促进乡村文化的传承与创新。三是丰富多主体实践样态。目前，乡村文化振兴存在职业教育整合内部资源服务乡村的职业院校模式，职业院校加强同行业、企业合作服务乡村的校（行）企合作模式，职业院校加强同政府、企业、行业、乡村、农民合作服务乡村的多主体协同模式。上述模式的实施，不仅极大地促进了职业教育与乡村发展的深度融合，还为乡村文化振兴增添了多元化动力，提供了广泛而多样的支持与服务。随着乡村文化振兴实践的纵深推进以及科学技术的迭代更新，未来还必将有新的职业教育服务乡村文化振兴实践样态涌现。职业教育应不断丰富自身内涵和外延，坚持"跨界""创新""协同"理念，持续加强多元主体在乡村的合作，不断探索新的服务模式和服务路径，构建多元化、立体化乡村服务体系，将多场域、多平台、新技术融合于多实践样态中，从而更好适应乡村发展的新形势和新任务。

7.2.2.4　参与程度：从"局部参与"向"全面融入"进阶

在职业教育助力乡村文化振兴的历史进程中，其"局部参与"主要表现为职业教育初步关注并有限介入乡村文化。这种参与方式主要聚焦于技能传授和乡村实用人才培养，一定程度上促进了乡村文化的传承与创新。尽管如此，职业教育的"局部参与"在某些方面仍有所欠缺，如对乡村文化的深层次开发尚显不足，对其理解和认识还不到位，在服务深度和广度上还需进一步提升。

随着职业教育在乡村文化振兴领域的不断深入，其职能和作用也应逐渐趋于多元化和全面化。职业教育应逐步从最初的局部参与和辅助角色，转变为全面整合与引领的核心力量，肩负起推动乡村文化振兴的关键使命。在助力乡村文化振兴的征程中，职业教育应积极由被动适应乡村发展需求的角色转变为主动引导乡村文化发展方向和趋势的引领者，借助具有前瞻性的教育观念与培养方式，为乡村文化的繁荣发展注入源源不断的活力与动力。"全面融入"应成为当前职业教育赋能乡村文化振兴的主导趋势。这种融入方式在乡村服务内容上实现了拓展，不仅注重技能的传授和实用性人才的培养，还致力于乡村文化的传承与创新、乡村居民文化素质的提高以及乡村社会文明发展的推动。"全面融入"要求职业院校融入乡村社会，深刻理解乡村文化的精髓与特色，并与乡村居民构建密切的合作关系，携手促进乡村文化振兴。同时，职业院校需积极发挥主观能动性，勇于探索创新路径，构建涵盖政府、企业、教育机构及社区等多方协同参与的体系，共同推动乡村文化实现全方位的发展与繁荣。

职业教育服务乡村文化振兴的"全面融入"内涵具体体现为以下方面。一是依据产业优化专业布局。职业教育应紧密结合乡村产业发展需求，动态调整专业设置，确保教育与产业的紧密对接。通过强化职业教育的实践性和针对性，使其更有效地助力乡村经济振兴与文化传承。二是将乡村文化元素融入课程教学。在职业教育课程设计中，可以将丰富的乡村文化元素融入其中，让学生在掌握职业技能的同时，深刻领悟乡村文化的精髓。通过将乡村文化引入课堂，培养学生对乡村文化的认同感，从而培育出更多致力于乡村发展的优秀人才。三是校企携手合作，共创乡村美好未来。职业院校应与当地企业及乡村建立紧密合作关系，与企业通过实施校企合作，深化人才培养、技术革新等多方面的协作。同时，企业积极参与乡村文化建设，通过各种形式的文化活动和项目，使职业教育更为深刻地嵌入乡村文化振兴的全链条中。

具体而言，职业教育在赋能乡村文化振兴中。首先，应提高资源配置效率，促进乡村职业教育的均衡性发展。为了促进乡村职业教育均衡发展，保障教育公平，需加大对乡村职业教育的资金投入和资源倾斜，并对其进行科学配置。一是应当重点改善乡村职业学校的基础设施条件，对教学楼、实验室、图书馆等硬件设施进行建设和升级，同时也要注重提升教育软件的质量，及时更新课程内容，创新教学方法。此外，提高乡村职业教育质量的关键还在于提升教师队伍的专业水平，需要通过定期的培训和提供丰富的专业发展机会，确保教师们紧跟教育前沿，掌握最新的教育理念和技术，从而更有效地指导学生。二是克服乡村地区的地理位置劣势，充分利用远程教育和在线教育技术，将高质量教育资源引入乡村地区，通过建立远程教育平台和网络课程，消除地理障碍，帮助乡村学生接触更广泛的知识和信息，促进城乡教育资源的均衡分配和共享，缩小城乡教育差距，促进教育公平。

其次，强化文化融合和创新，提升乡村文化自我认同。职业教育与乡村文化的融合应更为深入和广泛，不应仅开展传统的农业技术技能培训，而要扩大到乡村手工艺、民俗活动以及乡村艺术等乡村文化的传承。职业教育应成为乡村文化传承与创新的重要平台。一是通过传统文化课程的开设以及各类文化活动的开展，在系统教学实践中，为乡村文化的传承和弘扬提供一个更为广阔的舞台，让更多的人了解和欣赏乡村文化的独特价值。二是利用现代科技手段和创新思维，创新乡村文化传播形式，提升乡村文化质量。融入现代设计理念和技术，对传统手工艺品进行巧妙改良与创新，使其更加符合现代人的审美趣味与实用需求。同时，鼓励和支持乡村艺术家和手工艺人，运用现代营销手段和平台，将具有地域特色的文化产品推向更广阔的市场，塑造具有鲜明地域特色的文化品牌，并通过教育的力量，促进乡村文化在守正中创新，在创新中发展。

最后，构建长效机制，是推动职业教育深度融入乡村文化建设不可或缺的要素。一是确立清晰的发展蓝图与目标，保证职业教育与乡村文化的发展方向协调一致，目标具体明确，从而为二者的深度融合提供行动指南。二是建立高效的协调机制，通过政府、职业院校、乡村社区以及相关企业之间的紧密合作，形成协同效应，确保各方资源合理配置，优势互补。三是强化政策的引领与扶持作用，通过制定优惠政策、提供财政支持、优化资源配置等多重手段，激发并驱动职业教育与乡村文化的深度融合，确保人才培养与乡村经济社会发展的无缝对接。此外，还应推动产教深度融合，实现职业教育与乡村产业的联动发展。通过校企合作、工学结合的方式，加深职业教育与乡村产业的联结，深入参与乡村文化建设。通过构建持久有效的运作体系，保障职业教育与乡村文化在发展目标、资源调配、人才培养、产业融合等多个层面实现深度交融与协同发展，不仅提升职业教育的品质与成效，还有利于乡村文化的保护、传承与创新，最终推动乡村经济社会的全面发展与可持续发展。

7.3　职业教育服务乡村文化振兴的未来展望

7.3.1　数字圈引领未来：塑造职教数字生态，唤醒乡村文化动能

近年来，得益于云计算、物联网和高性能集成电路等新一代信息技术的快速发展，使我国数字经济规模实现了显著增长。自 2014 年"教育信息化"概念提出以来，教育数字化在社会受到了广泛关注。2015 年，"互联网＋教育"趋势逐步兴起；2017 年，党的十九大提出"数字中国"战略蓝图；2022 年，党的二十大报告将教育、科技、人才视为一个整体进行统一规划和部

署，并强调"推进教育数字化"，明确了教育数字化的发展方向。这一系列政策和行动，不仅体现了国家对教育数字化转型的重视，也反映了教育数字化在促进教育公平、提高教育质量、培养创新人才方面的重要作用。教育与数字化的深度融合已成为我国教育现代化体系建设中的关键环节，而职业教育在这一融合过程中也将扮演重要角色。

在此进程中，职业教育不仅在教学方法和手段上实现了创新，还通过数字化技术的应用，显著提升了教学质量和效率。虚拟现实（VR）和增强现实（AR）技术的应用，使学生能够在虚拟环境进行实践操作，进而更有效地掌握所需的专业技能。同时，引入大数据和人工智能技术，使得个性化教学和精准教育成为可能，并促进了教育资源的合理分配，满足了不同学生的学习需求。此外，随着数字化技术的不断进步，职业教育的课程内容也在持续更新，以适应新的技术变革和市场需求。职业院校与企业的合作日益加强，双方共同开发课程，致力于培养符合市场需求的技术技能人才。校企合作模式，不仅提高了学生的就业率，也为企业的技术升级和创新发展提供了有力支持。数字技术在职业教育中的应用，不仅为职业教育的高质量发展注入了强大动力，也为我国教育现代化体系建设提供了重要支撑。未来，随着技术的进一步发展和政策的持续优化，职业教育与数字化的结合将更加紧密，为我国培养出更多高素质的技术技能人才，推动社会经济的持续发展。随着5G技术的商业化应用和人工智能技术的深入发展，职业教育的数字化生态系统将得到进一步的完善。人工智能技术的深度应用，将推动职业教育向更加智能化的方向发展。新技术的融合运用极大拓展了职业教育的内涵和外延，为高素质技术技能人才培养提供了新的可能。

在国家深入实施乡村振兴战略的大背景下，数字化乡村建设已成为推动乡村全面振兴的关键路径。信息技术的迅猛发展，为数字化乡村建设铺设了技术实现的道路。物联网技术助力乡村资源与设施智能化管理，显著提升资源利用效率。大数据技术确保乡村数据高效处理，为乡村发展提供科学决策支撑。云计算技术降低乡村地区获取高性能计算与存储成本，促进信息化水平提升。人工智能技术的运用为乡村地区的智能生产和智慧生活创造了条件，进一步促进了乡村经济的转型升级。此外，数字化乡村建设还显著提升了乡村治理能力。信息化手段的应用使得乡村治理更加透明和高效，公共服务更加便捷和优质。数字化乡村建设亦为乡村文化的传承和发展提供了新的平台和手段，有助于乡村文化的保护和传播。新技术既增强了乡村信息处理能力，也为乡村经济、治理、文化、公共服务等领域的数字化转型提供了强有力的技术支持和保障。

数字技术正在以一种深刻的方式影响着职业教育在服务乡村文化振兴方面所发挥的作用，其将成为推动农业农村现代化进程和文化繁荣发展的一个全新引擎。职业院校在乡村服务中，数字技术通过将职业教育与数字技术紧密结合，能够有效地激活乡村的劳动力资源，优化土地的利用方式，吸引更多的资金投入，带动乡村的数字化生产能力提升。数字技术所引导的信息流能够带动技术、资金、人才和物资等多种资源向乡村地区汇聚，优化资源配置，提高乡村全要素生产率，从而弥补乡村在文化发展上的短板。此外，数字技术还为解决乡村社会治理基础薄弱、治理难度大、水平低等问题提供了新的解决途径。职业教育培养的数字技能与意识能够激发村民参与乡村治理的积极性、主动性和创造性，推动乡村治理能力向现代化迈进，为乡村文化振兴奠定坚实的治理基础。先进的数字化技术还能够将乡村的历史、艺术、手工艺等文化元素转化为数字内容，实现便捷的存储、展示和传播，让更广泛的受众了解和欣赏乡村文化，进而提升乡村文化的影响力和吸引力。

数字技术作为促进乡村经济社会转型升级、加速农业农村现代化的关键步骤，借助大数据、互联网、信息技术等新一代数字手段，不仅培育和发展了数字乡村的新产业、新业态、新模式，还促进了乡村在制度、机制、模式和技术上的创新，为职业教育服务乡村文化振兴提供了广阔舞台。未来，职业教育的数字化转型将更加注重与乡村文化的深度融合。借助数字技术，职业教育将深入挖掘乡村文化的精髓，并广泛传播，以此增强乡村文化在现代社会中的影响力和认同感。数字化将为职业教育提供更加丰富和多元的教学手段，使职业教育更加注重培养学生的文化自信和创新能力，使其能够成为乡村文化振兴的积极参与者和推动者。通过不断探索和实践，职业教育将为乡村文化振兴提供坚实的人才和技术支撑。职业教育数字圈的形成将赋予乡村文化振兴新动能，促进乡村文化在现代社会中的传承和发展。

7.3.2 融合圈联结未来：促进城乡职教融合，焕新乡村文化活力

在我国，城乡一体化的发展趋势不仅是社会生产力不断进步的必然结果，而且已经成为人类历史演进过程中不可避免的现象。随着经济的迅猛发展和城市化进程的不断加快，城乡之间的差异逐渐显现，特别是在经济、文化、教育等方面，农村地区的发展相对滞后，面临着诸多挑战。为了有效缩小城乡差距，推动社会公平与和谐发展，确保农村地区也能共享现代化建设的丰硕成果，我国政府正积极推进城乡一体化发展战略。在国家政策及城乡经济交流推动下，城乡之间的联系日益紧密，城乡融合已成为推动社会发展的关键趋势之一。城市与乡村在经济领域展现出显著的互补性，这种互补性为双方带来了巨大的发展潜力。城市依托先进的科技实力、雄厚的资金积累和丰富的管理经验，为乡村的发展提供了坚实的支撑；而乡村凭借丰富的自然资源及充足的劳动力资源，为城市的持续繁荣注入了强大动力。

城乡职业教育之间存在着耦合关系。首先，城乡职业教育资源的耦合强调教育资源的公平分配和高效利用，要求教育资源不仅要在城市内实现优化配置，还要在城乡之间进行合理流动，以实现资源共享。通过资源耦合，城市职业教育可以为农村职业教育提供先进的教学设备、师资力量和教学理念，而农村职业教育则可以借助城市职业教育的资源，提升自身的教育质量和水平。这种资源耦合有助于缩小城乡教育差距，推动城乡教育均衡发展。其次，城乡职业教育结构的耦合指的是城乡职业教育在体系结构和专业结构

上的相互协调与有效对接。为适应城乡经济社会发展的需求，必须构建更为开放、灵活的职业教育体系。在专业设置方面，城乡职业教育应紧密结合城乡经济发展的特色与趋势，科学调整和优化专业结构，提升专业的针对性和实用性。借助结构耦合的力量，城乡职业教育将更加精准地服务于城乡经济社会发展，进一步促进人才在城乡间的合理流动与高效配置。再次，城乡职业教育目标的耦合性体现在培养目标的统一性与协同性上。城乡职业教育承载着培养符合城乡经济社会发展要求的高素质技能型人才的崇高使命。通过目标耦合，城乡职业教育能够携手培育兼具创新精神与实践能力的人才，从而更好地满足城乡经济的社会发展需求。此外，目标耦合有利于提升城乡职业教育的社会认可度和影响力，推动职业教育事业的持续健康发展。最后，城乡职业教育模式的耦合是城乡职业教育在教学模式、课程模式等方面相互学习、相互借鉴、深度融合的重要体现。城乡职业教育需不断探索并创新教学模式与课程模式，以契合学生的学习需求及职业发展路径。通过模式耦合，城乡职业教育能够共同探索出符合时代要求的职业教育模式，进一步提升教学质量和效果。

就其内涵而言，城乡职业教育一体化体现了我国教育资源均衡配置的进展，特别是在职业教育领域。通过 2023 年的统计数据，我们可以看到教育资源总量的增加和质量的提升，这为城乡职业教育资源的均衡分布提供了坚实基础。同时，职业教育的城乡差距现状和均衡发展策略的研究表明，通过优化资源配置和政策支持，可以有效缩小城乡二元结构的矛盾，促进教育公平，为共同富裕贡献力量。这种一体化意味着城市与乡村职业教育的和谐统一在职业教育领域内的呈现。作为对城市化建设的有力支持，职业教育不仅应助力农业农村现代化建设的推进，还需促进农村劳动力有序向城市转移；为驱动城乡职业教育协同共进，城市职业教育则在智力及物质方面为农村推进职业教育提供保障，带动其迅速发展。

职业教育在服务于乡村文化振兴及城乡融合圈构建的过程中，需充分展现其对乡村的引领和促进作用。对职业教育进行城乡统筹，意味着要打破城乡之间的教育壁垒，实现资源的优化配置和共享。通过这种方式，城市的职业教育可以充分发挥城市对乡村的辐射带动作用，促进城乡教育的均衡发展。具体来说，城市的职业教育资源颇为丰富，涵盖了高素质的师资队伍、现代化的教学设施和多样化的实践机会。通过城乡统筹，这些资源可以向乡村地区倾斜，帮助乡村职业教育提升教学质量和办学水平。一方面，城市的职业院校可以与乡村的职业学校建立合作关系，通过师资交流、联合培养等方式，提升乡村教师的专业素养和教学能力。另一方面，城市的职业院校能够向乡村学生提供更多实习实训的机会，帮助他们积累实践经验，从而增强就业竞争力。此外，城市的职业教育资源还可以通过远程教育、网络课程等形式，向乡村地区延伸，让更多乡村学生享受到优质的职业教育。通过城乡统筹，职业教育不仅能够促进乡村经济的发展，还能帮助乡村青年提升自身技能，实现更好的就业和生活。职业教育在服务乡村文化振兴及推动城乡融合圈建立的过程中，尚需深入探索城乡融合、院校合作及资源共享的最佳路径。对职业教育进行城乡统筹，意味着在城乡之间找到一个平衡点，实现教育资源的均衡分配。此举可有效整合城乡教育资源，进而推动城乡教育的和谐共进。具体来说，应在城市和乡村之间建立紧密的联系，使得城乡之间的教育资源能够相互流动和共享。此外，院校间的紧密协作能够发挥各自优势，携手提高教育质量。在城乡统筹中，既能够缩小城乡教育差距，还能为学生提供更多样化的学习机会，从而培养出更多适应社会需求的高素质技能人才，通过城乡结合、院校协作、资源共享的最佳契合点的确立，为职业教育服务乡村文化振兴开辟新道路。

教育公平是社会公平正义的重要指标。在深化城乡一体化发展中，通过缩小城乡教育差距，能够实现教育资源的均衡配置和合理分配。作为教育体系中不可或缺的组成部分，职业教育不仅为学生提供专业技能的培养，还通过积极投身和推动乡村文化的振兴，进一步促进教育公平和均衡发展的实现。职业教育在城乡互动中发挥着桥梁和纽带作用。在服务乡村文化振兴进程中，城乡职教圈的建立不仅打破了城乡之间的隔阂，促进了城乡之间的文化交流与融合，还为乡村地区注入新的活力，带来新的发展机遇，能够有效推动社会的和谐与进步。

7.3.3　交流圈拓宽未来：深化职教国际合作，激发乡村文化潜能

在全球化的大背景下，深化国际合作已成为顺应时代发展趋势的必然选择。随着全球化的深入推进，各国之间的交流与合作日益密切，不仅推动了经济的繁荣发展，也为文化的交流与融合开辟了更为广阔的空间。在这样的时代背景下，乡村文化的发展亦迎来了新的机遇。全球化趋势使得不同国家和地区的文化得以跨越地理界限，实现相互交融，既极大地丰富了人民群众的精神生活，也为乡村文化的发展带来了新的可能性。

世界各国在职业教育领域，特别是在课程体系构建、教学模式创新、实训基地建设及师资队伍培养等多个关键环节上积累了深厚的经验。在促进乡村繁荣上，诸多国家选择借助职业教育这一桥梁，提升乡村居民的职业技能和综合素质，实现乡村经济的多元化发展，进而全面振兴乡村。通过与职业教育领域的领先国家建立战略合作伙伴关系，我们能够更轻松地获取最新的教育理念、教学方法和技术手段，并借鉴它们在服务乡村发展中所探索出的职业教育模式。

从职业教育服务于乡村文化振兴的视角进行审视，未来职业教育的国际化在促进乡村文化振兴的进程中，主要涵盖三大核心"维度"。一是明确教育目标的国际化定位，聚焦乡村人才培养质量和层次的提升。确保培养的人才不仅能满足乡村社会经济发展的基本需求，还能适应国际化背景下的多元化要求，从而为乡村文化振兴注入具备国际视野和创新精神的新活力。具体而言，在设定职业教育的培养目标时，不仅应充分考虑国内乡村社会经济发展的实际需求，还应积极融入国际化的元素和视野，不再局限于本土或传

统的教育模式，而是致力于培养能够适应全球化趋势、具备国际竞争力的人才。在国际化教育目标的定位引领下，职业教育将更加聚焦于全面提升学生的专业知识与技能水平、跨文化交流能力、拓宽国际视野等综合素养，使其成为既有扎实专业基础，又具备国际竞争力的高素质人才。作为与经济社会紧密相连的教育类型，职业教育培养的人才必须能够服务于乡村社会经济、文化的发展。国际化教育目标的精准定位，旨在培育更多契合乡村经济与文化发展需求，有力推动乡村产业升级与转型的杰出人才。二是积极推进教育内容的国际化融合。乡村职业教育在专业建设、课程开发及教材内容编纂时，应主动吸纳国际先进教育理念与实践，并深度融合本土乡村文化特色，确保教育内容既具国际视野与竞争力，又深植于乡村文化沃土，有力促进乡村文化的传承与创新。具体而言，在构建职业教育体系的过程中，职业院校不仅应重视本土教育资源的深度挖掘与充分利用，而且应积极与国际先进的教育理念与实践接轨。这种融合并非机械地模仿，而是立足于乡村职业教育的独特属性和实际需求，有针对性地吸收借鉴国际上的成功经验。职业教育需持续汲取国际教学方法、管理模式及评价体系等方面的先进经验，以不断提高教育质量及水平。专业建设、课程开发以及教材内容编写是乡村职业教育内容的核心要素。在专业建设方面，必须紧跟国际产业发展的前沿趋势，科学设置与市场需求紧密对接的专业体系。在课程开发领域，应着力培养学生扎实的实践技能和创新思维，精心设计既具有前瞻性又贴合实际需求的课程体系；在教材内容编写方面，必须确保教材内容不仅充分反映国际最新的科技成就和教育理念，也深刻契合乡村学生的实际状况和学习特征。另外，深入挖掘乡村文化元素，并将其巧妙融入教育内容之中，此举不仅能加深学生对乡村传统文化的认同与归属，更能为乡村文化的传承与创新发展提供强劲的动力。三是促进教育过程的国际化合作。职业院校通过开展合作办学、国际职业资格认证、国际培训项目以及科研项目合作等方式深化境内外职业教育院校间的合作，在乡村文化与世界文化的交流与互鉴中，既为职业院校学生提供更多元化的学习与发展平台，也为乡村文化振兴拓宽国际视野，增强其国际影响力。具体而言，职业院校通过与境外院校开展合作办学，实现教育资源的共享，从而提供国际化服务；通过引入国际职业资格认证体系，增强学生国际竞争力；通过开展国际培训项目，促进学生专业技能及语言水平的提升。在与境外科研机构开展研究项目合作的过程中，携手推进科研项目，进一步提升职业教育的科研实力。通过国际化合作，职业院校能够为学生拓宽多元化的学习资源和发展空间，使其接触并学习国际先进的教育理念、教学方法和技术，从而使职业教育能够更紧密地与国际接轨。这一进程不仅有助于掌握国际职业教育的发展趋势和市场需求，还能为乡村文化振兴提供更高质量的服务。

在推进我国职业教育国际化的过程中，我们应坚持高标准、严要求，借鉴美国 CBE 模式、德国双元制模式和澳大利亚 TAFE 模式等全球领先的职业教育模式，以确保职业教育的高质量发展。同时，也要紧密结合我国乡村职业教育发展的现状与实际国情，分步骤、有计划地实施，积极探索一条不仅能够顺应国际趋势也可以体现中国特色的职业教育国际化发展路径。通过职业教育国际交流圈的建立，为乡村文化的繁荣兴盛提供坚实的智力支撑和人才保障。

7.3.4　互惠圈共创未来：推动各方资源共享，促进乡村文化共赢

职业教育服务乡村文化振兴系统的顺利运行需要多主体的深度参与和协同合作。该系统不仅涵盖了各级政府管理部门，横跨不同层级，还吸纳了企业界及其行业协会的力量，同时汇聚了多样化、多层次、多性质的教育机构。能否有效整合这些具有不同组织属性和目标的参与者，关键在于是否能够确立一个共享的愿景与清晰的目标体系，使其能够同时响应个体生存与发展的需求、产业与企业的转型升级要求以及国家整体发展的宏观战略。因此，职业教育不仅要继续承担教育任务，培养乡村居民基本技能，还需深化

继续教育体系，专注于职业技能的精进与提升，确保个体能够适应并引领现代农业、乡村手工业及新兴产业的发展潮流。

在推进职业教育服务乡村文化振兴的互惠机制构建中，职业院校需优化整合现有教育资源。鉴于目前职业教育主要分布于各个层次的职业教育院校中，每个层级的职业院校都具有各自的师资、实训基地、实习设备等。针对职业教育资源分布不均、存在差异性及"资源断层"的难题，需采取"分散—聚合"策略加以应对。职业院校通过推动优质教育资源从分散状态向聚合状态转变，促进资源的高效利用，实现资源的合理配置和优化。在进一步促进职业教育的均衡发展问题上，还需进行职业教育治理的变革以及职业教育文化的建设，不断提升职业教育的管理水平和效率，增强职业教育的吸引力和影响力。另外，职业院校还应构建一个更为包容、能够应对各种变化的终身职业教育体系，既能保障不同背景和需求的学习者获得平等的学习机会，实现机会均衡，又能确保各层次、各领域的教育资源得到合理分配和有效利用，从而推动职业教育结构的均衡化发展。推动职业教育的均衡和优质发展，实现教育效益最大化，还应打破不同教育系统及空间场域之间的藩篱，突破组织界限、时空限制及制度障碍，充分利用不同主体的信息优势、教育能力和发展潜力，推动关键教育要素在系统内部自由流通。在院校间的高效协同中，形成覆盖面广、包容性强、水平高的职业教育联通体系。

在职业教育服务乡村文化互惠圈的建设中，还应兼顾多方利益。鉴于职业教育所具有的多元化与跨界性特征，在其服务于乡村文化振兴的进程中，政府各部门、职业院校与行业、企业等社会力量之间，已超越了传统的行政隶属框架，面临多样化的利益诉求乃至潜在冲突。清除区域政策壁垒，以及制度性障碍是促进职业教育服务乡村文化系统顺利运作的关键环节。应构建涵盖各级政府及部门、职业院校、行业、企业等多方参与者的利益沟通与对话平台，倡导基于平等协商的合作模式。将乡村文化振兴的共同利益确立为职业教育发展的新治理导向，确保各方行动在维护乡村文化独特魅力与推动经济社会发展双重目标下协同并进。同时，职业教育要加强各主体间的信息交流，促进资源共享，构建高效运转的跨区域协调体系。要突破地域限制，通过产教融合、校地合作、跨区域协作等多维度路径，汇聚各方智慧与资源，精准对接乡村发展需求，推动城乡、区域间文化流通与利益均衡。在此过程中，各方应以创新作为主要动力，积极探索并建立适应乡村特色的教育制度和职业教育发展模式，不仅实现教育资源的优化配置，更要激发乡村文化的内生动力，促进其自我发展和自我创新。同时，职业教育还应以协调作为策略，努力平衡不同区域之间，以及不同类型教育之间的文化差异和利益诉求，以促进教育公平和文化多样性的和谐共生。坚持互惠共享的发展理念，职业教育能够在各利益相关方之间建立基于乡村文化认同的社会教育契约，并通过对契约精神的秉持，促进相互之间的协作与支持，共同推进乡村文化的传承创新以及相关产业的繁荣发展。

第8章 研究总结

文明乃人类永恒之追求，亦是历史发展的最高目标。它并非对过往的简单否定，而是基于深厚历史底蕴之上的持续创新与不断进步。乡村文明作为中华文明不可或缺的一环，承载着无数的历史记忆与文化传统。职业教育是促进社会进步、推动社会文明发展的重要教育力量，在乡村文化振兴的进程中，发挥着重要作用。凭借其特有的教育模式与培训体系，职业教育为乡村文化的传承与创新注入了强劲动力，提供了坚实的人才保障与智力支持。乡村的发展离不开外部环境和条件的支撑，纯粹的工业化、城镇化并非乡村社会发展的前景。

研究通过对职业教育服务乡村文化振兴的潜在影响因素进行探索，分析职业教育服务乡村文化振兴的内在机理及其实现路径，以期为实现乡村文化振兴与职业教育的有机结合提供理论支持和实践参考。具体来说，本书分析当前职业教育服务乡村文化振兴的现状，从中剖析职业教育服务乡村文化振兴的现实处境；通过对访谈文本进行深入的扎根分析，进一步挖掘了职业教育服务乡村文化振兴的影响因素，并据此建立了科学的影响因素指标体系。依据问卷调查数据，结合扎根理论编码，开发了职业教育服务乡村文化振兴的影响因素量表，构建了相应模型，并对所提假设进行了检验。通过对典型案例的乡村文化振兴实践进行深入探究，对已构建的职业教育服务乡村文化振兴影响因素模型进行有效的验证。此外，这些实践例证为提炼具有实践指导价值和科学依据的职业教育服务乡村文化振兴路径提供了宝贵经验。在理论研究和实证数据分析的基础上结合分析结果，提出具体优化对策与建议。本书采用"理论分析－实证研究－案例验证"三步法进行：首先，基于文献综述和理论分析，对职业教育服务乡村文化振兴进行深入剖析，形成理论框架；其次，通过开发职业教育服务乡村文化振兴影响因素量表，以及对量表进行多维度的数据分析、验证，构建职业教育服务乡村文化振兴的影响因素模型；最后，通过对泉州职业技术大学服务乡村文化的案例进行探索、分析，验证和优化所提出的理论框架，并总结出实现乡村文化振兴与职业教育有机结合的新思路和建议。

根据研究，得出如下结论：

第一，职业教育服务乡村文化振兴现状不容乐观。职业教育在赋能乡村文化振兴方面，凭借其人才培养的针对性、校企合作的深度以及社会服务对乡村民众的广泛惠及，展现出显著优势。同时，它也迎来了国家政策的有力支持、科学技术的积极推动以及发展需求的深刻转变所带来的发展机遇。然而，我们也应看到，服务意识尚需加强，服务机制有待完善，服务路径亟须创新，这些都是职业教育面临的挑战。此外，国家经费投入的不均衡、乡村公共文化服务体系的缺失，以及社会重视程度的不足，也是其发展面临的挑战。乡村文化的振兴并非一蹴而就，而是需要经过长期的积累与沉淀，方能显现成效。随着城市化进程的加速推进，以及乡村社会的深刻转型与升级，传统单打独斗的乡村文化振兴模式已然无法适应当前的发展需求。无论是政策的颁布与落地，还是资源的整合与优化，都需要多部门、多主体、跨领域的相互合作。在未来的乡村建设中，多主体协同振兴乡村文化模式的重要性将逐渐凸显。

第二，职业教育服务乡村文化振兴受到服务动因、服务保障、服务能力、服务方式以及服务效果五大因素影响。这五大因素分别对应着乡村、政府、职业院校、社会以及结果这五个不同的层面。在职业教育服务乡村文化振兴的整个系统中，五大因素之间存在着复杂而紧密的相互关系。具体来说，服务动因不仅能显著提升服务能力，还能通过服务能力的作用增强服务效果。同时，服务能力作为中介，连接着服务动因与服务效果；并在服务保障和服务方式调节这一中介过程，直接影响服务能力的传递效果。因而，在推进乡村文化振兴中，必须坚持多元主体协同共促乡村文化发展。

第三，职业教育服务乡村文化振兴，在发展向度上，必须构建高质量就业教育体系；在育人层面，需着力培养高素养的乡村文化人才；在治理向度上，必须推动高效能乡村文化治理。在乡村文化振兴中，必须坚持珍视历史传承与紧贴现实需求并重；寻求普遍规律与展现独特魅力同步；全面规划与关键领域突破相互协调；文化传承创新与当代融合相互统一等原则。在进阶路径上，职业教育需在价值取向、战略定位、服务方式和参与程度等方面实现从"远离乡村"到"服务乡村""身份认同"到"文化共生""单一服务"到"多元协同""局部参与"到"全面融入"的转变，以更好地服务乡村文化，促进其繁荣发展。在未来展望上，职业教育服务乡村文化振兴应着力打造职教数字圈、城乡融合圈、国际交流圈、利益各方互惠圈，让乡村文化在时代洪流中持续绽放光彩。

我国正处于崭新的历史时期，新质生产力的培育与发展正成为推动中国式现代化加速推进的关键力量。职业教育内涵式发展的不断深化，与新质生产力的培育相结合，共同构成了职业教育服务乡村文化振兴的宏伟背景。这一背景要素，既为职业教育赋能乡村文化振兴开拓了广阔的发展空间，赋予了无限的机遇，也给其带来了前所未有的困难和考验。新质生产力，作为科技进步和生产力飞跃的关键标识，在乡村建设上具有深远的应用价值及实践意义。新质生产力的兴起，不仅标志着技术层面的革新，也代表了对传统生产模式的彻底改变。中国式现代化的全面深入发展，不仅意味着经济建设的加速步伐，更涉及对文化价值的深刻再认识与重新定位。这一进程为乡村文化的繁荣发展指明了清晰的路径。在此过程中，乡村不再仅仅被视为城市的附属品，而是拥有了自身独特吸引力与重要价值的独立个体。挖掘、保护并传承乡村文化，是推进乡村全面振兴不可或缺的关键要素。作为中华民族的文化瑰宝，乡村文化的独特性和多样性在现代化的大潮中愈发凸显其重要性。职业教育需紧密贴合乡村实际，深挖地方特色资源，凭借其教育专长，为乡村文化的绵延传承与创新发展提供坚实的教育基石与智慧动能。对于职业教育而言，服务乡村文化振兴是一项持久且充满挑战的任务。展望未来，乡村文化振兴之路虽长且艰，但职业教育使命在肩，不容懈怠。为保障乡村文化在现代化进程中得到妥善保护与传承，职业教育应持续探索创新之道，以高度的责任感与使命感，深化改革，强化内涵，为乡村文化振兴贡献更多职业教育的智慧与力量。

参考文献

中文图书类

［1］成刚.内涵式发展视角下我国高等教育规模、结构、质量及效益研究［M］.北京：北京师范大学出版社，2020.

［2］董海军.塘镇：乡镇社会的利益博弈与协调［M］.北京：社会科学文献出版社，2008.

［3］费孝通.乡土中国［M］.北京：人民出版社，2020.

［4］贺雪峰.大国之基：中国乡村振兴诸问题［M］.北京：东方出版社，2019.

［5］梁漱溟.乡村建设理论［M］.上海：上海人民出版社，2011.

［6］陆学艺.内发的村庄［M］.北京：社会科学文献出版社，2001.

［7］曼纽尔·卡斯特.认同的力量［M］.曹荣湘，译.北京：社会科学文献出版社，2006.

［8］石伟平.时代特征与职业教育创新［M］.上海：上海教育出版社，2006.

［9］晏阳初.平民教育概论［M］.北京：高等教育出版社，2010.

［10］张力跃.受教育者视界中的农村职业教育困境与破解［M］.天津：天津大学出版社，2011.

中文期刊类

［1］曾莉，齐君.环境、文化、产业——论艺术乡建历程上的三个主要范式［J］.南京艺术学院学报（美术与设计），2020（2）：140-146.

［2］陈强.乡村振兴背景下的乡村治理研究综述——基于国内对国外乡村治理的研究［J］.劳动保障世界，2020（5）：69-70.

［3］陈锡文.当前推进乡村振兴应注意的几个关键问题［J］.农业经济问题，2024（1）：4-8.

［4］陈新.国外乡村建设对我国欠发达地区乡村振兴的若干启示［J］.乡村科技，2019（30）：8-10.

［5］董莉，李庆安，林崇德.心理学视野中的文化认同［J］.北京师范大学学报（社会科学版），2014（1）：68-75.

［6］高明.省域高质量现代职业教育体系建设的基础、挑战和策略［J］.教育与职业，2023（2）：12-19.

［7］顾鸿雁.日本乡村振兴转型的新模式："地域循环共生圈"的实践与启示［J］.现代日本经济，2020，39（6）：48-59.

［8］贺雪峰.乡村建设的重点是文化建设［J］.广西大学学报（哲学社会科学版），2017，39（4）：87-95.

［9］刘昊东.新质生产力赋能乡村振兴：作用机理与实践路径［J］.重庆社会科学，2024（9）：21-31.

［10］刘上上，张英魁.新质生产力赋能乡村振兴的内在逻辑与实践路径［J］.学术交流，2024（6）：76-92.

［11］逯浩，温铁军.中国乡村治理现代化转型的战略思考［J］.学术论坛，2024，47（1）：79-90.

［12］路艳红.艺术乡建的主体性研究［J］.艺术百家，2020，36（5）：

181-186.

[13] 吕建强. 职业院校数据治理:关键议题、转型逻辑与治理路径 [J].
中国职业技术教育, 2024 (27): 46-52.

[14] 彭振宇. 黄炎培平民教育思想的历史意义与当代价值——兼谈百年
未有之大变局下的职业教育创新发展 [J]. 教育与职业, 2021 (14): 13-20.

[15] 孙萍, 闫亭豫. 我国协同治理理论研究述评 [J]. 理论月刊, 2013
(3): 107-112.

[16] 唐权, 杨立华. 再论案例研究法的属性、类型、功能与研究设计
[J]. 科技进步与对策, 2016, 33 (9): 117-121.

[17] 田培杰. 协同治理概念考辨 [J]. 上海大学学报 (社会科学版),
2014, 31 (1): 124-140.

[18] 温铁军, 温厉. 中国的 "城镇化" 与发展中国家城市化的教训
[J]. 中国软科学, 2007 (7): 23-29.

[19] 温铁军, 杨帅. 中国农村社会结构变化背景下的乡村治理与农村
发展 [J]. 理论探讨, 2012 (6): 76-80.

[20] 温忠麟, 陈虹熹, 方杰, 等. 新世纪 20 年国内测验信度研究 [J].
心理科学进展, 2022, 30 (8): 1682-1691.

[21] 温忠麟, 叶宝娟. 有调节的中介模型检验方法:竞争还是替补? [J].
心理学报, 2014, 46 (5): 714-726.

[22] 温忠麟, 张雷, 侯杰泰. 有中介的调节变量和有调节的中介变量
[J]. 心理学报, 2006 (3): 448-452.

[23] 杨红荃, 艾杰. 农村职业教育赋能数字乡村建设的研究——基于
场域理论 [J]. 职教论坛, 2023, 39 (7): 120-128.

[24] 杨中贵, 王晨. 乡村振兴背景下美丽乡村建设的数字化路径与模
式研究 [J]. 农业经济, 2024 (8): 70-72.

[25] 姚巧华. 数字化赋能乡村文化振兴:价值、困境与施策路径 [J].

贵州社会科学，2024（7）：147-154.

［26］余富强，胡鹏辉，杜沙沙.网络问卷调查的数据质量控制研究［J］.统计与决策，2019，35（16）：10-14.

［27］湛东升，张文忠，余建辉，等.问卷调查方法在中国人文地理学研究的应用［J］.地理学报，2016，71（6）：899-913.

［28］张敬伟，马东俊.扎根理论研究法与管理学研究［J］.现代管理科学，2009（2）：115-117.

［29］张丽，史毅，罗小琴.问卷调查中应答时长与质量控制策略［J］.统计与决策，2018，34（15）：5-10.

［30］周详，王小梅，刘植萌.中国职业教育研究的进展与特点——2022年全国高校职业教育科研论文统计分析［J］.中国高教研究，2023（12）：101-108.

外文图书类

［1］AIKEN L S, WEST S G. *Multiple Regression: Testing and Interpreting Interactions*［M］. Newbury Park: Sage, 1991.

［2］MARSDEN T K, MURDOCH J, LOWE P, et al. *The Differentiated Countryside*［M］. London: Routledge, 2003.

［3］RAUNER F, MACLEAN R. *Handbook of Technical and Vocational Education and Training Research*［M］. Berlin: Springer, 2008.

［4］RAY C. *Culture Economies: A Perspective on Local Rural Development in Europe*［M］. Newcastle upon Tyne: Newcastle University, 2001.

外文期刊类

［1］ARBO P, BENNEWORTH P. Understanding the Regional Contribution of Higher Education Institutions: A Literature Review［J］. *OECD Education*

Working Papers, 2007(9): 1-78.

［2］CHURCHILL JR G A. A Paradigm for Developing Better Measures of Marketing Constructs［J］. *Journal of Marketing Research*, 1979, 16(1): 64-73.

［3］EDWARDS B, GOODWIN M, PEMBERTON S, et al. Partnerships, Power, and Scale in Rural Governance［J］. *Environment and Planning C: Government and Policy*, 2001, 19(2): 289-310.

［4］MILLER B A. Rural Distress and Survival the School and the Importance of "Community"［J］. *Journal of Research in Rural Education*, 1993, 9(2): 84-103.

［5］SCHAFFT K A. Rural Education as Rural Development: Understanding the Rural School-Community Well-Being Linkage in a 21st-Century Policy Context［J］. *Peabody Journal of Education*, 2016, 91(2): 137-154.

［6］SU X, LI X, WU Y, et al. How Is Intangible Cultural Heritage Valued in the Eyes of Inheritors? Scale Development and Validation［J］. *Journal of Hospitality & Tourism Research*, 2020, 44(3): 806-834.

附　录

附录A　对政府工作人员的访谈提纲

尊敬的受访者：

您好！课题组正在进行《职业教育服务乡村文化振兴研究》的访谈调研，我们对您给予的大力支持与协助表示由衷的感谢。职业教育在推动社会经济与文化发展中扮演着重要角色，是促进乡村文化振兴不可或缺的教育力量。然而，职业教育在赋能乡村文化振兴的过程中，虽迎来乡村振兴战略持续推进的新机遇，但也面临着各种现实问题。如何有效发挥职业教育的服务功能，促进乡村文化的传承与创新，加速乡村文化振兴进程，已成为当前职业教育研究与实践中亟待探索的议题。

为深入探究并精确把握该领域的核心问题，课题组诚挚邀请您就以下几个问题分享您的见解与经验。您的观点将仅限于内部研究之用，我们将严格恪守保密原则，不会对外公开。

问题1：可以谈谈您了解的乡村文化建设情况吗？

问题2：政府在乡村文化振兴中处于什么地位呢？能发挥什么作用呢？

问题3：哪些因素影响了乡村文化的发展？

问题4：您觉得职业教育在乡村振兴中扮演什么角色呢？它能为乡村文化振兴做些什么呢？

附录B 对企业人员的访谈提纲

尊敬的受访者：

您好！课题组正在进行《职业教育服务乡村文化振兴研究》的访谈调研，我们对您给予的大力支持与协助表示由衷的感谢。职业教育在推动社会经济与文化发展中扮演着重要角色，是促进乡村文化振兴不可或缺的教育力量。然而，职业教育在赋能乡村文化振兴的过程中，虽迎来乡村振兴战略持续推进的新机遇，但也面临着各种现实问题。如何有效发挥职业教育的服务功能，促进乡村文化的传承与创新，加速乡村文化振兴进程，已成为当前职业教育研究与实践中亟待探索的议题。

为深入探究并精确把握该领域的核心问题，课题组诚挚邀请您就以下几个问题分享您的见解与经验。您的观点将仅限于内部研究之用，我们将严格恪守保密原则，不会对外公开。

问题1：可以谈谈您了解的乡村文化建设情况吗？

问题2：您觉得企业在乡村文化振兴中将发挥什么作用呢？可以做些什么呢？

问题3：目前乡企（镇企）合作中存在什么问题呢？需要什么帮扶吗？

问题4：哪些力量能够帮助企业提升乡村服务能力呢？

问题5：您觉得职业教育在乡村振兴中扮演什么角色呢？它能为乡村文化振兴做些什么呢？

附录C　对职业院校教师的访谈提纲

尊敬的受访者：

您好！课题组正在进行《职业教育服务乡村文化振兴研究》的访谈调研，我们对您给予的大力支持与协助表示由衷的感谢。职业教育在推动社会经济与文化发展中扮演着重要角色，是促进乡村文化振兴不可或缺的教育力量。然而，职业教育在赋能乡村文化振兴的过程中，虽迎来乡村振兴战略持续推进的新机遇，但也面临着各种现实问题。如何有效发挥职业教育的服务功能，促进乡村文化的传承与创新，加速乡村文化振兴进程，已成为当前职业教育研究与实践中亟待探索的议题。

为深入探究并精确把握该领域的核心问题，课题组诚挚邀请您就以下几个问题分享您的见解与经验。您的观点将仅限于内部研究之用，我们将严格恪守保密原则，不会对外公开。

问题1：可以谈谈您了解的乡村文化建设情况吗？

问题2：乡村文化振兴受到哪些因素的影响呢？

问题3：各种力量对乡村文化振兴的帮扶体现在哪些方面呢？

问题4：您觉得职业教育在乡村振兴中扮演什么角色呢？它能为乡村文化振兴做些什么呢？

附录D　职业教育服务乡村文化振兴正式调查问卷

尊敬的受访者：

您好！

这是一份有关职业教育服务乡村文化振兴的调查表，目的在于了解您对职业教育服务乡村文化振兴的感受。请您根据自身实际体验进行回答，您所提供的所有信息将仅用于学术研究和学习之用。我们将严格遵守学术道德规范，确保您的个人信息得到妥善保护，请您放心作答。您的支持对我们研究工作的开展具有重要意义，感谢您对本书的支持。

职业教育服务乡村文化振兴研究课题组

一、以下是关于您背景资料的填写，请根据您的实际情况作答。

您的性别是［单选题］*

○ 男

○ 女

您所处的年龄段：［单选题］*

○ 19 及以下

○ 20-29

○ 30-39

○ 40-49

○ 50-59

○ 60 及以上

您的最高学历［单选题］*

○ 高中以下

○ 高中

○ 大专

○ 本科

○ 硕士及以上

您的职业［单选题］*

○ 务农人员

○ 村干部

○ 企业职员

○ 公务员 / 政府机构人员

○ 教育工作者 / 事业单位人员

○ 学生

○ 民营或个体劳动者

○ 其他

二、请仔细阅读每一道题，根据您的实际情况、感受和体会打分。

（1=非常不同意；2=不太同意；3=一般同意；4=比较同意；5=非常同意）

1. 政府是乡村文化振兴的指导者、支持者与合作者。［单选题］*

非常不同意　　○ 1　　○ 2　　○ 3　　○ 4　　○ 5　　非常同意

2. 政府的财政投入力度关乎乡村的发展。［单选题］*

非常不同意　　○ 1　　○ 2　　○ 3　　○ 4　　○ 5　　非常同意

3. 政府财政支持可以提高社会力量服务乡村的积极性。［单选题］*

非常不同意　　○ 1　　○ 2　　○ 3　　○ 4　　○ 5　　非常同意

4.政府政策保障对乡村发展很重要。［单选题］*

非常不同意　　○ 1　　　○ 2　　　○ 3　　　○ 4　　　○ 5　　　非常同意

5.政府需完善组织机制体制，提高乡村文化振兴服务能力。［单选题］*

非常不同意　　○ 1　　　○ 2　　　○ 3　　　○ 4　　　○ 5　　　非常同意

6.乡村文化振兴离不开社会力量的参与。［单选题］*

非常不同意　　○ 1　　　○ 2　　　○ 3　　　○ 4　　　○ 5　　　非常同意

7.企业投资乡村会考虑项目能否带来效益。［单选题］*

非常不同意　　○ 1　　　○ 2　　　○ 3　　　○ 4　　　○ 5　　　非常同意

8.企业与乡村合作的基础是乡村具有可开发资源。［单选题］*

非常不同意　　○ 1　　　○ 2　　　○ 3　　　○ 4　　　○ 5　　　非常同意

9.社会各界在社会责任感的影响下投身乡村服务。［单选题］*

非常不同意　　○ 1　　　○ 2　　　○ 3　　　○ 4　　　○ 5　　　非常同意

10.乡村具有内在发展需求。［单选题］*

非常不同意　　○ 1　　　○ 2　　　○ 3　　　○ 4　　　○ 5　　　非常同意

11.乡村所持资源影响其发展。［单选题］*

非常不同意　　○ 1　　　○ 2　　　○ 3　　　○ 4　　　○ 5　　　非常同意

12.乡村文化振兴离不开村民对乡村的文化认同。［单选题］*

非常不同意　　○ 1　　　○ 2　　　○ 3　　　○ 4　　　○ 5　　　非常同意

13. 乡村文化振兴离不开各类人才。[单选题]*

非常不同意　　○1　　○2　　○3　　○4　　○5　　非常同意

14. 职业院校需要联合政府、企业及其他社会力量共同参与乡村文化振兴。[单选题]*

非常不同意　　○1　　○2　　○3　　○4　　○5　　非常同意

15. 职业院校高质量发展目标促使其参与乡村文化振兴。[单选题]*

非常不同意　　○1　　○2　　○3　　○4　　○5　　非常同意

16. 学校领导、师生对乡村的认知影响职业院校乡村文化振兴推行效果。[单选题]*

非常不同意　　○1　　○2　　○3　　○4　　○5　　非常同意

17. 职业院校可以通过整合内部课程、专业、师资等资源服务乡村文化振兴。[单选题]*

非常不同意　　○1　　○2　　○3　　○4　　○5　　非常同意

18. 乡村各利益相关者能否创造共享价值事关乡村能否长远得到支持与发展。[单选题]*

非常不同意　　○1　　○2　　○3　　○4　　○5　　非常同意

19. 乡村文化振兴重建了文化秩序，促进了乡风文明。[单选题]*

非常不同意　　○1　　○2　　○3　　○4　　○5　　非常同意

20. 企业融入乡村建设既开发了乡村资源又促进了企业进一步发展。［单选题］*

非常不同意　　○ 1　　○ 2　　○ 3　　○ 4　　○ 5　　非常同意

21. 职业院校与企业合作既提升了职业院校办学能力又促进了企业发展。［单选题］*

非常不同意　　○ 1　　○ 2　　○ 3　　○ 4　　○ 5　　非常同意

22. 社会力量协同参与提升了乡村文化振兴服务效果。［单选题］*

非常不同意　　○ 1　　○ 2　　○ 3　　○ 4　　○ 5　　非常同意